2024

台州统计年鉴

TAIZHOU STATISTICAL YEARBOOK

台 州 市 统 计 局
国家统计局台州调查队 编

中国统计出版社
China Statistics Press

图书在版编目（CIP）数据

台州统计年鉴. 2024 = Taizhou Statistical Yearbook 2024 : 汉英对照 / 台州市统计局，国家统计局台州调查队编. -- 北京 : 中国统计出版社，2024. 12. -- ISBN 978-7-5230-0696-2

Ⅰ. C832.553-54

中国国家版本馆 CIP 数据核字第 2025M1M204 号

台州统计年鉴 2024

作　　者 / 台州市统计局　国家统计局台州调查队
责任编辑 / 高媛媛
执行编辑 / 吕仁睿
封面设计 / 李雪燕
出版发行 / 中国统计出版社有限公司
通信地址 / 北京市丰台区西三环南路甲 6 号　邮政编码 /100073
电　　话 / 邮购（010）63376909　书店（010）68783171
网　　址 / http://www.zgtjcbs.com
印　　刷 / 河北鑫兆源印刷有限公司
经　　销 / 新华书店
开　　本 / 890mm×1240mm　1/16
字　　数 / 691 千字
印　　张 / 32　0.5 彩页
版　　别 / 2024 年 12 月第 1 版
版　　次 / 2024 年 12 月第 1 次印刷
定　　价 / 300.00 元

如有印装差错，由本社发行部调换。本书附 CD-ROM 一张，如有差异，以图书内容为准。

《台州统计年鉴 2024》

编委会与编辑人员

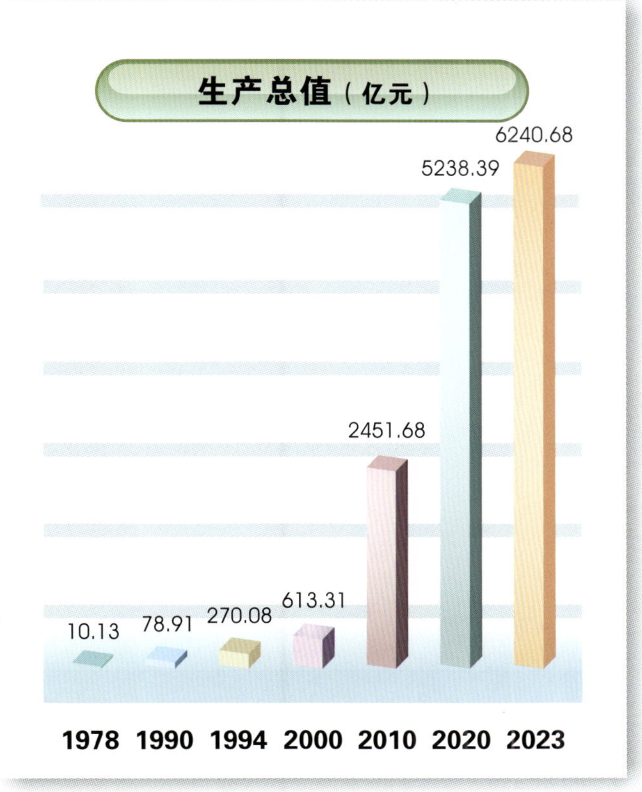

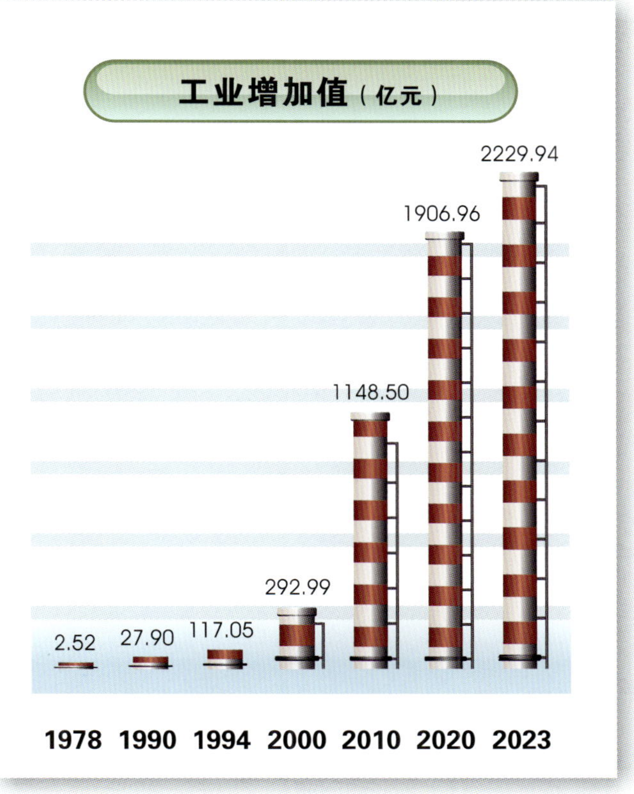

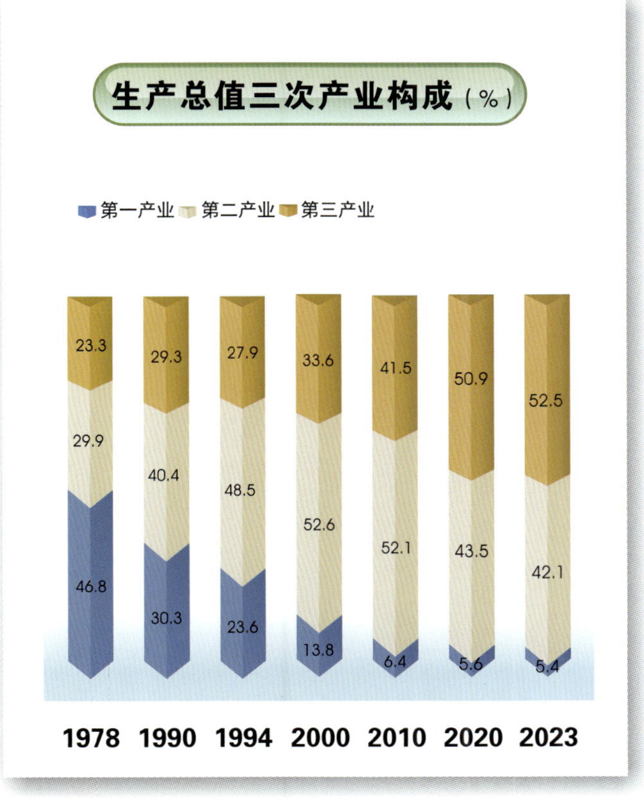

注：2010年起为常住人口口径。

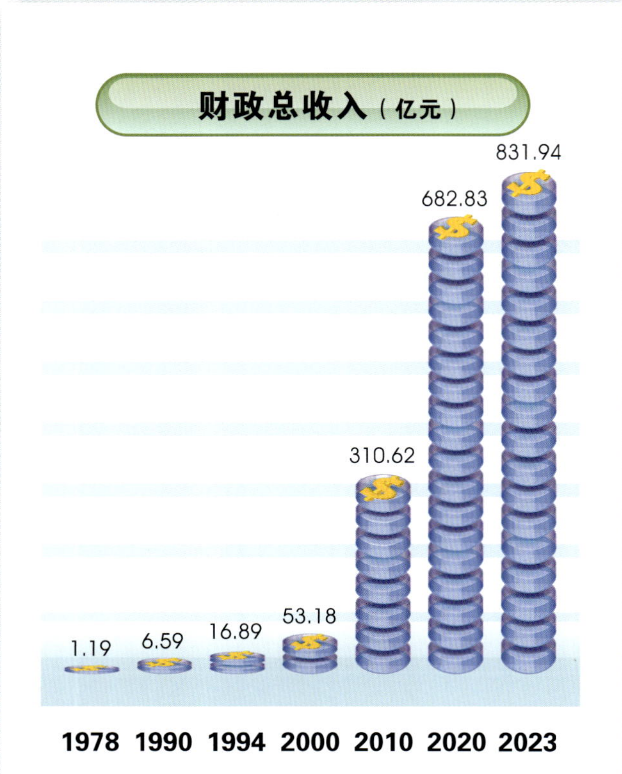
财政总收入（亿元）
1.19
6.59
16.89
53.18
310.62
682.83
831.94
1978 1990 1994 2000 2010 2020 2023

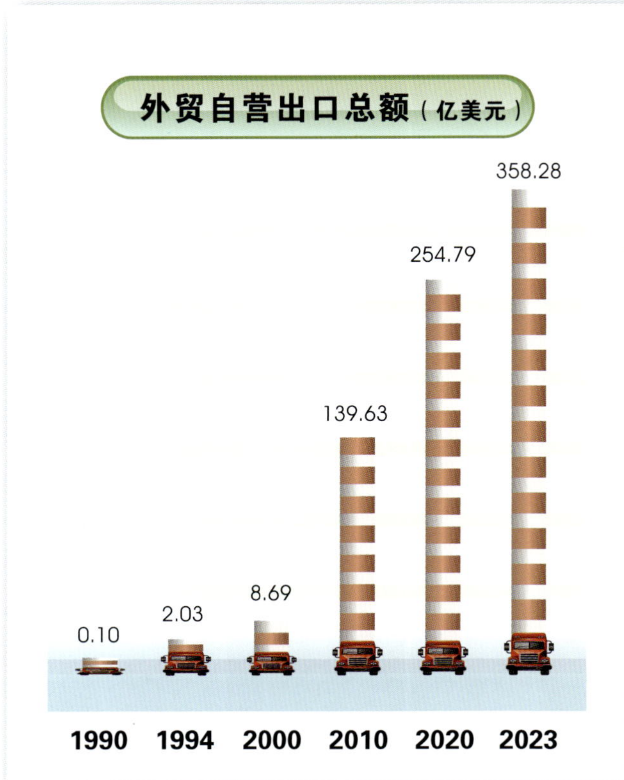
外贸自营出口总额（亿美元）
0.10
2.03
8.69
139.63
254.79
358.28
1990 1994 2000 2010 2020 2023

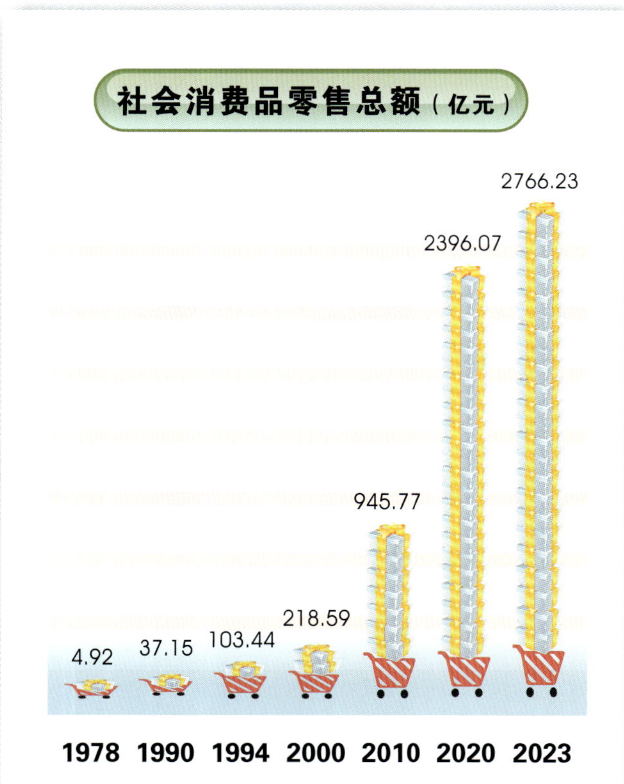
社会消费品零售总额（亿元）
4.92
37.15
103.44
218.59
945.77
2396.07
2766.23
1978 1990 1994 2000 2010 2020 2023

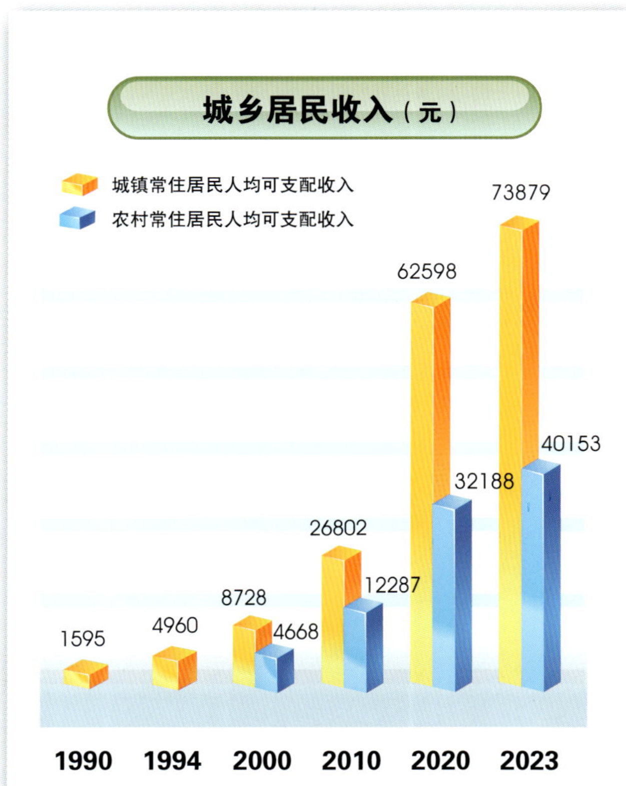
城乡居民收入（元）
城镇常住居民人均可支配收入
农村常住居民人均可支配收入
1595
4960
8728
4668
26802
12287
62598
32188
73879
40153
1990 1994 2000 2010 2020 2023

编辑说明

一、《台州统计年鉴 2024》是一部反映台州国民经济和社会发展情况的资料性年刊，本年鉴不仅记载了台州市和各县、市、区、乡镇、全省各市及长江三角洲各城市 2023 年经济和社会各方面大量的统计数据，还整理收录了主要历史年份和撤地建市以来台州主要统计数据。

二、全书内容分 21 个篇章。即：（1）综合；（2）人口和从业人员；（3）农业；（4）工业；（5）固定资产投资和建筑业；（6）交通运输邮电通信和电力；（7）原材料和能源；（8）批发零售和住宿餐饮业；（9）对外经济贸易和旅游；（10）财政金融保险；（11）物价；（12）人民生活；（13）城市建设和环境保护；（14）教育科技和质量监督；（15）文化卫生体育和广播；（16）档案工会妇联优抚和社会保障；（17）各县市区国民经济主要指标；（18）乡镇经济社会基本情况；（19）各市国民经济主要指标；（20）长江三角洲各城市国民经济主要指标；（21）统计公报。

为了便于读者使用，每篇章后均附有主要统计指标解释，并在部分表下作了简要注释。

三、本年鉴对过去发表的统计资料重新予以核实，并按统计口径的变化对历史年份数据作了调整，凡以往统计资料与本年鉴不一致的，均以本年鉴为准。

四、本年鉴中部分数据合计数或相对数由于单位取舍不同而产生的计算误差，均未做机械调整。

五、本年鉴中使用的符号：“#”表示其中的主要项；“…”表示数据不足本表最小单位数；“空格”表示无该项指标数据或数据不详。

《台州统计年鉴》自公开出版以来，受到社会各界和重视和好评，为进一步提高年鉴的编辑水平，欢迎读者提出宝贵意见。

目 录

一、综 合

二、人口和从业人员

三、农　业

四、工　业

五、固定资产投资和建筑业

六、交通运输邮电通信和电力

七、原材料和能源

八、批发零售和住宿餐饮业

九、对外经济贸易和旅游

十、财政金融保险

十一、物　价

十二、人民生活

十三、城市建设和环境保护

十四、教育科技和质量监督

十五、文化卫生体育和广播

十六、档案工会妇联优抚和社会保障

十七、各县市区国民经济主要指标

十八、乡镇经济社会基本情况

十九、各市国民经济主要指标

二十、长江三角洲各城市国民经济主要指标

二十一、统计公报

1

综　合

General Survey

1-1　人口和自然资源

指　标	单位	2023年
一、人　口		
年末户籍总人口	(万人)	602.95
人口密度	(人/平方公里)	600
年末常住人口	(万人)	671.2
二、土　地		
土地面积	(平方公里)	10050.43
	(千公顷)	1005.04
山地、丘陵占总面积比重	(%)	73.0
平原占总面积比重	(%)	22.4
河流水面占总面积比重	(%)	4.6
三、森　林		
森林面积	(万公顷)	52.95
森林覆盖率	(%)	52.57
林木蓄积量	(万立方米)	3892.09
四、水文、水利		
淡水总面积	(千公顷)	51.16
滩涂围垦可利用资源	(千公顷)	66.62
年降水量	(毫米)	1348.1
水资源总量	(亿立方米)	56.53
水力资源蕴藏量	(万千瓦)	53.71
其中：可开发量	(万千瓦)	36.20
潮汐能已开发量	(千瓦)	4100
大陆岸线长度	(公里)	701
岛屿个数	(个)	921

注：人口资料取自公安户籍年报，下同。

1-2 行政区划土地面积和人口密度

(2023年)

地区	行政区划（个）						土地面积（平方公里）	人口密度（人/平方公里）
	镇数	乡数	街道办事处数	城市社区	居民委员会	村民委员会		
全市	**61**	**24**	**45**	**290**	**85**	**3023**	**10050**	**600**
市区	10	6	23	122	28	676	1680	978
椒江区	1		9	55	1	204	364	1578
黄岩区	5	6	8	35	15	297	988	617
路桥区	4		6	32	12	175	328	1403
三门县	6	1	3	16	5	271	1105	399
天台县	7	5	3	21		374	1432	415
仙居县	7	10	3	21		310	2000	259
温岭市	11		5	34	48	579	1074	1123
临海市	14		5	40	3	628	2251	529
玉环市	6	2	3	36	1	185	510	857

1-3 部分县市区平均气温

(2023年)

单位：摄氏度

地区	1月	2月	3月	4月	5月	6月	7月	8月	9月	10月	11月	12月	年平均
椒江区	8.7	9.9	13.5	17.9	22.2	26.5	30.2	28.8	28.0	21.7	16.1	9.8	19.4
三门县	7.5	8.8	12.7	17.5	21.7	26.0	29.7	28.1	26.8	20.2	14.4	8.3	18.5
天台县	7.2	8.7	13.2	17.8	22.0	25.9	29.3	27.9	26.6	19.9	14.2	7.6	18.4
仙居县	8.1	9.7	14.2	18.7	23.0	26.6	30.1	28.4	27.6	20.8	15.3	8.8	19.3
温岭市	8.9	9.8	13.7	18.0	22.0	26.5	30.1	28.4	27.5	21.3	16.1	10.0	19.4
临海市	7.9	9.5	13.6	18.2	22.3	26.5	29.8	28.4	27.3	20.6	14.7	8.5	18.9
玉环市	8.9	9.2	12.7	16.7	20.6	25.2	28.1	28.0	27.1	21.4	16.6	10.1	18.7

1-4　部分县市区日照时数

(2023年)　　单位：小时

地　区	1月	2月	3月	4月	5月	6月	7月	8月	9月	10月	11月	12月	全年
椒江区	141.8	81.1	138.6	124.3	164.1	91.6	173.3	132.1	174.1	134.0	177.3	167.7	1700.0
三门县	147.9	93.1	149.3	127.1	160.3	106.3	175.5	138.1	157.2	144.6	172.2	161.0	1732.6
天台县	160.9	119.2	168.8	163.4	200.6	156.3	215.3	232.4	218.3	182.5	204.0	178.0	2199.7
仙居县	161.7	127.9	167.2	166.4	181.9	136.2	198.1	189.9	209.9	162.6	199.3	179.7	2080.8
温岭市	148.6	96.6	163.6	166.3	183.6	152.4	229.4	186.4	204.4	167.2	194.4	177.5	2070.4
临海市	162.5	118.8	181.7	184.8	207.4	171.2	241.0	221.1	209.6	177.2	178.4	166.8	2220.5
玉环市	159.9	125.6	187.3	193.3	218.6	187.4	259.5	246.3	270.2	193.6	220.8	180.8	2443.3

1-5　部分县市区降水量

(2023年)　　单位：毫米

地　区	1月	2月	3月	4月	5月	6月	7月	8月	9月	10月	11月	12月	全年
椒江区	47.1	54.8	97.2	101.2	101.3	178.7	239.0	199.5	29.4	71.4	59.6	52.2	1231.4
三门县	23.4	51.6	86.4	107.4	70.2	150.4	363.6	97.8	35.8	90.7	51.0	33.1	1161.4
天台县	26.4	78.1	105.0	137.7	64.1	176.6	163.8	118.9	122.9	35.3	57.3	17.7	1103.8
仙居县	31.2	79.7	108.7	135.6	76.7	185.4	124.7	63.7	57.4	34.3	51.6	24.1	973.1
温岭市	53.6	69.8	96.7	108.3	110.6	86.8	143.4	225.6	148.6	87.0	135.0	53.4	1318.8
临海市	40.2	54.3	86.4	126.3	90.2	131.6	177.8	105.6	158.8	61.7	28.7	31.6	1093.2
玉环市	49.5	56.7	75.8	79.9	55.3	85.0	86.7	234.4	52.5	32.5	56.8	32.8	897.9

1-6 主要年份国民经济和社会发展主要指标

指　　标		1949年	1978年	1990年	1994年	2000年	2010年	2020年	2021年	2022年	2023年
年末户籍总人口	(万人)	240.57	452.71	515.49	526.31	546.62	583.14	606.98	605.94	604.95	602.95
年末常住人口	(万人)						597.4	662.7	666.1	667.8	671.2
年末从业人员数	(万人)		176.88	307.23	330.65	340.48	367.56	382.61	385.39	384.07	385.02
在岗职工人数	(万人)		22.90	33.49	33.64	32.56	64.81	115.71	113.36	121.44	117.74
生产总值(当年价)	(亿元)	1.32	10.13	78.91	270.08	613.31	2451.68	5238.39	5794.89	6040.72	6240.68
第一产业增加值	(亿元)	1.00	4.74	23.89	63.82	84.60	157.66	294.87	311.83	330.06	334.03
第二产业增加值	(亿元)	0.08	3.03	31.90	130.91	322.38	1277.99	2276.43	2556.13	2369.10	2628.43
第三产业增加值	(亿元)	0.24	2.36	23.12	75.36	206.33	1016.03	2667.09	2926.93	3071.56	3278.22
在生产总值中：工业增加值	(亿元)		2.52	27.90	117.05	292.99	1148.50	1906.96	2172.04	2238.61	2229.94
人均生产总值(当年价)	(元)						41608	79520	87220	90572	93214
全社会客运周转量	(亿人公里)		4.38	24.82	33.99	60.92	97.71	30.64	32.04	27.14	31.71
公　路	(亿人公里)		3.20	23.67	33.06	60.52	90.58	17.86	12.20	6.29	8.20
水　运	(亿人公里)		1.18	1.15	0.93	0.40	0.23	0.14	0.13	0.17	0.19
全社会货运周转量	(亿吨公里)		5.26	27.75	59.20	126.51	1110.64	1797.05	1957.89	2034.91	2099.82
公　路	(亿吨公里)		0.34	6.84	20.14	36.74	141.98	196.72	264.45	260.13	302.59
水　运	(亿吨公里)		4.92	20.91	39.06	89.78	968.66	1599.72	1692.74	1774.25	1796.78
财政总收入	(亿元)		1.19	6.59	16.89	53.18	310.62	682.83	770.06	726.54	831.94
地方财政收入	(亿元)				8.65	26.15	164.88	401.24	455.43	440.75	494.28
地方财政支出	(亿元)		0.99	4.99	12.20	33.19	222.76	700.14	734.81	834.93	836.61
金融机构年末人民币存款余额	(亿元)		1.64	31.26	106.19	528.96	3562.80	10452.09	11836.52	13717.19	15440.79
金融机构年末人民币贷款余额	(亿元)		3.46	30.79	83.81	330.43	2940.51	9832.45	11603.05	13708.91	15920.16
社会消费品零售总额	(亿元)		4.92	37.15	103.44	218.59	945.77	2396.07	2505.62	2585.98	2766.23
外贸进出口总额	(亿美元)			0.10	2.45	11.44	170.01	274.70	371.30	416.84	390.99
其中：外贸出口总额	(亿美元)			0.10	2.03	8.69	139.63	254.79	340.02	380.06	358.28
城镇常住居民人均可支配收入	(元)			1595	4960	8728	26802	62598	68053	70737	73879
农村常住居民人均可支配收入	(元)					4668	12287	32188	35419	37700	40153
普通高校在校学生数	(人)		413	962	1794	4125	29749	39955	42356	44744	46144
成人高等学校在校学生数	(人)			1962	1546	4802	22323	36160	36489	33917	33136
普通中学在校学生数	(万人)		22.58	20.01	22.21	33.41	28.68	31.34	31.30	31.38	31.50
小学在校学生数	(万人)		64.96	46.03	49.75	37.05	43.05	42.56	42.24	42.01	42.66
幼儿园在园儿童数	(万人)		0.85	7.19	8.48	9.79	25.98	19.25	19.36	19.11	16.78
卫生机构数	(个)		618	730	698	645	1380	3662	3805	3896	3954
其中：医院、卫生院	(个)		417	351	393	340	220	235	234	238	243
卫生机构床位数	(张)		4788	7030	7861	9559	16528	31594	31482	33674	36224
其中：医院、卫生院	(张)		4723	6902	7695	9459	16088	30533	30423	32616	34978
卫生技术人员	(人)		6998	11011	12406	14841	26765	49445	50335	52455	57327
其中：医　生	(人)		2743	4512	4950	6479	11521	20053	20491	21486	22529

注：人均生产总值按常住人口计算。

1-7　按登记注册类型分法人单位数

(2022年)　　单位：个

项　目	法人单位数	单产业法人	多产业法人
总　计	**212972**	**210631**	**2341**
按登记注册类型分组			
内　资	**212379**	**210071**	**2308**
国　有	3630	3593	37
集　体	3212	3187	25
股份合作	2682	2653	29
联　营	22	22	
国有联营	3	3	
集体联营	1	1	
国有与集体联营	5	5	
其他联营	13	13	
有限责任公司	4379	4148	231
国有独资公司	492	450	42
其他有限责任公司	3887	3698	189
股份有限公司	340	249	91
私　营	178990	177119	1871
私营独资	15994	15844	150
私营合伙	3804	3775	29
私营有限责任公司	157599	155982	1617
私营股份有限公司	1593	1518	75
其他内资	19124	19100	24
港澳台商投资	**247**	**236**	**11**
与港澳台商合资经营	110	107	3
与港澳台商合作经营	4	4	
港澳台商独资	120	112	8
港澳台商投资股份有限公司	13	13	
其他港、澳、台商投资			
外商投资	**346**	**324**	**22**
中外合资经营	163	157	6
中外合作经营	3	3	
外资企业	162	148	14
外商投资股份有限公司	13	11	2
其他外商投资	5	5	

1-8　按机构类型和行业分法人单位数

(2022年)　　单位：个

项　目	法　人单位数	单产业法　人	多产业法　人
总　计	**212972**	**210631**	**2341**
按机构类型分组			
企　业	187376	185080	2296
事业单位	2362	2354	8
机　关	795	781	14
社会团体	2701	2699	2
民办非企业单位	4854	4854	
基金会	63	63	
居委会	357	356	1
村委会	3009	2998	11
农民专业合作社	7553	7546	7
农村集体经济组织	2373	2373	
其他组织机构	1529	1527	2
按三次产业分组			
第一产业	8122	8103	19
第二产业	73465	72852	613
第三产业	131385	129676	1709
法人单位数中：工业	65682	65289	393
按国民经济行业分组			
农、林、牧、渔业	**8428**	**8409**	**19**
农　业	6081	6071	10
林　业	302	299	3
畜牧业	835	832	3
渔　业	904	901	3
农、林、牧、渔专业及辅助性活动	306	306	

1-8　续表 1

(2022年)　　单位：个

项　目	法　人单位数	单产业法　人	多产业法　人
采矿业	**78**	**76**	**2**
有色金属矿采选业	5	5	
非金属矿采选业	69	67	2
开采专业及辅助性活动	2	2	
其他采矿业	2	2	
制造业	**64782**	**64406**	**376**
农副食品加工业	589	581	8
食品制造业	280	274	6
酒、饮料和精制茶制造业	155	149	6
纺织业	1376	1363	13
纺织服装、服饰业	1549	1538	11
皮革、毛皮、羽毛及其制品和制鞋业	4614	4602	12
木材加工和木、竹、藤、棕、草制品业	630	626	4
家具制造业	921	918	3
造纸和纸制品业	1748	1746	2
印刷和记录媒介复制业	864	854	10
文教、工美、体育和娱乐用品制造业	3357	3341	16
石油、煤炭及其他燃料加工业	42	42	
化学原料和化学制品制造业	800	790	10
医药制造业	233	224	9
化学纤维制造业	53	53	
橡胶和塑料制品业	8385	8349	36
非金属矿物制品业	1721	1706	15
黑色金属冶炼和压延加工业	184	183	1
有色金属冶炼和压延加工业	361	360	1
金属制品业	4428	4396	32
通用设备制造业	10658	10606	52

1-8 续表 2

(2022年) 单位：个

项　　目	法　人单位数	单产业法　人	多产业法　人
专用设备制造业	8304	8274	30
汽车制造业	5401	5381	20
铁路、船舶、航空航天和其他运输设备制造业	1506	1492	14
电气机械和器材制造业	4577	4544	33
计算机、通信和其他电子设备制造业	539	519	20
仪器仪表制造业	693	688	5
其他制造业	356	352	4
废弃资源综合利用业	207	205	2
金属制品、机械和设备修理业	251	250	1
电力、热力、燃气及水生产和供应业	**822**	**807**	**15**
电力、热力生产和供应业	573	568	5
燃气生产和供应业	40	37	3
水的生产和供应业	209	202	7
建筑业	**8036**	**7815**	**221**
房屋建筑业	1249	1171	78
土木工程建筑业	1858	1768	90
建筑安装业	923	898	25
建筑装饰、装修和其他建筑业	4006	3978	28
批发和零售业	**67336**	**66769**	**567**
批发业	25825	25640	185
零售业	41511	41129	382
交通运输、仓储和邮政业	**3755**	**3630**	**125**
铁路运输业	6	6	
道路运输业	2404	2360	44
水上运输业	253	249	4
航空运输业	13	13	

1-8　续表 3

(2022年)　　　　单位：个

项　　目	法　人单位数	单产业法　人	多产业法　人
多式联运和运输代理业	598	571	27
装卸搬运和仓储业	275	268	7
邮政业	206	163	43
住宿和餐饮业	**2882**	**2782**	**100**
住宿业	850	826	24
餐饮业	2032	1956	76
信息传输、软件和信息技术服务业	**3710**	**3668**	**42**
电信、广播电视和卫星传输服务	84	77	7
互联网和相关服务	703	694	9
软件和信息技术服务业	2923	2897	26
金融业	**541**	**456**	**85**
货币金融服务	160	110	50
资本市场服务	176	176	
保险业	68	35	33
其他金融业	137	135	2
房地产业	**4439**	**4323**	**116**
房地产业	4439	4323	116
租赁和商务服务业	**16020**	**15789**	**231**
租赁业	2250	2241	9
商务服务业	13770	13548	222
科学研究和技术服务业	**5709**	**5602**	**107**
研究和试验发展	664	662	2
专业技术服务业	2840	2750	90
科技推广和应用服务业	2205	2190	15
水利、环境和公共设施管理业	**1457**	**1442**	**15**
水利管理业	107	105	2

1-8 续表 4

(2022年) 单位：个

项　　目	法　人 单位数	单产业 法　人	多产业 法　人
生态保护和环境治理业	257	254	3
公共设施管理业	910	901	9
土地管理业	183	182	1
居民服务、修理和其他服务业	**5224**	**5137**	**87**
居民服务业	3251	3192	59
机动车、电子产品和日用产品修理业	1253	1229	24
其他服务业	720	716	4
教　　育	**5300**	**5217**	**83**
教　育	5300	5217	83
卫生和社会工作	**1893**	**1812**	**81**
卫　生	984	908	76
社会工作	909	904	5
文化、体育和娱乐业	**3034**	**2992**	**42**
新闻和出版业	21	20	1
广播、电视、电影和录音制作业	432	421	11
文化艺术业	967	965	2
体　育	527	511	16
娱乐业	1087	1075	12
公共管理、社会保障和社会组织	**9526**	**9499**	**27**
中国共产党机关	97	97	
国家机构	1397	1384	13
人民政协、民主党派	28	28	
社会保障	21	21	
群众团体、社会团体和其他成员组织	4105	4103	2
基层群众自治组织及其他组织	3878	3866	12

1-9　主要年份生产总值

单位：亿元

年　份	生产总值	第一产业	第二产业	第三产业	在生产总值中：工　业	人均生产总值	
						人民币(元)	美　元
1949	1.32	1.00	0.08	0.24	0.08	55	24
1952	1.89	1.35	0.18	0.36	0.17	75	29
1957	2.74	1.67	0.45	0.62	0.40	99	40
1962	3.50	1.98	0.61	0.91	0.53	116	47
1965	4.23	2.56	0.64	1.03	0.54	126	51
1970	5.45	3.22	0.97	1.26	0.81	141	57
1975	6.65	3.53	1.74	1.38	1.49	154	78
1978	10.13	4.74	3.03	2.36	2.52	225	143
1979	12.53	5.89	3.90	2.74	3.34	275	184
1980	14.28	6.18	4.88	3.22	4.19	311	203
1981	15.87	6.69	5.50	3.68	4.79	342	201
1982	18.25	8.62	5.66	3.97	4.87	388	205
1983	20.27	8.81	6.81	4.65	6.02	425	215
1984	25.26	10.60	9.01	5.64	8.02	523	225
1985	33.78	13.44	12.76	7.58	11.31	693	236
1986	38.32	14.56	14.49	9.27	12.88	777	225
1987	45.78	16.67	18.11	11.00	15.78	917	246
1988	62.08	20.33	25.59	16.16	22.48	1227	330
1989	72.92	22.33	30.79	19.80	27.43	1427	379
1990	78.91	23.89	31.90	23.12	27.90	1534	321
1991	100.53	29.99	38.46	32.08	33.30	1945	246
1992	126.19	33.38	52.10	40.72	45.42	2430	330
1993	177.84	41.51	85.01	51.32	74.81	3407	379
1994	270.08	63.82	130.91	75.36	117.05	5146	597
1995	380.84	83.09	187.49	110.26	164.80	7214	864
1996	445.79	90.80	222.63	132.36	200.15	8391	1009
1997	466.97	84.10	235.09	147.78	214.56	8737	1054
1998	505.42	87.45	256.44	161.53	233.06	9399	1135
1999	550.62	88.41	282.67	179.54	257.13	10173	1229
2000	613.31	84.60	322.38	206.33	292.99	11257	1360
2001	680.80	86.96	355.33	238.51	323.00	12433	1502
2002	782.85	89.17	403.27	290.42	367.47	14728	1779
2003	908.87	90.72	472.96	345.19	427.25	16908	2043
2004	1081.64	94.24	565.28	422.11	508.97	19861	2400
2005	1256.11	102.64	665.26	488.21	606.22	22800	2783
2006	1469.11	105.97	794.06	569.08	721.02	26338	3304
2007	1729.75	112.97	944.58	672.20	861.38	30582	4022
2008	1964.48	121.83	1059.90	782.74	967.47	34325	4943
2009	2056.51	130.48	1076.25	849.78	971.20	35576	5208
2010	2451.68	157.66	1277.99	1016.03	1148.50	41608	6147
2011	2788.35	185.13	1421.25	1181.97	1263.79	46453	7192
2012	2944.22	195.70	1457.21	1291.31	1283.33	48480	7680
2013	3192.67	205.21	1550.89	1436.57	1356.65	51943	8388
2014	3410.16	208.47	1648.97	1552.73	1409.04	54923	8941
2015	3571.47	221.34	1650.58	1699.55	1377.30	56880	9132
2016	3874.87	243.79	1748.84	1882.25	1470.43	61050	9191
2017	4386.04	255.90	2019.90	2110.23	1699.92	68510	10147
2018	4880.32	268.47	2267.74	2344.11	1895.85	75570	11420
2019	5102.17	283.06	2299.93	2519.18	1931.53	78278	11347
2020	5238.39	294.87	2276.43	2667.09	1906.96	79520	11529
2021	5794.89	311.83	2556.13	2926.93	2172.04	87220	13519
2022	6020.41	308.67	2647.22	3064.52	2246.85	90268	13421
2023	6240.68	334.03	2628.43	3278.22	2229.94	93214	13228

注：本表按当年价格计算。人均生产总值从2002年开始均按常住人口计算。2004年起第一产业包括农林牧渔服务业，2013年起三次产业分类依据国家统计局2012年制定的《三次产业划分规定》。下同。

1-10 分行业增加值(一)

(1992-2023年)　　单位：亿元

年份	农、林、牧、渔业	工业	建筑业	批发和零售业	交通运输、仓储及邮政业	住宿和餐饮业
1992	33.38	45.42	6.68	13.37	9.61	1.82
1993	41.51	74.81	10.20	18.22	10.97	2.24
1994	63.82	117.05	13.86	27.62	15.28	3.80
1995	83.09	164.80	22.69	40.11	20.63	6.69
1996	90.80	200.15	22.47	48.77	22.10	7.76
1997	84.10	214.56	20.53	52.04	24.30	8.33
1998	87.45	233.06	23.38	53.75	26.79	8.26
1999	88.41	257.13	25.54	57.95	28.89	8.83
2000	84.60	292.99	29.40	64.92	31.80	9.99
2001	86.96	323.00	32.33	71.72	33.76	11.02
2002	89.17	367.47	35.80	85.07	38.46	13.59
2003	90.72	427.25	45.72	98.48	43.03	16.18
2004	94.24	508.97	56.31	115.83	48.18	20.11
2005	102.64	606.22	59.04	127.99	54.25	23.76
2006	105.97	721.02	73.04	145.10	65.66	26.59
2007	112.97	861.38	83.21	169.14	73.79	31.57
2008	121.83	967.47	92.43	193.57	83.86	37.57
2009	130.48	971.20	105.06	219.92	77.95	39.60
2010	157.66	1148.50	129.49	258.57	86.90	45.71
2011	185.13	1263.79	157.46	313.91	93.24	52.87
2012	195.70	1283.33	173.88	365.44	97.93	61.65
2013	207.25	1356.65	196.92	412.26	101.83	66.90
2014	210.61	1409.04	242.15	448.35	105.79	80.99
2015	223.67	1377.30	274.91	479.06	111.81	89.97
2016	246.33	1470.43	279.72	520.05	116.06	93.42
2017	258.67	1699.92	321.37	564.27	123.08	99.24
2018	271.56	1895.85	373.18	605.03	123.16	104.30
2019	286.56	1931.53	369.77	646.81	125.50	113.65
2020	298.86	1906.96	370.72	657.80	121.19	107.73
2021	316.26	2172.04	385.49	738.36	133.20	130.48
2022	313.06	2246.85	401.93	785.09	135.04	138.57
2023	338.65	2229.94	400.40	851.30	159.63	160.94

1-11　分行业增加值(二)

(1992-2023年)　　单位：亿元

年　份	金融业	房地产业	其　他 服务业	营利性服务业	非营利性服务业
1992	3.26	3.74	8.91		
1993	4.44	5.18	10.28		
1994	5.94	7.07	15.64		
1995	10.18	9.40	23.25		
1996	11.16	11.21	31.36		
1997	8.87	14.08	40.16		
1998	10.75	13.62	48.36		
1999	11.10	16.90	55.88		
2000	11.97	20.47	67.18		
2001	15.97	25.15	80.89		
2002	22.84	30.80	99.67		
2003	28.55	40.82	118.13		
2004	32.77	52.97	152.25	59.18	93.07
2005	49.51	57.87	174.85	69.13	105.71
2006	65.74	67.77	198.22	80.52	117.70
2007	89.72	80.63	227.34	93.71	133.63
2008	117.71	99.74	250.29	102.18	148.11
2009	137.05	109.05	266.20	98.57	167.63
2010	177.56	150.98	296.30	108.15	188.16
2011	213.89	173.27	334.80	122.64	212.16
2012	198.52	186.41	381.36	128.82	252.54
2013	224.29	208.91	417.66	141.25	276.41
2014	243.06	213.97	456.21	150.67	305.54
2015	261.34	238.37	515.06	165.42	349.63
2016	275.52	280.77	592.57	185.20	407.37
2017	303.44	336.91	679.15	207.20	471.95
2018	332.83	388.44	785.98	243.44	542.54
2019	373.20	401.44	853.70	270.81	582.89
2020	418.38	470.71	886.04	324.31	561.73
2021	463.32	493.61	962.14	363.67	598.46
2022	518.87	495.90	985.10	389.17	595.93
2023	568.70	479.82	1051.32	440.79	610.53

注：2020年开始，科学研究和技术服务业由非营利性服务业划入营利性服务业。

1-12　主要年份生产总值构成

单位：%

年 份	生产总值	第一产业	第二产业	第三产业	在生产总值中：工　业
1949	100.00	75.69	6.12	18.19	5.88
1952	100.00	71.65	9.46	18.89	8.76
1957	100.00	61.03	16.32	22.65	14.40
1962	100.00	56.63	17.32	26.05	15.16
1965	100.00	60.63	15.11	24.26	12.72
1970	100.00	59.00	17.77	23.23	14.89
1975	100.00	53.08	26.22	20.70	22.42
1978	100.00	46.79	29.91	23.30	24.88
1979	100.00	47.01	31.16	21.83	26.66
1980	100.00	43.28	34.15	22.57	29.34
1981	100.00	42.15	34.65	23.20	30.18
1982	100.00	47.23	31.01	21.77	26.68
1983	100.00	43.46	33.60	22.93	29.70
1984	100.00	41.97	35.69	22.34	31.76
1985	100.00	39.79	37.78	22.43	33.48
1986	100.00	38.00	37.80	24.20	33.61
1987	100.00	36.42	39.55	24.03	34.47
1988	100.00	32.75	41.23	26.03	36.21
1989	100.00	30.62	42.22	27.16	37.62
1990	100.00	30.27	40.43	29.30	35.36
1991	100.00	29.83	38.26	31.91	33.12
1992	100.00	26.45	41.28	32.27	35.99
1993	100.00	23.34	47.80	28.86	42.07
1994	100.00	23.63	48.47	27.90	43.34
1995	100.00	21.82	49.23	28.95	43.27
1996	100.00	20.37	49.94	29.69	44.90
1997	100.00	18.01	50.34	31.65	45.95
1998	100.00	17.30	50.74	31.96	46.11
1999	100.00	16.06	51.34	32.61	46.70
2000	100.00	13.79	52.56	33.64	47.77
2001	100.00	12.77	52.19	35.03	47.44
2002	100.00	11.39	51.51	37.10	46.94
2003	100.00	9.98	52.04	37.98	47.01
2004	100.00	8.71	52.26	39.03	47.06
2005	100.00	8.17	52.96	38.87	48.26
2006	100.00	7.21	54.05	38.74	49.08
2007	100.00	6.53	54.61	38.86	49.80
2008	100.00	6.20	53.95	39.84	49.25
2009	100.00	6.34	52.33	41.32	47.23
2010	100.00	6.43	52.13	41.44	46.85
2011	100.00	6.64	50.97	42.39	45.32
2012	100.00	6.65	49.49	43.86	43.59
2013	100.00	6.43	48.58	45.00	42.49
2014	100.00	6.11	48.35	45.53	41.32
2015	100.00	6.20	46.22	47.59	38.56
2016	100.00	6.29	45.13	48.58	37.95
2017	100.00	5.83	46.05	48.11	38.76
2018	100.00	5.50	46.47	48.03	38.85
2019	100.00	5.55	45.08	49.37	37.86
2020	100.00	5.63	43.46	50.91	36.40
2021	100.00	5.38	44.11	50.51	37.48
2022	100.00	5.13	43.97	50.90	37.32
2023	100.00	5.35	42.12	52.53	35.73

1-13　主要年份生产总值指数

(以1952年为100)

年 份	生产总值	第一产业	第二产业	第三产业	在生产总值中:工　业	人　均生产总值
1949	72.50	75.91	51.60	62.21	53.58	75.41
1952	100.00	100.00	100.00	100.00	100.00	100.00
1957	141.90	136.40	189.30	149.90	175.70	127.00
1962	137.40	121.80	235.10	184.00	220.90	113.10
1965	183.60	168.30	267.50	237.30	247.40	136.90
1970	223.60	196.30	405.70	297.40	395.10	144.30
1975	266.60	196.10	797.40	420.50	780.90	154.10
1978	385.00	251.30	1355.90	698.90	1201.80	213.10
1979	436.81	255.21	1749.94	795.80	1611.41	238.95
1980	485.74	250.83	2138.36	909.90	2131.84	263.13
1981	532.67	267.11	2395.09	1020.89	2428.03	285.75
1982	584.64	315.47	2441.67	1085.81	2445.32	309.40
1983	638.68	321.72	2860.87	1220.97	2939.98	333.19
1984	772.88	377.85	3655.90	1432.43	3795.42	398.77
1985	938.24	395.39	5196.46	1690.97	5423.19	479.24
1986	1039.11	422.09	5803.30	1951.71	6111.80	524.88
1987	1192.18	448.80	7117.57	2190.09	7421.21	594.54
1988	1445.86	389.81	9941.01	2887.93	10587.95	711.59
1989	1642.74	402.63	11834.00	3213.91	12825.48	800.30
1990	1734.03	388.25	12479.88	3655.80	13487.54	839.54
1991	2132.36	440.13	15278.82	4886.04	16381.73	1027.18
1992	2589.58	450.35	20590.11	5929.74	22222.17	1241.40
1993	3198.92	469.49	28848.22	6790.19	32247.29	1526.03
1994	4055.17	548.52	38234.75	8388.36	43204.29	1923.81
1995	5049.45	637.38	48982.03	10334.27	54366.52	2381.60
1996	5804.89	670.52	58633.16	11546.66	66430.67	2720.72
1997	6115.46	643.70	62764.87	12372.30	72029.13	2849.07
1998	6840.38	700.99	70987.98	13707.40	81266.57	3167.44
1999	7678.87	733.94	80762.04	15469.57	92663.22	3532.71
2000	8608.71	720.73	91978.84	17755.06	105565.50	3934.65
2001	9671.73	748.12	102340.98	20870.06	117732.41	4398.14
2002	11016.46	767.28	117107.66	24466.77	135306.91	4964.88
2003	12655.74	774.35	136435.49	28615.63	157158.42	5640.00
2004	14482.81	775.11	156998.96	33606.83	181109.16	6370.68
2005	16482.44	778.33	181824.25	38345.61	211499.23	7167.16
2006	18858.45	800.62	210598.08	44067.94	243549.47	8099.27
2007	21614.99	813.59	245265.16	50470.92	285808.25	9154.79
2008	23617.21	833.04	265931.77	56315.17	312398.02	9885.62
2009	25605.19	850.28	286548.56	62111.24	334462.26	10611.14
2010	28991.03	887.44	328044.24	70068.10	383527.47	11786.52
2011	31289.74	915.09	349247.94	77438.58	407304.07	12487.64
2012	33548.57	938.15	371068.48	84467.05	430104.71	13233.70
2013	36219.03	945.32	401959.29	91644.17	462999.52	14116.25
2014	38891.50	965.95	434287.88	98286.19	491261.35	15005.26
2015	41357.91	1000.60	449348.31	108177.03	498264.27	15778.97
2016	44499.84	1044.09	483529.52	116842.68	541107.22	16795.79
2017	48073.42	1074.22	530993.50	124963.43	600052.37	17988.70
2018	51695.40	1083.98	577403.62	133883.42	655844.76	19176.28
2019	54256.30	1094.25	594907.77	143722.30	683324.14	19940.97
2020	56022.38	1119.66	610240.38	149487.06	701186.42	20372.83
2021	60697.95	1181.11	670442.05	160496.93	784996.26	21885.42
2022	62247.08	1215.70	679362.02	166240.08	792340.09	22358.17
2023	65017.29	1261.71	688051.26	178262.44	803633.64	23264.24

1-14 主要年份生产总值指数

(以上年为100)

年 份	生产总值	第一产业	第二产业	第三产业	在生产总值中:工 业	人 均 生产总值
1978	117.99	115.81	125.78	114.61	122.00	116.58
1979	113.46	101.56	129.06	113.86	134.08	112.13
1980	111.20	98.28	122.20	114.34	132.30	110.12
1981	109.67	106.50	112.01	112.20	113.90	108.62
1982	109.76	118.11	101.95	106.36	100.71	108.28
1983	109.25	101.99	117.17	112.45	120.23	107.69
1984	121.01	117.45	127.79	117.32	129.10	119.69
1985	121.38	104.62	142.13	118.04	142.88	120.14
1986	110.77	106.79	111.68	115.43	112.71	109.57
1987	114.73	106.33	122.65	112.22	121.43	113.28
1988	121.28	86.86	139.58	131.70	142.67	119.69
1989	113.62	103.29	119.04	111.29	121.13	112.47
1990	105.53	96.39	105.52	113.88	105.15	104.85
1991	123.01	113.42	122.36	133.50	121.47	122.43
1992	121.44	102.33	134.76	121.36	135.65	120.87
1993	123.53	104.25	140.11	114.51	145.11	122.93
1994	126.72	116.77	132.62	123.68	133.96	125.98
1995	124.52	116.20	128.11	123.20	125.84	123.80
1996	114.96	105.20	119.70	111.73	122.19	114.24
1997	105.35	96.00	107.05	107.15	108.43	104.72
1998	111.85	108.90	113.10	110.79	112.82	111.17
1999	112.26	104.70	113.77	112.86	114.02	111.53
2000	112.11	98.20	113.89	114.77	113.92	111.38
2001	112.35	103.80	111.27	117.54	111.53	111.78
2002	113.90	102.56	114.43	117.23	114.93	112.89
2003	114.88	100.92	116.50	116.96	116.15	113.60
2004	114.44	100.10	115.07	117.44	115.24	112.96
2005	113.81	100.42	115.81	114.10	116.78	112.50
2006	114.42	102.86	115.83	114.92	115.15	113.01
2007	114.62	101.62	116.46	114.53	117.35	113.03
2008	109.26	102.39	108.43	111.58	109.30	107.98
2009	108.42	102.07	107.75	110.29	107.06	107.34
2010	113.22	104.37	114.48	112.81	114.67	111.08
2011	107.93	103.12	106.46	110.52	106.20	105.95
2012	107.22	102.52	106.25	109.08	105.60	105.97
2013	107.96	100.76	108.32	108.50	107.65	106.67
2014	107.38	102.18	108.04	107.25	106.10	106.30
2015	106.34	103.59	103.47	110.06	101.43	105.16
2016	107.60	104.35	107.61	108.01	108.60	106.44
2017	108.03	102.89	109.82	106.95	110.89	107.10
2018	107.53	100.91	108.74	107.14	109.30	106.60
2019	104.95	100.95	103.03	107.35	104.19	103.99
2020	103.26	102.32	102.58	104.01	102.61	102.17
2021	108.35	105.49	109.87	107.37	111.95	107.42
2022	102.55	102.93	101.33	103.58	100.94	102.16
2023	104.45	103.78	101.28	107.23	101.43	104.05

1-15　分行业增加值指数

(1992-2023年，以2004年为100)

年　份	农、林、牧、渔业	工　业	建筑业	批发和零售业	交通运输仓储及邮政业	住宿和餐饮业	金融业	房地产业	其　他服务业
1992	58.10	12.27	24.55	18.83	37.36	21.11	17.54	16.63	10.43
1993	60.57	17.81	25.92	23.27	36.68	20.29	20.34	20.56	12.36
1994	70.77	23.86	30.82	28.12	47.48	26.47	22.95	23.93	15.84
1995	82.23	30.02	46.96	35.71	52.85	39.25	33.75	24.91	19.80
1996	86.51	36.68	45.92	40.94	54.36	41.91	34.97	25.84	24.06
1997	83.05	39.77	42.17	43.38	57.71	44.31	27.69	32.34	27.24
1998	90.44	44.87	49.22	45.46	61.57	45.88	34.10	32.32	33.55
1999	94.69	51.16	54.41	50.08	64.65	50.55	36.05	40.82	39.80
2000	92.98	58.29	61.72	56.55	68.60	57.27	39.27	49.18	48.04
2001	96.52	65.01	67.08	64.58	71.88	63.82	54.23	59.88	58.99
2002	98.99	74.71	73.34	75.29	81.19	77.01	73.47	68.86	68.48
2003	99.90	86.78	88.24	87.43	90.69	88.95	91.39	84.24	79.87
2004	100.00	100.00	100.00	100.00	100.00	100.00	100.00	100.00	100.00
2005	100.42	116.78	105.60	109.51	110.04	116.35	148.84	108.24	113.11
2006	103.29	134.48	129.59	123.17	127.69	129.22	195.10	125.83	126.55
2007	104.96	157.81	139.81	138.37	140.30	144.60	253.61	142.24	143.47
2008	107.47	172.49	138.74	148.96	152.06	158.36	310.67	159.22	159.88
2009	109.70	184.67	160.54	170.93	146.54	162.87	370.52	180.04	172.10
2010	114.49	211.77	180.56	190.04	161.66	183.07	447.73	211.01	188.36
2011	118.06	224.89	196.46	216.52	174.64	197.92	506.65	226.35	204.78
2012	121.03	237.48	219.79	249.84	185.23	221.01	509.57	245.46	224.04
2013	122.00	255.65	250.17	279.05	197.04	233.74	573.66	264.01	234.33
2014	124.68	271.25	306.74	301.10	204.53	262.32	623.09	280.21	250.00
2015	129.20	275.12	358.14	325.43	218.11	282.34	684.18	320.03	279.42
2016	134.86	298.77	366.98	366.98	220.48	283.54	721.54	358.44	312.56
2017	138.80	331.32	381.93	368.74	231.09	291.84	758.53	379.95	343.01
2018	140.18	362.13	401.70	387.50	234.61	297.22	808.05	403.82	382.25
2019	141.67	377.30	386.49	412.59	243.41	311.92	923.40	418.32	411.12
2020	145.12	387.16	395.36	413.93	236.77	295.86	1014.54	457.18	429.11
2021	153.18	433.44	392.01	452.62	254.75	348.85	1076.67	477.52	457.82
2022	157.71	437.49	406.20	477.34	258.38	366.91	1179.91	467.71	468.50
2023	163.69	443.73	408.31	522.96	293.63	417.50	1338.18	448.35	497.42

1-16 市区主要年份生产总值

单位：万元

年 份	市 区	椒江区	黄岩区	路桥区
1978	32548	11798	12199	8551
1979	41787	16112	14963	10712
1980	47228	19456	16261	11512
1981	50843	22082	16567	12194
1982	59039	25289	19328	14422
1983	70505	31523	22186	16796
1984	92014	41982	28500	21531
1985	123012	49694	41634	31685
1986	134558	52163	46940	35455
1987	158033	58958	56567	42508
1988	204461	72331	75302	56828
1989	233516	76817	86557	70142
1990	251971	85480	89308	77183
1991	320142	106932	117033	96178
1992	416662	135425	155082	126155
1993	566571	175524	215144	175903
1994	889076	277480	344506	267090
1995	1219390	420112	394322	404956
1996	1469187	512340	475342	481505
1997	1664627	589163	506782	568682
1998	1846313	665377	539014	641923
1999	2057792	750645	584676	722471
2000	2315012	852007	646569	816436
2001	2559125	946555	704134	908437
2002	2938955	1081028	805273	1052654
2003	3409949	1272132	907349	1230468
2004	4065795	1526749	1061387	1477659
2005	4707540	1745141	1244872	1717526
2006	5484770	2017976	1469676	1997118
2007	6357933	2312961	1729017	2315956
2008	7173101	2529499	2009079	2634523
2009	7374758	2642595	2026397	2705766
2010	8636827	3107249	2344930	3184647
2011	9968987	3581018	2701316	3686653
2012	10713864	3794565	2902145	4017155
2013	11635112	4115252	3124724	4395137
2014	12483792	4382630	3407917	4693245
2015	13109220	4663053	3599755	4846413
2016	14098276	4962509	3933155	5202611
2017	16178654	5596945	4560418	6021292
2018	18058001	6351877	5088046	6618077
2019	18684515	6744129	5394765	6545622
2020	18814881	6932715	5406081	6476085
2021	20557519	7542091	5814639	7200788
2022	21321487	7719291	6113332	7488864
2023	22113432	7903403	6376952	7833077

1-17　各县市主要年份生产总值

单位：万元

年　份	三门县	天台县	仙居县	温岭市	临海市	玉环市
1978	7466	8526	8901	20355	18886	7910
1979	8347	9560	9579	26328	24162	9061
1980	9655	11307	10892	27552	27380	12849
1981	9795	12861	12833	32439	30403	15011
1982	11963	14452	14467	38050	35603	14439
1983	12577	15471	16195	42138	37204	15277
1984	15913	18594	18333	51657	45454	18665
1985	22798	25189	22548	69826	57830	27674
1986	26531	27417	26008	84676	74650	30742
1987	30993	31353	32580	107129	86161	39272
1988	40983	44292	44266	139991	112371	58652
1989	45282	53997	50121	152507	136167	59058
1990	46863	58527	53102	161212	137622	73143
1991	57381	69247	59045	216933	157599	98558
1992	66757	79406	70313	278919	194374	128821
1993	83114	109834	96943	421251	267318	173184
1994	116881	157202	129603	657951	411952	283692
1995	150638	196314	158030	933228	573323	393645
1996	172491	211334	177662	1160182	656810	479248
1997	139490	208921	187289	1245195	554209	525506
1998	173035	222958	203712	1353736	605975	577629
1999	194092	250604	227802	1482229	675992	656642
2000	222107	292820	255474	1656554	769872	745819
2001	244602	326569	273822	1782466	875558	828499
2002	291671	374218	322357	1996711	1017712	964328
2003	346115	437201	365210	2277769	1178192	1110045
2004	416916	534554	441062	2673278	1419827	1279815
2005	496453	622856	513219	3066839	1652692	1495957
2006	589337	724120	602060	3535320	1932379	1820590
2007	712064	840522	704491	4156486	2282498	2272493
2008	836622	964625	791830	4787823	2601800	2579373
2009	894321	1013556	844173	5039585	2797386	2476730
2010	1072333	1197196	1021343	5804450	3331043	3122502
2011	1248967	1394598	1189551	6619701	3766930	3633511
2012	1316530	1513259	1281737	6752300	3988793	3770240
2013	1422994	1635051	1415955	7389002	4356336	4083802
2014	1585315	1777728	1585141	7867032	4547683	4292244
2015	1733840	1948291	1727068	8042814	4848422	4415016
2016	1903886	2132811	1920166	8519401	5451238	4683683
2017	2148800	2395800	2172572	9213734	6304775	5279324
2018	2459161	2690999	2357343	10301945	6881693	5839124
2019	2627790	2900588	2512381	10951747	7149555	6198267
2020	2886661	3047159	2650486	11257036	7423651	6295730
2021	3232694	3400002	2828597	12531847	8344727	7025651
2022	3342599	3523992	3017281	13052584	8779159	7216936
2023	3506513	3688756	3210242	13513201	8918801	7459803

1-18 市区主要年份生产总值指数

(以1978年为100)

年 份	市 区	椒江区	黄岩区	路桥区
1978	100.00	100.00	100.00	100.00
1979	116.82	124.11	110.67	115.91
1980	126.21	143.02	116.29	118.21
1981	135.25	162.98	117.26	123.70
1982	152.34	182.87	130.00	143.28
1983	181.75	227.21	151.64	163.30
1984	228.63	291.88	187.18	202.07
1985	287.40	337.88	252.91	269.27
1986	310.30	354.33	279.57	296.03
1987	365.33	393.90	353.94	345.40
1988	405.60	390.97	436.49	385.73
1989	447.88	401.04	490.74	456.25
1990	471.14	410.82	517.19	493.99
1991	572.50	488.30	639.98	602.05
1992	739.30	647.89	815.32	766.68
1993	863.17	673.45	1004.40	947.66
1994	1075.81	885.85	1164.70	1215.51
1995	1316.58	1128.57	1285.70	1582.65
1996	1560.33	1370.54	1533.45	1820.95
1997	1781.98	1571.90	1663.63	2167.63
1998	2067.27	1863.53	1869.91	2527.81
1999	2384.34	2152.12	2127.96	2943.60
2000	2679.39	2415.56	2379.06	3325.16
2001	3005.38	2713.77	2664.55	3727.94
2002	3432.96	3067.81	3066.89	4280.24
2003	3931.12	3523.53	3474.79	4924.69
2004	4533.58	4078.81	3955.35	5711.28
2005	5162.15	4584.62	4554.97	6535.85
2006	5885.04	5184.88	5267.20	7434.24
2007	6654.10	5780.50	6055.66	8420.30
2008	7220.44	6085.36	6774.83	9196.12
2009	7709.18	6547.89	7062.11	9923.41
2010	8638.49	7354.79	7836.23	11174.46
2011	9437.78	7953.58	8595.48	12293.63
2012	10195.86	8399.13	9329.98	13521.39
2013	11001.10	9016.55	10073.17	14650.71
2014	11867.70	9649.13	10949.11	15833.39
2015	12598.95	10260.71	11697.13	16706.71
2016	13466.13	10883.86	12576.95	17907.54
2017	14621.86	11618.34	13790.08	19615.36
2018	15781.06	12653.48	14964.37	20905.79
2019	16316.63	13367.01	15943.36	20670.35
2020	16581.68	13707.90	16327.64	20679.35
2021	17698.10	14584.92	17155.65	22432.63
2022	18140.24	14725.21	17747.87	23181.94
2023	19027.12	15250.25	18680.24	24561.64

1-19　各县市主要年份生产总值指数

(以1978年为100)

年　份	三门县	天台县	仙居县	温岭市	临海市	玉环市
1978	100.00	100.00	100.00	100.00	100.00	100.00
1979	109.16	99.37	104.71	124.77	128.12	126.22
1980	112.08	114.88	130.29	129.65	145.32	156.70
1981	124.25	127.81	135.43	155.75	157.93	178.39
1982	139.95	138.66	139.54	175.85	172.82	162.03
1983	151.44	144.48	156.17	200.37	177.68	168.43
1984	185.21	167.38	182.28	246.82	201.17	201.79
1985	224.87	203.28	201.99	293.19	227.77	259.63
1986	240.62	211.51	225.66	372.32	285.39	278.31
1987	262.39	218.85	269.38	477.20	321.62	332.22
1988	311.39	275.47	335.51	559.87	374.73	457.68
1989	330.03	306.88	362.95	669.45	442.75	463.27
1990	327.33	322.07	377.83	731.81	403.49	497.55
1991	401.46	361.63	411.72	925.60	446.59	572.50
1992	454.79	394.30	431.41	1150.67	537.66	706.87
1993	492.65	460.92	547.64	1682.98	657.87	850.28
1994	557.09	543.24	626.95	2177.10	859.77	1130.88
1995	612.21	603.92	703.42	2670.24	969.79	1393.11
1996	610.68	621.85	766.81	3393.82	1087.64	1683.78
1997	498.36	614.14	819.32	3669.45	901.49	1906.02
1998	620.98	669.35	938.89	4162.68	1019.41	2141.09
1999	714.92	778.69	1078.83	4727.57	1169.65	2560.88
2000	803.27	908.08	1205.25	5301.42	1334.03	2957.20
2001	901.43	1018.70	1337.82	5787.66	1527.31	3344.60
2002	1044.76	1172.31	1530.08	6436.30	1755.55	3823.13
2003	1222.41	1343.35	1721.58	7270.97	2025.95	4373.48
2004	1417.93	1574.01	1973.47	8263.06	2360.12	5033.36
2005	1643.62	1787.93	2245.28	9275.54	2687.89	5741.33
2006	1917.77	2032.46	2585.47	10553.18	3077.73	6815.22
2007	2243.41	2289.10	2911.77	12073.97	3537.40	8303.99
2008	2510.88	2530.95	3154.04	13364.39	3894.97	9082.37
2009	2755.53	2738.07	3468.41	14621.95	4318.97	8955.98
2010	3130.84	3069.31	3968.52	16061.54	4926.06	10881.32
2011	3401.16	3413.85	4376.98	17339.45	5304.39	12136.11
2012	3584.72	3723.03	4782.12	18478.39	5701.35	12876.20
2013	3827.11	4004.98	5234.88	19866.89	6171.64	13893.79
2014	4241.84	4358.87	5845.94	21013.15	6480.12	14745.56
2015	4708.18	4814.67	6441.45	21927.62	7024.23	15514.02
2016	5114.73	5223.09	7207.43	23444.64	7675.77	16686.24
2017	5555.18	5650.34	7805.15	24949.95	8391.63	17967.44
2018	6124.80	6133.54	8188.61	26852.76	8972.05	19234.46
2019	6578.04	6565.99	8635.22	28159.21	9235.42	20222.87
2020	7203.44	6873.33	9071.04	29009.40	9584.20	20797.93
2021	7903.20	7554.84	9529.23	31576.67	10523.28	22737.39
2022	8120.48	7693.51	9953.05	32338.53	10897.15	23252.62
2023	8539.09	8119.73	10697.40	33656.89	11175.05	24243.53

1-20　市区主要年份第一产业增加值

单位：万元

年　份	市　区	椒江区	黄岩区	路桥区
1978	12763	3051	5170	4542
1979	16518	4981	6457	5080
1980	17311	5578	6295	5438
1981	18352	6128	6615	5609
1982	21590	7166	7769	6655
1983	21903	6815	8282	6806
1984	28034	9022	10437	8575
1985	34876	10268	13508	11100
1986	35628	10716	13675	11237
1987	40455	12906	15123	12426
1988	47543	14666	18048	14829
1989	49622	13805	19662	16155
1990	52736	16412	19940	16384
1991	60743	17412	24218	19113
1992	71567	17951	30501	23115
1993	84136	23208	35266	25661
1994	121306	37497	49985	33824
1995	172467	56160	58221	58086
1996	190767	61694	65266	63807
1997	170736	52837	56381	61518
1998	185514	58055	64684	62775
1999	185907	57009	67150	61748
2000	180337	52036	68458	59843
2001	185606	53794	70107	61705
2002	194692	57853	73259	63580
2003	194801	55175	75641	63986
2004	203055	57532	78150	67373
2005	218671	61474	81718	75479
2006	224892	63608	87181	74103
2007	225594	68202	90424	66968
2008	241098	74597	95718	70784
2009	257953	82729	101482	73741
2010	322750	115821	119928	87001
2011	374915	138537	134115	102262
2012	393865	147228	142561	104076
2013	412297	159277	144292	108728
2014	421037	162558	147353	111126
2015	445960	175178	153475	117307
2016	491571	194519	167562	129490
2017	500642	201484	171422	127736
2018	523077	211447	179320	132310
2019	555979	223716	192871	139392
2020	569227	230955	196153	142119
2021	546994	181699	219501	145794
2022	526472	161241	218499	146732
2023	573193	176189	238250	158754

1-21　各县市主要年份第一产业增加值

单位：万元

年　份	三门县	天台县	仙居县	温岭市	临海市	玉环市
1978	4123	4186	5459	8462	7578	3574
1979	4112	4830	6110	10182	11065	3675
1980	5086	5415	6361	9807	12224	3561
1981	3985	6250	7541	10199	13403	3860
1982	5921	7716	9285	14108	17520	5710
1983	5111	8260	9188	14354	18026	5698
1984	7283	9010	10267	14220	21336	6767
1985	10767	11833	12383	26138	23549	8300
1986	11221	11958	13125	29840	28022	8736
1987	13233	13113	14878	38716	27956	10859
1988	17456	16071	17768	47754	32001	16146
1989	20221	19057	19487	50792	36219	17617
1990	20412	17591	22630	53223	41691	20797
1991	23919	20269	22880	79171	48365	29177
1992	24094	20603	22615	94637	53015	32580
1993	32993	24889	30926	108432	58583	50920
1994	57979	36708	34974	180230	88069	83474
1995	73174	40348	38024	224680	118225	117290
1996	75830	45730	38789	236223	136829	134916
1997	43730	44881	38827	256253	122190	137597
1998	62386	46145	39751	259929	126369	137788
1999	66275	46735	40464	262839	131165	139536
2000	69227	47866	41425	255171	134870	136637
2001	75260	49731	41673	260372	141070	132488
2002	81151	51211	44133	261644	140131	129313
2003	87501	52517	47608	264787	144661	122686
2004	92727	54646	52542	265021	152358	122051
2005	103391	63186	60107	286396	164094	130510
2006	106801	66852	64195	290218	173500	133257
2007	114360	73287	77186	311449	191521	136253
2008	124750	76117	84414	331290	207887	152763
2009	132720	75972	85971	356481	231151	164538
2010	159696	100992	105803	414022	277316	195974
2011	190812	106084	118329	495933	325772	239444
2012	205772	114171	125964	522790	345167	249289
2013	219834	115882	126492	555950	361701	260043
2014	223342	117487	128131	565343	365270	264044
2015	240336	123339	133910	602859	379229	287757
2016	266035	131516	143863	669934	414792	320141
2017	286362	132239	145783	724120	436768	333118
2018	311816	136994	149130	764012	450221	349498
2019	334532	149882	159504	776339	483015	371339
2020	349155	165144	168290	804707	503441	389287
2021	383535	166792	170862	868429	546037	417253
2022	379001	160212	180182	882264	551906	418261
2023	419192	164760	181916	960188	588522	454227

1-22 市区主要年份第一产业增加值指数

(以1978年为100)

年份	市区	椒江区	黄岩区	路桥区
1978	100.00	100.00	100.00	100.00
1979	119.89	145.90	110.80	112.80
1980	118.52	159.04	105.26	106.30
1981	124.22	176.17	106.10	109.84
1982	141.90	201.35	120.43	126.34
1983	145.61	193.52	127.77	133.69
1984	182.74	254.69	157.80	162.68
1985	205.69	286.69	185.73	173.59
1986	207.54	302.66	182.01	172.29
1987	235.08	365.24	207.86	177.79
1988	235.00	336.79	229.68	171.57
1989	237.55	308.47	248.75	175.97
1990	241.35	342.25	251.24	160.75
1991	267.95	344.40	309.27	171.58
1992	294.24	319.63	374.52	188.78
1993	290.46	324.33	377.90	175.82
1994	316.72	377.72	416.07	177.28
1995	371.97	493.10	378.20	270.94
1996	394.51	519.03	406.94	284.68
1997	369.21	466.26	365.44	287.58
1998	417.78	531.48	436.70	305.53
1999	437.11	540.51	466.83	319.28
2000	426.30	495.11	471.04	314.17
2001	438.94	508.97	487.52	322.02
2002	461.38	547.66	510.93	332.66
2003	459.31	519.18	523.19	334.42
2004	460.87	522.29	520.66	338.10
2005	455.73	532.81	494.46	340.87
2006	469.99	550.93	535.99	331.33
2007	478.90	552.03	560.65	331.66
2008	488.53	572.45	575.23	330.99
2009	494.96	598.18	580.72	327.43
2010	515.32	641.35	593.74	339.34
2011	530.14	660.27	611.90	347.90
2012	539.73	683.71	626.24	343.53
2013	540.03	697.05	627.12	340.91
2014	552.55	715.79	640.65	347.76
2015	575.68	749.27	669.81	358.00
2016	601.89	784.82	698.38	374.63
2017	606.79	787.78	729.19	362.54
2018	615.81	791.13	759.53	360.25
2019	629.01	805.65	779.71	367.01
2020	643.83	821.89	803.99	373.46
2021	592.43	626.83	844.76	371.95
2022	573.42	510.05	879.65	391.66
2023	595.94	530.71	916.04	405.38

1-23　各县市主要年份第一产业增加值指数

(以1978年为100)

年　份	三门县	天台县	仙居县	温岭市	临海市	玉环市
1978	100.00	100.00	100.00	100.00	100.00	100.00
1979	102.16	89.12	112.15	106.36	146.01	138.85
1980	113.95	101.68	127.07	120.37	161.53	125.24
1981	122.16	114.98	131.87	133.52	176.97	133.25
1982	141.83	134.58	138.56	178.78	199.91	180.59
1983	137.29	138.58	133.87	199.91	212.76	178.45
1984	163.78	143.16	160.47	231.45	234.59	204.37
1985	186.39	161.45	166.97	274.75	228.85	206.48
1986	185.83	154.14	170.20	371.58	264.84	205.07
1987	188.43	146.06	169.42	452.25	256.13	243.51
1988	199.92	144.41	162.39	429.59	258.33	268.30
1989	207.12	159.25	168.75	603.71	274.17	292.18
1990	181.23	141.52	175.96	615.11	240.97	300.03
1991	238.59	159.57	194.40	693.23	291.93	315.87
1992	249.33	155.78	185.22	704.32	288.23	327.26
1993	270.73	171.05	212.63	743.06	288.04	395.24
1994	347.77	184.41	182.86	877.56	337.39	474.37
1995	386.72	184.41	187.43	965.31	329.35	592.94
1996	331.82	185.22	190.05	970.14	365.88	654.22
1997	198.90	188.81	197.66	1051.63	339.41	693.63
1998	295.57	201.54	210.70	1110.52	366.86	724.18
1999	323.67	210.24	224.78	1149.39	392.58	756.30
2000	335.41	213.31	233.10	1099.97	400.51	735.08
2001	368.32	223.79	234.90	1130.77	423.39	720.02
2002	397.16	230.56	250.15	1127.80	445.04	703.65
2003	428.23	233.86	268.24	1130.19	454.47	660.27
2004	427.88	234.38	283.40	1109.97	460.02	622.54
2005	439.10	241.67	300.05	1112.26	461.67	611.44
2006	453.15	249.40	321.65	1116.71	491.68	615.72
2007	458.59	253.39	338.06	1126.76	507.90	612.03
2008	469.59	259.30	351.24	1133.52	534.64	626.72
2009	480.23	266.44	358.31	1154.37	561.40	628.67
2010	508.95	277.68	379.78	1186.47	591.83	661.59
2011	524.27	284.24	392.92	1219.46	615.17	684.72
2012	547.99	290.07	400.54	1257.85	632.80	690.26
2013	549.10	295.23	401.83	1276.30	641.39	681.37
2014	561.22	302.17	411.13	1301.83	654.64	694.88
2015	583.36	313.96	427.02	1338.09	673.68	723.80
2016	606.26	327.49	444.94	1399.30	702.83	752.04
2017	634.15	340.67	462.79	1457.90	731.36	744.88
2018	653.57	354.42	478.99	1454.49	742.16	729.54
2019	670.07	362.28	479.09	1425.87	759.02	748.70
2020	684.34	377.68	488.25	1457.83	776.67	774.86
2021	730.35	409.28	521.78	1569.58	852.35	819.27
2022	768.01	430.72	548.76	1645.53	895.73	868.40
2023	808.49	451.23	570.37	1695.08	935.00	893.60

1-24 市区主要年份第二产业增加值

单位：万元

年 份	市 区	椒江区	黄岩区	路桥区
1978	12105	5876	3999	2230
1979	16193	7349	5287	3557
1980	18952	8600	6394	3958
1981	20713	9796	6584	4333
1982	23730	10793	7730	5206
1983	31643	15478	9352	6813
1984	42914	21290	12531	9092
1985	60756	26241	19772	14743
1986	65546	27450	21860	16236
1987	77119	29655	27293	20171
1988	104697	38987	37872	27839
1989	127816	45432	47575	34809
1990	128592	41626	50066	36899
1991	161295	52775	61762	46758
1992	219444	71945	84766	62733
1993	339288	105611	134799	98878
1994	529033	173928	207138	147966
1995	688456	258203	226954	203299
1996	838000	316848	279119	242033
1997	966312	378694	302684	284934
1998	1054524	410379	315510	328635
1999	1179197	464688	340909	373600
2000	1313821	515605	374926	423289
2001	1413010	558660	402198	452152
2002	1578265	610734	452162	515369
2003	1810217	706772	501383	602062
2004	2131715	838724	572609	720383
2005	2494834	956874	683642	854318
2006	2926172	1098848	820217	1007108
2007	3368140	1198062	969620	1200458
2008	3734788	1244112	1126557	1364119
2009	3650024	1225236	1089323	1335464
2010	4226894	1413861	1255646	1557387
2011	4809634	1557283	1458874	1793477
2012	5084573	1641335	1506731	1936507
2013	5451488	1769384	1607765	2074339
2014	5834780	1930564	1741965	2162250
2015	5811467	1949400	1761632	2100434
2016	6055110	2042056	1895125	2117929
2017	7182567	2416629	2211453	2554484
2018	8074240	2712553	2494447	2867240
2019	7989545	2806198	2541915	2641432
2020	7600902	2587026	2513715	2500160
2021	8362284	2823794	2737347	2801144
2022	8629031	2872873	2843497	2912662
2023	8594768	2858419	2838259	2898089

1-25　各县市主要年份第二产业增加值

单位：万元

年　份	三门县	天台县	仙居县	温岭市	临海市	玉环市
1978	1676	2563	2029	5797	5700	2078
1979	2211	2653	1829	8879	7161	2847
1980	2438	3453	2792	9884	8293	5502
1981	3237	3778	3297	11675	9732	6408
1982	3238	3652	2961	11618	10063	5316
1983	4193	3797	4179	13204	10333	5767
1984	4676	5114	4847	19809	13143	7790
1985	6820	7376	6106	20608	17834	13659
1986	7948	8443	7676	23974	22430	14902
1987	9364	9684	11343	31088	28679	19789
1988	13319	16236	18054	39526	39588	30789
1989	14321	20983	21575	46165	54149	29681
1990	15737	23562	18925	50311	53073	32252
1991	19754	28333	22218	62931	59755	39694
1992	28860	33593	29559	94438	73998	59775
1993	33656	51057	40430	188319	121838	71050
1994	37992	68786	55277	280363	191025	126814
1995	44607	87516	69174	425266	274286	184924
1996	57545	86248	79887	574169	320133	238615
1997	48588	81583	83245	604343	247458	264373
1998	57988	87999	92413	663726	279073	294866
1999	66919	105251	106700	734779	317762	349993
2000	80041	127168	123397	845962	367305	411862
2001	84877	143378	129965	910492	425513	472867
2002	102628	168540	155632	1016922	508182	567736
2003	125912	197630	173794	1188978	597504	668028
2004	152583	241920	205901	1423293	728227	776101
2005	195761	286992	240511	1645846	866544	922028
2006	248114	343163	290024	1928252	1040473	1172643
2007	317137	385730	331734	2286226	1241922	1514320
2008	379201	447252	361863	2631565	1397294	1706844
2009	402285	455978	374443	2743029	1488625	1526913
2010	490760	534314	461068	3159114	1759247	1984448
2011	544007	636362	540225	3527073	1937045	2266439
2012	539971	665756	572749	3314415	1957322	2284261
2013	563162	716432	623294	3544876	2181222	2445472
2014	661337	791043	691624	3856694	2106316	2568042
2015	706936	862575	733284	3750168	2219754	2507968
2016	779949	918343	817457	3792748	2380347	2549719
2017	893533	1006964	947650	4221516	2906966	2935221
2018	1071574	1121051	1029668	4757082	3253220	3261005
2019	1131294	1184688	1096727	4956905	3231238	3414473
2020	1367820	1212918	1095982	4906145	3260301	3341250
2021	1538309	1371515	1164190	5590733	3751673	3787557
2022	1599495	1409069	1274194	5690349	4008957	3877228
2023	1652902	1407183	1341629	5635234	3785685	3870123

1-26 市区主要年份第二产业增加值指数

(以1978年为100)

年 份	市 区	椒江区	黄岩区	路桥区
1978	100.00	100.00	100.00	100.00
1979	117.37	114.81	117.74	122.81
1980	133.57	125.37	138.89	144.30
1981	144.17	142.79	139.97	153.69
1982	161.76	154.41	159.59	182.69
1983	213.55	219.76	198.02	222.68
1984	277.68	287.61	256.04	287.35
1985	378.14	345.03	374.90	463.86
1986	402.33	357.73	401.42	512.73
1987	476.04	374.33	528.08	639.90
1988	551.76	400.44	673.25	722.61
1989	660.25	453.24	829.48	889.54
1990	661.09	373.76	905.11	965.77
1991	854.67	499.10	1143.84	1240.30
1992	1144.78	699.76	1466.70	1664.92
1993	1420.49	781.58	1851.52	2272.93
1994	1716.16	1097.54	1786.24	2951.69
1995	2083.13	1364.62	2123.42	3553.29
1996	2580.01	1685.43	2777.26	4201.20
1997	3060.62	2048.50	3175.38	5013.23
1998	3485.19	2286.08	3519.94	5983.36
1999	4065.65	2662.97	4079.37	7029.98
2000	4541.93	2924.06	4593.97	7948.65
2001	5068.43	3214.30	5197.54	8922.52
2002	5706.25	3504.92	6028.47	10185.40
2003	6548.35	4003.20	6920.53	11748.07
2004	7459.25	4533.06	7836.62	13534.08
2005	8615.52	5105.88	9222.93	15839.77
2006	9805.68	5693.83	10730.55	18114.80
2007	11049.36	6070.94	12430.34	21145.71
2008	11822.65	6056.27	13956.88	23250.45
2009	12347.73	6291.50	14256.35	24840.68
2010	13805.63	7029.27	15921.87	27815.59
2011	14964.43	7359.95	17675.16	30494.82
2012	16256.47	7800.53	19050.85	34039.71
2013	17603.12	8510.47	20547.27	36898.72
2014	19130.66	9258.81	22471.95	39865.67
2015	19768.37	9515.87	23664.40	40754.64
2016	21117.63	10153.68	25524.86	43228.47
2017	23357.06	11152.68	28384.08	47901.55
2018	25566.53	12167.87	31327.24	52218.11
2019	25654.27	12500.43	33024.08	48945.83
2020	25330.02	12056.26	33969.85	47495.74
2021	27231.29	12856.46	36204.18	51931.17
2022	27718.07	12976.36	37498.95	52397.17
2023	28218.19	13201.13	38293.23	53215.34

1-27　各县市主要年份第二产业增加值指数

(以1978年为100)

年　份	三门县	天台县	仙居县	温岭市	临海市	玉环市
1978	100.00	100.00	100.00	100.00	100.00	100.00
1979	112.17	102.14	82.99	153.30	126.33	128.31
1980	97.39	124.65	136.94	141.99	147.04	201.50
1981	108.18	134.84	134.98	166.01	171.38	226.62
1982	119.23	131.31	126.40	147.64	173.16	177.48
1983	149.78	137.27	179.22	170.82	167.72	190.26
1984	196.21	183.03	206.10	230.56	188.35	258.01
1985	264.96	253.48	254.32	273.35	241.12	399.38
1986	263.30	284.11	310.18	271.56	295.80	431.97
1987	320.99	307.97	468.61	405.39	373.09	533.16
1988	462.47	481.81	734.36	499.82	497.16	860.35
1989	538.77	572.25	823.97	597.90	693.59	869.32
1990	577.02	623.20	835.44	677.17	674.72	947.37
1991	619.50	682.20	848.25	948.82	710.53	1000.71
1992	882.03	779.82	890.01	1479.29	936.51	1399.11
1993	977.30	969.01	1297.78	2809.76	1414.18	1670.38
1994	943.53	1115.54	1723.47	3662.23	1926.93	2470.38
1995	893.63	1280.65	2032.35	4684.41	2218.78	3220.35
1996	1085.52	1267.58	2372.66	6425.61	2605.62	4225.06
1997	963.65	1199.72	2505.32	6968.72	2025.21	4702.77
1998	1025.63	1333.49	2910.57	7910.26	2353.99	5384.16
1999	1225.86	1682.70	3485.91	9100.52	2767.65	6638.89
2000	1410.12	2044.90	4002.50	10379.82	3205.06	7789.15
2001	1548.49	2335.45	4485.37	11359.33	3714.06	9115.88
2002	1780.00	2762.87	5154.62	12776.96	4321.41	10692.54
2003	2151.30	3194.25	5681.67	14800.12	5103.00	12432.25
2004	2522.15	3763.42	6463.98	17079.67	6078.13	14671.63
2005	3200.03	4388.97	7412.70	19414.45	7109.41	17143.35
2006	3945.70	5095.39	8692.92	22457.75	8285.41	21144.77
2007	4918.10	5601.73	9704.11	26087.79	9678.92	26757.99
2008	5614.36	6280.53	10273.79	28999.69	10546.83	29229.54
2009	6280.72	6692.53	11216.98	32089.13	11856.67	27440.08
2010	7340.78	7586.73	13188.40	35394.13	13553.59	34675.58
2011	7684.14	8600.68	14557.43	37671.11	14274.63	38517.87
2012	7905.15	9428.36	16086.72	38998.34	15031.96	40687.70
2013	8341.22	10251.41	17653.73	41756.04	16141.98	44115.64
2014	9706.57	11409.39	19683.59	44982.53	15766.97	47182.23
2015	11027.18	12561.22	21485.21	46398.71	17244.09	48572.48
2016	12476.86	13532.49	24401.97	49495.69	18454.02	52231.55
2017	13790.14	14483.06	26986.94	53926.72	20635.41	57400.40
2018	16015.20	15629.15	28342.50	58764.80	22385.75	62263.02
2019	17479.04	16652.99	30205.99	60772.57	22431.28	65101.49
2020	20461.57	17637.85	31065.77	62002.25	23156.57	66166.31
2021	22624.70	19572.87	32245.41	68860.05	25825.84	73505.76
2022	23322.22	19044.71	34554.09	68231.97	26855.14	74392.98
2023	24502.07	19452.80	37116.78	68914.22	25900.26	75876.10

1-28 市区主要年份第三产业增加值

单位：万元

年份	市区	椒江区	黄岩区	路桥区
1978	7680	2871	3030	1779
1979	9076	3782	3219	2075
1980	10965	5278	3572	2116
1981	11778	6158	3368	2252
1982	13719	7330	3829	2561
1983	16959	9231	4552	3177
1984	21066	11670	5532	3864
1985	27380	13185	8354	5841
1986	33384	13998	11405	7981
1987	40459	16397	14151	9911
1988	52221	18678	19382	14161
1989	56078	17581	19320	19178
1990	70643	27442	19302	23899
1991	98105	36745	31053	30307
1992	125652	45530	39816	40307
1993	143148	46705	45079	51364
1994	238737	66055	87382	85300
1995	358468	105750	109147	143571
1996	440420	133798	130957	175665
1997	527580	157633	147717	222230
1998	606276	196943	158820	250513
1999	692688	228948	176617	287123
2000	820855	284366	203185	333303
2001	960510	334101	231829	394580
2002	1165998	412441	279851	473705
2003	1404931	510186	330325	564420
2004	1731025	630493	410628	689904
2005	1994035	726793	479512	787730
2006	2333706	855521	562278	915907
2007	2764200	1046698	668973	1048529
2008	3197215	1210790	786804	1199620
2009	3466782	1334629	835592	1296560
2010	4087183	1577567	969356	1540259
2011	4784438	1885197	1108327	1790914
2012	5235427	2006001	1252853	1976572
2013	5771327	2186591	1372667	2212070
2014	6227975	2289508	1518599	2419868
2015	6851793	2538474	1684648	2628672
2016	7551594	2725934	1870467	2955193
2017	8495445	2978831	2177542	3339072
2018	9460685	3427878	2414280	3618527
2019	10138991	3714215	2659979	3764797
2020	10644753	4114734	2696213	3833806
2021	11648241	4536598	2857792	4253851
2022	12165984	4685178	3051336	4429470
2023	12945471	4868796	3300442	4776233

1-29　各县市主要年份第三产业增加值

单位：万元

年　份	三门县	天台县	仙居县	温岭市	临海市	玉环市
1978	1667	1777	1413	6096	5608	2258
1979	2024	2077	1640	7267	5936	2539
1980	2131	2439	1739	7860	6863	3786
1981	2573	2834	1995	10565	7268	4743
1982	2804	3084	2221	12324	8021	3413
1983	3273	3413	2828	14580	8846	3812
1984	3954	4470	3219	17628	10975	4108
1985	5211	5980	4059	23080	16447	5715
1986	7362	7016	5207	30862	24199	7104
1987	8396	8556	6359	37325	29526	8624
1988	10208	11985	8444	52712	40782	11717
1989	10740	13957	9059	55549	45799	11760
1990	10714	17375	11547	57678	42858	20094
1991	13708	20645	13947	74831	49479	29687
1992	13803	25210	18139	89844	67361	36466
1993	16465	33889	25587	124501	86896	51215
1994	20910	51708	39352	197359	132857	73405
1995	32857	68450	50832	283281	180813	91431
1996	39116	79357	58986	349790	199848	105718
1997	47172	82456	65217	384599	184562	123536
1998	52661	88815	71548	430081	200533	144975
1999	60898	98618	80638	484611	227065	167114
2000	72839	117786	90652	555421	267697	197320
2001	84465	133460	102184	611601	308975	223143
2002	107892	154467	122592	718145	369400	267278
2003	132702	187054	143808	824004	436026	319331
2004	171606	237987	182619	984964	539242	381662
2005	197301	272678	212601	1134597	622054	443418
2006	234422	314105	247841	1316850	718406	514690
2007	280567	381505	295571	1558810	849054	621920
2008	332671	441255	345552	1824968	996619	719767
2009	359316	481606	383759	1940075	1077609	785279
2010	421877	561890	454471	2231313	1294480	942080
2011	514148	652151	530996	2596695	1504114	1127628
2012	570787	733332	583025	2915094	1686304	1236691
2013	639998	802736	666169	3288175	1813413	1378287
2014	700635	869198	765385	3444996	2076098	1460159
2015	786568	962377	859873	3689788	2249440	1619292
2016	857902	1082952	958846	4056720	2656100	1813823
2017	968905	1256597	1079138	4268098	2961041	2010985
2018	1075770	1432954	1178545	4780852	3178252	2228621
2019	1161963	1566018	1256150	5218503	3435302	2412455
2020	1169687	1669097	1386214	5546184	3659909	2565192
2021	1310850	1861695	1493545	6072684	4047016	2820841
2022	1364103	1954711	1562905	6479972	4218297	2921447
2023	1434419	2116813	1686697	6917779	4544593	3135452

1-30 市区主要年份第三产业增加值指数

(以1978年为100)

年 份	市 区	椒江区	黄岩区	路桥区
1978	100.00	100.00	100.00	100.00
1979	111.25	118.96	101.38	114.56
1980	127.53	160.46	107.24	113.36
1981	139.73	188.40	108.28	118.48
1982	155.02	219.58	108.92	132.83
1983	191.29	275.05	133.47	158.35
1984	226.42	335.80	148.58	186.18
1985	277.45	372.14	210.07	247.50
1986	334.04	396.66	291.97	318.84
1987	405.11	458.98	382.72	374.49
1988	455.58	422.75	489.42	480.43
1989	456.25	384.47	466.99	591.00
1990	549.61	554.67	469.01	717.58
1991	633.20	596.29	551.45	876.48
1992	843.51	839.76	727.37	1109.07
1993	948.12	758.52	997.01	1300.25
1994	1340.82	888.79	1683.73	1773.68
1995	1693.30	1196.54	1811.25	2519.29
1996	1917.27	1466.88	1916.58	2851.89
1997	2155.24	1547.55	2007.70	3537.85
1998	2617.23	2176.03	2272.72	4059.72
1999	3025.20	2532.56	2545.42	4767.56
2000	3550.47	3096.77	2899.26	5519.36
2001	4088.96	3669.00	3276.17	6273.41
2002	4843.16	4426.59	3826.57	7371.80
2003	5654.60	5252.81	4358.46	8608.50
2004	6757.30	6364.69	5153.07	10220.08
2005	7673.46	7195.52	5949.99	11530.81
2006	8857.73	8346.10	6893.51	13221.40
2007	10154.25	9889.79	7953.38	14620.48
2008	11262.26	11042.59	8958.29	15945.27
2009	12380.38	12319.83	9645.80	17498.93
2010	13979.45	13942.55	10712.45	19924.03
2011	15467.49	15560.30	11654.68	22081.06
2012	16686.29	16403.34	12852.70	24054.30
2013	18029.07	17426.13	14003.01	26155.02
2014	19366.07	18428.90	15191.29	28342.93
2015	21149.33	20199.73	16559.28	30880.81
2016	22647.44	21347.38	17795.05	33411.28
2017	24315.51	22369.48	19303.17	36448.44
2018	26012.03	24451.69	20633.49	38241.37
2019	27620.90	26462.93	22307.87	39394.24
2020	28730.99	28389.54	22723.58	40278.04
2021	30732.86	30643.30	23556.85	43599.67
2022	31738.07	31181.72	24330.20	45728.47
2023	33995.42	32640.98	26361.79	49760.55

1-31　各县市主要年份第三产业增加值指数

(以1978年为100)

年　份	三门县	天台县	仙居县	温岭市	临海市	玉环市
1978	100.00	100.00	100.00	100.00	100.00	100.00
1979	119.39	112.31	117.95	122.19	105.76	110.66
1980	119.25	123.75	130.81	130.49	121.66	160.32
1981	142.28	138.05	148.11	176.99	118.72	196.95
1982	153.38	144.19	161.88	207.91	135.89	139.95
1983	177.31	154.08	203.18	239.06	140.32	149.99
1984	208.87	191.75	225.89	291.21	168.86	156.26
1985	247.30	222.61	251.47	346.76	212.65	191.11
1986	326.93	240.38	302.47	497.05	302.15	219.99
1987	344.58	265.36	337.37	603.24	357.57	243.87
1988	353.89	308.23	372.13	816.39	407.95	271.36
1989	318.85	297.86	383.34	854.12	417.49	251.62
1990	316.94	350.04	432.16	967.06	349.78	270.97
1991	405.50	404.74	510.79	1231.11	374.79	380.26
1992	383.79	459.46	623.18	1385.55	488.47	453.08
1993	395.94	521.04	756.94	1638.09	516.72	549.31
1994	439.43	677.33	956.45	2206.14	679.86	664.34
1995	583.38	773.74	1074.79	2626.96	810.12	729.06
1996	604.99	847.31	1107.09	3123.56	838.26	786.74
1997	670.48	861.78	1234.27	3346.83	730.05	971.16
1998	817.69	930.13	1456.84	3910.30	808.48	1095.81
1999	960.38	1042.67	1637.42	4457.69	924.82	1321.94
2000	1146.78	1232.80	1824.36	5055.33	1090.40	1599.39
2001	1343.49	1392.42	2083.87	5646.60	1275.77	1849.55
2002	1666.87	1616.76	2434.24	6446.03	1499.06	2181.45
2003	2007.47	1905.49	2859.40	7314.05	1756.92	2631.80
2004	2528.34	2312.28	3394.32	8487.34	2079.65	3085.07
2005	2868.68	2610.01	3905.65	9630.14	2366.48	3497.24
2006	3361.31	2963.89	4491.59	11016.14	2692.47	3999.55
2007	3907.91	3492.78	5198.66	12650.11	3099.61	4684.17
2008	4425.58	3859.59	5827.88	14161.48	3497.40	5210.63
2009	4870.88	4274.46	6559.79	15422.08	3845.66	5706.68
2010	5477.91	4791.20	7405.70	17013.86	4437.70	6538.66
2011	6319.61	5307.84	8279.16	18897.85	4956.40	7464.09
2012	6847.50	5821.06	9072.39	21030.87	5511.30	8064.85
2013	7541.54	6248.44	10071.54	22924.32	6093.34	8745.04
2014	8152.70	6708.63	11434.20	23820.60	6952.64	9194.84
2015	8990.72	7495.97	12831.71	25274.88	7525.83	10109.84
2016	9531.88	8222.35	14327.01	27182.87	8454.44	10942.91
2017	10292.17	9020.24	15318.46	28330.85	9114.39	11570.80
2018	10967.98	9888.13	16086.51	30443.60	9680.62	12292.50
2019	11725.47	10679.50	16923.83	32702.75	10237.44	13086.09
2020	12105.25	11074.30	18186.85	34059.44	10697.28	13699.62
2021	13267.90	12104.37	19245.69	36466.03	11581.48	14736.54
2022	13487.63	12691.06	19679.80	38329.32	11922.14	15198.38
2023	14193.68	13699.04	21249.40	40971.49	12869.84	16332.74

1-32 市区主要年份工业增加值

单位：万元

年份	市区	椒江区	黄岩区	路桥区
1978	10732	5022	3723	1987
1979	14534	6391	4920	3223
1980	17000	7554	5919	3527
1981	18331	8342	6088	3901
1982	21007	9176	7147	4684
1983	28492	13697	8640	6155
1984	38870	19082	11572	8216
1985	54825	23284	18240	13301
1986	58899	24124	20054	14721
1987	69174	25861	25024	18289
1988	93345	33402	34703	25240
1989	115459	40323	43571	31565
1990	115482	35586	46252	33644
1991	143251	44258	56336	42657
1992	194319	59771	77461	57087
1993	305645	94712	121311	89621
1994	475734	151088	187993	136653
1995	605992	226348	197183	182462
1996	749203	279027	253459	216717
1997	882086	347339	275365	259382
1998	963968	374267	290166	299535
1999	1074701	416711	315483	342507
2000	1202859	462828	348823	391208
2001	1295923	493489	371371	431063
2002	1443217	534170	417356	491690
2003	1615867	610878	459432	545557
2004	1882863	715508	521416	645939
2005	2264120	846373	638630	779117
2006	2656011	965571	765706	924734
2007	3061741	1056675	906595	1098471
2008	3381271	1092203	1049737	1239330
2009	3272065	1071335	1004673	1196058
2010	3817777	1225146	1167645	1424985
2011	4308547	1342524	1343723	1622300
2012	4535091	1409816	1380395	1744880
2013	4839862	1507285	1466823	1865755
2014	5108938	1655165	1579370	1874403
2015	5013959	1660099	1591799	1762061
2016	5237167	1749847	1719498	1767822
2017	6211191	2068494	2006762	2135935
2018	6996085	2324042	2276478	2395565
2019	6869827	2400910	2314436	2154481
2020	6450812	2182540	2285592	1982681
2021	7222989	2463309	2501109	2258571
2022	7490515	2536626	2593925	2359964
2023	7509908	2534566	2591131	2384211

1-33 各县市主要年份工业增加值

单位：万元

年 份	三门县	天台县	仙居县	温岭市	临海市	玉环市
1978	1567	2116	1578	3790	4140	1733
1979	1969	2220	1415	6301	5399	2489
1980	2242	2938	2313	7602	6569	4383
1981	2940	3206	2505	9089	8186	5096
1982	2927	3095	2517	9329	7642	4209
1983	3870	3326	3624	10187	8171	4743
1984	4218	4473	4252	15327	11359	6555
1985	6126	6364	5595	17433	15235	12332
1986	7001	7223	6801	21571	20049	13360
1987	8369	7694	9603	27669	24755	17092
1988	12120	13815	15879	34560	34921	28066
1989	13113	16025	19570	41699	48482	28396
1990	14026	17718	17456	43874	46926	30710
1991	17507	22617	18488	52290	52430	36830
1992	25973	26716	24624	84260	65379	55218
1993	30628	43983	33519	166108	106391	67067
1994	34200	60549	46936	254137	171697	117616
1995	39455	72235	56969	390945	232991	167533
1996	50283	71781	69253	531209	278957	227989
1997	43709	73592	72848	567611	212616	246086
1998	51018	79827	81962	625464	240342	276500
1999	58531	91101	94964	698865	278070	330731
2000	70398	107378	109657	805413	324969	387470
2001	72836	125484	116233	867278	380080	443081
2002	86529	147643	140050	964829	465332	512157
2003	104439	169498	153906	1120323	543670	594469
2004	127187	209290	175367	1333371	648652	716543
2005	165146	246669	200597	1553447	770122	856126
2006	198878	302714	236543	1806031	933414	1091119
2007	253664	339367	277629	2125658	1128029	1425503
2008	301625	391157	312862	2441427	1271565	1624412
2009	297133	401076	327298	2516062	1305753	1466862
2010	353192	464676	388458	2900522	1542496	1898546
2011	396725	529620	416887	3217313	1675719	2160882
2012	395047	543362	436041	2952571	1678395	2176002
2013	411755	581360	469077	3137343	1824340	2333119
2014	460133	660428	540186	3208364	1697364	2416740
2015	496090	698171	573675	3000614	1805204	2285211
2016	575433	755301	653217	3028758	1972344	2336626
2017	656659	816518	758357	3330255	2453750	2734565
2018	805955	906163	804152	3699899	2712369	3030448
2019	919062	962231	861398	3852714	2669989	3174522
2020	1196825	999493	859681	3768739	2711789	3083855
2021	1362466	1132775	962566	4328520	3183792	3537243
2022	1410120	1163928	1054923	4378088	3392287	3596282
2023	1440217	1182184	1098679	4326592	3183350	3579821

1-34 市区主要年份工业增加值指数

(以1978年为100)

年 份	市 区	椒江区	黄岩区	路桥区
1978	100.00	100.00	100.00	100.00
1979	118.45	115.32	119.00	125.44
1980	141.26	131.15	147.32	156.51
1981	150.66	145.52	148.50	167.89
1982	169.39	156.79	169.74	201.23
1983	229.66	232.58	214.04	250.39
1984	301.54	308.59	278.25	325.51
1985	412.60	368.73	409.03	531.75
1986	439.92	382.02	438.88	590.46
1987	520.94	399.14	576.69	733.71
1988	602.45	418.88	739.32	828.58
1989	736.46	492.66	919.72	1034.06
1990	733.65	393.90	1003.41	1122.27
1991	947.66	527.26	1265.69	1440.77
1992	1285.25	745.16	1665.57	1941.81
1993	1644.01	890.21	2108.74	2707.02
1994	1961.38	1216.35	2013.68	3536.71
1995	2360.94	1504.46	2390.99	4186.26
1996	2942.10	1869.36	3117.95	5020.31
1997	3554.73	2351.71	3573.34	6083.14
1998	4047.30	2614.58	3968.83	7269.18
1999	4702.33	3008.95	4589.14	8566.26
2000	5255.75	3307.85	5165.45	9685.20
2001	5846.08	3590.57	5852.51	10902.05
2002	6555.96	3883.23	6722.16	12488.66
2003	7500.04	4415.11	7704.70	14360.33
2004	8521.85	4968.32	8701.82	16561.39
2005	10046.16	5762.34	10449.87	19579.48
2006	11409.72	6364.56	12130.02	22498.98
2007	12919.86	6841.70	14107.81	26253.16
2008	13875.07	6859.86	15873.94	28883.71
2009	14432.14	7131.95	16107.46	30675.75
2010	16284.99	7940.11	18157.81	35037.69
2011	17626.95	8346.54	20070.69	38206.72
2012	19078.29	8790.55	21559.69	42533.83
2013	20585.64	9504.35	23160.07	45984.14
2014	22231.97	10394.18	25204.18	48866.20
2015	22804.59	10613.68	26423.43	49406.32
2016	24455.93	11385.02	28556.20	52601.31
2017	27160.16	12529.77	31892.12	58617.19
2018	30034.83	13807.15	35597.17	64478.63
2019	30217.42	14265.79	37738.64	59975.64
2020	29730.63	13689.13	38894.07	57552.04
2021	32668.01	15165.07	41756.64	64338.72
2022	33349.81	15468.80	43178.34	64802.10
2023	34271.93	15843.04	44214.22	67110.79

1-35　各县市主要年份工业增加值指数

(以1978年为100)

年　份	三门县	天台县	仙居县	温岭市	临海市	玉环市
1978	100.00	100.00	100.00	100.00	100.00	100.00
1979	112.59	103.76	82.52	170.88	130.33	129.28
1980	99.30	138.09	145.84	191.30	158.78	192.70
1981	161.31	149.41	131.84	227.50	197.30	218.33
1982	177.73	145.65	138.14	203.01	179.58	184.19
1983	227.07	157.80	199.81	227.65	179.40	198.35
1984	299.32	211.60	232.40	304.07	218.62	279.14
1985	433.27	290.87	299.55	413.20	277.10	521.54
1986	429.76	326.14	353.27	429.60	359.40	667.78
1987	521.08	334.66	509.95	649.20	441.45	851.76
1988	760.84	559.16	830.25	800.80	610.31	1450.89
1989	894.06	621.19	960.70	987.65	872.81	1478.45
1990	956.20	677.23	990.59	1107.15	847.32	1598.50
1991	1001.61	766.90	907.34	1509.83	876.64	1623.92
1992	1446.33	864.29	912.62	2516.85	1174.65	2282.91
1993	1612.66	1213.66	1410.87	4880.98	1816.03	2753.27
1994	1511.06	1421.86	1938.57	6466.34	2526.01	4041.43
1995	1290.45	1522.30	2225.43	8295.69	2732.21	5157.41
1996	1655.64	1524.86	2703.92	11445.33	3288.13	7060.00
1997	1458.62	1563.29	2868.89	12548.14	2525.42	7713.47
1998	1601.57	1748.44	3365.21	14278.51	2943.57	8814.92
1999	1960.32	2118.64	4038.24	16537.59	3516.15	10960.68
2000	2289.65	2523.62	4619.73	18876.95	4116.18	12900.13
2001	2532.74	2997.83	5249.56	20697.53	4822.63	15144.32
2002	2948.03	3558.92	6051.44	23215.09	5743.36	17749.15
2003	3621.65	4060.76	6609.48	26791.63	6780.59	20589.03
2004	4291.66	4851.94	7314.70	30843.25	7970.51	24103.32
2005	5464.99	5607.58	8204.73	35240.68	9279.63	28238.78
2006	6371.21	6662.07	9366.14	40439.24	10888.76	34843.16
2007	7982.94	7336.90	10799.26	46749.71	12926.05	44716.81
2008	9212.30	8266.54	11953.27	52154.42	14219.53	49573.20
2009	9739.93	8881.54	13237.51	57315.12	15530.40	46985.98
2010	11213.63	10009.60	15183.59	63373.76	17815.05	59197.96
2011	12115.50	10985.40	15567.11	67394.86	18694.63	65683.44
2012	12552.07	11881.86	17073.53	68798.15	19579.94	69292.89
2013	13230.42	12855.14	18566.08	73025.48	20814.93	75065.14
2014	14998.14	14693.61	21426.66	75645.28	19762.44	79288.88
2015	17244.91	15924.98	23289.33	76889.22	21718.89	79278.43
2016	20512.51	17343.80	27111.42	82352.22	23331.05	85564.03
2017	23006.77	18568.33	30439.50	90347.24	26303.81	95602.34
2018	27694.75	20210.84	31657.25	98446.02	28517.28	103910.21
2019	31775.76	21877.88	34119.58	101791.73	28369.20	109039.96
2020	39992.48	23712.64	35512.73	104366.34	29411.93	110566.16
2021	44936.29	26480.23	39058.91	117575.57	33565.41	124527.82
2022	46074.74	26017.10	41753.71	114947.87	34644.84	125007.32
2023	47962.34	27093.71	44547.82	116504.36	33328.61	127360.10

1-36 市区主要年份人均生产总值

单位：元

年 份	市区		椒江区		黄岩区		路桥区	
	按户籍人口计算	按常住人口计算	按户籍人口计算	按常住人口计算	按户籍人口计算	按常住人口计算	按户籍人口计算	按常住人口计算
1978	282		340		248		259	
1979	354		459		302		321	
1980	397		547		326		343	
1981	424		614		330		361	
1982	486		692		380		422	
1983	572		849		431		484	
1984	738		1114		547		616	
1985	975		1299		790		900	
1986	1053		1345		880		995	
1987	1221		1498		1047		1179	
1988	1559		1806		1379		1557	
1989	1763		1889		1576		1902	
1990	1889		2077		1621		2080	
1991	2387		2572		2118		2580	
1992	3092		3232		2798		3369	
1993	4182		4156		3869		4672	
1994	6522		6525		6169		7038	
1995	8887		9805		7034		10571	
1996	10628		11856		8436		12449	
1997	11956		13524		8949		14571	
1998	13165		15131		9498		16243	
1999	14550		16868		10275		18048	
2000	16235		18915		11314		20206	
2001	17830		20749		12324		22280	
2002	20351		23384		14116		25592	
2003	23438		27159		15880		29646	
2004	27714		32162		18514		35261	
2005	31795		36297		21588		40588	
2006	36694		41475		25298		46744	
2007	42141		46988		29531		53736	
2008	47144		50849		34078		60627	
2009	48118		52652		34186		61779	
2010	55964		61335		39384		72166	
2011	64162		70010		45188		82955	
2012	68515		73495		48357		89813	
2013	73962		78980		51888		97697	
2014	78958		83447		56418		103877	
2015	82506		88232		59245		107037	
2016	88282	68789	93193	65555	64420	58486	114619	83913
2017	100638	78007	103849	72972	74492	66770	131913	96495
2018	111495	85970	116282	81434	82827	73421	144159	105467
2019	114696	87969	122038	84566	87624	77234	142065	104230
2020	114983	87531	124084	84908	87761	76736	140296	103040
2021	125268	94387	133615	90162	94547	81839	155989	114117
2022	129712	96872	135590	90602	99681	85801	162393	117657
2023	134494	99610	137966	90896	104345	89627	170207	122583

1-37 各县市主要年份人均生产总值(一)

单位：元

年 份	三门县		天台县		仙居县	
	按户籍人口计算	按常住人口计算	按户籍人口计算	按常住人口计算	按户籍人口计算	按常住人口计算
1978	228		189		231	
1979	250		209		247	
1980	286		245		279	
1981	286		275		327	
1982	344		304		365	
1983	355		320		404	
1984	443		381		455	
1985	626		511		559	
1986	719		552		641	
1987	825		624		796	
1988	1071		869		1069	
1989	1170		1048		1200	
1990	1209		1132		1265	
1991	1480		1334		1395	
1992	1715		1522		1656	
1993	2127		2098		2268	
1994	2981		2987		3004	
1995	3833		3707		3633	
1996	4377		3963		4054	
1997	3528		3891		4245	
1998	4358		4114		4587	
1999	4872		4571		5094	
2000	5560		5297		5655	
2001	6109		5889		5999	
2002	7276		6743		7013	
2003	8614		7875		7892	
2004	10317		9616		9460	
2005	12177		11168		10895	
2006	14306		12915		12622	
2007	17100		14908		14608	
2008	19889		17014		16286	
2009	21075		17722		17226	
2010	25078		20702		20688	
2011	28995		23884		23949	
2012	30349		25682		25609	
2013	32578		27534		28069	
2014	36075		29783		31244	
2015	39329		32688		34041	
2016	43040	53480	35780	48694	37787	48245
2017	48277	58791	39915	53778	42379	53843
2018	55009	66106	44683	59470	45667	57566
2019	58741	69981	48124	62783	48455	60105
2020	64604	76165	50601	64764	50929	62072
2021	72566	85183	56651	71958	54289	65629
2022	75320	88195	58941	74979	57977	70169
2023	79320	91554	61971	78568	61819	74397

1-38 各县市主要年份人均生产总值(二)

单位：元

年 份	温岭市		临海市		玉环市	
	按户籍人口计算	按常住人口计算	按户籍人口计算	按常住人口计算	按户籍人口计算	按常住人口计算
1978	218		207		250	
1979	278		261		282	
1980	289		292		394	
1981	338		321		453	
1982	391		370		430	
1983	427		381		448	
1984	518		461		540	
1985	693		581		790	
1986	831		742		865	
1987	1039		846		1089	
1988	1340		1090		1604	
1989	1440		1312		1598	
1990	1505		1322		1964	
1991	2007		1510		2633	
1992	2565		1855		3431	
1993	3856		2537		4599	
1994	5993		3887		7503	
1995	8451		5381		10365	
1996	10435		6130		12562	
1997	11127		5146		13721	
1998	12030		5602		15017	
1999	13111		6219		16976	
2000	14590		7073		19200	
2001	15643		7960		21260	
2002	17487		9230		24689	
2003	19912		10665		28302	
2004	23315		12805		32491	
2005	26679		14816		37701	
2006	30637		17194		45464	
2007	35793		20139		56187	
2008	40898		22775		63096	
2009	42703		24311		59991	
2010	48830		28732		74853	
2011	55344		32266		86296	
2012	56145		33956		88921	
2013	61153		36871		95684	
2014	64788		38298		100017	
2015	66107		40639		102627	
2016	70061	61335	45512	50311	108670	73992
2017	75621	66262	52465	57948	121967	83139
2018	84391	73982	57145	62904	134356	91666
2019	89642	78395	59338	64907	142181	96848
2020	92165	79922	61655	66880	144114	97912
2021	102848	88190	69474	74774	160691	108756
2022	107511	91661	73328	78702	165042	111030
2023	111789	94366	74759	80241	170753	115209

1-39　市区主要年份人均生产总值指数

年　份	市　区		椒江区		黄岩区		路桥区	
	按户籍人口计算	按常住人口计算	按户籍人口计算	按常住人口计算	按户籍人口计算	按常住人口计算	按户籍人口计算	按常住人口计算
1978	100.00		100.00		100.00		100.00	
1979	114.44		122.53		109.54		114.83	
1980	122.62		139.46		113.61		116.43	
1981	130.27		157.11		113.61		121.06	
1982	144.74		173.51		123.07		138.31	
1983	170.20		212.15		140.02		155.38	
1984	211.78		268.49		169.51		190.95	
1985	263.16		306.00		224.62		252.47	
1986	280.51		316.56		242.20		274.32	
1987	325.95		346.73		299.71		316.30	
1988	357.17		338.26		362.61		348.85	
1989	390.50		341.77		403.10		408.43	
1990	408.04		345.94		422.28		439.49	
1991	493.04		407.07		519.74		533.12	
1992	633.61		535.80		658.87		675.92	
1993	735.85		552.58		806.88		830.89	
1994	911.56		721.91		928.10		1057.45	
1995	1108.28		912.84		1016.94		1363.97	
1996	1303.70		1099.06		1201.59		1554.24	
1997	1478.38		1250.41		1290.98		1833.63	
1998	1702.58		1468.57		1445.37		2111.62	
1999	1947.29		1675.99		1636.71		2427.71	
2000	2170.33		1858.39		1814.86		2716.88	
2001	2418.62		2061.50		2033.30		3018.46	
2002	2745.89		2299.70		2347.17		3435.42	
2003	3121.15		2606.91		2651.50		3917.20	
2004	3569.52		2977.70		3008.19		4499.40	
2005	4027.25		3304.49		3444.10		5099.19	
2006	4547.78		3692.98		3953.16		5744.60	
2007	5094.38		4069.54		4509.60		6450.00	
2008	5481.46		4239.39		5010.50		6986.68	
2009	5810.17		4521.16		5194.77		7480.12	
2010	6465.57		5031.19		5738.54		8359.85	
2011	7016.41		5388.68		6269.28		9132.50	
2012	7531.46		5637.65		6778.36		9980.23	
2013	8077.76		5996.90		7293.38		10751.48	
2014	8670.33		6366.92		7903.31		11569.64	
2015	9159.27		6728.19		8393.92		12181.64	
2016	9740.18	100.00	7083.20	100.00	8981.68	100.00	13024.77	100.00
2017	10506.05	107.30	7470.71	105.36	9821.47	107.96	14187.12	108.83
2018	11254.80	114.35	8027.57	112.83	10621.39	115.46	15034.12	115.35
2019	11569.29	116.92	8382.00	116.58	11291.01	122.05	14810.97	113.96
2020	11705.03	117.41	8502.14	116.77	11557.04	123.93	14790.04	113.92
2021	12456.77	123.67	8953.88	121.27	12162.89	129.11	16043.32	123.09
2022	12747.23	125.44	8963.07	120.21	12617.85	133.19	16595.89	126.10
2023	13366.83	130.44	9225.27	121.99	13327.39	140.39	17619.87	133.08

注：本表按户籍人口计算以1978年为100，按常住人口计算以2016年为100。

1-40 各县市主要年份人均生产总值指数(一)

年份	三门县		天台县		仙居县	
	按户籍人口计算	按常住人口计算	按户籍人口计算	按常住人口计算	按户籍人口计算	按常住人口计算
1978	100.00		100.00		100.00	
1979	107.10		98.09		104.08	
1980	108.60		112.08		129.00	
1981	118.92		123.17		133.25	
1982	131.88		131.59		135.85	
1983	140.19		135.02		150.47	
1984	168.78		154.64		174.62	
1985	202.20		186.18		193.11	
1986	213.73		192.03		214.68	
1987	228.90		196.43		253.97	
1988	266.67		243.69		312.75	
1989	279.47		268.67		335.32	
1990	276.96		281.07		347.38	
1991	339.55		314.26		375.57	
1992	383.01		340.91		392.14	
1993	413.27		397.18		494.41	
1994	465.76		465.69		560.95	
1995	510.47		514.46		624.06	
1996	507.92		526.15		675.37	
1997	412.94		516.04		716.74	
1998	512.46		557.13		815.93	
1999	587.79		640.82		931.07	
2000	658.32		741.09		1040.17	
2001	736.00		828.74		1142.11	
2002	852.29		953.04		1297.43	
2003	994.62		1091.62		1450.09	
2004	1147.14		1277.37		1649.78	
2005	1317.98		1446.32		1857.88	
2006	1521.95		1635.44		2112.70	
2007	1761.36		1831.73		2353.42	
2008	1951.44		2013.99		2528.52	
2009	2122.91		2159.82		2758.70	
2010	2393.72		2394.45		3133.14	
2011	2581.37		2637.62		3434.75	
2012	2701.56		2850.52		3724.19	
2013	2864.42		3042.62		4044.86	
2014	3155.69		3294.50		4491.19	
2015	3491.50		3644.28		4948.70	
2016	3780.12	100.00	3952.99	100.00	5528.45	100.00
2017	4080.28	105.79	4246.91	106.36	5934.38	106.82
2018	4479.04	114.60	4594.68	113.67	6183.11	110.42
2019	4807.24	121.93	4914.68	119.18	6491.07	114.08
2020	5270.47	132.29	5149.25	122.51	6793.40	117.31
2021	5799.91	144.95	5678.91	134.08	7128.44	122.09
2022	5982.15	149.13	5805.22	137.27	7453.98	127.82
2023	6314.85	155.18	6154.08	145.03	8028.86	136.90

注：本表按户籍人口计算以1978年为100，按常住人口计算以2016年为100。

1-41　各县市主要年份人均生产总值指数(二)

年份	温岭市		临海市		玉环市	
	按户籍人口计算	按常住人口计算	按户籍人口计算	按常住人口计算	按户籍人口计算	按常住人口计算
1978	100.00		100.00		100.00	
1979	123.38		126.38		124.18	
1980	127.18		141.66		151.75	
1981	151.67		152.21		170.29	
1982	169.12		164.14		152.39	
1983	189.98		166.20		156.13	
1984	231.54		186.32		184.53	
1985	272.29		209.14		234.15	
1986	342.02		259.11		247.43	
1987	433.07		288.32		291.14	
1988	501.43		332.08		395.71	
1989	591.56		389.62		396.37	
1990	639.06		353.93		422.33	
1991	801.19		390.78		483.48	
1992	990.10		468.64		595.13	
1993	1441.36		570.19		713.69	
1994	1855.63		740.89		945.44	
1995	2262.66		831.30		1159.46	
1996	2856.14		927.20		1395.13	
1997	3068.23		764.56		1573.09	
1998	3461.31		860.79		1759.52	
1999	3912.78		982.90		2093.07	
2000	4368.98		1113.64		2406.72	
2001	4752.75		1268.28		2713.62	
2002	5274.29		1454.27		3092.35	
2003	5947.59		1675.05		3526.23	
2004	6743.39		1944.21		4039.21	
2005	7550.36		2200.93		4573.67	
2006	8557.60		2501.30		5379.67	
2007	9728.92		2850.78		6490.03	
2008	10682.13		3114.21		7022.84	
2009	11593.57		3428.47		6857.18	
2010	12643.42		3881.04		8245.44	
2011	13564.87		4150.11		9111.09	
2012	14377.03		4433.16		9599.45	
2013	15385.53		4771.22		10290.13	
2014	16192.77		4984.60		10861.17	
2015	16864.76		5377.78		11399.31	
2016	18040.97	100.00	5853.54	100.00	12237.87	100.00
2017	19161.25	106.31	6378.42	108.87	13121.19	107.34
2018	20583.31	114.25	6805.15	115.77	13989.90	114.55
2019	21567.26	119.42	7001.28	118.35	14662.82	119.87
2020	22224.41	122.02	7270.59	121.88	15048.16	122.70
2021	24249.13	131.65	8002.48	133.10	16438.00	133.52
2022	24924.43	134.55	8313.72	137.90	16808.03	135.71
2023	26053.38	139.25	8637.07	141.92	17540.46	142.04

注：本表按户籍人口计算以1978年为100，按常住人口计算以2016年为100。

主要统计指标解释

生产总值（GDP） 指一国（或地区）所有常住单位在一定时期内生产活动的最终成果。生产总值有三种表现形态，即价值形态、收入形态和产品形态。从价值形态看，它是所有常住单位在一定时期内生产的全部货物和服务的价值超过同期投入的全部非固定资产货物和服务价值的差额，即所有常住单位的增加值之和；从收入形态看，它是所有常住单位在一定时期内创造并分配给常住单位和非常住单位的初次收入分配之和；从产品形态看，它是所有常住单位在一定时期内最终使用的货物和服务价值与货物和服务净出口价值之和。在实际核算中，生产总值有三种计算方法，即生产法、收入法和支出法。三种方法分别从不同的方面反映生产总值及其构成，即从不同的角度反映国民经济生产活动成果。

1.生产法

生产总值=总产出-中间投入

2.收入法(也称分配法)

生产总值=劳动者报酬+固定资产折旧+生产税净额+营业盈余

3.支出法

生产总值=最终消费支出+资本形成总额+货物和服务净出口

根据国民经济核算范围的整体性与一致性原则，从三个角度测算的生产总值理论上是一致的。即:生产法计算的生产总值=收入法(分配法)计算的生产总值=支出法计算的生产总值。在我国的生产总值核算中，最常用的方法是分配法。

三次产业 是根据社会生产活动历史发展的顺序对产业结构的划分，产品直接取自自然界的部门称为第一产业，对初级产品进行再加工的部门称为第二产业，为生产和消费提供各种服务的部门称为第三产业。它是世界上较为通用的产业结构分类，但各国的划分不尽一致。我国的三次产业划分是：

第一产业：农、林、牧、渔业（不包括农、林、牧、渔专业及辅助性活动）。

第二产业：采矿业（不含开采专业及辅助性活动），制造业（不含金属制品、机械和设备修理业），电力、热力、燃气及水生产和供应业、建筑业。

第三产业：即服务业、除第一产业、第二产业以外的其他行业。

当年价格 指报告期的实际价格。

可比价格 指计算各种总量指标所采用的扣除了价格变动因素的价格，可进行不同时期总量指标的对比。按可比价格计算总量指标有两种方法：一种是直接用产品产量乘某一年的不变价格计算；另一种是用价格指数进行缩减。

不变价格 指以同类产品某年的平均价格作为固定价格，用于计算各年的产品价值。按不变价格计算的产品价值消除了价格变动因素，不同时期对比可以反映生产的发展速度。本《年鉴》所列的农业总产值指数是按不变价格计算的。计算有关年份产值增长速度，可用指数直接进行计算。

平均增长速度 在我国计算平均速度有两种方法，一种是“水平法”，又称几何平均法，是以间隔期最后一年的水平同基期水平对比来计算平均每年增长（或下降）速度；另一种是“累计法”，又称代数平均法或方程法，是以间隔期内各年水平的总和同基期对比来计算平均每年增长（或下降）速度。本《年鉴》内所列的平均增长速度，除固定资产投资用“累计法”计算外，其余都是用“水平法”计算的。

2

人口和从业人员

Population and Employment

2-1 主要年份年末总户数和人口数

年份	户籍总户数(万户)	户籍总人口数(万人)	按性别分(万人)		按户籍分(万人)		按城乡分(万人)		常住人口数(万人)
			男性	女性	农业人口	非农业人口	城镇人口	农村人口	
1949	60.43	240.57	123.10	117.47	222.36	18.21			
1952	67.32	251.74	128.75	122.99	229.63	22.11			
1957	72.16	282.99	145.03	137.96	256.58	26.41			
1962	77.94	306.74	156.57	150.17	278.87	27.87			
1965	79.52	339.84	174.44	165.40	315.60	24.24			
1970	87.58	391.75	201.04	190.71	366.17	25.58			
1975	97.41	434.56	223.58	210.98	408.47	26.09			
1978	105.70	452.71	233.41	219.30	426.73	25.98			
1980	109.92	461.61	237.98	223.63	430.09	31.52			
1985	126.03	490.08	253.72	236.36	448.94	41.14			
1990	149.29	515.49	267.27	248.22	468.42	47.07			
1994	157.40	526.31	272.83	253.48	472.42	53.89			
1995	159.04	529.56	274.51	255.05	471.88	57.68			
1996	161.42	532.98	276.21	256.77	471.61	61.37			
1997	164.61	535.98	277.63	258.35	469.72	66.26			
1998	168.15	539.51	279.53	259.98	463.88	75.63			
1999	173.26	542.98	281.13	261.85	461.41	81.57			
2000	175.56	546.62	282.77	263.85	455.83	90.79			
2001	177.49	548.52	283.63	264.89	456.43	92.09			
2002	179.71	550.46	284.42	266.04	456.65	93.81			
2003	182.03	552.61	285.38	267.23	457.26	95.35			
2004	183.89	555.92	286.87	269.05	459.23	96.69			
2005	186.83	559.85	288.71	271.14	461.54	98.31			
2006	189.12	564.66	291.01	273.65	464.86	99.80			
2007	191.99	569.39	293.25	276.15	467.51	101.88			
2008	193.69	574.06	295.38	278.68	470.71	103.35			
2009	193.34	578.47	297.54	280.93	474.08	104.39			
2010	192.68	583.14	299.68	283.46	477.48	105.67			597.4
2011	192.30	586.79	301.35	285.43	480.03	106.76			603.1
2012	191.70	590.95	303.26	287.69	483.07	107.87			611.5
2013	191.52	594.04	304.60	289.44	485.32	108.72			617.8
2014	190.85	597.10	305.88	291.23	482.97	114.13			624.0
2015	191.77	597.49	305.61	291.88			260.35	337.14	631.8
2016	191.57	600.17	306.79	293.38			250.35	349.82	637.6
2017	191.61	603.53	308.28	295.26			256.75	346.78	642.8
2018	191.83	605.40	309.06	296.34			262.67	342.73	648.8
2019	191.94	606.64	309.51	297.13			262.25	344.38	654.8
2020	194.24	606.98	309.51	297.47			279.93	327.05	662.7
2021	194.67	605.94	308.86	297.08			282.24	323.70	666.1
2022	194.95	604.95	308.22	296.73			296.24	308.72	667.8
2023	195.27	602.95	306.89	296.06			303.46	299.49	671.2

2-2 市区主要年份年末人口数

单位：万人

年 份	市 区		椒江区		黄岩区		路桥区	
	户 籍 人口数	常 住 人口数	户 籍 人口数	常 住 人口数	户 籍 人口数	常 住 人口数	户 籍 人口数	常 住 人口数
1978	117.37		34.86		49.32		33.19	
1980	119.31		35.74		49.99		33.58	
1985	126.97		38.52		53.02		35.43	
1986	128.57		39.06		53.69		35.82	
1987	130.34		39.68		54.38		36.28	
1988	131.99		40.43		54.83		36.73	
1989	132.96		40.90		55.03		37.03	
1990	133.77		41.41		55.17		37.19	
1991	134.47		41.73		55.36		37.38	
1992	136.14		42.08		55.48		38.58	
1993	135.91		42.39		55.73		37.79	
1994	136.73		42.66		55.96		38.11	
1995	137.70		43.03		56.16		38.51	
1996	138.79		43.40		56.54		38.85	
1997	139.67		43.73		56.73		39.21	
1998	140.83		44.22		56.77		39.84	
1999	142.03		44.78		57.03		40.22	
2000	143.17		45.31		57.27		40.59	
2001	143.90		45.93		57.01		40.96	
2002	144.93		46.53		57.09		41.31	
2003	146.05		47.15		57.19		41.71	
2004	147.37		47.79		57.47		42.11	
2005	148.75		48.37		57.86		42.52	
2006	150.20		48.94		58.33		42.93	
2007	151.56		49.51		58.77		43.27	
2008	152.75		49.98		59.14		43.64	
2009	153.77		50.40		59.41		43.96	
2010	154.89	190.3	50.92	65.4	59.67	63.2	44.30	61.7
2011	155.85		51.38		59.89		44.58	
2012	156.90		51.88		60.14		44.87	
2013	157.76		52.33		60.33		45.10	
2014	158.47		52.71		60.51		45.26	
2015	159.29	203.9	52.99	75.1	61.01	66.9	45.30	61.9
2016	160.10	206.0	53.51	76.3	61.10	67.6	45.49	62.1
2017	161.42	208.8	54.28	77.1	61.34	69.0	45.81	62.7
2018	162.50	211.3	54.97	78.9	61.52	69.6	46.01	62.8
2019	163.31	213.5	55.56	80.6	61.61	70.1	46.14	62.8
2020	163.95	216.4	56.18	82.7	61.58	70.8	46.18	62.9
2021	164.27	219.2	56.71	84.6	61.41	71.3	46.14	63.3
2022	164.48	221.0	57.15	85.8	61.24	71.2	46.09	64.0
2023	164.36	223.0	57.42	88.1	60.99	71.1	45.95	63.8

2-3 各县市主要年份年末人口数

单位：万人

年份	三门县		天台县		仙居县		温岭市		临海市		玉环市	
	户籍人口数	常住人口数	户籍人口数	常住人口数	户籍人口数	常住人口数	户籍人口数	常住人口数	户籍人口数	常住人口数	户籍人口数	常住人口数
1978	33.17		45.40		38.76		94.18		91.99		31.84	
1980	33.99		46.49		39.07		95.71		94.19		32.86	
1985	36.65		49.47		40.40		101.26		100.01		35.32	
1986	37.15		49.91		40.74		102.46		101.19		35.79	
1987	37.98		50.62		41.16		103.75		102.58		36.35	
1988	38.57		51.37		41.65		105.20		103.56		36.77	
1989	38.84		51.68		41.91		106.58		104.03		37.12	
1990	38.65		51.71		42.05		107.72		104.23		37.36	
1991	38.88		52.12		42.35		108.48		104.54		37.50	
1992	38.98		52.23		42.57		109.01		105.05		37.59	
1993	39.16		52.48		42.93		109.50		105.72		37.73	
1994	39.25		52.78		43.34		110.06		106.27		37.89	
1995	39.35		53.14		43.67		110.79		106.84		38.07	
1996	39.47		53.50		43.98		111.58		107.44		38.23	
1997	39.61		53.88		44.27		112.23		107.95		38.37	
1998	39.79		54.52		44.56		112.83		108.39		38.56	
1999	39.88		55.12		44.88		113.28		109.00		38.79	
2000	40.02		55.44		45.48		113.80		109.83		38.89	
2001	40.06		55.47		45.82		114.09		110.15		39.03	
2002	40.11		55.52		46.12		114.28		110.37		39.13	
2003	40.25		55.52		46.43		114.50		110.58		39.28	
2004	40.57		55.66		46.82		114.82		111.18		39.50	
2005	40.97		55.88		47.39		115.09		111.92		39.84	
2006	41.42		56.26		48.01		115.70		112.86		40.23	
2007	41.86		56.50		48.44		116.56		113.82		40.66	
2008	42.27		56.89		48.80		117.58		114.66		41.10	
2009	42.60		57.50		49.21		118.45		115.47		41.47	
2010	42.92	32.9	58.16	38.3	49.53	34.3	119.29	136.7	116.40	102.9	41.96	61.6
2011	43.23		58.62		49.81		119.93		117.09		42.25	
2012	43.53		59.22		50.29		120.60		117.85		42.55	
2013	43.83		59.54		50.60		121.05		118.45		42.81	
2014	44.06		59.84		50.87		121.80		119.04		43.02	
2015	44.11	35.2	59.37	43.2	50.60	39.4	121.53	138.8	119.57	108.1	43.02	63.2
2016	44.36	36.0	59.85	44.4	51.03	40.2	121.67	139.0	119.99	108.6	43.18	63.4
2017	44.66	37.1	60.20	44.7	51.50	40.5	122.01	139.1	120.36	109.0	43.39	63.6
2018	44.75	37.3	60.25	45.8	51.74	41.4	122.14	139.4	120.49	109.8	43.53	63.8
2019	44.72	37.8	60.29	46.6	51.96	42.2	122.21	140.0	120.48	110.5	43.66	64.2
2020	44.64	38.0	60.15	47.5	52.12	43.2	122.07	141.7	120.33	111.5	43.71	64.4
2021	44.45	37.9	59.89	47.0	52.08	43.0	121.62	142.5	119.90	111.7	43.73	64.8
2022	44.30	37.9	59.69	47.0	52.00	43.0	121.19	142.3	119.55	111.4	43.73	65.2
2023	44.11	38.7	59.36	46.9	51.86	43.3	120.57	144.1	119.05	110.9	43.65	64.3

2-4　主要年份户籍人口自然变动情况

年　份	出　生		死　亡		自　然　增　长	
	人数(人)	出生率(‰)	人数(人)	死亡率(‰)	人数(人)	自然增长率(‰)
1949	61063	25.58	32794	13.74	28269	11.84
1952	70721	28.27	30600	12.23	40121	16.04
1957	105765	38.05	25120	9.04	80645	29.01
1962	103246	34.08	24548	8.10	78698	25.98
1965	135207	40.43	28458	8.51	106749	31.92
1970	119335	30.87	23123	5.98	96212	24.89
1975	96398	22.37	27793	6.45	68605	15.92
1978	77592	17.25	25928	5.76	51664	11.49
1980	61815	13.45	26211	5.70	35604	7.75
1985	70894	14.54	27879	5.72	43015	8.82
1990	58776	11.43	27818	5.41	30958	6.02
1994	66000	12.57	29922	5.70	36078	6.87
1995	67425	12.77	32057	6.07	35368	6.70
1996	68640	12.92	32010	6.03	36630	6.89
1997	63482	11.88	31319	5.86	32163	6.02
1998	68263	12.69	32162	5.98	36101	6.71
1999	68220	12.60	31945	5.90	36275	6.70
2000	72905	13.38	33565	6.16	39340	7.22
2001	61712	11.27	31417	5.74	30295	5.53
2002	64052	11.66	33072	6.02	30980	5.64
2003	66612	12.08	33478	6.07	33134	6.01
2004	75969	13.71	32927	5.94	43042	7.77
2005	74640	13.37	34823	6.24	39817	7.13
2006	73612	13.09	32502	5.78	41110	7.31
2007	67765	11.95	32665	5.76	35100	6.19
2008	65301	11.42	34478	6.03	30823	5.39
2009	66741	11.58	34660	6.01	32081	5.57
2010	72862	12.54	36699	6.32	36163	6.22
2011	65503	11.20	34785	5.95	30718	5.25
2012	75335	12.79	36209	6.15	39126	6.64
2013	63717	10.75	34568	5.83	29149	4.92
2014	65957	11.07	35651	5.98	30306	5.09
2015	71395	11.95	36560	6.12	34835	5.83
2016	62076	10.37	34119	5.70	27957	4.67
2017	76652	12.74	40294	6.70	36358	6.04
2018	64769	10.72	39193	6.48	25576	4.24
2019	55495	9.16	36848	6.08	18647	3.08
2020	47108	7.76	37936	6.25	9172	1.51
2021	36940	6.09	39043	6.44	-2103	-0.35
2022	32810	5.42	40949	6.76	-8139	-1.34
2023	30225	5.00	48095	7.96	-17870	-2.96

2-5　主要年份年末从业人员数

单位：万人

年　份	从业人员总　　数	第一产业	第二产业	第三产业
1952	100.74			
1957	114.39			
1962	122.02			
1965	129.82			
1970	145.58			
1975	157.86			
1978	176.88			
1980	185.19			
1985	268.79			
1990	307.23			
1994	330.65			
1995	341.04	161.18	102.10	77.76
1996	341.23	157.20	104.77	79.26
1997	340.75	152.99	111.38	76.38
1998	341.19	147.52	113.92	79.75
1999	340.70	143.48	114.87	82.35
2000	340.48	135.52	116.03	88.93
2001	343.24	130.21	119.15	93.88
2002	347.25	125.90	120.85	100.50
2003	358.87	122.31	127.40	109.16
2004	364.13	106.21	136.89	121.03
2005	368.67	103.83	140.06	124.78
2006	370.21	101.43	142.50	126.28
2007	344.98	98.28	135.59	111.11
2008	345.45	89.86	137.37	118.22
2009	346.40	84.88	138.45	123.07
2010	347.35	79.00	141.37	126.98
2011	348.29	73.55	144.01	130.73
2012	355.01	68.22	147.38	139.41
2013	363.51	62.87	149.88	150.76
2014	366.82	57.28	152.37	157.17
2015	368.93	51.72	154.63	162.58
2016	369.35	46.31	157.38	165.66
2017	372.42	41.01	160.21	171.20
2018	372.38	35.04	162.96	174.38
2019	374.81	30.21	166.28	178.32
2020	382.61	24.83	168.33	189.45
2021	385.39	24.88	171.00	189.51
2022	384.07	24.55	169.89	189.63
2023	385.02	23.81	169.96	191.25

2-6　分行业在岗职工年末人数

单位：人

行　业	2020年	2021年	2022年	2023年
总　计	**1157090**	**1133624**	**1214359**	**1177393**
按国民经济行业分				
农、林、牧、渔业				
采矿业	494	393	604	579
制造业	689689	687427	737982	749771
电力、热力、燃气及水生产和供应业	8743	5988	8097	7840
建筑业	309844	300725	306517	257436
批发和零售业	49358	45314	52616	52259
交通运输、仓储和邮政业	19906	16128	17817	16351
住宿和餐饮业	16463	15045	17585	18781
信息传输、软件和信息技术服务业	5823	5449	5387	5658
金融业				
房地产业	16675	15330	15818	14762
租赁和商务服务业	23391	27676	33705	33091
科学研究、技术服务业	4697	4336	5399	7129
水利、环境和公共设施管理业	3956	3479	5464	5130
居民服务、修理和其他服务业	4118	3313	3203	4124
教　育	386	203	213	204
卫生和社会工作	2105	1904	2738	3312
文化、体育和娱乐业	1442	914	1214	966
公共管理、社会保障和社会组织				

注：本表统计范围为辖区内规模以上工业、有资质的建筑业、限额以上批发和零售业、限额以上住宿和餐饮业、有开发经营活动的全部房地产开发经营业、规模以上服务业法人单位。

主要统计指标解释

人口数 指一定时点全市行政管辖范围内的有生命的个人的总和。年度统计的年末人口数是指12月31日24时常住户口和未落户口的人口数。

农业人口 指凡在农村从事农、林、牧、副、渔的劳动者，以及乡（不包括乡）以下，不直接从事农业生产的各种人员及其抚养的家属。

非农业人口 指从事农、林、牧、副、渔业以外各种行业的人员。包括国营的农、林、牧、渔、园艺场、拖拉机站、抽水机站等，在编的行政管理人员、文教卫生、财贸、邮电等人员，以及附属的独立核算的工业企业中常年不从事农业生产的国家职工。包括抚养的家属。

出生率 指一年内平均每千人所出生的人数比例，一般以千分率表示。计算公式：

出生率＝全年出生人数/年平均人数×1000‰

出生人数指活产婴儿，即胎儿脱离母体时（不管怀孕月数），有过呼吸或其他生命现象。

死亡率 指一年内平均每千人所死亡的人数比例，一般以千分率表示。计算公式：

死亡率＝全年死亡人数/年平均人数×1000‰

人口自然增长率 指一年内人口自然增长数（出生人数减死亡人数）与平均人数之比例，一般以千分率表示。计算公式：

人口自然增长率＝（年内出生人数－年内死亡人数）/年平均人数×1000‰

或 人口自然增长率＝人口出生率－人口死亡率

人口密度 指在一定时点一定地区的人口数与该地区的面积数之比，即一定时点的单位土地面积上的人口数，通常以每平方公里的居民人数来表示。计算公式：

人口密度＝该地区的人口数/该地区的土地面积数

从业人员 指从事一定社会劳动并取得劳动报酬或经营收入的全部劳动力。

在岗职工 指在本单位工作且与本单位签订劳动合同，并由单位支付各项工资和社会保险、住房公积金的人员，以及上述人员中由于学习、病伤、产假等原因暂未工作仍由单位支付工资的人员。

3

农　业

Agriculture

3-1 主要年份农林牧渔业总产值

单位：万元

年 份	农林牧渔业总产值	农业产值	林业产值	牧业产值	渔业产值	农林牧渔服务业产值
1949	14081	10479	1180	1215	1207	
1952	19267	14615	1346	1714	1592	
1957	24190	16789	1714	2693	2994	
1962	29111	20888	1672	2758	3793	
1965	37545	26121	1794	5287	4343	
1970	46703	32750	1520	7383	5050	
1975	50669	34762	1127	7395	7385	
1978	67698	51211	1062	8993	6432	
1980	90813	66341	1683	14321	8468	
1985	183311	111219	5506	39892	26694	
1990	336931	173445	9212	72854	81420	
1994	954595	357971	19578	158077	418969	
1995	1280014	433670	17573	173121	655650	
1996	1383990	472623	22424	183638	705305	
1997	1330376	392998	20096	180948	736334	
1998	1444665	460390	19445	154657	810173	
1999	1480847	465720	18585	142816	853726	
2000	1532112	478300	22084	144697	887031	
2001	1589394	524114	24193	150231	890856	
2002	1629779	551293	27798	154162	896526	
2003	1677748	583703	29265	158381	892933	13466
2004	1741193	610132	28694	174358	913443	14566
2005	1847928	658669	28443	182672	961644	16500
2006	1956767	710811	32408	173613	1023038	16897
2007	2161607	778134	36307	233165	1095979	18022
2008	2119570	803703	37606	245845	1008642	23774
2009	2303842	871347	40933	238196	1127846	25520
2010	2760166	1055423	53696	271418	1351987	27642
2011	3289011	1176929	56579	337450	1687831	30222
2012	3491510	1264092	59886	356463	1779332	31737
2013	3729627	1296656	58980	360182	1980197	33612
2014	3793382	1336177	63033	323795	2034581	35796
2015	4047708	1380456	61368	308730	2258581	38573
2016	4314001	1430001	63590	297850	2480372	42188
2017	4532008	1496762	67279	260554	2661741	45672
2018	4769554	1553968	67187	260659	2836819	50921
2019	5032840	1642302	71675	298837	2962161	57865
2020	5250344	1712898	67044	315663	3088728	66011
2021	5427136	1829968	64389	329258	3131681	71840
2022	5720565	1932259	63134	380598	3267940	76634
2023	6090090	1968197	57419	374461	3609688	80325

注：1.2009年农林牧渔业总产值、渔业产值数据有所调整，下同。2.2016年起产值数据已与三农普数据衔接，下同。

3-2 主要年份农林牧渔业总产值构成

单位：%

年 份	农林牧渔业总产值	农业产值	林业产值	牧业产值	渔业产值	农林牧渔服务业产值
1949	100.00	74.42	8.38	8.63	8.57	
1952	100.00	75.86	6.99	8.90	8.26	
1957	100.00	69.40	7.09	11.13	12.38	
1962	100.00	71.75	5.74	9.47	13.03	
1965	100.00	69.57	4.78	14.08	11.57	
1970	100.00	70.12	3.25	15.81	10.81	
1975	100.00	68.61	2.22	14.59	14.57	
1978	100.00	75.65	1.57	13.28	9.50	
1980	100.00	73.05	1.85	15.77	9.32	
1985	100.00	60.67	3.00	21.76	14.56	
1990	100.00	51.48	2.73	21.62	24.17	
1994	100.00	37.50	2.05	16.56	43.89	
1995	100.00	33.88	1.37	13.52	51.22	
1996	100.00	34.15	1.62	13.27	50.96	
1997	100.00	29.54	1.51	13.60	55.35	
1998	100.00	31.87	1.35	10.71	56.08	
1999	100.00	31.45	1.26	9.64	57.65	
2000	100.00	31.22	1.44	9.44	57.90	
2001	100.00	32.98	1.52	9.45	56.05	
2002	100.00	33.83	1.71	9.46	55.01	
2003	100.00	34.79	1.74	9.44	53.22	0.80
2004	100.00	35.04	1.65	10.01	52.46	0.84
2005	100.00	35.64	1.54	9.89	52.04	0.89
2006	100.00	36.33	1.66	8.87	52.28	0.86
2007	100.00	36.00	1.68	10.79	50.70	0.83
2008	100.00	37.92	1.77	11.60	47.59	1.12
2009	100.00	37.82	1.78	10.34	48.95	1.11
2010	100.00	38.24	1.95	9.83	48.98	1.00
2011	100.00	35.78	1.72	10.26	51.32	0.92
2012	100.00	36.20	1.72	10.21	50.96	0.91
2013	100.00	34.77	1.58	9.66	53.09	0.90
2014	100.00	35.22	1.66	8.54	53.64	0.94
2015	100.00	34.10	1.52	7.63	55.80	0.95
2016	100.00	33.15	1.47	6.90	57.50	0.98
2017	100.00	33.03	1.48	5.75	58.73	1.01
2018	100.00	32.58	1.41	5.47	59.48	1.07
2019	100.00	32.63	1.42	5.94	58.86	1.15
2020	100.00	32.62	1.28	6.01	58.83	1.26
2021	100.00	33.72	1.19	6.07	57.70	1.32
2022	100.00	33.78	1.10	6.65	57.13	1.34
2023	100.00	32.32	0.94	6.15	59.27	1.32

3-3 主要年份农林牧渔业总产值指数

(1952年为100)

年 份	农林牧渔业总产值	农业产值	林业产值	牧业产值	渔业产值	农林牧渔服务业产值
1949	75.05	73.63	90.06	72.79	77.84	
1952	100.00	100.00	100.00	100.00	100.00	
1957	128.50	117.57	130.36	160.84	192.42	
1962	119.77	113.29	98.49	127.57	188.83	
1965	156.29	143.34	106.93	247.41	218.75	
1970	181.53	167.82	84.60	322.60	237.50	
1975	167.84	152.21	53.15	273.74	294.24	
1978	213.42	213.62	47.12	313.46	241.29	
1980	242.71	234.60	62.98	420.76	267.78	
1985	339.22	290.97	99.32	743.12	473.70	
1990	361.74	296.81	99.89	758.92	594.84	
1994	605.48	362.83	144.00	957.84	1563.68	
1995	726.87	380.87	114.97	919.57	2184.06	
1996	763.20	411.19	134.53	919.72	2275.29	
1997	737.46	382.03	128.87	857.03	2260.69	
1998	786.06	385.57	128.53	802.28	2534.14	
1999	862.35	432.57	115.55	898.56	2754.61	
2000	861.27	384.58	138.70	925.68	2867.88	
2001	890.85	441.17	149.40	976.94	2823.74	
2002	900.60	432.00	159.56	1023.83	2874.57	
2003	922.21	466.56	166.10	1041.24	2837.20	100.00
2004	923.13	470.76	149.16	1036.08	2837.20	102.24
2005	932.36	465.11	137.38	1142.80	2857.06	113.88
2006	960.33	492.09	147.96	1098.23	2919.92	113.55
2007	984.34	504.88	152.84	1135.57	2984.16	119.67
2008	1007.96	519.52	151.62	1203.70	3025.94	154.77
2009	1027.11	534.59	154.65	1238.61	3047.12	167.48
2010	1074.36	547.42	150.47	1311.69	3239.09	173.68
2011	1108.74	566.03	145.35	1366.78	3342.74	178.72
2012	1138.68	581.31	144.77	1447.42	3412.94	183.37
2013	1146.65	585.38	144.77	1408.34	3460.72	190.70
2014	1170.73	598.26	152.44	1335.11	3571.46	198.14
2015	1212.88	620.99	151.22	1268.35	3739.32	213.00
2016	1266.82	644.04	153.34	1301.59	3932.87	229.06
2017	1298.26	679.75	163.97	1274.35	3975.80	242.86
2018	1307.26	706.76	170.13	1319.55	3910.36	263.92
2019	1320.08	723.92	176.74	1170.77	3952.36	291.74
2020	1351.60	757.13	175.48	1014.41	4057.27	325.02
2021	1385.94	769.24	173.05	1401.37	4033.54	347.72
2022	1430.53	786.41	167.57	1713.63	4109.30	365.08
2023	1485.95	813.25	150.25	1909.81	4253.51	383.82

注：本表按可比价格计算。农林牧渔服务业产值指数以2003年为100。

3-4 农林牧渔业分项产值(一)

(1990-2023年)　　单位：万元

年 份	农林牧渔业总产值	农业产值	#粮食作物	# 油 料	# 糖 料
1990	336931	173445	94301	607	764
1991	424828	212210	121014	849	73
1992	479188	220023	117090	1037	1022
1993	610251	255060	128552	435	2033
1994	954595	357971	199308	599	2507
1995	1280014	433670	241657	934	2487
1996	1383990	472623	266108	948	2750
1997	1330376	392998	223484	969	2221
1998	1444665	460390	252813	1240	3479
1999	1480847	465720	243693	1180	5792
2000	1532112	478300	197896	1508	19482
2001	1589394	524114	158515	1761	18644
2002	1629779	551293	126422	1679	22190
2003	1677748	583703	104380	1872	30179
2004	1741193	610132	137506	2051	27122
2005	1847928	658669	135755	2222	23762
2006	1956767	710811	152677	2398	19759
2007	2161607	778134	151196	3401	23558
2008	2119570	803703	189066	6460	22234
2009	2303842	871347	178975	6122	20464
2010	2760166	1055423	195511	7197	23146
2011	3289011	1176929	207199	6939	29468
2012	3491510	1264092	213880	7879	20814
2013	3729627	1296656	221394	7782	20146
2014	3793382	1336177	180217	6419	29526
2015	4047708	1380456	185101	6660	29768
2016	4314001	1430001	146862	6453	22395
2017	4532008	1496762	148659	6721	19313
2018	4769554	1553968	149443	6296	18645
2019	5032840	1642302	152072	6899	18048
2020	5250344	1712898	172110	6835	20537
2021	5427136	1829968	183072	7560	17995
2022	5720565	1932259	198229	8359	16732
2023	6090090	1968197	199825	9397	15716

3-5　农林牧渔业分项产值(二)

(1990-2023年)　　　　单位：万元

年　份	农业产值			
	#药 材	#蔬 菜	#花 卉 园 艺	#茶水果及坚果
1990	262	25100		33495
1991	240	26422		41363
1992	251	26419		52926
1993	435	45873		54243
1994	684	53691		75515
1995	888	64200		93303
1996	861	65280		108664
1997	747	64748		76571
1998	1288	72520		95958
1999	4095	85135		92962
2000	5428	120093		98054
2001	7993	162047	8195	140936
2002	9220	187697	15427	164566
2003	13150	196251	24227	194029
2004	13168	189322	24676	196935
2005	13638	205584	26497	228925
2006	16991	215893	28505	253450
2007	18453	230164	30018	296673
2008	20600	221960	24742	294198
2009	21827	240836	26026	352843
2010	47090	296131	30653	442467
2011	41517	329141	38579	512909
2012	29188	364596	44864	570609
2013	27766	364308	51227	592325
2014	34228	383560	57210	624879
2015	42761	401198	56089	639701
2016	47514	444038	62572	680914
2017	49161	444632	70064	738760
2018	56370	470663	74663	758459
2019	56965	513997	69764	806697
2020	60498	503163	69529	863579
2021	53140	561719	67420	929736
2022	66525	602811	63182	964784
2023	72115	622658	52652	987281

注：2010年开始，坚果产值列入农业统计，不再作为林业统计，下同。

3-6 农林牧渔业分项产值(三)

(1990-2023年)

单位：万元

年 份	林业产值	#林木的培育和种植	#林产品	#竹木采运	牧业产值	牲畜	家禽饲养
1990	9212	2992	1135	5085	72854	53604	4620
1991	13875	2434	1423	10018	78837	54084	6419
1992	9990	3016	1649	5325	90663	60560	6942
1993	13857	2937	1535	9385	109180	73495	8658
1994	19578	3008	2597	13973	158077	111139	10516
1995	17573	3922	3706	9945	173121	123796	13019
1996	22424	5377	5878	11169	183638	125791	20325
1997	20096	4937	3773	11386	180948	126306	15402
1998	19445	4480	4348	10617	154657	114090	13695
1999	18585	3970	4411	10204	142816	93259	16788
2000	22084	5242	6355	10487	144697	95779	16259
2001	24193	5452	6914	11827	150231	98318	14632
2002	27798	6915	6453	14430	154162	100757	14533
2003	29265	7229	6995	15041	158381	101567	17483
2004	28694	6247	6194	16253	174358	118427	17574
2005	28443	6683	9050	12710	182672	116313	20787
2006	32408	6524	9680	16204	173613	105097	20207
2007	36307	6280	11636	18391	233165	155562	22852
2008	37606	5480	12004	20122	245845	164734	25549
2009	40933	6599	13076	21258	238196	153691	26804
2010	53696	6152	11645	23105	271418	176878	32541
2011	56579	6791	13865	22962	337450	223327	42780
2012	59886	8599	13504	25387	356463	228687	54872
2013	58980	8145	13932	24364	360182	232874	49875
2014	63033	8288	16018	26542	323795	212430	43208
2015	61368	8536	17336	23529	308730	205663	36152
2016	63590	7957	20018	22777	297850	200171	35581
2017	67279	7261	24760	22974	260554	172312	32797
2018	67187	7526	24629	22808	260659	165837	39602
2019	71675	7185	29205	23590	298837	197945	44209
2020	67044	12067	32305	20517	315663	183443	64064
2021	64389	9634	37222	17533	329258	203999	69262
2022	63134	5791	37490	19853	380598	255057	72110
2023	57419	8201	38884	10334	374461	245604	76746

3-7 农林牧渔业分项产值(四)

(1990-2023年) 单位：万元

年 份	牧业产值		渔业产值			农林牧渔服务业产值
	活的畜产品	其他动物		海水产品	淡水产品	
1990	10148	4482	81420	76940	4480	
1991	12840	5494	119906	114791	5115	
1992	18184	4977	158512	152093	6419	
1993	22303	4724	232154	221276	10878	
1994	28534	7888	418969	403534	15435	
1995	29866	6440	655650	622675	32975	
1996	32811	4711	705305	648900	56405	
1997	23389	15851	736334	697949	38385	
1998	19910	6962	810173	768293	41880	
1999	19096	13673	853726	805164	48562	
2000	18343	14316	887031	841151	45880	
2001	21433	15848	890856	841461	49395	
2002	23018	15854	896526	838559	57967	
2003	23700	15631	892933	832365	60568	13466
2004	23696	14661	913443	858067	55376	14566
2005	24749	20823	961644	914495	47149	16500
2006	25707	22602	1023038	975657	47381	16897
2007	32069	22682	1095979	1051285	44694	18022
2008	33219	22343	1008642	969421	39221	23774
2009	33754	23947	1127846	1085872	41974	25520
2010	39850	22149	1351987	1305542	46445	27642
2011	45949	25394	1687831	1631838	55993	30222
2012	46306	26598	1779332	1715347	63985	31737
2013	49305	27302	1980197	1910409	69788	33612
2014	45410	22747	2034581	1954937	79644	35796
2015	41755	25160	2258581	2182291	76290	38573
2016	37166	24932	2480372	2404359	76013	42188
2017	31039	24406	2661741	2558128	103613	45672
2018	30721	24499	2836819	2734503	102316	50921
2019	33358	23325	2962161	2855871	106290	57865
2020	41784	26372	3088728	2975019	113709	66011
2021	34748	21250	3131681	3025193	106488	71840
2022	38222	15209	3267940	3191279	76661	76634
2023	39166	12945	3609688	3533138	76551	80325

3-8 主要农作物播种面积

(1990-2023年)

单位：千公顷

年 份	农作物播种面积	粮食作物	油 料	#油菜籽	糖料	药材类	蔬 菜	瓜果类	花卉苗木
1990	436.09	347.14	2.56	2.09	0.53	0.20	19.47		
1991	439.67	351.12	3.32	2.93	0.58	0.23	21.03		
1992	433.49	345.89	4.93	4.54	0.67	0.25	20.49		
1993	412.70	316.19	1.89	1.53	0.80	0.23	27.23		
1994	401.30	304.58	1.64	1.27	0.90	0.16	26.87		
1995	401.00	307.06	2.46	2.09	0.67	0.22	25.94		
1996	404.34	312.20	2.42	2.07	0.70	0.22	29.79		
1997	407.50	315.23	2.30	1.90	0.68	0.22	31.92		
1998	408.21	313.01	2.51	2.09	0.70	0.44	35.29		
1999	407.45	310.53	2.63	2.15	0.80	0.36	38.67		
2000	377.45	270.63	3.35	2.78	3.26	1.01	49.29		
2001	339.72	219.05	3.68	2.91	4.19	1.23	61.08	10.89	0.33
2002	308.55	179.56	3.94	3.22	4.67	1.71	73.62	11.74	0.97
2003	276.82	144.62	4.12	3.29	6.41	3.17	76.49	14.31	2.19
2004	284.02	162.45	4.37	3.45	5.92	3.53	71.95	16.24	2.66
2005	286.01	165.86	4.83	3.89	4.57	2.57	72.22	16.90	2.65
2006	282.87	165.86	4.94	3.94	3.41	2.47	72.33	15.93	2.73
2007	280.16	163.08	5.00	3.97	3.09	2.46	73.63	15.40	2.92
2008	283.69	173.87	9.10	8.05	3.13	2.52	65.08	14.31	2.74
2009	271.54	158.65	11.28	10.25	2.93	2.48	66.77	14.49	2.59
2010	265.43	152.37	11.65	10.58	2.86	2.76	67.08	14.32	2.57
2011	254.59	141.13	10.38	9.28	2.83	2.92	69.64	14.32	2.83
2012	251.37	137.44	11.30	10.18	2.96	3.11	70.29	12.67	3.40
2013	252.86	140.06	10.69	9.56	2.60	3.14	69.76	13.05	3.65
2014	203.60	96.10	8.10	7.17	2.41	3.53	67.82	12.84	3.78
2015	206.81	96.35	8.27	7.19	2.40	4.04	69.70	13.76	3.88
2016	191.51	79.78	6.52	4.94	1.87	4.27	72.47	15.56	4.28
2017	197.10	82.50	6.29	4.70	1.55	4.86	74.60	16.15	4.56
2018	199.18	82.03	6.27	5.16	1.46	5.24	76.46	16.32	4.75
2019	201.42	82.58	6.94	5.83	1.69	5.19	77.44	16.71	4.52
2020	200.34	85.50	6.70	5.59	1.73	5.17	78.98	16.19	
2021	203.71	87.72	7.10	6.06	1.50	4.72	82.39	14.74	
2022	203.53	88.96	7.32	6.23	1.47	4.60	82.26	13.62	
2023	205.92	89.31	8.84	7.79	1.34	4.48	83.28	13.79	

注：1.2008年起马铃薯归入薯类(粮食)统计，不再作蔬菜统计。2.2014年起粮食播种面积采用粮食生产监测抽样推算数据。3.2016年起粮食、油料、甘蔗播种面积已与三农普数据衔接。4.2020年起不再开展花卉苗木播种面积统计。

3-9　主要农作物总产量

(1990-2023年)

单位：吨

年　份	粮食作物	油　料	#油菜籽	糖料	药材类	蔬　菜	瓜果类
1990	1506974	3585	3003	23294		687561	
1991	1904769	5192	4629	32433		705533	
1992	1727967	6440	6029	31107		632200	
1993	1606793	2372	1873	51967		847477	
1994	1607359	2276	1725	57157		768258	
1995	1648568	3369	2835	46732		734429	
1996	1758021	3373	2849	48554		762027	
1997	1521940	3331	2763	35904		750727	
1998	1643871	3863	3165	53220		820784	
1999	1664773	4022	3224	60055		915949	
2000	1386973	5571	4439	252639		1197250	
2001	1161195	6332	4678	330094		1590930	
2002	925879	6437	5031	361341	6617	1885196	439210
2003	756978	7229	5562	513605	9336	1969596	533784
2004	851126	7820	5966	424731	30502	1831261	597649
2005	824828	8303	6461	312315	20133	1793418	572043
2006	895013	8625	6628	254215	20120	1838069	541441
2007	841768	8994	6956	245934	21577	1883959	533346
2008	934734	15352	13239	251533	20445	1681210	492715
2009	846018	18348	16269	223115	20242	1708827	502677
2010	827542	18115	15935	214234	23704	1722747	506983
2011	789250	17415	15180	215658	26364	1828818	516290
2012	791920	19317	16990	227770	27533	1871956	417181
2013	799124	19184	16909	195241	27126	1824063	434153
2014	602159	15470	13506	181226	28784	1884396	431822
2015	607539	15701	13485	184161	32977	1961609	425827
2016	487564	11893	8674	151420	34719	2045772	501961
2017	498467	11997	8742	129290	37073	2141735	525726
2018	510838	11763	9488	120455	39202	2192193	531865
2019	502482	13145	10866	130437	37918	2189514	533725
2020	520867	13201	10888	134719	37910	2250222	521410
2021	559969	13387	11011	117523	32164	2316595	471818
2022	566699	14875	12429	116615	31998	2389089	438592
2023	575892	17595	15203	105871	29322	2464715	451044

注：1.2014年起粮食产量采用粮食生产监测抽样推算数据。2.2016年起粮食、油料、甘蔗产量已与三农普数据衔接。

3-10 主要果园面积

(1990-2023年) 单位：公顷

年 份	果园面积	柑 桔	梨	桃 子	葡 萄	柿 子	枇 杷	杨 梅	其 他
1990	50837	32300	443	3211	309	381	4970	7833	1390
1991	51335	33723	464	2616	332	413	4674	8067	1046
1992	49489	33146	394	2100	325	296	4428	7872	928
1993	50440	34091	392	1702	497	491	4391	7848	1028
1994	50002	33666	350	1907	404	563	4770	6851	1491
1995	53925	36163	413	2071	392	653	4574	8004	1655
1996	55168	36757	376	2193	435	668	4478	8808	1453
1997	49903	35581	421	1113	331	617	3735	6938	1167
1998	49891	34738	497	1203	332	683	3462	7389	1587
1999	49790	34619	571	1224	356	648	3402	7723	1247
2000	49696	33491	741	1331	414	662	3277	8514	1266
2001	49599	32729	1106	1534	435	739	3040	8912	1104
2002	51162	31588	1443	1674	638	816	3400	10243	1360
2003	55381	31256	1851	1649	1003	786	3155	12371	3310
2004	57827	31510	2289	1790	1495	772	3318	14718	1935
2005	58950	31405	2305	1807	1614	791	3351	15892	1785
2006	58888	30664	2338	1839	1710	817	3219	16311	1990
2007	62111	29580	2620	2085	1811	895	3207	19371	2542
2008	61644	28537	2644	2099	2070	906	3220	20006	2162
2009	61092	26192	2567	2212	2631	975	3191	21118	2206
2010	63474	26244	2492	2406	3166	986	3294	22816	2070
2011	63917	26128	2444	2447	3470	1011	3324	23309	1784
2012	64985	25828	2409	2654	3994	1010	3388	24039	1663
2013	65275	25555	2426	2854	4260	998	3424	24277	1481
2014	65801	25013	2306	3226	4475	937	3519	24386	1939
2015	67434	25123	2308	3692	4889	957	3573	24693	2199
2016	67377	24503	2328	3830	5533	915	3517	24508	2243
2017	67719	24651	2311	3998	5538	886	3626	24430	2279
2018	67790	24578	2245	4111	5684	875	3631	24355	2311
2019	68569	25327	2145	4059	5870	841	3563	24449	2315
2020	67896	25474	1971	4046	5706	768	3501	24120	2310
2021	66777	24973	1856	3909	5537	687	3395	24283	2137
2022	65712	24803	1809	3882	5209	674	3505	23777	2054
2023	65074	24313	1732	3800	5111	633	3566	23911	2007

3-11 主要水果产量

(1990-2023年)

单位：吨

年份	水果产量	柑桔	梨	桃子	葡萄	柿子	枇杷	杨梅	其他
1990	262977	217088	2507	9858	901	1944	16723	13070	886
1991	340302	286415	2547	6677	915	2080	25302	15555	811
1992	395740	336354	1919	8172	1508	1874	25676	18985	1252
1993	372777	320378	2237	8337	1781	1986	20197	14952	2909
1994	489773	423938	3327	9072	2573	2786	28253	17129	2695
1995	560100	484772	2781	10424	3549	3242	19135	33154	3043
1996	638498	531798	2802	11269	3311	4045	45285	35873	4115
1997	628851	524360	2881	12135	4258	5806	32103	42165	5143
1998	515846	413770	4324	12896	4607	6526	25422	40860	7441
1999	632272	520035	3894	13338	5077	6138	30640	46254	6896
2000	387418	274920	5268	15535	7247	6532	26615	43677	7624
2001	910550	441419	7226	13898	7919	8435	30690	49186	351777
2002	896860	323397	8610	16839	12035	8172	31332	55336	441139
2003	1081139	386998	13356	15279	18989	4812	28559	73548	539598
2004	1158327	370147	19554	17430	22569	4419	30581	90019	603608
2005	1069970	314849	22442	18920	28270	4433	18013	84509	578534
2006	1106719	365314	25197	21702	32452	4783	23073	85345	548853
2007	1156927	390875	27520	22219	36028	5233	23665	108204	543183
2008	1205779	462443	30476	24646	41897	5443	24567	113467	502840
2009	1165807	372652	27792	27079	55754	5821	24834	136643	515232
2010	1245474	435342	27767	29686	60678	6369	21802	144445	519385
2011	1287820	447372	26722	33038	70426	7439	21979	152763	528081
2012	1215825	443978	28072	35174	87419	7886	21397	162473	429426
2013	1223521	426759	27006	37616	89991	7553	21422	169903	443271
2014	1264754	441096	26833	41734	94425	7651	23639	186544	442832
2015	1312864	476975	27265	50337	105164	7706	23864	181766	439787
2016	1360520	429208	28085	51468	111824	7352	16915	197990	517678
2017	1447804	475007	28370	54263	117406	7007	22189	201643	541919
2018	1472699	489347	28767	56175	112916	6938	23866	205830	548860
2019	1482039	496472	28143	54425	108198	6825	23035	214190	550751
2020	1499253	504278	27540	55923	108522	6503	26439	227318	542730
2021	1456948	499867	30803	57347	113297	6634	24367	230789	493844
2022	1421693	495299	30939	57049	113828	6379	37021	221251	459929
2023	1495854	524052	31527	57308	112114	6085	36717	255750	472302

3-12 林业生产情况

(1990-2023年)　　　　单位：公顷

年份	造林面积	#用材林	#经济林	#防护林	零星(四旁)植树(万株)	中幼林抚育实际面积	育苗面积	更新造林面积	主要林产品产量(吨)	
									竹笋干	板栗
1990	9380	8240	155	606	489.6	7015	99	546	967	753
1991	11772	9412	210	306	377.0	8906	110	624	781	399
1992	7847	6533	510	291	424.0	13229	91	293	894	415
1993	6638	3336	2055	267	337.1	10653	73	540	786	291
1994	8173	3951	3535	333	271.0	12863	385	542	803	410
1995	6058	1521	3912	457	256.0	9567	32	784	41221	1184
1996	4090	1461	1888	418	246.9	9340	32	1213	5543	2465
1997	5269	1538	3076	508	287.0	7354	34	1375	812	535
1998	4942	2055	2212	675	321.0	9828	102	1070	940	667
1999	2688	730	1210	748	310.5	6063	53	1296	920	2273
2000	3537	394	1580	1505	164.0	2188	71	1522	1894	1059
2001	3160	275	1213	1669	174.0	6994	92	1541	2615	1160
2002	2664	36	547	1978	181.0	4402	218	411	3740	1200
2003	2867	19	409	2160	146.0	4595	763	513	3980	1320
2004	3207	45	670	2392	141.0	5792	210	375	2908	1301
2005	3804	495	541	2765	117.0	7556	849	234	2566	1338
2006	2213	508	214	1491	129.5	3810	777	655	2788	1361
2007	2002	94	154	1401	103.8	2726	591	1189	2880	1515
2008	1521	17	69	1435	121.7	1940	1700	1113	2717	1639
2009	6352	9		6343	110.0	1395	1556	317	3358	1745
2010	1728		45	1683	115.5	1209	1521	934	3514	1598
2011	3884	125	750	2958	129.0	1837	2969	865	3643	1599
2012	4162	415	575	3172	376.5	9014	2585	1257	3388	2049
2013	4183	731	694	2758	539.0	20664	2944	1026	3577	2135
2014	3466	112	813	2541	211.8	22687	3502	1397	4164	2268
2015	1944	48	357	1539	187.2	23631	3187	796	4156	2286
2016	901		222	544	133.5	11790	3024	686	4491	2334
2017	440		140	300	127.2	9557	2939	513	4291	2240
2018	464	11	40	405	149.6	8247	3210	481	4394	2140
2019	287	7	40	235	102.8	7117		328	4611	2115
2020	5596	87	3024	2185	105.5	7543	190	127	4573	1947
2021	889	116	220	546	72.4	705	235	591	4648	1899
2022	164				121.4	2180	222	455	5484	1297
2023	548					2460	215	282	4057	1173

注：1.2002年起育苗面积中包含绿化苗木。2.2007年起造林面积中包含无林地和疏林地新封面积。
3.2011年及以前中幼林抚育实际面积不包括中林抚育实际面积。

3-13　畜牧业生产情况(一)

(1990-2023年)

年　份	生猪年末存栏头数(万头)	#能繁殖的母猪	年内肥猪出栏头数(万头)	生　猪饲养量(万头)	牛年末存栏头数(头)	羊年末存栏只数(万只)
1990	116.83	6.39	100.69	217.52	80518	4.47
1991	113.44	6.89	97.87	211.31	76176	4.28
1992	114.10	8.18	99.78	213.88	69543	4.33
1993	108.86	7.01	93.64	202.50	64827	4.65
1994	105.81	6.53	91.59	197.40	60487	5.20
1995	99.44	6.05	88.10	187.54	58713	5.27
1996	86.70	5.83	80.74	167.44	57384	5.23
1997	92.65	5.82	82.86	175.51	51900	4.90
1998	105.65	6.51	97.72	203.37	48828	5.24
1999	109.52	6.36	106.07	215.59	48487	5.48
2000	112.04	6.51	113.29	225.33	47179	5.92
2001	112.91	7.04	118.83	231.74	44254	6.13
2002	109.25	6.16	121.52	230.77	44018	6.34
2003	104.08	5.36	118.12	222.20	39654	6.29
2004	100.96	5.49	112.27	213.23	39122	6.33
2005	100.10	5.33	117.79	217.89	38723	6.47
2006	58.25	3.64	71.46	129.71	27197	3.72
2007	65.54	4.48	79.06	144.60	27621	4.46
2008	75.61	6.22	85.21	160.82	28447	5.41
2009	78.32	6.55	87.62	165.94	29741	5.67
2010	77.80	6.69	91.51	169.31	31426	5.82
2011	81.53	6.86	94.66	176.19	31613	5.71
2012	80.76	6.86	97.64	178.40	30249	6.23
2013	79.16	6.86	97.83	176.99	29758	6.46
2014	65.36	5.80	92.15	157.51	27138	6.40
2015	65.43	5.59	87.58	153.02	26971	6.77
2016	43.49	4.10	71.60	115.09	15759	5.46
2017	40.46	3.73	69.74	110.20	14540	5.37
2018	36.48	2.82	67.32	103.80	19601	4.72
2019	16.87	1.86	31.88	48.75	17168	3.77
2020	47.39	4.38	25.49	72.88	18299	4.55
2021	46.00	6.10	51.19	97.19	21446	4.50
2022	53.16	6.15	66.47	119.63	19301	4.76
2023	59.54	5.66	75.30	134.84	18145	4.36

注：1.2016年起畜牧业数据已与三农普数据衔接，下同。
　　2.由于数据归口管理及统计调查方法变化，2018、2019年畜牧业生产数据有所调整，下同。

3-14 畜牧业生产情况(二)

(1990-2023年)

年 份	兔年末存栏只数(万只)	家禽年末存栏只数(万只)	家 禽饲养量(万只)	肉 类总产量(吨)	#猪 肉产 量	禽蛋产量(吨)
1990	21.74	608.23	1125.50	92729	86200	22208
1991	20.66	741.55	1358.36	92230	85015	32043
1992	24.67	837.18	1526.10	98750	90327	41988
1993	21.56	909.94	1737.68	94515	83692	46203
1994	29.66	948.54	1871.23	98140	85891	45511
1995	29.45	904.93	1880.60	97280	84041	40336
1996	26.54	1015.34	2217.71	92501	76808	40373
1997	23.75	939.23	2045.68	92721	79257	34961
1998	26.63	842.89	1658.91	104986	91653	30205
1999	28.64	896.07	2127.84	114037	99577	29774
2000	29.41	891.45	2045.63	120868	106562	30356
2001	42.75	888.02	2050.53	123988	108222	33139
2002	38.38	822.28	1997.05	128457	111492	35882
2003	33.49	895.61	2348.17	128890	109031	37479
2004	41.35	883.98	2361.61	125433	104561	36239
2005	51.04	866.60	2468.17	132300	108590	37919
2006	55.78	890.62	2443.33	90367	67723	38307
2007	66.63	905.25	2501.61	98414	75249	41643
2008	59.05	925.82	2529.52	105776	82590	42971
2009	52.48	981.18	2723.69	109039	84080	43758
2010	54.69	1052.69	3154.10	117952	87999	46574
2011	55.50	1107.99	3268.74	124070	91458	48494
2012	53.86	1164.32	4309.06	139118	93673	48771
2013	56.36	985.68	3756.38	134840	94110	48450
2014	58.17	687.28	2949.45	123414	89231	39150
2015	59.54	641.43	2112.32	110344	85991	38529
2016	39.11	577.86	1969.67	94948	71333	34795
2017	38.31	654.41	2170.05	95507	70428	29227
2018	50.19	728.58	2581.85	84744	57275	20821
2019	40.04	742.69	2788.31	58892	25841	24480
2020	25.85	1003.92	3598.90	62689	22006	25859
2021	21.14	880.41	3612.65	84451	41184	22129
2022	18.71	1021.23	3812.35	98543	54937	23200
2023	12.82	954.04	3885.01	107547	63219	23886

3-15　渔业生产情况(一)

(1990-2023年)　　单位：吨

年　份	水产品总产量	海水产品产量	#海洋捕捞	#海水养殖	鱼　类	甲壳类	贝　类	藻　类	头足类	其　他
1990	280670	269772	197530	72242	104735	89337	74380	593		727
1991	318813	306838	226674	80164	106947	120560	78652	679		
1992	368344	355654	267232	88422	138469	127016	89300	869		
1993	459446	443460	346112	97348	161630	150439	108127	1090		22174
1994	753547	735327	588107	147220	287361	201912	186947	1142		57965
1995	987950	964316	763355	200961	458969	227436	260650	1694		15567
1996	1034042	1005520	767800	237720	497964	217711	267955	1890		20000
1997	1114878	1089952	869334	220618	544447	252652	290715	1779		359
1998	1309819	1278913	1024760	254153	695577	281718	299110	2342		166
1999	1329413	1294720	988026	306694	618321	301192	370434	3312		1461
2000	1392848	1352453	990625	361828	610270	324945	410620	6030		588
2001	1384249	1340823	961501	379322	588381	321029	416274	8596		6543
2002	1411019	1363574	972447	391127	631214	300063	418487	12898		912
2003	1382628	1334501	927268	407233	632995	256115	355496	16085	64640	9170
2004	1383814	1339435	945247	394188	519902	280777	349350	11750	75791	101865
2005	1350028	1308430	941075	367355	620817	280631	326126	9242	63827	7787
2006	1355067	1317234	952716	364518	610345	307456	321037	10192	62129	6075
2007	1375594	1335572	986118	349454	647173	300884	304129	9271	67727	6388
2008	1387283	1349301	1004437	344864	672002	301122	299050	9310	63106	4699
2009	1340491	1302200	968103	334097	633754	300232	288583	10530	60777	7151
2010	1403826	1360501	1005827	354674	650532	311887	303743	10893	67679	9778
2011	1413087	1368787	1368787	359288	655909	314810	305489	10317	67964	7053
2012	1417871	1373297	1001181	361683	642339	330462	306260	10457	66521	6825
2013	1437533	1392796	1012436	368975	635608	346459	312081	11851	69474	5938
2014	1483914	1435832	1031334	384613	644727	358485	326171	12700	69911	3953
2015	1568978	1519900	1102633	408337	707375	363527	345547	14123	74398	6000
2016	1601270	1550921	1089540	441285	719657	339412	372911	16602	76826	5417
2017	1578724	1508117	991986	499288	655803	315082	421470	19906	71686	7327
2018	1525191	1458049	935934	492572	609841	303186	420160	23100	62738	9481
2019	1459016	1392458	876925	490273	576140	285191	413747	21584	59604	10932
2020	1490372	1422836	839847	524914	562200	273954	440695	23133	56287	8492
2021	1451933	1392439	807651	527158	525594	280955	442821	21833	56095	7511
2022	1456835	1415074	811495	550065	526717	288136	458063	24249	57947	6448
2023	1496579	1454665	825593	578150	537309	295219	479278	27217	57921	6799

注：1.2003年起按类别分产品产量口径有所调整，与以前年份不可比。
2.2016年起渔业生产情况数据已与三农普数据衔接，下同。

3-16 渔业生产情况(二)

(1990-2023年) 单位：吨

年 份	淡水产品产量	淡水捕捞	淡水养殖	鱼 类	甲壳类	贝 类	其他类
1990	10898	2673	8225	9922	233	265	478
1991	11975	2603	9372	11403	165	290	117
1992	12690	2672	10018	11999	207	382	102
1993	15986	2287	13699	13135	226	575	2050
1994	18220	3099	15121	15697	362	820	1341
1995	23631	4141	19493	21002	542	1279	811
1996	28522	4890	23632	24496	667	1970	1389
1997	24926	4556	20370	20203	1132	1821	1770
1998	30906	5163	25743	25699	1155	2207	1845
1999	34693	6369	28324	28250	1737	2479	2227
2000	40395	5472	34923	31115	2084	3658	3538
2001	43426	6012	37414	33980	2597	3215	3634
2002	47445	6840	40605	37000	3196	3392	3857
2003	48127	5351	42776	38413	3885	2814	3015
2004	44379	4672	39707	34642	3917	2648	3172
2005	41598	5217	36381	32984	3554	2727	2333
2006	37833	5007	32826	30141	3388	2557	1747
2007	40022	5520	34502	30289	5790	2357	1586
2008	37982	4761	33221	29177	4954	2168	1683
2009	38291	4942	33349	28606	5446	2339	1900
2010	43325	4746	38579	28081	6230	3287	5727
2011	44300	4882	39418	29362	6072	3236	5630
2012	44574	4989	39585	32557	5843	2929	3245
2013	44737	4132	40605	31961	6759	2853	3164
2014	48082	3468	44614	34573	6997	1511	5001
2015	49078	3719	45359	38765	6818	2171	1324
2016	50349	3923	46426	41072	6015	2224	1038
2017	70607	17989	52618	57884	7271	3436	2016
2018	67142	15943	51199	55345	7278	3262	1257
2019	66558	15623	50935	54595	7503	3454	1006
2020	67536	17173	50363	55837	6920	4092	687
2021	59494	14453	45041	49945	6136	2842	571
2022	41761	11980	29781	33738	5594	1851	578
2023	41914	12102	29812	34100	5579	1596	639

3-17 渔业生产情况(三)

(1990-2023年)

年 份	海水养殖面积(公顷)	淡水养殖面积(公顷)	机动渔船动力(千瓦)	机动渔船艘数(艘)	机动渔船吨位(吨位)
1990	12450	3874	455745	8901	225589
1991	12826	12892	562980	10764	300597
1992	13266	12954	607882	9847	324028
1993	14792	13718	598424	9066	320380
1994	18416	13228	725243	10396	393464
1995	21897	13735	948304	12362	509135
1996	24297	13862	1005606	11456	532786
1997	26002	14606	1018842	11369	545739
1998	27872	14156	1134504	10534	574089
1999	32671	14639	1178865	10397	614507
2000	38648	14754	1269083	10839	652992
2001	38834	15345	1299104	10749	681527
2002	40386	14992	1300746	9945	707028
2003	39973	15404	1290879	9622	686871
2004	38734	13780	1229010	8868	648426
2005	36637	13234	1227233	8716	647240
2006	35882	12549	1351774	8884	701970
2007	34206	12611	1403511	9001	718315
2008	31493	12083	1397377	8467	703378
2009	29316	11719	1358856	7948	711084
2010	28422	12044	1301595	6802	687962
2011	27809	11275	1380774	7073	759257
2012	27307	11124	1438014	7089	853176
2013	27034	11209	1438496	6857	905218
2014	26879	11211	1447375	6648	924370
2015	28143	11203	1447923	6503	942556
2016	30823	10494	1384957	6364	911532
2017	27511	11217	1328438	6061	899285
2018	24287	7971	1253983	5675	857483
2019	24378	6958	1236551	5507	854522
2020	24479	6927	1217697	5367	850822
2021	24193	5579	1183065	5172	859395
2022	24618	3712	1136685	4894	842379
2023	24638	3198	1083093	4686	808613

3-18　农田水利建设情况

(1990-2023年)　　单位：千公顷

年　份	耕地灌溉面积	林地灌溉面积	园地灌溉面积	水土流失治理面积	堤　防总长度(公里)	已建成水　库(座)	总 库 容(万立方米)
1990	127.40	0.78	7.94	148.21	631	293	86969
1991	128.63	0.83	8.35	147.31	645	300	87078
1992	127.79	0.69	6.42	144.27	645	305	130079
1993	126.28	0.72	7.28	349.21	638	306	160329
1994	124.54	0.74	7.16	349.21	638	307	160343
1995	123.25	0.74	7.18	348.71	641	311	162176
1996	121.76	0.72	7.12	348.71	642	314	162544
1997	121.69	0.73	7.10	348.71	629	314	162543
1998	121.67	0.73	8.37	348.71	629	314	162637
1999	122.45	0.73	7.91	392.60	629	317	163714
2000	124.03	0.73	7.96	224.88	633	316	163605
2001	125.03	0.75	8.09	293.11	681	322	164098
2002	126.03	3.37	5.48	238.56	707	327	164144
2003	126.26	3.35	13.23	238.88	710	328	177602
2004	127.95	3.44	13.52	249.40	739	328	177587
2005	126.86	3.50	13.21	253.55	758	326	181664
2006	127.14	4.16	13.47	264.48	1189	323	182769
2007	125.88	4.85	13.37	269.08	1266	327	188027
2008	127.67	4.85	13.57	267.81	1343	324	182716
2009	127.67	4.95	13.87	272.61	1390	325	185361
2010	127.35	4.95	13.97	275.29	1412	326	185373
2011	125.48	5.02	13.78	281.79	1425	326	188147
2012	128.54	4.99	14.06	283.18	1487	345	193643
2013	135.36	5.24	11.39	215.51	2342	345	186813
2014	130.30	3.57	10.70	243.38	2382	346	187434
2015	125.96	4.15	10.67	249.79	2347	346	186813
2016	124.74	4.15	10.67	252.07	2355	346	186613
2017	125.05	4.15	10.67	254.07	2376	346	186611
2018	125.13	4.15	10.67	257.91	2386	347	189772
2019	123.31	4.15	10.40	261.84	2422	346	185938
2020	123.31	4.24	12.82	265.80	2434	348	188215
2021	124.69	3.30	13.10	269.31	2217	348	188765
2022	122.44	10.54	6.90	272.51	2248	347	188768
2023	124.90	10.33	7.05	276.92	2240	346	208514

3-19 农业物资消耗情况

(1990-2023年) 单位：吨

年 份	农用化肥施用量(折纯量)	农用塑料薄膜使用量	农用柴油使用量	农药使用量
1990	78955	835		4682
1991	87255	1025		5066
1992	88439	1030		4315
1993	91072	1226	103884	4212
1994	89957	1491	134547	4749
1995	106371	3200	230696	5742
1996	107856	3249	252132	5710
1997	109638	3445	328071	6334
1998	110055	3742	337194	6499
1999	109314	3978	331624	6457
2000	105913	4558	351640	6414
2001	96388	5726	499103	6007
2002	90613	6318	498723	5862
2003	87727	6656	501040	5574
2004	88932	7020	517635	5597
2005	89625	7405	532714	5610
2006	88848	7471	544063	5561
2007	87047	7541	547733	5415
2008	88334	7775	521620	5340
2009	91545	7898	541420	5093
2010	90977	8152	593300	4850
2011	89670	8363	605851	4727
2012	90370	8545	611604	4605
2013	92561	8946	636934	4515
2014	89528	9210	648731	4336
2015	88296	9387	668007	4189
2016	87777	9584	667600	3106
2017	90159	10162	658892	3053
2018	88791	10313	636557	2788
2019	86176	10404	591902	2727
2020	80435	11895	607964	2623
2021	77443	10815	479475	2600
2022	76847	11786	451336	2552
2023	76586	11522	436086	2522

主要统计指标解释

农、林、牧、渔业的统计范围是：

1.农业：包括种植业和其他农业。

种植业包括谷物、豆类、油料、棉花、麻类、糖料、烟叶、药材、薯类、蔬菜、瓜类、饲料作物等种植业，茶、桑、果种植业。

其他农业包括野生植物的果实、纤维、油料和野生药物、菌类、柴草等的采集等。

2.林业：包括人工植树造林、森林抚育、迹地更新，村及村以下竹、木材采伐。油桐籽、油茶籽、核桃等林产品的采集。

3.牧业：包括猪、牛、羊等的饲养和放牧业，鸡、鸭、鹅等有家畜养殖业以及兔、蚕、蜂等小动物饲养，野生动物的狩猎、诱捕、猎物饲养，野生动物产品的采集。

4.渔业：包括利用海水进行鱼、虾、贝、藻类等水生动、植物的养殖和对海洋水生动、植物的捕捞；还包括在内陆水域进行鱼、虾、蟹、贝类、珍珠等水生动物的养殖和捕捞。

农林牧渔业总产值 指以货币表现的农林牧渔业全部产品总量。它用价值量形式综合反映一定时期内农林牧渔业生产的总成果和总规模。农林牧渔业总产值的计算方法，一般采用“产品法”进行计算，即凡是有产品产量的，都按产品产量乘以其产品单价求得每一种农产品的产值，然后将四业产品的产值及农林牧渔服务业产值相加求得。

农作物播种面积 指实际播种或移植有农作物的面积。凡是实际种植有农作物的面积，不论种植在耕地上还是非耕地上的，也不论面积大小，均应包括在内。统计播种面积，按种植一次算一次，但移植作物的，按移植后的面积计算。

粮食产量 指全社会的产量，包括国营农场等全民所有制经营、集体统一经营的和农民家庭经营的产量，还包括工矿企业家属办的农场和其他生产单位的产量。粮食在统计上分为谷物、豆类、薯类。从浙江的实际种植结构看，谷物包括稻谷、小麦、玉米和其他谷物，按脱粒后的原粮计算；豆类包括大豆、蚕（豌）豆、杂豆，按去豆荚后的干豆计算；蕃薯按 5 千克鲜薯折 1 千克粮食计算。粮食产量统计方法主要有两种：全面统计和抽样调查。

水果产量 指本年度内收获的全部水果产量。不论出售或自食的都应计算在内。水果产量按鲜果计算，不按加工后的产量计算。2001 年起，水果产量包括果用瓜（西瓜、甜瓜、草莓等），但不包括作蔬菜食用的藕、西红柿等，也不包括采集的野生水果。

造林面积 指本年度内在荒山、荒地、沙丘等一切可以造林的土地上，采取人工播种、植苗、飞机播种等方法，新植的成片乔木林和灌木林，经过检查验收，符合“造林技术规程”要求的株数，成活率达 85%以上（1986 年以前成活率按 40%以上计算）的面积。四旁植树在四行以上，连续面积在一亩以上，应统计在造林面积内，但不包括补植面积、重造面积、迹地更新面积、低产林改造面积和零星植树折算面积。

肥猪出栏头数 指年内农村合作经济组织、农民、国营农场、机关、团体、工矿企业、部队等单位以及城镇居民饲养的，供屠宰并已出栏的全部肉猪头数，包括交售给国家、集市上出售和农民自食部分。

肉类总产量 指当年出栏并已屠宰的猪、牛、羊、兔、家禽和其他畜禽的肉产量，按屠宰后除去头蹄下水后带骨肉的重量，即按胴体重计算。

水产品产量 指本年度内捕捞的水产品产量（包括人工养殖和天然生长）。海水生长的藻类计入海水产品产量。淡水生长的各种水生植物，不计算为水产品产量。除海蜇按三矾后，海藻按干品计量外，其余均按捕捞起水时的鲜活实重计量。

农用化肥施用量（折纯） 指本年内实际用于种植业、林业生产的化肥数量，包括氮肥、磷肥、钾肥和复合肥。化肥施用量要求按折纯量计算数量。折纯量是指把氮肥、磷肥、钾肥分别按含氮、含五氧化二磷、含氧化钾的百分之百成份进行折算后的数量。复合肥指含有两种或两种以上营养元素的化肥，按其所含主要成分折算。具体公式为：某种化肥折纯量=该种化肥实际施用量×折纯率（某种化肥有效成份含量的百分比），具体折纯率以化肥包装标识为准，也可参考农业农村部官网发布的《化肥折纯量参考计算表》。

农药使用量 指在农业生产过程中为防止病虫害使用的化学药物数量，包括购买的和自产自用的杀虫剂、杀菌剂、除草剂、杀螨剂以及其他化学农药，但不包括兽药、渔业用药以及土农药。化学农药的使用量按实物量计算。

农用塑料薄膜使用量 指在农业生产过程中为防寒、保温、保湿等使用的塑料薄膜，包括温室塑料大棚和地膜使用量。

4

工　业

Industry

4-1　规模以上工业单位数

(2017-2023年)　　单位：个

项　目	2017年	2018年	2019年	2020年	2021年	2022年	2023年
总　计	**3760**	**3972**	**4309**	**4610**	**5281**	**5545**	**5587**
一、按登记注册统计类别分							
内资企业	3608	3835	4169	4464	5136	5407	5458
港、澳、台商投资公司	77	68	67	70	67	60	60
外商投资企业公司	75	69	73	76	78	78	69
二、按隶属关系分							
国有控股企业	52	57	64	60	63	73	73
集体控股企业	32	37	25	23	44	43	34
私人控股企业	3526	3722	4095	4394	5078	5341	5391
港澳台控股企业	42	43	43	48	47	41	46
外商控股企业	48	46	52	52	49	47	43
其他控股企业	60	67	30	33			
三、按轻重工业分							
轻工业	1468	1535	1655	1755	1956	2084	2076
重工业	2292	2437	2654	2855	3325	3461	3511
四、按企业规模分							
大型企业	51	55	47	53	65	65	62
中型企业	395	385	365	380	382	357	370
小型企业	3247	3407	3787	4056	4655	4927	4907
微型企业	67	125	110	121	179	196	248

注：1.规模以上工业统计范围是：年主营业务收入2000万元及以上工业(2015年起不包括台州电业局，2012-2014年不包括台州电业局和台州电业局直属供电局)，下同。
2.第五次经济普查口径变更为登记注册统计类别。

4-2 分行业规模以上工业单位数

(2017-2023年) 单位：个

行业	2017年	2018年	2019年	2020年	2021年	2022年	2023年
总计	**3760**	**3972**	**4309**	**4610**	**5281**	**5545**	**5587**
有色金属矿采选业	1		1	1	1	1	1
非金属矿采选业	3	4	7	12	13	12	10
农副食品加工业	71	74	79	87	91	100	97
食品制造业	16	15	14	14	15	18	19
酒、饮料和精制茶制造业	9	8	7	7	7	7	7
纺织业	89	96	108	123	119	129	126
纺织服装、服饰业	17	16	20	19	19	19	20
皮革、毛皮、羽毛及其制品和制鞋业	164	178	217	218	238	244	255
木材加工和木、竹、藤、棕、草制品业	18	21	20	23	24	24	19
家具制造业	94	89	84	79	87	88	80
造纸和纸制品业	52	59	69	70	74	74	72
印刷和记录媒介复制业	51	50	51	58	66	71	67
文教、工美、体育和娱乐用品制造业	106	119	129	136	155	165	158
石油、煤炭及其他燃料加工业	1	1	2	4	3	3	2
化学原料和化学制品制造业	79	83	85	88	87	90	103
医药制造业	66	65	65	67	72	74	75
化学纤维制造业	2	3	5	5	9	14	14
橡胶和塑料制品业	472	487	510	551	628	659	678
非金属矿物制品业	104	114	131	136	137	144	147
黑色金属冶炼和压延加工业	22	20	24	25	22	25	26
有色金属冶炼和压延加工业	69	77	79	78	85	88	96
金属制品业	251	258	280	314	368	390	386
通用设备制造业	685	737	833	921	1121	1137	1143
专用设备制造业	246	275	322	359	427	449	463
汽车制造业	374	386	390	395	459	473	463
铁路、船舶、航空航天和其他运输设备制造业	139	144	155	181	224	257	258
电气机械和器材制造业	332	361	387	409	463	496	497
计算机、通信和其他电子设备制造业	39	44	44	46	53	61	75
仪器仪表制造业	51	52	55	57	69	82	85
其他制造业	36	36	38	40	51	56	50
废弃资源综合利用业	44	38	30	25	26	25	26
金属制品、机械和设备修理业	2	2	2	2	3	2	2
电力、热力生产和供应业	34	36	39	31	34	36	33
燃气生产和供应业	6	8	10	12	12	12	13
水的生产和供应业	15	16	17	17	19	20	21

4-3 规模以上工业增加值

(2017-2023年)

单位：万元

项 目	2017年	2018年	2019年	2020年	2021年	2022年	2023年
总 计	**10011288**	**11131292**	**11344295**	**11948045**	**14053503**	**14497630**	**15268725**
一、按登记注册统计类别分							
内资企业	8698330	9776995	10239275	10982339	13051915	13490224	14180568
港、澳、台商投资公司	363305	329317	258559	228443	310762	313157	328318
外商投资企业公司	949654	1024980	846461	737263	690827	694249	759839
二、按隶属关系分							
国有控股企业	966796	1123912	1322576	1167453	1239686	1068879	1531940
集体控股企业	106255	64404	38314	41018	190687	121207	109398
私人控股企业	7941439	8845323	9238470	9700116	11928461	12619958	12831118
港澳台控股企业	207794	181342	103963	134120	177027	189843	222354
外商控股企业	619838	704176	475229	637488	517643	497744	573916
其他控股企业	169167	212136	165743	267851			
三、按轻重工业分							
轻工业	3537237	3717249	4088586	4254625	4820225	5299616	5226108
重工业	6474051	7414043	7255709	7693420	9233278	9198014	10042617
四、按企业规模分							
大型企业	2408422	2848093	2394969	2898025	3318524	3577645	3717650
中型企业	2941399	3388226	3722053	3810406	4020370	3757070	4240578
小型企业	4357560	4791444	5145523	5272653	6518073	7057967	7157832
微型企业	303907	103529	81750	-33039	196537	104948	152665

4-4 分行业规模以上工业增加值

(2017-2023年) 单位：万元

行业	2017年	2018年	2019年	2020年	2021年	2022年	2023年
总计	**10011288**	**11131292**	**11344295**	**11948045**	**14053503**	**14497630**	**15268725**
有色金属矿采选业	2671		1860	1765	2061	2055	2629
非金属矿采选业	3451	8018	12326	16328	22556	21119	17637
农副食品加工业	93830	78589	83457	88750	98921	107176	111868
食品制造业	34651	37041	42527	42217	44209	49802	54931
酒、饮料和精制茶制造业	54015	43950	37750	37995	36451	35485	41028
纺织业	166863	152888	158353	189310	195729	199073	190797
纺织服装、服饰业	14961	12218	14374	15372	15798	17726	17125
皮革、毛皮、羽毛及其制品和制鞋业	233585	186803	230822	176939	216058	238000	248566
木材加工和木、竹、藤、棕、草制品业	22776	26483	23153	23595	35904	36488	37868
家具制造业	251953	227479	216462	230990	268611	291750	226974
造纸和纸制品业	109398	138295	136767	122012	131459	110076	112762
印刷和记录媒介复制业	64674	66848	63980	72165	91461	91298	88895
文教、工美、体育和娱乐用品制造业	153644	192836	207103	212311	250569	233828	200505
石油、煤炭及其他燃料加工业	357	452	963	3235	2410	2849	1962
化学原料和化学制品制造业	275372	380682	434259	418401	431042	382084	314965
医药制造业	929984	1061145	1260692	1371160	1386576	1663161	1586376
化学纤维制造业	1464	1770	6064	4496	18953	31611	29130
橡胶和塑料制品业	915814	964978	1048611	1119857	1297991	1394243	1514097
非金属矿物制品业	164573	235638	280558	338525	355460	327025	315377
黑色金属冶炼和压延加工业	39164	33973	58622	66745	64435	45428	65205
有色金属冶炼和压延加工业	95872	252803	64759	62214	84428	69991	78971
金属制品业	404735	428911	453541	444876	602856	634551	629496
通用设备制造业	1359147	1517883	1622112	1774661	2298256	2349757	2536756
专用设备制造业	536803	670166	711143	824782	1085042	1097567	1142148
汽车制造业	1466955	1723512	1403018	1369138	1596604	1660952	1674289
铁路、船舶、航空航天和其他运输设备制造业	324413	301441	333010	404906	587173	708140	681551
电气机械和器材制造业	620893	691506	733365	741765	876199	922924	1056304
计算机、通信和其他电子设备制造业	209293	246151	229626	151525	344506	433111	479505
仪器仪表制造业	154095	185591	195379	197487	271690	270203	300380
其他制造业	140580	138812	131079	126365	180629	175573	168851
废弃资源综合利用业	288451	120312	43538	62641	102627	37767	49158
金属制品、机械和设备修理业	2279	2734	1988	1790	2831	3786	3102
电力、热力生产和供应业	790367	906270	1003154	1119844	932312	737756	1116993
燃气生产和供应业	16123	22676	25499	40281	39184	30111	48849
水的生产和供应业	68084	72439	74382	73603	82515	85166	123678

4-5　规模以上工业主要财务指标(一)

(2023年)　　单位：万元

项　目	企业单位数(个)	亏损企业	资产总计	流动资产合计
总　计	**5587**	**830**	**100014624**	**51366472**
按登记注册统计类别分组				
有限责任公司	4262	645	56835724	29094092
股份有限公司	983	142	33877527	17998910
非公司企业法人	99	13	691742	505216
个人独资企业	72	10	227028	145500
合伙企业	42	3	120625	89582
港澳台投资企业	60	9	2360272	1244023
外商投资企业	69	8	5901707	2289149
按轻重工业分				
轻工业	2076	386	34120235	17339431
重工业	3511	444	65894390	34027041
按大中小微型分				
大型企业	62	8	30378997	11318890
中型企业	370	52	25071951	13533247
小型企业	4907	698	42914567	25239281
微型企业	248	72	1649109	1275054
按工业行业分				
有色金属矿采选业	**1**		**3304**	**1882**
常用有色金属矿采选	1		3304	1882
非金属矿采选业	**10**	**4**	**1654535**	**194456**
土砂石开采	10	4	1654535	194456
农副食品加工业	**97**	**18**	**801233**	**507241**
谷物磨制	3	1	11825	10814
饲料加工	8	1	140331	104734
植物油加工	1		112905	37136
制糖业	1	1	6688	6390
屠宰及肉类加工	9	3	77765	32523
水产品加工	72	12	433896	309570
蔬菜、菌类、水果和坚果加工	2		13567	3644
其他农副食品加工	1		4256	2431
食品制造业	**19**	**3**	**289383**	**182057**
焙烤食品制造	2		5985	4987

4-5 续表 1

(2023年) 单位：万元

项　　目	企　业 单位数 (个)	亏损企业	资产总计	流动资 产合计
方便食品制造	1		34647	11285
罐头食品制造	9	2	116668	83538
调味品、发酵制品制造	1		6587	4144
其他食品制造	6	1	125496	78102
酒、饮料和精制茶制造业	**7**	**2**	**186790**	**125128**
酒的制造	4	2	123308	85674
饮料制造	2		55951	35222
精制茶加工	1		7530	4232
纺织业	**126**	**25**	**1142118**	**767409**
棉纺织及印染精加工	14	5	221829	153445
毛纺织及染整精加工	3	1	24174	13344
化纤织造及印染精加工	31	5	178308	134671
针织或钩针编织物及其制品制造	4		40930	22397
家用纺织制成品制造	25	7	73023	50654
产业用纺织制成品制造	49	7	603854	392898
纺织服装、服饰业	**20**	**5**	**97623**	**60285**
机织服装制造	11	3	56158	38916
针织或钩针编织服装制造	5	1	22916	15497
服饰制造	4	1	18549	5872
皮革、毛皮、羽毛及其制品和制鞋业	**255**	**26**	**796674**	**563756**
皮革制品制造	10	3	51853	31754
制鞋业	245	23	744821	532002
木材加工和木、竹、藤、棕、草制品业	**19**	**4**	**200925**	**117349**
人造板制造	5	2	64527	50270
木质制品制造	10	2	46457	27529
竹、藤、棕、草等制品制造	4		89941	39550
家具制造业	**80**	**34**	**1452062**	**844444**
木质家具制造	21	10	166594	83917
竹、藤家具制造	10	5	39184	29151
金属家具制造	34	15	1083298	668411
塑料家具制造	9	3	131319	39604
其他家具制造	6	1	31667	23362
造纸和纸制品业	**72**	**17**	**740974**	**488783**
造纸	8	4	163315	105720
纸制品制造	64	13	577659	383064

4-5　续表 2

(2023年)　单位：万元

项　　目	企　业单位数（个）	亏损企业	资产总计	流动资产合计
印刷和记录媒介复制业	**67**	**7**	**466703**	**235980**
印刷	67	7	466703	235980
文教、工美、体育和娱乐用品制造业	**158**	**40**	**861744**	**509676**
文教办公用品制造	4	2	37364	16372
工艺美术及礼仪用品制造	135	34	680971	424476
体育用品制造	4	1	77896	32395
玩具制造	11	2	35805	19067
游艺器材及娱乐用品制造	4	1	29709	17367
石油、煤炭及其他燃料加工业	**2**	**1**	**11335**	**4878**
精炼石油产品制造	2	1	11335	4878
化学原料和化学制品制造业	**103**	**21**	**2616090**	**1473146**
基础化学原料制造	9	2	194388	103310
肥料制造	1		3342	2881
农药制造	4	1	265926	144852
涂料、油墨、颜料及类似产品制造	33	10	752806	445700
合成材料制造	20	4	374244	249931
专用化学产品制造	21	2	790406	365580
炸药、火工及焰火产品制造	1		6238	2873
日用化学产品制造	14	2	228739	158020
医药制造业	**75**	**23**	**14111929**	**5694006**
化学药品原料药制造	61	18	12435695	4889531
化学药品制剂制造	7	4	1282989	554710
中药饮片加工	1		9073	8943
中成药生产	3		281030	181580
兽用药品制造	1		29099	13959
生物药品制品制造	1		71156	44474
药用辅料及包装材料	1	1	2887	809
化学纤维制造业	**14**	**5**	**455912**	**119459**
合成纤维制造	9	3	202961	57897
生物基材料制造	5	2	252950	61562
橡胶和塑料制品业	**678**	**91**	**7433189**	**4099571**
橡胶制品业	119	18	1972911	1039887
塑料制品业	559	73	5460278	3059685

4-5 续表 3

(2023年) 单位：万元

项　　目	企　业单位数（个）	亏损企业	资产总计	流动资产合计
非金属矿物制品业	**147**	**36**	**2139784**	**1366154**
水泥、石灰和石膏制造	6	2	89701	45498
石膏、水泥制品及类似制品制造	86	16	1508369	1078528
砖瓦、石材等建筑材料制造	23	12	353083	130660
玻璃制造	7	2	24296	15989
玻璃制品制造	7	1	24383	16316
玻璃纤维和玻璃纤维增强塑料制品制造	2		5985	4025
陶瓷制品制造	5	1	47560	27223
石墨及其他非金属矿物制品制造	11	2	86407	47916
黑色金属冶炼和压延加工业	**26**	**7**	**304785**	**220567**
炼铁	1		1511	1337
炼钢	1		35651	14267
钢压延加工	24	7	267623	204964
有色金属冶炼和压延加工业	**96**	**17**	**1141919**	**842739**
常用有色金属冶炼	2	2	20287	15729
有色金属合金制造	6	1	147089	92867
有色金属压延加工	88	14	974543	734143
金属制品业	**386**	**51**	**3905888**	**2249195**
结构性金属制品制造	37	13	246632	155059
金属工具制造	26	1	291934	152488
集装箱及金属包装容器制造	15	1	100228	65290
金属丝绳及其制品制造	15	2	77892	61745
建筑、安全用金属制品制造	86	13	647664	424349
金属表面处理及热处理加工	66	12	403107	230356
搪瓷制品制造	2		7973	5937
金属制日用品制造	29	1	1352518	630590
铸造及其他金属制品制造	110	8	777942	523382
通用设备制造业	**1143**	**94**	**12796242**	**7781599**
锅炉及原动设备制造	9	1	73939	41961
金属加工机械制造	126	15	1143086	774373
物料搬运设备制造	25	3	283136	186681
泵、阀门、压缩机及类似机械制造	658	45	6494817	4195462
轴承、齿轮和传动部件制造	149	13	2781762	1482544
烘炉、风机、包装等设备制造	102	8	1536537	785543

4-5　续表 4

(2023年)　　单位：万元

项　　目	企　业 单位数 (个)	亏损企业	资产总计	流动资 产合计
文化、办公用机械制造	2		6206	3906
通用零部件制造	54	7	320569	211171
其他通用设备制造业	18	2	156192	99958
专用设备制造业	**463**	**65**	**6127164**	**3703749**
采矿、冶金、建筑专用设备制造	20	3	462999	282308
化工、木材、非金属加工专用设备制造	182	21	2132249	1432213
食品、饮料、烟草及饲料生产专用设备制造	12	2	44350	26667
印刷、制药、日化及日用品生产专用设备制造	6	1	31494	21150
纺织、服装和皮革加工专用设备制造	70	17	1630729	860529
电子和电工机械专用设备制造	7	1	101250	70021
农、林、牧、渔专用机械制造	63	6	732957	437504
医疗仪器设备及器械制造	82	14	788190	413763
环保、邮政、社会公共服务及其他专用设备制造	21		202945	159593
汽车制造业	**463**	**51**	**10483431**	**6056722**
汽车整车制造	4	3	1685205	1008260
汽车用发动机制造	5		278420	108819
汽车车身、挂车制造	1	1	32345	17824
汽车零部件及配件制造	453	47	8487461	4921819
铁路、船舶、航空航天和其他运输设备制造业	**258**	**46**	**3854293**	**2612246**
铁路运输设备制造	10	5	710896	378401
船舶及相关装置制造	27	2	878787	730405
航空、航天器及设备制造	6	1	291620	157251
摩托车制造	129	17	1254355	889014
自行车和残疾人座车制造	1		4625	3564
助动车制造	79	19	676967	429920
非公路休闲车及零配件制造	5	2	32371	19171
潜水救捞及其他未列明运输设备制造	1		4672	4520
电气机械和器材制造业	**497**	**73**	**7394284**	**4986198**
电机制造	207	16	2848146	1914750
输配电及控制设备制造	78	12	1172252	805064
电线、电缆、光缆及电工器材制造	75	6	1230048	1010293
电池制造	1		1031536	544460
家用电力器具制造	31	5	375860	189359
非电力家用器具制造	5		159504	131521

4-5 续表 5

(2023年) 单位：万元

项　目	企　业 单位数 (个)	亏损企业	资产总计	流动资 产合计
照明器具制造	95	34	528305	363805
其他电气机械及器材制造	5		48634	26946
计算机、通信和其他电子设备制造业	**75**	**18**	**3194029**	**1844287**
计算机制造	1	1	27284	15328
通信设备制造	4	1	58235	41809
雷达及配套设备制造	1		3930	3056
非专业视听设备制造	2		16256	14473
智能消费设备制造	10	4	217803	141932
电子器件制造	20	5	1344445	634187
电子元件及电子专用材料制造	33	6	1489434	966541
其他电子设备制造	4	1	36644	26961
仪器仪表制造业	**85**	**5**	**1103302**	**755584**
通用仪器仪表制造	80	5	1055873	728740
专用仪器仪表制造	3		26443	14308
光学仪器制造	1		16178	8159
其他仪器仪表制造业	1		4808	4377
其他制造业	**50**	**13**	**886125**	**579107**
日用杂品制造	50	13	886125	579107
废弃资源综合利用业	**26**	**9**	**729701**	**620725**
金属废料和碎屑加工处理	15	7	645288	560032
非金属废料和碎屑加工处理	11	2	84413	60693
金属制品、机械和设备修理业	**2**		**8294**	**6399**
专用设备修理	1		2504	2382
铁路、船舶、航空航天等运输设备修理	1		5790	4017
电力、热力生产和供应业	**33**	**5**	**10166646**	**1116122**
电力生产	29	5	10076938	1086943
热力生产和供应	4		89708	29180
燃气生产和供应业	**13**		**283564**	**86454**
燃气生产和供应业	13		283564	86454
水的生产和供应业	**21**	**14**	**2172653**	**549121**
自来水生产和供应	14	11	11	476947
污水处理及其再生利用	7	3	295797	72174

4-6　规模以上工业主要财务指标(二)

(2023年)　　单位：万元

项　目	存　货	固定资产原价	固定资产净额	年末负债合计	流动负债合计
总　计	**11814531**	**41805798**	**24261448**	**55804235**	**44197676**
按登记注册统计类别分组					
有限责任公司	7105347	28099113	17100781	36723072	28178421
股份有限公司	3896605	10834466	5720333	14430131	12040364
非公司企业法人	109331	274213	103855	366959	316082
个人独资企业	28911	97958	58466	184696	180508
合伙企业	21491	51812	28166	96782	96755
港澳台投资企业	225579	761477	417612	1255913	1051819
外商投资企业	427267	1686759	832236	2746683	2333726
按轻重工业分					
轻工业	4196631	11952801	6689166	16756906	14711531
重工业	7617900	29852997	17572282	39047329	29486145
按大中小微型分					
大型企业	2657451	12433379	8460259	15579408	10118330
中型企业	3407695	11315900	5562564	12116687	10112280
小型企业	5584370	17418588	9854332	27103637	23168215
微型企业	165016	637931	384293	1004503	798850
按工业行业分					
有色金属矿采选业	**1010**	**1405**	**577**	**1704**	**1704**
常用有色金属矿采选	1010	1405	577	1704	1704
非金属矿采选业	**22048**	**39456**	**23919**	**985846**	**337485**
土砂石开采	22048	39456	23919	985846	337485
农副食品加工业	**155284**	**268847**	**162867**	**511592**	**478483**
谷物磨制	7946	2720	910	9382	9017
饲料加工	24808	38467	25585	104247	102194
植物油加工	23853	26754	15847	46246	36661
制糖业	668	248	235	5730	5730
屠宰及肉类加工	1506	33334	19590	34957	30077
水产品加工	94187	155140	96616	298089	282665
蔬菜、菌类、水果和坚果加工	1943	8453	2504	9421	9331
其他农副食品加工	374	3733	1579	3520	2808
食品制造业	**72004**	**126296**	**78215**	**172167**	**168784**
焙烤食品制造	762	1253	988	4258	4258

4-6 续表 1

(2023年) 单位：万元

项目	存货	固定资产原价	固定资产净额	年末负债合计	流动负债合计
方便食品制造	2658	22510	19364	22777	22777
罐头食品制造	45821	45096	22824	90310	88410
调味品、发酵制品制造	1491	2668	1750	3088	3088
其他食品制造	21272	54769	33289	51734	50251
酒、饮料和精制茶制造业	**26865**	**125499**	**22484**	**80192**	**80162**
酒的制造	19332	105803	11189	40562	40532
饮料制造	7344	17177	10254	38467	38467
精制茶加工	189	2520	1041	1163	1163
纺织业	**220843**	**427789**	**238313**	**671509**	**627661**
棉纺织及印染精加工	36911	72663	43345	202974	182785
毛纺织及染整精加工	3794	19836	6215	18566	18566
化纤织造及印染精加工	49826	74672	35889	102639	101496
针织或钩针编织物及其制品制造	9092	23280	12519	20736	17883
家用纺织制成品制造	13829	25145	13840	56273	51499
产业用纺织制成品制造	107391	212193	126506	270322	255432
纺织服装、服饰业	**21250**	**46188**	**27078**	**70373**	**69469**
机织服装制造	12912	18819	11397	41105	41105
针织或钩针编织服装制造	5975	15347	5708	13978	13073
服饰制造	2363	12021	9973	15291	15291
皮革、毛皮、羽毛及其制品和制鞋业	**117712**	**264908**	**150354**	**604940**	**598318**
皮革制品制造	9961	28622	15418	40916	40916
制鞋业	107751	236286	134936	564024	557402
木材加工和木、竹、藤、棕、草制品业	**24582**	**83174**	**46670**	**115401**	**113327**
人造板制造	3140	9503	3669	45434	44934
木质制品制造	6151	20419	10740	27453	26552
竹、藤、棕、草等制品制造	15291	53252	32261	42514	41841
家具制造业	**211734**	**420073**	**212130**	**891230**	**867309**
木质家具制造	31433	65598	33774	130558	116156
竹、藤家具制造	10730	12240	6315	34708	34708
金属家具制造	143439	235239	107104	633053	624527
塑料家具制造	15800	96343	59000	71727	70785
其他家具制造	10332	10652	5937	21184	21134
造纸和纸制品业	**115082**	**313725**	**158469**	**441431**	**409945**
造纸	16143	98017	35011	42858	38522
纸制品制造	98939	215708	123458	398573	371424

4-6　续表 2

（2023年）　　单位：万元

项　　目	存　货	固定资产原价	固定资产净额	年末负债合计	流动负债合计
印刷和记录媒介复制业	**53127**	**209232**	**93892**	**192384**	**188689**
印刷	53127	209232	93892	192384	188689
文教、工美、体育和娱乐用品制造业	**134800**	**406520**	**233133**	**549819**	**542151**
文教办公用品制造	4295	19990	8503	21691	21691
工艺美术及礼仪用品制造	98653	302241	167401	433585	429034
体育用品制造	15671	50019	35125	43191	40325
玩具制造	6489	22926	12647	27795	27544
游艺器材及娱乐用品制造	9691	11344	9457	23558	23558
石油、煤炭及其他燃料加工业	**2806**	**5752**	**3687**	**12449**	**12449**
精炼石油产品制造	2806	5752	3687	12449	12449
化学原料和化学制品制造业	**207772**	**811855**	**459902**	**1050106**	**870418**
基础化学原料制造	26750	109988	72852	78419	51581
肥料制造	8	1001	341	476	376
农药制造	13100	50273	25215	59364	43934
涂料、油墨、颜料及类似产品制造	73681	275179	163693	380818	355581
合成材料制造	37073	149753	70850	237267	215068
专用化学产品制造	43856	182732	105532	209071	137959
炸药、火工及焰火产品制造	393	5980	2045	1999	1999
日用化学产品制造	12912	36949	19375	82693	63920
医药制造业	**1490399**	**4142444**	**2225336**	**5261591**	**3792981**
化学药品原料药制造	1380640	3692700	1972742	4687271	3423127
化学药品制剂制造	85092	347923	200332	388895	191066
中药饮片加工	1784	418	110	7704	7704
中成药生产	19009	63292	30311	109496	103972
兽用药品制造	1836	13413	8185	8597	8597
生物药品制品制造	1912	22217	11579	56927	56925
药用辅料及包装材料	127	2481	2078	2700	1590
化学纤维制造业	**37427**	**229466**	**170402**	**235910**	**216526**
合成纤维制造	21587	149931	107738	170597	159424
生物基材料制造	15840	79536	62664	65312	57102
橡胶和塑料制品业	**951724**	**3145928**	**1716197**	**3689221**	**3395314**
橡胶制品业	187183	653662	360749	936649	837507
塑料制品业	764541	2492266	1355448	2752572	2557807

4-6 续表 3

(2023年) 单位：万元

项目	存货	固定资产原价	固定资产净额	年末负债合计	流动负债合计
非金属矿物制品业	**154536**	**688922**	**364825**	**1560035**	**1372192**
水泥、石灰和石膏制造	6005	55698	26781	50350	46299
石膏、水泥制品及类似制品制造	107701	485576	250346	1056815	932804
砖瓦、石材等建筑材料制造	12584	60710	42585	315822	261837
玻璃制造	3403	14819	4547	17030	16905
玻璃制品制造	4802	11587	5487	16610	16610
玻璃纤维和玻璃纤维增强塑料制品制造	1519	1709	932	3895	3895
陶瓷制品制造	7324	25307	14471	34398	28725
石墨及其他非金属矿物制品制造	11199	33517	19676	65116	65116
黑色金属冶炼和压延加工业	**75664**	**114432**	**61777**	**185505**	**177297**
炼铁	23	220	162	1115	1115
炼钢	5817	33319	17811	9115	2014
钢压延加工	69823	80893	43804	175276	174168
有色金属冶炼和压延加工业	**169414**	**227869**	**124616**	**843000**	**814283**
常用有色金属冶炼	7250	5363	3214	21615	21615
有色金属合金制造	20892	51583	34920	118155	116179
有色金属压延加工	141272	170923	86482	703229	676489
金属制品业	**483089**	**1413592**	**849498**	**2246471**	**2080587**
结构性金属制品制造	45372	86450	61969	184550	176076
金属工具制造	38980	177377	112895	170447	164092
集装箱及金属包装容器制造	18565	43263	27235	74090	67106
金属丝绳及其制品制造	22656	27886	13473	53307	49968
建筑、安全用金属制品制造	117372	245108	151714	419751	400354
金属表面处理及热处理加工	37064	218981	133104	297409	274595
搪瓷制品制造	1465	2452	2036	6079	6079
金属制日用品制造	70144	272377	163738	553143	482038
铸造及其他金属制品制造	131471	339698	183334	487695	460277
通用设备制造业	**1947475**	**4951757**	**2883822**	**6491345**	**5958052**
锅炉及原动设备制造	15374	39931	21650	38870	33753
金属加工机械制造	225234	457695	260084	653296	611186
物料搬运设备制造	55667	95791	63507	172590	170352
泵、阀门、压缩机及类似机械制造	1064849	2145107	1267171	3345201	3097143
轴承、齿轮和传动部件制造	333402	1450312	813548	1180343	1021283
烘炉、风机、包装等设备制造	174749	547831	335543	810694	746943

4-6 续表 4

(2023年) 单位：万元

项 目	存 货	固定资产原价	固定资产净额	年末负债合计	流动负债合计
文化、办公用机械制造	850	4702	2076	1522	1243
通用零部件制造	46465	159942	86338	200924	195522
其他通用设备制造业	30884	50447	33905	87906	80627
专用设备制造业	**1048696**	**2345750**	**1387403**	**3607649**	**3451572**
采矿、冶金、建筑专用设备制造	69270	130251	84374	237270	219039
化工、木材、非金属加工专用设备制造	456287	829119	430878	1436313	1370400
食品、饮料、烟草及饲料生产专用设备制造	7761	22377	12393	19262	19086
印刷、制药、日化及日用品生产专用设备制造	2803	12325	7918	20420	15694
纺织、服装和皮革加工专用设备制造	216330	592403	390039	920931	900709
电子和电工机械专用设备制造	18491	34418	22908	55998	49255
农、林、牧、渔专用机械制造	118418	316988	195324	409434	400926
医疗仪器设备及器械制造	108345	361937	217451	370977	345215
环保、邮政、社会公共服务及其他专用设备制造	50991	45933	26118	137044	131248
汽车制造业	**1037351**	**4119947**	**2284700**	**6787010**	**5905311**
汽车整车制造	125746	339543	234420	1295356	1150764
汽车用发动机制造	17847	168496	112646	135815	134760
汽车车身、挂车制造	8191	8601	2967	27603	26902
汽车零部件及配件制造	885567	3603307	1934667	5328237	4592885
铁路、船舶、航空航天和其他运输设备制造业	**782704**	**1178290**	**659256**	**2617148**	**2345505**
铁路运输设备制造	55661	175367	118906	268735	149465
船舶及相关装置制造	345726	228456	85953	730603	699190
航空、航天器及设备制造	16117	116194	86768	224275	166780
摩托车制造	259462	439159	230845	829924	782401
自行车和残疾人座车制造	130	2167	659	3964	3964
助动车制造	98021	205355	129912	534281	520688
非公路休闲车及零配件制造	6379	11082	6064	21157	18807
潜水救捞及其他未列明运输设备制造	1208	510	152	4210	4210
电气机械和器材制造业	**1017653**	**2151180**	**1383875**	**4909282**	**4619379**
电机制造	444729	928506	589042	1717409	1550981
输配电及控制设备制造	163380	263714	129455	731818	668251
电线、电缆、光缆及电工器材制造	211503	185940	103128	822211	791314
电池制造	42242	334982	318132	992033	991414
家用电力器具制造	44112	157281	101685	162288	145543
非电力家用器具制造	15345	45839	16835	57279	52502

4-6 续表 5

(2023年) 单位：万元

项　　目	存　货	固定资产原价	固定资产净额	年末负债合计	流动负债合计
照明器具制造	89675	220173	115212	396752	393282
其他电气机械及器材制造	6668	14744	10388	29493	26093
计算机、通信和其他电子设备制造业	**374483**	**1020406**	**670187**	**1297855**	**1134700**
计算机制造	4083	9304	8353	28396	20504
通信设备制造	7694	14264	8568	20665	20345
雷达及配套设备制造	602	1177	683	2054	2054
非专业视听设备制造	4522	3398	1712	12000	10530
智能消费设备制造	31176	72270	47910	123246	112693
电子器件制造	113341	552649	389400	398369	350186
电子元件及电子专用材料制造	212403	357397	209314	690453	607860
其他电子设备制造	662	9950	4247	22671	10529
仪器仪表制造业	**176777**	**390900**	**229111**	**472523**	**450402**
通用仪器仪表制造	171265	366831	217200	441361	420646
专用仪器仪表制造	2591	11382	4047	18536	18536
光学仪器制造	2847	12154	7434	8665	7258
其他仪器仪表制造业	74	535	430	3961	3961
其他制造业	**102622**	**306213**	**148894**	**424126**	**403192**
日用杂品制造	102622	306213	148894	424126	403192
废弃资源综合利用业	**175248**	**162455**	**94432**	**482375**	**463245**
金属废料和碎屑加工处理	157819	125820	75756	435712	419800
非金属废料和碎屑加工处理	17429	36635	18676	46663	43445
金属制品、机械和设备修理业	**1072**	**6458**	**1795**	**4335**	**4335**
专用设备修理	682	116	21	1737	1737
铁路、船舶、航空航天等运输设备修理	390	6342	1774	2598	2598
电力、热力生产和供应业	**369054**	**10414464**	**6319512**	**6916789**	**1754241**
电力生产	368061	10317525	6267563	6861171	1705651
热力生产和供应	993	96938	51949	55617	48590
燃气生产和供应业	**20214**	**181617**	**104792**	**120419**	**101436**
燃气生产和供应业	20214	181617	104792	120419	101436
水的生产和供应业	**12012**	**1062992**	**669330**	**1300506**	**390773**
自来水生产和供应	11643	871500	555941	1100523	356108
污水处理及其再生利用	369	191492	113389	199983	34665

4-7 规模以上工业主要财务指标(三)

(2023年) 单位：万元

项 目	年末所有者权益合计	实收资本	营业收入	营业成本	税金及附加
总 计	**44210367**	**15193747**	**68810199**	**56574078**	**410744**
按登记注册统计类别分组					
有限责任公司	20112633	9519303	41396350	34480966	249204
股份有限公司	19447393	4464441	19875733	15707486	122507
非公司企业法人	324782	46985	578232	486137	2863
个人独资企业	42332	17771	225393	193176	1465
合伙企业	23844	8755	150652	132004	720
港澳台投资企业	1104359	472082	1742476	1417803	9349
外商投资企业	3155024	664411	4841364	4156506	24637
按轻重工业分					
轻工业	17363321	4895578	20855009	16431072	136151
重工业	26847046	10298169	47955190	40143006	274593
按大中小微型分					
大型企业	14799589	4290473	14315177	11158435	113578
中型企业	12955263	3746649	17744361	14560576	101021
小型企业	15810911	6818588	35395465	29623897	190016
微型企业	644604	338036	1355196	1231170	6129
按工业行业分					
有色金属矿采选业	**1600**	**800**	**3378**	**1615**	**145**
常用有色金属矿采选	1600	800	3378	1615	145
非金属矿采选业	**668690**	**122580**	**107889**	**75693**	**3831**
土砂石开采	668690	122580	107889	75693	3831
农副食品加工业	**289641**	**121069**	**1044644**	**957400**	**2467**
谷物磨制	2443	1250	24425	23037	8
饲料加工	36084	11132	217479	201815	231
植物油加工	66659	5520	50575	36323	201
制糖业	958	1000	5293	5062	3
屠宰及肉类加工	42808	26835	272475	262581	581
水产品加工	135807	69333	463607	419514	1342
蔬菜、菌类、水果和坚果加工	4146	4350	7699	6719	71
其他农副食品加工	736	1650	3093	2350	30
食品制造业	**117216**	**35761**	**218522**	**180389**	**1251**
焙烤食品制造	1726	800	10485	7571	42

4-7 续表 1

(2023年)　　单位：万元

项　　目	年末所有者权益合计	实收资本	营业收入	营业成本	税金及附加
方便食品制造	11870	6800	16119	12892	10
罐头食品制造	26358	7081	95800	82666	646
调味品、发酵制品制造	3499	2000	6359	4173	60
其他食品制造	73763	19080	89759	73086	494
酒、饮料和精制茶制造业	**106597**	**37338**	**140636**	**109327**	**9673**
酒的制造	82746	29395	84562	61723	9423
饮料制造	17484	2783	46904	39570	224
精制茶加工	6367	5160	9170	8033	27
纺织业	**470608**	**148675**	**926653**	**783821**	**5188**
棉纺织及印染精加工	18855	7565	158138	143895	1077
毛纺织及染整精加工	5608	5882	20399	18371	107
化纤织造及印染精加工	75670	36166	201555	183272	600
针织或钩针编织物及其制品制造	20194	2160	53085	45130	181
家用纺织制成品制造	16749	11246	81160	67435	337
产业用纺织制成品制造	333532	85656	412317	325719	2886
纺织服装、服饰业	**27249**	**17738**	**75163**	**60179**	**387**
机织服装制造	15053	10550	41508	32876	211
针织或钩针编织服装制造	8938	5382	20685	16759	118
服饰制造	3258	1806	12970	10544	58
皮革、毛皮、羽毛及其制品和制鞋业	**191734**	**76007**	**923478**	**784768**	**3627**
皮革制品制造	10937	8818	55584	45279	317
制鞋业	180797	67189	867893	739489	3310
木材加工和木、竹、藤、棕、草制品业	**85524**	**27667**	**159253**	**133280**	**1011**
人造板制造	19092	11981	39025	33978	161
木质制品制造	19004	4886	55541	43450	392
竹、藤、棕、草等制品制造	47428	10800	64687	55852	458
家具制造业	**560832**	**303041**	**923535**	**737587**	**7085**
木质家具制造	36036	25947	97378	75655	1061
竹、藤家具制造	4476	1365	37708	31841	241
金属家具制造	450245	256611	683944	551682	5144
塑料家具制造	59592	13891	63861	45933	463
其他家具制造	10483	5227	40644	32476	176
造纸和纸制品业	**299543**	**131214**	**730095**	**649750**	**4095**
造纸	120457	19527	222993	203196	2204
纸制品制造	179086	111687	507102	446554	1891

4-7　续表 2

(2023年)　　单位：万元

项　目	年末所有者权益合计	实收资本	营业收入	营业成本	税金及附加
印刷和记录媒介复制业	**274319**	**91982**	**348546**	**291045**	**1569**
印刷	274319	91982	348546	291045	1569
文教、工美、体育和娱乐用品制造业	**311924**	**114310**	**674175**	**525027**	**5914**
文教办公用品制造	15673	10587	14017	11927	74
工艺美术及礼仪用品制造	247384	90907	556098	432465	4899
体育用品制造	34705	5094	44062	31486	638
玩具制造	8010	4143	34938	28765	184
游艺器材及娱乐用品制造	6152	3578	25060	20385	119
石油、煤炭及其他燃料加工业	**-1114**	**2109**	**8494**	**7298**	**40**
精炼石油产品制造	-1114	2109	8494	7298	40
化学原料和化学制品制造业	**1565983**	**382575**	**1523336**	**1221121**	**9607**
基础化学原料制造	115970	14508	124700	85500	867
肥料制造	2866	52	3240	2216	3
农药制造	206562	46906	129445	102599	683
涂料、油墨、颜料及类似产品制造	371988	123125	390595	331122	3127
合成材料制造	136976	61149	351721	300616	1870
专用化学产品制造	581335	95976	393940	302763	2393
炸药、火工及焰火产品制造	4239	1000	7247	4442	89
日用化学产品制造	146046	39858	122448	91862	577
医药制造业	**8850337**	**1851688**	**4743277**	**3173102**	**37454**
化学药品原料药制造	7748423	1505834	4168209	2891008	31127
化学药品制剂制造	894094	292047	380160	214775	4552
中药饮片加工	1369	1000	5271	4457	7
中成药生产	171534	38706	98130	36147	1156
兽用药品制造	20501	5419	12574	5805	226
生物药品制品制造	14229	8683	78412	20458	385
药用辅料及包装材料	187		522	453	2
化学纤维制造业	**220002**	**114062**	**366324**	**352491**	**797**
合成纤维制造	32364	77549	238602	235544	452
生物基材料制造	187638	36513	127722	116947	345
橡胶和塑料制品业	**3743966**	**1270313**	**6165008**	**4917807**	**35494**
橡胶制品业	1036261	320339	1277486	995080	7420
塑料制品业	2707705	949974	4887522	3922727	28074

4-7 续表 3

(2023年) 单位：万元

项目	年末所有者权益合计	实收资本	营业收入	营业成本	税金及附加
非金属矿物制品业	**579746**	**326765**	**1845120**	**1537602**	**12352**
水泥、石灰和石膏制造	39351	23108	164902	139073	700
石膏、水泥制品及类似制品制造	451554	229257	1376585	1149891	8320
砖瓦、石材等建筑材料制造	37261	37682	137656	115771	1862
玻璃制造	7266	5540	27656	23295	188
玻璃制品制造	7773	3966	29317	23762	129
玻璃纤维和玻璃纤维增强塑料制品制造	2090	418	5561	4305	14
陶瓷制品制造	13162	10584	36704	27388	471
石墨及其他非金属矿物制品制造	21291	16210	66739	54119	667
黑色金属冶炼和压延加工业	**119280**	**27807**	**581482**	**532363**	**1379**
炼铁	396	50	2310	1968	4
炼钢	26536	3188	52257	43243	211
钢压延加工	92348	24569	526915	487153	1164
有色金属冶炼和压延加工业	**298919**	**159967**	**1872092**	**1812800**	**3874**
常用有色金属冶炼	-1328	1520	58152	57404	3
有色金属合金制造	28934	32247	226171	219471	1182
有色金属压延加工	271313	126201	1587769	1535925	2690
金属制品业	**1659416**	**541036**	**3032851**	**2558932**	**14892**
结构性金属制品制造	62082	35696	249857	216990	754
金属工具制造	121487	50987	175594	135402	823
集装箱及金属包装容器制造	26137	11630	78625	65216	392
金属丝绳及其制品制造	24585	11162	109154	100759	243
建筑、安全用金属制品制造	227912	103543	631646	522462	3814
金属表面处理及热处理加工	105697	47146	310285	267924	1611
搪瓷制品制造	1893	1434	10987	9432	39
金属制日用品制造	799374	159707	661506	544376	3991
铸造及其他金属制品制造	290248	119731	805197	696372	3225
通用设备制造业	**6304894**	**1601138**	**10097147**	**8048839**	**56096**
锅炉及原动设备制造	35069	12401	47084	35935	467
金属加工机械制造	489789	111740	935577	743463	5175
物料搬运设备制造	110546	44874	209776	165726	1257
泵、阀门、压缩机及类似机械制造	3149613	793934	5632165	4485979	28396
轴承、齿轮和传动部件制造	1601419	302081	1641977	1285513	11494
烘炉、风机、包装等设备制造	725843	253199	1196072	980868	7378

4-7 续表 4

(2023年) 单位：万元

项　目	年末所有者权益合计	实收资本	营业收入	营业成本	税金及附加
文化、办公用机械制造	4684	1118	7692	5688	44
通用零部件制造	119646	54386	329663	275421	1608
其他通用设备制造业	68286	27407	97142	70247	277
专用设备制造业	**2519514**	**802733**	**4269844**	**3377671**	**26363**
采矿、冶金、建筑专用设备制造	225730	50040	288203	225350	1719
化工、木材、非金属加工专用设备制造	695935	222966	1416737	1097342	9540
食品、饮料、烟草及饲料生产专用设备制造	25088	11059	36278	27132	213
印刷、制药、日化及日用品生产专用设备制造	11075	2446	18765	13980	78
纺织、服装和皮革加工专用设备制造	709798	264429	1113426	944979	6409
电子和电工机械专用设备制造	45252	16987	85746	63190	395
农、林、牧、渔专用机械制造	323522	103099	623913	516303	2619
医疗仪器设备及器械制造	417213	111300	528519	371052	4626
环保、邮政、社会公共服务及其他专用设备制造	65900	20408	158257	118343	765
汽车制造业	**3696418**	**1507619**	**9492827**	**8209193**	**49423**
汽车整车制造	389849	436572	2660934	2519137	11106
汽车用发动机制造	142605	82660	406071	352351	1250
汽车车身、挂车制造	4742	3855	17015	13084	117
汽车零部件及配件制造	3159222	984532	6408806	5324621	36950
铁路、船舶、航空航天和其他运输设备制造业	**1237144**	**595633**	**3668338**	**3119602**	**41364**
铁路运输设备制造	442161	178594	144858	96866	1982
船舶及相关装置制造	148184	155089	713843	660043	2982
航空、航天器及设备制造	67345	13018	63688	42895	654
摩托车制造	424431	144769	1763967	1464966	32424
自行车和残疾人座车制造	661	497	2697	1889	31
助动车制造	142686	98417	948468	828732	3091
非公路休闲车及零配件制造	11214	4650	24156	18543	185
潜水救捞及其他未列明运输设备制造	463	600	6662	5670	16
电气机械和器材制造业	**2485000**	**862762**	**6408908**	**5497835**	**23948**
电机制造	1130738	278680	2466612	2096892	10228
输配电及控制设备制造	440434	237096	1221401	1058233	4216
电线、电缆、光缆及电工器材制造	407836	208246	1632106	1471660	3835
电池制造	39503		213362	151289	1127
家用电力器具制造	213571	57209	253514	199712	1571
非电力家用器具制造	102226	14178	103233	79362	592

4-7 续表 5

(2023年) 单位：万元

项目	年末所有者权益合计	实收资本	营业收入	营业成本	税金及附加
照明器具制造	131551	61204	465717	399584	2162
其他电气机械及器材制造	19141	6150	52963	41103	216
计算机、通信和其他电子设备制造业	**1896173**	**428075**	**1852182**	**1481872**	**9235**
计算机制造	-1113	5080	20305	20711	29
通信设备制造	37570	6074	43443	34170	240
雷达及配套设备制造	1876	820	5001	3711	7
非专业视听设备制造	4256	3950	14564	11483	55
智能消费设备制造	94556	39510	165142	129230	1022
电子器件制造	946075	203573	614742	461677	4059
电子元件及电子专用材料制造	798981	162467	959943	794880	3568
其他电子设备制造	13972	6601	29042	26010	254
仪器仪表制造业	**630779**	**157751**	**981862**	**716112**	**6738**
通用仪器仪表制造	614512	153771	938836	681062	6550
专用仪器仪表制造	7907	1300	28007	23258	102
光学仪器制造	7514	2580	10227	7704	74
其他仪器仪表制造业	846	100	4793	4088	12
其他制造业	**461998**	**148585**	**526984**	**402596**	**4693**
日用杂品制造	461998	148585	526984	402596	4693
废弃资源综合利用业	**247327**	**148389**	**1296728**	**1252456**	**3362**
金属废料和碎屑加工处理	209576	128392	1165598	1139521	2655
非金属废料和碎屑加工处理	37751	19997	131130	112935	707
金属制品、机械和设备修理业	**3959**	**3480**	**8290**	**6863**	**47**
专用设备修理	767	480	4026	3347	10
铁路、船舶、航空航天等运输设备修理	3192	3000	4265	3517	37
电力、热力生产和供应业	**3249858**	**2812888**	**3216412**	**2576871**	**23792**
电力生产	3215767	2798391	3123584	2493223	23322
热力生产和供应	34091	14497	92828	83649	470
燃气生产和供应业	**163145**	**48023**	**312187**	**261655**	**718**
燃气生产和供应业	163145	48023	312187	261655	718
水的生产和供应业	**872147**	**172168**	**264543**	**219116**	**2835**
自来水生产和供应	776333	133920	209455	177735	2499
污水处理及其再生利用	95814	38248	55087	41381	336

4-8 规模以上工业主要财务指标(四)

(2023年) 单位：万元

项目	销售费用	财务费用	#利息费用	利润总额	利税总额	本年应交增值税	平均用工人数(人)
总计	**1853386**	**686032**	**861963**	**4470477**	**6166586**	**1285365**	**766258**
按登记注册统计类别分组							
有限责任公司	1031964	548009	571042	2134878	3255816	871734	484200
股份有限公司	576305	94336	216870	1675319	2138800	340974	230769
非公司企业法人	9500	5954	3499	30641	46827	13323	7759
个人独资企业	4833	3493	2596	3641	12703	7597	5528
合伙企业	2805	1366	1286	4782	9365	3864	2492
港澳台投资企业	69608	9891	14620	144404	165867	12115	14022
外商投资企业	158371	22984	52050	476812	537207	35758	21488
按轻重工业分							
轻工业	766971	170078	263966	1748388	2255221	370682	287773
重工业	1086415	515954	597997	2722089	3911365	914683	478485
按大中小微型分							
大型企业	429471	138841	247026	1531804	1768781	123399	125959
中型企业	435304	88390	176980	1428091	1875980	346869	179462
小型企业	974949	443440	424513	1468294	2443844	785534	454243
微型企业	13662	15361	13445	42288	77981	29564	6594
按工业行业分							
有色金属矿采选业		**62**	**62**	**1096**	**1587**	**346**	**105**
常用有色金属矿采选		62	62	1096	1587	346	105
非金属矿采选业	**3430**	**21211**	**21168**	**-1746**	**5926**	**3841**	**578**
土砂石开采	3430	21211	21168	-1746	5926	3841	578
农副食品加工业	**16889**	**11852**	**7599**	**27759**	**36761**	**6534**	**8613**
谷物磨制	421	263	258	118	282	157	63
饲料加工	3471	2059	963	3625	4176	320	541
植物油加工	1889	554	835	8028	9504	1275	390
制糖业		59	58	-19	15	31	37
屠宰及肉类加工	2611	74	314	3029	4067	457	1014
水产品加工	8203	8605	4955	12739	18152	4071	6378
蔬菜、菌类、水果和坚果加工	169	171	149	173	250	6	88
其他农副食品加工	126	68	67	66	314	218	102
食品制造业	**6403**	**1520**	**2733**	**13568**	**18725**	**3905**	**3385**
焙烤食品制造	233	72	76	1833	2549	674	177

4-8 续表 1

(2023年) 单位：万元

项目	销售费用	财务费用	#利息费用	利润总额	利税总额	本年应交增值税	平均用工人数(人)
方便食品制造	819	545	535	639	674	26	174
罐头食品制造	2762	1464	1671	1167	4037	2224	2253
调味品、发酵制品制造	62	47	51	1609	2038	369	43
其他食品制造	2527	-609	399	8320	9426	612	738
酒、饮料和精制茶制造业	**2193**	**132**	**1198**	**9329**	**24166**	**5163**	**760**
酒的制造	593	-798	193	6080	18749	3247	440
饮料制造	1429	869	944	2951	4822	1647	244
精制茶加工	172	61	60	298	595	270	76
纺织业	**25564**	**8260**	**10691**	**25968**	**51832**	**20677**	**13123**
棉纺织及印染精加工	2189	4814	4115	-3724	2334	4981	1934
毛纺织及染整精加工	387	245	268	-1252	-380	765	364
化纤织造及印染精加工	2538	1855	2275	3307	8282	4375	2100
针织或钩针编织物及其制品制造	2319	223	130	1833	3397	1384	432
家用纺织制成品制造	3185	1079	597	960	3270	1973	2083
产业用纺织制成品制造	14946	45	3306	24844	34929	7200	6210
纺织服装、服饰业	**3079**	**1654**	**1450**	**1877**	**4315**	**2051**	**1716**
机织服装制造	1760	921	892	654	2041	1176	976
针织或钩针编织服装制造	1002	388	219	633	1381	631	480
服饰制造	317	345	339	591	893	244	260
皮革、毛皮、羽毛及其制品和制鞋业	**20094**	**8618**	**7191**	**28254**	**57094**	**25213**	**26615**
皮革制品制造	2530	554	595	2360	3607	931	1252
制鞋业	17563	8063	6596	25894	53486	24282	25363
木材加工和木、竹、藤、棕、草制品业	**4887**	**699**	**1589**	**9550**	**12252**	**1691**	**3459**
人造板制造	1106	694	756	154	1132	818	496
木质制品制造	3063	-233	172	2943	4053	719	1366
竹、藤、棕、草等制品制造	718	237	660	6454	7066	154	1597
家具制造业	**30239**	**14725**	**14509**	**50284**	**67959**	**10590**	**19894**
木质家具制造	7067	1728	2141	2250	4987	1676	3019
竹、藤家具制造	678	893	608	496	2411	1675	975
金属家具制造	16886	10174	9841	43265	54156	5747	13421
塑料家具制造	4369	1551	1530	1673	2045	-91	1460
其他家具制造	1239	379	390	2601	4360	1583	1019
造纸和纸制品业	**15380**	**5662**	**5224**	**15972**	**45188**	**25122**	**6659**
造纸	1856	735	847	10429	29549	16917	1151
纸制品制造	13524	4927	4377	5543	15639	8205	5508

4-8　续表 2

(2023年)　　单位：万元

项　目	销售费用	财务费用	#利息费用	利润总额	利税总额	本年应交增值税	平均用工人数(人)
印刷和记录媒介复制业	**10665**	**3217**	**2283**	**22031**	**32235**	**8635**	**7045**
印刷	10665	3217	2283	22031	32235	8635	7045
文教、工美、体育和娱乐用品制造业	**28714**	**6649**	**8910**	**28352**	**54068**	**19802**	**18774**
文教办公用品制造	707	320	568	-1319	-963	281	339
工艺美术及礼仪用品制造	23741	4939	7085	26232	47615	16484	15418
体育用品制造	1697	603	969	1978	4636	2019	1600
玩具制造	1466	737	219	207	898	506	985
游艺器材及娱乐用品制造	1103	49	68	1252	1883	511	432
石油、煤炭及其他燃料加工业	**174**	**533**	**529**	**-197**	**-40**	**118**	**54**
精炼石油产品制造	174	533	529	-197	-40	118	54
化学原料和化学制品制造业	**41903**	**11355**	**21893**	**103463**	**140206**	**27136**	**10574**
基础化学原料制造	1997	2377	2265	20397	24276	3012	994
肥料制造	276	23	21	421	475	52	33
农药制造	2892	-192	2633	7017	9836	2137	935
涂料、油墨、颜料及类似产品制造	11610	5616	6270	-4660	8114	9647	3109
合成材料制造	7728	5588	5903	17142	24077	5065	1651
专用化学产品制造	11497	-2539	2994	47557	55457	5508	2323
炸药、火工及焰火产品制造	234	-27		1408	1979	483	72
日用化学产品制造	5670	509	1807	14183	15992	1233	1457
医药制造业	**255331**	**25130**	**105213**	**698723**	**804736**	**68559**	**41257**
化学药品原料药制造	157061	24284	99023	591141	669008	46739	36296
化学药品制剂制造	31273	-270	3713	72864	89395	11979	3475
中药饮片加工	1	59	53	239	303	58	55
中成药生产	27582	2164	2177	17643	26172	7373	961
兽用药品制造	196	102	185	2048	2281	6	187
生物药品制品制造	39217	-1277		14995	17781	2401	253
药用辅料及包装材料	2	68	62	-206	-203	1	30
化学纤维制造业	**1559**	**5989**	**6413**	**-6812**	**-3528**	**2487**	**1383**
合成纤维制造	824	5811	5374	-11197	-9887	858	922
生物基材料制造	735	178	1039	4384	6358	1629	461
橡胶和塑料制品业	**205629**	**63361**	**62968**	**460727**	**618682**	**122462**	**80893**
橡胶制品业	36260	19787	19108	119104	158496	31971	17411
塑料制品业	169369	43574	43860	341623	460187	90491	63482

4-8 续表 3

(2023年) 单位：万元

项目	销售费用	财务费用	#利息费用	利润总额	利税总额	本年应交增值税	平均用工人数(人)
非金属矿物制品业	**76526**	**24268**	**24299**	**78726**	**154039**	**62962**	**11674**
水泥、石灰和石膏制造	3399	738	764	17135	22241	4407	390
石膏、水泥制品及类似制品制造	59422	15767	14886	57845	113646	47480	7731
砖瓦、石材等建筑材料制造	6833	4560	5606	-1975	5051	5164	1147
玻璃制造	655	419	448	697	1804	920	580
玻璃制品制造	677	448	504	1604	2277	544	639
玻璃纤维和玻璃纤维增强塑料制品制造	348	21	52	323	608	271	117
陶瓷制品制造	1283	1038	981	2128	4205	1606	688
石墨及其他非金属矿物制品制造	3909	1277	1058	969	4207	2571	382
黑色金属冶炼和压延加工业	**3496**	**3018**	**3105**	**26762**	**36282**	**8142**	**1963**
炼铁	30	31	31	96	185	85	27
炼钢	305	11	28	7386	8551	954	106
钢压延加工	3161	2976	3046	19279	27546	7103	1830
有色金属冶炼和压延加工业	**6330**	**7502**	**13701**	**6178**	**24140**	**14087**	**4912**
常用有色金属冶炼	69	270	274	-475	-523	-51	73
有色金属合金制造	406	459	1264	338	5107	3587	265
有色金属压延加工	5855	6773	12163	6316	19556	10550	4574
金属制品业	**82293**	**28650**	**33650**	**302627**	**379938**	**62420**	**40761**
结构性金属制品制造	4297	3047	2381	3943	10148	5451	2879
金属工具制造	4510	2271	1949	16072	22052	5157	3299
集装箱及金属包装容器制造	2070	1080	907	2868	4713	1453	1067
金属丝绳及其制品制造	929	1191	1129	2240	3839	1356	696
建筑、安全用金属制品制造	20714	8660	7611	18345	36193	14034	10394
金属表面处理及热处理加工	4489	3155	3401	2362	13236	9264	7049
搪瓷制品制造	338	85	87	357	885	489	195
金属制日用品制造	30974	-1053	6908	222325	232148	5832	5621
铸造及其他金属制品制造	13973	10214	9278	34114	56724	19385	9561
通用设备制造业	**309058**	**59979**	**78274**	**764960**	**987273**	**166217**	**145449**
锅炉及原动设备制造	2024	270	407	1976	4234	1791	1069
金属加工机械制造	30339	8940	7842	56145	78345	17026	14405
物料搬运设备制造	9406	2094	2081	6614	11579	3709	2946
泵、阀门、压缩机及类似机械制造	175995	25924	37050	434257	546438	83784	78818
轴承、齿轮和传动部件制造	37345	13357	16655	145916	193894	36485	24895
烘炉、风机、包装等设备制造	43045	3722	8203	96568	114565	10619	16747

4-8 续表 4

(2023年) 单位：万元

项 目	销售费用	财务费用	#利息费用	利润总额	利税总额	本年应交增值税	平均用工人数(人)
文化、办公用机械制造	162	15	7	765	867	57	171
通用零部件制造	6418	4506	4311	14224	24515	8683	4823
其他通用设备制造业	4326	1151	1719	8496	12837	4064	1575
专用设备制造业	**165346**	**28401**	**38261**	**287949**	**422202**	**107890**	**63777**
采矿、冶金、建筑专用设备制造	6617	1552	1541	30902	42579	9958	3279
化工、木材、非金属加工专用设备制造	45140	18397	15802	95521	149132	44071	21956
食品、饮料、烟草及饲料生产专用设备制造	1086	439	427	2192	3744	1340	676
印刷、制药、日化及日用品生产专用设备制造	503	680	566	325	1347	944	445
纺织、服装和皮革加工专用设备制造	39433	-583	7572	61852	85579	17318	13759
电子和电工机械专用设备制造	1932	2115	1875	7972	11126	2759	918
农、林、牧、渔专用机械制造	21137	922	3730	29156	37614	5839	8894
医疗仪器设备及器械制造	42233	3488	5484	44341	69039	20071	11943
环保、邮政、社会公共服务及其他专用设备制造	7266	1392	1265	15688	22044	5590	1907
汽车制造业	**198533**	**81112**	**91684**	**299550**	**486937**	**137964**	**89028**
汽车整车制造	12599	21940	29853	49776	62384	1501	3807
汽车用发动机制造	1894	543	948	23482	32889	8157	1150
汽车车身、挂车制造	1321	521	528	-1469	-951	400	296
汽车零部件及配件制造	182719	58107	60355	227760	392616	127906	83775
铁路、船舶、航空航天和其他运输设备制造业	**70986**	**20632**	**27343**	**131294**	**255892**	**83234**	**42214**
铁路运输设备制造	8431	4036	6299	-6754	1677	6448	1998
船舶及相关装置制造	1225	283	1266	18079	36510	15449	7949
航空、航天器及设备制造	1353	1860	1661	8802	13113	3658	913
摩托车制造	27770	8923	12820	98648	171245	40173	20343
自行车和残疾人座车制造	84	144	146	107	176	39	52
助动车制造	30136	5417	4982	12553	32362	16719	10400
非公路休闲车及零配件制造	1641	-46	155	-231	413	459	471
潜水救捞及其他未列明运输设备制造	345	16	16	90	396	290	88
电气机械和器材制造业	**138702**	**37361**	**54173**	**307054**	**414208**	**83206**	**61742**
电机制造	48075	10823	22328	123584	175919	42107	30544
输配电及控制设备制造	30216	5350	8074	39962	66222	22044	8934
电线、电缆、光缆及电工器材制造	30235	14136	14754	47500	72198	20862	4630
电池制造	681	-3639		49299	28667	-21759	2562
家用电力器具制造	8686	1892	1849	33438	42085	7076	4583
非电力家用器具制造	6493	-119	932	7874	9826	1360	1705

4-8 续表 5

(2023年) 单位：万元

项目	销售费用	财务费用	#利息费用	利润总额	利税总额	本年应交增值税	平均用工人数(人)
照明器具制造	11974	8140	5407	2229	14482	10091	7742
其他电气机械及器材制造	2344	778	829	3169	4810	1425	1042
计算机、通信和其他电子设备制造业	**47585**	**-668**	**7843**	**174462**	**211632**	**27935**	**24583**
计算机制造	109	697	747	-3319	-3397	-107	156
通信设备制造	2534	-530	0	3254	4001	507	663
雷达及配套设备制造	18	61	60	644	743	92	22
非专业视听设备制造	966	445	293	154	573	364	238
智能消费设备制造	13218	528	257	13105	16695	2568	1971
电子器件制造	15414	-4417	2145	59503	63965	404	11296
电子元件及电子专用材料制造	15222	2731	4348	98923	125695	23204	9980
其他电子设备制造	105	-181	-7	2198	3357	904	257
仪器仪表制造业	**41501**	**3166**	**4528**	**105935**	**140267**	**27594**	**13643**
通用仪器仪表制造	40100	2536	4212	104527	137968	26891	12907
专用仪器仪表制造	762	354	39	1103	1378	174	277
光学仪器制造	496	244	245	67	492	351	356
其他仪器仪表制造业	143	32	32	238	429	179	103
其他制造业	**11569**	**6058**	**7144**	**57676**	**80830**	**18461**	**11006**
日用杂品制造	11569	6058	7144	57676	80830	18461	11006
废弃资源综合利用业	**7510**	**8407**	**10202**	**2833**	**19366**	**13172**	**2231**
金属废料和碎屑加工处理	5063	7402	9063	-6215	2136	5695	1304
非金属废料和碎屑加工处理	2447	1005	1138	9047	17231	7477	927
金属制品、机械和设备修理业	**27**	**201**	**209**	**249**	**646**	**350**	**237**
专用设备修理	26	91	85	122	313	181	159
铁路、船舶、航空航天等运输设备修理	0	109	124	127	334	170	78
电力、热力生产和供应业	**486**	**163698**	**164994**	**421617**	**549425**	**104016**	**4932**
电力生产	486	162612	163798	411553	538086	103212	4607
热力生产和供应		1086	1195	10064	11338	804	325
燃气生产和供应业	**15154**	**903**	**194**	**23943**	**29413**	**4751**	**893**
燃气生产和供应业	15154	903	194	23943	29413	4751	893
水的生产和供应业	**6152**	**22718**	**20741**	**-9534**	**1933**	**8632**	**2326**
自来水生产和供应	6038	17160	14944	-14012	-3873	7641	1963
污水处理及其再生利用	113	5558	5796	4479	5806	991	363

4-9　规模以上工业主要经济效益指标(一)

(2023年)

项　　目	企　业 亏损面 (%)	资　产 负债率 (%)	流　动 比　率	产成品 存　货 周转天数 (天)
总　　计	**14.86**	**55.80**	**1.16**	**29.38**
按轻重工业分				
轻工业	18.59	49.11	1.18	42.84
重工业	12.65	59.26	1.15	23.87
按工业行业分				
有色金属矿采选业		51.57	1.10	214.92
非金属矿采选业	40.00	59.58	0.58	39.17
农副食品加工业	18.56	63.85	1.06	41.72
食品制造业	15.79	59.49	1.08	87.80
酒、饮料和精制茶制造业	28.57	42.93	1.56	22.86
纺织业	19.84	58.80	1.22	35.78
纺织服装、服饰业	25.00	72.09	0.87	62.06
皮革、毛皮、羽毛及其制品和制鞋业	10.20	75.93	0.94	17.67
木材加工和木、竹、藤、棕、草制品业	21.05	57.43	1.04	37.86
家具制造业	42.50	61.38	0.97	34.69
造纸和纸制品业	23.61	59.57	1.19	13.58
印刷和记录媒介复制业	10.45	41.22	1.25	13.30
文教、工美、体育和娱乐用品制造业	25.32	63.80	0.94	25.46
石油、煤炭及其他燃料加工业	50.00	109.83	0.39	26.43
化学原料和化学制品制造业	20.39	40.14	1.69	29.06
医药制造业	30.67	37.28	1.50	100.95
化学纤维制造业	35.71	51.74	0.55	23.75
橡胶和塑料制品业	13.42	49.63	1.21	28.15
非金属矿物制品业	24.49	72.91	1.00	15.01
黑色金属冶炼和压延加工业	26.92	60.86	1.24	13.89
有色金属冶炼和压延加工业	17.71	73.82	1.03	6.86
金属制品业	13.21	57.51	1.08	24.59
通用设备制造业	8.22	50.73	1.31	30.46
专用设备制造业	14.04	58.88	1.07	35.30
汽车制造业	11.02	64.74	1.03	23.49
铁路、船舶、航空航天和其他运输设备制造业	17.83	67.90	1.11	24.16
电气机械和器材制造业	14.69	66.39	1.08	23.53
计算机、通信和其他电子设备制造业	24.00	40.63	1.63	49.70
仪器仪表制造业	5.88	42.83	1.68	22.92
其他制造业	26.00	47.86	1.44	33.31
废弃资源综合利用业	34.62	66.11	1.34	18.29
金属制品、机械和设备修理业		52.26	1.48	3.65
电力、热力生产和供应业	15.15	68.03	0.64	0.03
燃气生产和供应业		42.47	0.85	4.72
水的生产和供应业	66.67	59.86	1.41	0.13

4-10 规模以上工业主要经济效益指标(二)

(2023年)

项　　目	企　业 亏损率 (%)	成本费用 利 润 率 (%)	百元营业收 入实现利税 (元)	百元固定 资产原值 实现利税 (元)	营业收入 利润率 (%)
总　　计	**13.08**	**6.89**	**8.96**	**14.75**	**6.50**
按轻重工业分					
轻工业	9.53	9.01	10.81	18.87	8.38
重工业	15.22	5.98	8.16	13.10	5.68
按工业行业分					
有色金属矿采选业		51.78	46.98	112.97	32.44
非金属矿采选业	115.37	-1.64	5.49	15.02	-1.62
农副食品加工业	6.51	2.72	3.52	13.67	2.66
食品制造业	12.57	6.59	8.57	14.83	6.21
酒、饮料和精制茶制造业	2.81	7.81	17.18	19.26	6.63
纺织业	27.45	2.90	5.59	12.12	2.80
纺织服装、服饰业	19.43	2.57	5.74	9.34	2.50
皮革、毛皮、羽毛及其制品和制鞋业	10.87	3.16	6.18	21.55	3.06
木材加工和木、竹、藤、棕、草制品业	11.15	6.18	7.69	14.73	6.00
家具制造业	17.54	5.77	7.36	16.18	5.44
造纸和纸制品业	27.81	2.22	6.19	14.40	2.19
印刷和记录媒介复制业	4.49	6.54	9.25	15.41	6.32
文教、工美、体育和娱乐用品制造业	24.72	4.42	8.02	13.30	4.21
石油、煤炭及其他燃料加工业	226.46	-2.20	-0.47	-0.69	-2.32
化学原料和化学制品制造业	19.00	7.28	9.20	17.27	6.79
医药制造业	8.25	16.88	16.97	19.43	14.73
化学纤维制造业	217.19	-1.83	-0.96	-1.54	-1.86
橡胶和塑料制品业	3.55	8.09	10.04	19.67	7.47
非金属矿物制品业	15.73	4.47	8.35	22.36	4.27
黑色金属冶炼和压延加工业	8.86	4.83	6.24	31.71	4.60
有色金属冶炼和压延加工业	65.47	0.33	1.29	10.59	0.33
金属制品业	10.12	10.39	12.53	26.88	9.98
通用设备制造业	3.61	8.13	9.78	19.94	7.58
专用设备制造业	7.38	7.17	9.89	18.00	6.74
汽车制造业	43.95	3.24	5.13	11.82	3.16
铁路、船舶、航空航天和其他运输设备制造业	21.93	3.72	6.98	21.72	4.05
电气机械和器材制造业	5.07	5.02	6.46	19.25	3.77
计算机、通信和其他电子设备制造业	15.19	10.09	11.43	20.74	8.54
仪器仪表制造业	1.22	12.12	14.29	35.88	10.26
其他制造业	4.14	11.77	15.34	26.40	8.44
废弃资源综合利用业	78.98	0.22	1.49	11.92	-0.93
金属制品、机械和设备修理业		3.11	7.79	10.01	1.85
电力、热力生产和供应业	4.83	14.77	17.08	5.28	1.82
燃气生产和供应业		8.22	9.42	16.19	3.24
水的生产和供应业	156.91	-3.47	0.73	0.18	1.46

4-11　国有及国有控股工业主要财务指标(一)

(2023年)　　单位：万元

项　　目	企　业单位数(个)	亏　损企　业	资　产总　计	流动资产合计
总　　计	**73**	**20**	**17062422**	**3095344**
按轻重工业分				
轻工业	9	1	2522170	551274
重工业	64	19	14540252	2544070
按大中小微型分				
大型企业	4		9268620	975418
中型企业	7	2	2081678	740835
小型企业	46	15	5247609	1031574
微型企业	16	3	464515	347518
按工业行业分				
非金属矿采选业	**5**	**2**	**1538734**	**163882**
土砂石开采	5	2	1538734	163882
农副食品加工业	**2**	**1**	**34855**	**20018**
屠宰及肉类加工	2	1	34855	20018
食品制造业	**1**		**3722**	**484**
其他食品制造	1		3722	484
酒、饮料和精制茶制造业	**1**		**6134**	**5553**
酒的制造	1		6134	5553
印刷和记录媒介复制业	**1**		**3536**	**2655**
印刷	1		3536	2655
化学原料和化学制品制造业	**1**		**6238**	**2873**
炸药、火工及焰火产品制造	1		6238	2873
医药制造业	**2**		**2231005**	**468228**
化学药品原料药制造	1		1669513	206886
化学药品制剂制造	1		561493	261342
化学纤维制造业	**2**		**242918**	**54335**
生物基材料制造	2		242918	54335
橡胶和塑料制品业	**1**		**149407**	**89737**
橡胶制品业	1		149407	89737
非金属矿物制品业	**6**		**246874**	**178276**
水泥、石灰和石膏制造	1		28287	16106
石膏、水泥制品及类似制品制造	2		145477	103152
砖瓦、石材等建筑材料制造	2		52182	50083
石墨及其他非金属矿物制品制造	1		20927	8934
通用设备制造业	**5**		**275984**	**119856**
泵、阀门、压缩机及类似机械制造	2		20044	10091
轴承、齿轮和传动部件制造	1		16198	13310
烘炉、风机、包装等设备制造	2		239741	96456
汽车制造业	**2**	**1**	**40783**	**11049**
汽车零部件及配件制造	2	1	40783	11049
铁路、船舶、航空航天和其他运输设备制造业	**2**	**1**	**105036**	**83374**
铁路运输设备制造	1	1	4935	2622
船舶及相关装置制造	1		100101	80753
电气机械和器材制造业	**1**		**204911**	**164623**
输配电及控制设备制造	1		204911	164623
计算机、通信和其他电子设备制造业	**1**	**1**	**211360**	**152378**
电子元件及电子专用材料制造	1	1	211360	152378
废弃资源综合利用业	**2**	**1**	**61748**	**29521**
金属废料和碎屑加工处理	1	1	57290	26119
非金属废料和碎屑加工处理	1		4457	3402
电力、热力生产和供应业	**21**	**2**	**9545317**	**1007085**
电力生产	19	2	9508783	983523
热力生产和供应	2		36534	23562
燃气生产和供应业	**2**		**81765**	**24996**
燃气生产和供应业	2		81765	24996
水的生产和供应业	**15**	**11**	**2072097**	**516421**
自来水生产和供应	13	10	1876041	476428
污水处理及其再生利用	2	1	196055	39993

4-12 国有及国有控股工业主要财务指标(二)

(2023年) 单位：万元

项 目	存 货	固定资产原价	固定资产净额	年末负债合计	流动负债合计
总 计	**688587**	**12089209**	**7182926**	**10160782**	**3316559**
按轻重工业分					
轻工业	125595	722842	336007	711674	458814
重工业	562992	11366367	6846919	9449108	2857745
按大中小微型分					
大型企业	428621	5789274	4463953	5673535	1587472
中型企业	149111	3431877	1038440	1158934	544425
小型企业	99930	2537847	1466845	3045274	1037917
微型企业	10924	330211	213689	283039	146745
按工业行业分					
非金属矿采选业	**16118**	**11785**	**8251**	**891258**	**252211**
土砂石开采	16118	11785	8251	891258	252211
农副食品加工业	**40**	**4400**	**1895**	**22118**	**19020**
屠宰及肉类加工	40	4400	1895	22118	19020
食品制造业	**365**	**3628**	**1366**	**853**	**853**
其他食品制造	365	3628	1366	853	853
酒、饮料和精制茶制造业	**1723**	**1604**	**489**	**1380**	**1350**
酒的制造	1723	1604	489	1380	1350
印刷和记录媒介复制业	**463**	**1528**	**881**	**1185**	**1185**
印刷	463	1528	881	1185	1185
化学原料和化学制品制造业	**393**	**5980**	**2045**	**1999**	**1999**
炸药、火工及焰火产品制造	393	5980	2045	1999	1999
医药制造业	**108411**	**633725**	**269756**	**629504**	**387983**
化学药品原料药制造	59993	466965	172462	567436	344271
化学药品制剂制造	48418	166759	97294	62069	43712
化学纤维制造业	**14592**	**77958**	**61622**	**56633**	**48423**
生物基材料制造	14592	77958	61622	56633	48423
橡胶和塑料制品业	**17669**	**76596**	**43272**	**62180**	**59304**
橡胶制品业	17669	76596	43272	62180	59304
非金属矿物制品业	**3936**	**80562**	**55451**	**202912**	**150401**
水泥、石灰和石膏制造	1223	26038	11393	14863	14365
石膏、水泥制品及类似制品制造	2302	44639	36145	138311	88523
砖瓦、石材等建筑材料制造	210	2120	1289	29947	27722
石墨及其他非金属矿物制品制造	202	7766	6625	19791	19791
通用设备制造业	**18404**	**33379**	**19527**	**92841**	**77097**
泵、阀门、压缩机及类似机械制造	4379	12306	9496	12432	9447
轴承、齿轮和传动部件制造	2980	5787	2888	12068	3962
烘炉、风机、包装等设备制造	11045	15285	7143	68342	63688
汽车制造业	**2444**	**44430**	**20734**	**43398**	**41562**
汽车零部件及配件制造	2444	44430	20734	43398	41562
铁路、船舶、航空航天和其他运输设备制造业	**32090**	**23988**	**15768**	**91769**	**73381**
铁路运输设备制造	777	1285	622	455	455
船舶及相关装置制造	31314	22704	15146	91315	72927
电气机械和器材制造业	**52210**	**41571**	**18784**	**151418**	**137865**
输配电及控制设备制造	52210	41571	18784	151418	137865
计算机、通信和其他电子设备制造业	**32557**	**94650**	**45768**	**29295**	**27722**
电子元件及电子专用材料制造	32557	94650	45768	29295	27722
废弃资源综合利用业	**1314**	**6256**	**1764**	**58939**	**58879**
金属废料和碎屑加工处理	1240	2067	1243	57099	57040
非金属废料和碎屑加工处理	74	4189	521	1839	1839
电力、热力生产和供应业	**366166**	**9897810**	**5974722**	**6538527**	**1593920**
电力生产	366149	9864927	5963146	6519784	1576032
热力生产和供应	17	32883	11576	18744	17888
燃气生产和供应业	**7842**	**50420**	**5307**	**33109**	**17234**
燃气生产和供应业	7842	50420	5307	33109	17234
水的生产和供应业	**11851**	**998942**	**635527**	**1251464**	**366170**
自来水生产和供应	11643	870391	555831	1099869	355454
污水处理及其再生利用	209	128551	79696	151596	10716

4-13　国有及国有控股工业主要财务指标(三)

(2023年)

单位：万元

项　目	年末所有者权益合计	实收资本	营业收入	营业成本	税金及附加
总　计	**6901639**	**3386646**	**4910711**	**3855292**	**37398**
按轻重工业分					
轻工业	1810496	264203	675684	405831	6041
重工业	5091143	3122444	4235028	3449461	31357
按大中小微型分					
大型企业	3595084	1849342	1335022	716406	17874
中型企业	922744	724510	2263048	2041476	8712
小型企业	2202335	688209	1200667	1018361	9435
微型企业	181475	124585	111975	79049	1377
按工业行业分					
非金属矿采选业	**647476**	**103200**	**51062**	**37025**	**1913**
土砂石开采	647476	103200	51062	37025	1913
农副食品加工业	**12736**	**8182**	**42210**	**40773**	**157**
屠宰及肉类加工	12736	8182	42210	40773	157
食品制造业	**2869**	**1000**	**2622**	**1863**	**82**
其他食品制造	2869	1000	2622	1863	82
酒、饮料和精制茶制造业	**4754**	**545**	**1984**	**1089**	**167**
酒的制造	4754	545	1984	1089	167
印刷和记录媒介复制业	**2350**	**500**	**2911**	**2251**	**11**
印刷	2350	500	2911	2251	11
化学原料和化学制品制造业	**4239**	**1000**	**7247**	**4442**	**89**
炸药、火工及焰火产品制造	4239	1000	7247	4442	89
医药制造业	**1601501**	**219708**	**510247**	**254061**	**5292**
化学药品原料药制造	1102077	120787	295593	125663	3048
化学药品制剂制造	499424	98921	214654	128398	2244
化学纤维制造业	**186285**	**34268**	**115710**	**105795**	**332**
生物基材料制造	186285	34268	115710	105795	332
橡胶和塑料制品业	**87227**	**27072**	**107202**	**78263**	**717**
橡胶制品业	87227	27072	107202	78263	717
非金属矿物制品业	**43961**	**38150**	**197339**	**170514**	**1718**
水泥、石灰和石膏制造	13425	7000	88778	72351	426
石膏、水泥制品及类似制品制造	7166	12050	86561	79433	829
砖瓦、石材等建筑材料制造	22235	16600	14515	12575	225
石墨及其他非金属矿物制品制造	1136	2500	7485	6155	237
通用设备制造业	**183142**	**63176**	**113141**	**92846**	**648**
泵、阀门、压缩机及类似机械制造	7613	3770	12519	8648	227
轴承、齿轮和传动部件制造	4131	1420	2779	2216	96
烘炉、风机、包装等设备制造	171399	57986	97844	81982	326
汽车制造业	**-2615**	**18000**	**9249**	**9209**	**210**
汽车零部件及配件制造	-2615	18000	9249	9209	210
铁路、船舶、航空航天和其他运输设备制造业	**13267**	**9080**	**43027**	**41243**	**162**
铁路运输设备制造	4481	3000			-25
船舶及相关装置制造	8786	6080	43027	41243	188
电气机械和器材制造业	**53493**	**26208**	**179141**	**145017**	**733**
输配电及控制设备制造	53493	26208	179141	145017	733
计算机、通信和其他电子设备制造业	**182066**	**7500**	**75235**	**70789**	**49**
电子元件及电子专用材料制造	182066	7500	75235	70789	49
废弃资源综合利用业	**2809**	**8600**	**94011**	**88504**	**370**
金属废料和碎屑加工处理	191	8000	87692	85197	317
非金属废料和碎屑加工处理	2618	600	6319	3306	53
电力、热力生产和供应业	**3006790**	**2672868**	**3052293**	**2460320**	**21873**
电力生产	2988999	2660871	2992607	2402238	21827
热力生产和供应	17791	11997	59686	58082	46
燃气生产和供应业	**48655**	**3000**	**73547**	**58679**	**296**
燃气生产和供应业	48655	3000	73547	58679	296
水的生产和供应业	**820633**	**144590**	**232534**	**192610**	**2578**
自来水生产和供应	776173	133833	206449	174779	2495
污水处理及其再生利用	44460	10757	26085	17831	83

4-14 国有及国有控股工业主要财务指标(四)

(2023年) 单位：万元

项目	销售费用	财务费用	#利息费用	利润总额	利税总额	本年应交增值税	平均用工人数(人)
总计	138173	209561	217006	521623	705034	146014	17214
按轻重工业分							
轻工业	105481	13145	17930	93072	114291	15177	5135
重工业	32693	196416	199076	428551	590744	130836	12079
按大中小微型分							
大型企业	109387	122386	128093	338751	397616	40991	7508
中型企业	13137	25209	26295	104692	176528	63124	4173
小型企业	14578	53766	56630	58497	101940	34007	5261
微型企业	1071	8200	5988	19683	28951	7892	272
按工业行业分							
非金属矿采选业	44	13238	13435	-3097	911	2095	320
土砂石开采	44	13238	13435	-3097	911	2095	320
农副食品加工业	212	-159		-447	-176	113	300
屠宰及肉类加工	212	-159		-447	-176	113	300
食品制造业	28	0		762	864	20	10
其他食品制造	28	0		762	864	20	10
酒、饮料和精制茶制造业	9	-50		255	553	131	82
酒的制造	9	-50		255	553	131	82
印刷和记录媒介复制业		-5		401	491	79	73
印刷		-5		401	491	79	73
化学原料和化学制品制造业	234	-27		1408	1979	483	72
炸药、火工及焰火产品制造	234	-27		1408	1979	483	72
医药制造业	104767	13249	17181	87263	105891	13337	4301
化学药品原料药制造	93131	16257	17003	38012	51220	10160	2954
化学药品制剂制造	11636	-3008	178	49251	54672	3177	1347
化学纤维制造业	465	110	748	4837	6668	1498	369
生物基材料制造	465	110	748	4837	6668	1498	369
橡胶和塑料制品业	4595	197	4	14514	19479	4248	1957
橡胶制品业	4595	197	4	14514	19479	4248	1957
非金属矿物制品业	2644	3128	4263	15051	24408	7639	351
水泥、石灰和石膏制造	2394	-23		12904	16193	2863	164
石膏、水泥制品及类似制品制造	235	2826	2904	532	5249	3888	123
砖瓦、石材等建筑材料制造	14	-171	861	1507	2138	405	51
石墨及其他非金属矿物制品制造		495	498	109	827	482	13
通用设备制造业	3396	899	1094	4570	7047	1829	1053
泵、阀门、压缩机及类似机械制造	196	277	251	235	1096	634	331
轴承、齿轮和传动部件制造	0	-10	6	91	361	175	78
烘炉、风机、包装等设备制造	3200	631	837	4244	5590	1020	644
汽车制造业	139	146	62	-4166	-3649	307	501
汽车零部件及配件制造	139	146	62	-4166	-3649	307	501
铁路、船舶、航空航天和其他运输设备制造业	1	-279	6	-298	-230	-94	133
铁路运输设备制造		-37	6	-386	-412		5
船舶及相关装置制造	1	-241		89	182	-94	128
电气机械和器材制造业	9451	3113	3209	8067	14685	5885	685
输配电及控制设备制造	9451	3113	3209	8067	14685	5885	685
计算机、通信和其他电子设备制造业	642	-108	288	-4595	-3750	795	574
电子元件及电子专用材料制造	642	-108	288	-4595	-3750	795	574
废弃资源综合利用业	316	1744	1877	1964	3196	862	81
金属废料和碎屑加工处理	181	1819	1877	-290	378	351	35
非金属废料和碎屑加工处理	135	-76		2253	2818	511	46
电力、热力生产和供应业	486	152528	155894	399027	518216	97316	3988
电力生产	486	152472	155760	391022	509987	97139	3889
热力生产和供应		56	133	8005	8228	178	99
燃气生产和供应业	4626	732	38	8799	10161	1067	254
燃气生产和供应业	4626	732	38	8799	10161	1067	254
水的生产和供应业	6119	21105	18906	-12693	-1708	8406	2110
自来水生产和供应	6006	17157	14941	-13863	-3767	7601	1950
污水处理及其再生利用	113	3948	3965	1170	2059	805	160

4-15　国有及国有控股工业主要经济效益指标(一)

(2023年)

项　目	企业亏损面(%)	资产负债率(%)	流动比率	产成品存货周转天数(天)
总　计	**27.40**	**59.55**	**0.93**	**15.25**
按轻重工业分				
轻工业	11.11	28.22	1.20	81.22
重工业	29.69	64.99	0.89	7.49
按工业行业分				
非金属矿采选业	**40.00**	**57.92**	**0.65**	**32.96**
土砂石开采	40.00	57.92	0.65	32.96
农副食品加工业	**50.00**	**63.46**	**1.05**	**0.14**
屠宰及肉类加工	50.00	63.46	1.05	0.14
食品制造业		**22.92**	**0.57**	**70.16**
其他食品制造		22.92	0.57	70.16
酒、饮料和精制茶制造业		**22.50**	**4.11**	**299.77**
酒的制造		22.50	4.11	299.77
印刷和记录媒介复制业		**33.52**	**2.24**	**31.50**
印刷		33.52	2.24	31.50
化学原料和化学制品制造业		**32.04**	**1.44**	**11.08**
炸药、火工及焰火产品制造		32.04	1.44	11.08
医药制造业		**28.22**	**1.21**	**114.33**
化学药品原料药制造		33.99	0.60	126.85
化学药品制剂制造		11.05	5.98	102.07
化学纤维制造业		**23.31**	**1.12**	**31.97**
生物基材料制造		23.31	1.12	31.97
橡胶和塑料制品业		**41.62**	**1.51**	**48.40**
橡胶制品业		41.62	1.51	48.40
非金属矿物制品业		**82.19**	**1.19**	**2.52**
水泥、石灰和石膏制造		52.54	1.12	1.56
石膏、水泥制品及类似制品制造		95.07	1.17	3.92
砖瓦、石材等建筑材料制造		57.39	1.81	0.48
石墨及其他非金属矿物制品制造		94.57	0.45	
通用设备制造业		**33.64**	**1.55**	**30.24**
泵、阀门、压缩机及类似机械制造		62.02	1.07	70.84
轴承、齿轮和传动部件制造		74.50	3.36	
烘炉、风机、包装等设备制造		28.51	1.51	26.77
汽车制造业	**50.00**	**106.41**	**0.27**	**68.90**
汽车零部件及配件制造	50.00	106.41	0.27	68.90
铁路、船舶、航空航天和其他运输设备制造业	**50.00**	**87.37**	**1.14**	**0.22**
铁路运输设备制造	100.00	9.21	5.77	
船舶及相关装置制造		91.22	1.11	
电气机械和器材制造业		**73.89**	**1.19**	**40.52**
输配电及控制设备制造		73.89	1.19	40.52
计算机、通信和其他电子设备制造业	**100.00**	**13.86**	**5.50**	**154.40**
电子元件及电子专用材料制造	100.00	13.86	5.50	154.40
废弃资源综合利用业	**50.00**	**95.45**	**0.50**	**0.30**
金属废料和碎屑加工处理	100.00	99.67	0.46	
非金属废料和碎屑加工处理		41.26	1.85	8.01
电力、热力生产和供应业	**9.52**	**68.50**	**0.63**	**0.02**
电力生产	10.53	68.57	0.62	0.02
热力生产和供应		51.30	1.32	
燃气生产和供应业		**40.49**	**1.45**	
燃气生产和供应业		40.49	1.45	
水的生产和供应业	**73.33**	**60.40**	**1.41**	
自来水生产和供应	76.92	58.63	1.34	
污水处理及其再生利用	50.00	77.32	3.73	

4-16 国有及国有控股工业主要经济效益指标(二)

(2023年)

项目	企业亏损率(%)	成本费用利润率(%)	百元营业收入实现利税(元)	百元固定资产原值实现利税(元)	营业收入利润率(%)
总计	**10.92**	**11.66**	**14.36**	**5.83**	**10.62**
按轻重工业分					
轻工业	0.53	15.18	16.91	15.81	13.77
重工业	12.90	11.10	13.95	5.20	10.12
按工业行业分					
非金属矿采选业	**132.16**	**-5.88**	**1.78**	**7.73**	**-6.06**
土砂石开采	132.16	-5.88	1.78	7.73	-6.06
农副食品加工业	**936.14**	**-1.05**	**-0.42**	**-4.00**	**-1.06**
屠宰及肉类加工	936.14	-1.05	-0.42	-4.00	-1.06
食品制造业		**33.37**	**32.95**	**23.82**	**29.07**
其他食品制造		33.37	32.95	23.82	29.07
酒、饮料和精制茶制造业		**16.19**	**27.87**	**34.46**	**12.87**
酒的制造		16.19	27.87	34.46	12.87
印刷和记录媒介复制业		**16.03**	**16.85**	**32.11**	**13.77**
印刷		16.03	16.85	32.11	13.77
化学原料和化学制品制造业		**24.47**	**27.30**	**33.09**	**19.42**
炸药、火工及焰火产品制造		24.47	27.30	33.09	19.42
医药制造业		**19.28**	**20.75**	**16.71**	**17.10**
化学药品原料药制造		13.29	17.33	10.97	12.86
化学药品制剂制造		29.58	25.47	32.78	22.94
化学纤维制造业		**4.34**	**5.76**	**8.55**	**4.18**
生物基材料制造		4.34	5.76	8.55	4.18
橡胶和塑料制品业		**15.78**	**18.17**	**25.43**	**13.54**
橡胶制品业		15.78	18.17	25.43	13.54
非金属矿物制品业		**8.24**	**12.37**	**30.30**	**7.63**
水泥、石灰和石膏制造		16.78	18.24	62.19	14.53
石膏、水泥制品及类似制品制造		0.62	6.06	11.76	0.61
砖瓦、石材等建筑材料制造		11.74	14.73	100.87	10.38
石墨及其他非金属矿物制品制造		1.53	11.05	10.65	1.45
通用设备制造业		**4.18**	**6.23**	**21.11**	**4.04**
泵、阀门、压缩机及类似机械制造		2.02	8.75	8.90	1.88
轴承、齿轮和传动部件制造		3.19	13.01	6.24	3.27
烘炉、风机、包装等设备制造		4.48	5.71	36.57	4.34
汽车制造业	**4905.54**	**-33.72**	**-39.46**	**-8.21**	**-45.05**
汽车零部件及配件制造	4905.54	-33.72	-39.46	-8.21	-45.05
铁路、船舶、航空航天和其他运输设备制造业	**436.12**	**-0.66**	**-0.53**	**-0.96**	**-0.69**
铁路运输设备制造		-93.85		-32.05	
船舶及相关装置制造		0.20	0.42	0.80	0.21
电气机械和器材制造业		**4.80**	**8.20**	**35.32**	**4.50**
输配电及控制设备制造		4.80	8.20	35.32	4.50
计算机、通信和其他电子设备制造业		**-5.90**	**-4.98**	**-3.96**	**-6.11**
电子元件及电子专用材料制造		-5.90	-4.98	-3.96	-6.11
废弃资源综合利用业	**12.85**	**2.14**	**3.40**	**51.08**	**2.09**
金属废料和碎屑加工处理		-0.33	0.43	18.30	-0.33
非金属废料和碎屑加工处理		56.07	44.59	67.26	35.65
电力、热力生产和供应业	**4.13**	**14.72**	**16.98**	**5.24**	**13.07**
电力生产	4.21	14.74	17.04	5.17	13.07
热力生产和供应		13.68	13.79	25.02	13.41
燃气生产和供应业		**13.09**	**13.82**	**20.15**	**11.96**
燃气生产和供应业		13.09	13.82	20.15	11.96
水的生产和供应业	**211.92**	**-5.19**	**-0.73**	**-0.17**	**-5.46**
自来水生产和供应	319.78	-6.27	-1.82	-0.43	-6.71
污水处理及其再生利用	76.75	4.99	7.89	1.60	4.49

4-17 大中型工业主要财务指标(一)

(2023年) 单位：万元

项目	企业单位数(个)	亏损企业	年末资产总计	流动资产合计
总 计	**432**	**60**	**55450948**	**24852137**
按轻重工业分				
轻工业	163	31	22182172	10260137
重工业	269	29	33268777	14592000
按大中型分				
大型企业	62	8	30378997	11318890
中型企业	370	52	25071951	13533247
按工业行业分				
农副食品加工业	**6**	**2**	**230833**	**108108**
植物油加工	1		112905	37136
水产品加工	5	2	117928	70972
食品制造业	**6**	**1**	**86523**	**62351**
罐头食品制造	6	1	86523	62351
纺织业	**6**	**2**	**483126**	**305644**
棉纺织及印染精加工	2	1	156874	105039
化纤织造及印染精加工	1	1	28647	17147
产业用纺织制成品制造	3		297606	183457
皮革、毛皮、羽毛及其制品和制鞋业	**7**	**1**	**66376**	**39570**
制鞋业	7	1	66376	39570
木材加工和木、竹、藤、棕、草制品业	**3**		**98618**	**44238**
木质制品制造	1		24368	14898
竹、藤、棕、草等制品制造	2		74250	29340
家具制造业	**14**	**5**	**1088832**	**624700**
木质家具制造	2	1	67476	25762
金属家具制造	10	3	949707	576232
塑料家具制造	1	1	58507	12017
其他家具制造	1		13142	10689
造纸和纸制品业	**3**		**272804**	**154668**
造纸	1		127931	79266
纸制品制造	2		144874	75402
印刷和记录媒介复制业	**3**		**178458**	**53338**
印刷	3		178458	53338
文教、工美、体育和娱乐用品制造业	**4**		**186449**	**106800**
工艺美术及礼仪用品制造	3		118619	80208
体育用品制造	1		67830	26593
化学原料和化学制品制造业	**6**	**1**	**1065613**	**467458**

4-17 续表 1

(2023年) 单位：万元

项　　目	企　业单位数(个)	亏 损企 业	年末资产总计	流动资产合计
基础化学原料制造	1		53468	20273
农药制造	1		133379	63573
涂料、油墨、颜料及类似产品制造	1	1	205315	87299
合成材料制造	1		68915	23527
专用化学产品制造	1		485416	201726
日用化学产品制造	1		119121	71059
医药制造业	**41**	**9**	**12695552**	**5124542**
化学药品原料药制造	36	8	11487046	4474856
化学药品制剂制造	4	1	955131	491784
中成药生产	1		253376	157901
化学纤维制造业	**1**	**1**	**146252**	**36627**
合成纤维制造	1	1	146252	36627
橡胶和塑料制品业	**37**	**4**	**3469776**	**1767501**
橡胶制品业	7		1218845	538449
塑料制品业	30	4	2250931	1229052
非金属矿物制品业	**2**		**55813**	**31461**
石膏、水泥制品及类似制品制造	2		55813	31461
黑色金属冶炼和压延加工业	**1**		**99656**	**80810**
钢压延加工	1		99656	80810
有色金属冶炼和压延加工业	**1**	**1**	**301454**	**218380**
有色金属压延加工	1	1	301454	218380
金属制品业	**16**	**5**	**1614255**	**791069**
结构性金属制品制造	1	1	33866	12358
金属工具制造	3		127956	66937
建筑、安全用金属制品制造	5	2	213513	137651
金属表面处理及热处理加工	2	1	39330	6766
金属制日用品制造	3	1	1179893	551416
铸造及其他金属制品制造	2		19697	15941
通用设备制造业	**78**	**5**	**6468903**	**3612912**
金属加工机械制造	10	1	478387	309686
物料搬运设备制造	2	1	151863	106538
泵、阀门、压缩机及类似机械制造	37	3	2906290	1768649
轴承、齿轮和传动部件制造	16		1894238	908663
烘炉、风机、包装等设备制造	12		952874	469839
其他通用设备制造业	1		85251	49538
专用设备制造业	**38**	**7**	**2913280**	**1666964**
采矿、冶金、建筑专用设备制造	1		205950	144568

4-17 续表 2

(2023年) 单位：万元

项 目	企 业 单位数 (个)	亏 损 企 业	年末资 产总计	流动资 产合计
化工、木材、非金属加工专用设备制造	14	3	756754	581736
纺织、服装和皮革加工专用设备制造	9	2	1301107	630380
农、林、牧、渔专用机械制造	7	1	271453	142893
医疗仪器设备及器械制造	7	1	378016	167388
汽车制造业	**67**	**5**	**6193535**	**3094021**
汽车整车制造	2	1	1064376	407912
汽车用发动机制造	2		272342	104218
汽车零部件及配件制造	63	4	4856817	2581892
铁路、船舶、航空航天和其他运输设备制造业	**23**	**3**	**1571467**	**956865**
铁路运输设备制造	2	1	549254	278417
船舶及相关装置制造	3		146300	126877
航空、航天器及设备制造	1		84879	31536
摩托车制造	11	1	507666	331719
助动车制造	6	1	283368	188316
电气机械和器材制造业	**34**	**4**	**3778273**	**2274786**
电机制造	21	3	1804812	1181117
输配电及控制设备制造	5		551854	348963
电池制造	1		1031536	544460
家用电力器具制造	2		186725	59422
非电力家用器具制造	3		125237	99141
照明器具制造	1	1	51151	26982
其他电气机械及器材制造	1		26959	14700
计算机、通信和其他电子设备制造业	**14**	**3**	**2551652**	**1433515**
通信设备制造	1		52757	37335
智能消费设备制造	2		105781	80272
电子器件制造	4	2	1194697	525137
电子元件及电子专用材料制造	7	1	1198417	790771
仪器仪表制造业	**9**		**553523**	**369308**
通用仪器仪表制造	9		553523	369308
其他制造业	**7**		**700902**	**457728**
日用杂品制造	7		700902	457728
废弃资源综合利用业	**1**		**274344**	**225741**
金属废料和碎屑加工处理	1		274344	225741
电力、热力生产和供应业	**4**	**1**	**8304681**	**743032**
电力生产	4	1	8304681	743032

4-18 大中型工业主要财务指标(二)

(2023年) 单位：万元

项　　目	存　货	固定资产原价	固定资产净额	年末负债合计	流动负债合计
总　　计	**6065145**	**23749279**	**14022824**	**27696095**	**20230610**
按轻重工业分					
轻工业	2402558	6732726	3761968	9238327	7717014
重工业	3662588	17016553	10260856	18457769	12513597
按大中型分					
大型企业	2657451	12433379	8460259	15579408	10118330
中型企业	3407695	11315900	5562564	12116687	10112280
按工业行业分					
农副食品加工业	**61509**	**80439**	**50978**	**132996**	**112268**
植物油加工	23853	26754	15847	46246	36661
水产品加工	37657	53685	35131	86751	75607
食品制造业	**38232**	**35154**	**15868**	**68353**	**68353**
罐头食品制造	38232	35154	15868	68353	68353
纺织业	**78740**	**172572**	**107069**	**229086**	**204177**
棉纺织及印染精加工	24113	45479	28871	146804	127625
化纤织造及印染精加工	11734	20319	10747	15059	15059
产业用纺织制成品制造	42892	106773	67451	67223	61493
皮革、毛皮、羽毛及其制品和制鞋业	**8238**	**20463**	**12941**	**53236**	**52290**
制鞋业	8238	20463	12941	53236	52290
木材加工和木、竹、藤、棕、草制品业	**14439**	**52097**	**30416**	**43357**	**42133**
木质制品制造	3926	8704	3349	12994	12339
竹、藤、棕、草等制品制造	10513	43393	27067	30362	29795
家具制造业	**137930**	**250137**	**120457**	**610159**	**591587**
木质家具制造	8951	16664	8371	44807	31670
金属家具制造	119002	186337	81551	522063	516628
塑料家具制造	5076	42674	28656	36454	36454
其他家具制造	4900	4463	1879	6835	6835
造纸和纸制品业	**22908**	**140192**	**71451**	**115612**	**112846**
造纸	10473	78979	28469	19394	16628
纸制品制造	12435	61213	42982	96218	96218
印刷和记录媒介复制业	**10809**	**32590**	**10128**	**18765**	**18444**
印刷	10809	32590	10128	18765	18444
文教、工美、体育和娱乐用品制造业	**28453**	**85544**	**56891**	**96113**	**93041**
工艺美术及礼仪用品制造	15356	43006	25154	59719	59513
体育用品制造	13097	42539	31738	36394	33528
化学原料和化学制品制造业	**57240**	**337572**	**202241**	**282867**	**185674**

4-18　续表 1

(2023年)　　单位：万元

项　目	存　货	固定资产原价	固定资产净额	年末负债合计	流动负债合计
基础化学原料制造	278	46286	27605	9688	6559
农药制造	3682	27890	16243	18852	16692
涂料、油墨、颜料及类似产品制造	19832	127211	73326	64531	58939
合成材料制造	7349	37517	24802	32348	19478
专用化学产品制造	21859	83497	52674	105279	49218
日用化学产品制造	4241	15172	7591	52169	34788
医药制造业	**1329061**	**3563824**	**1838094**	**4482677**	**3254008**
化学药品原料药制造	1248443	3214861	1661646	4237974	3047471
化学药品制剂制造	71569	292386	148994	163082	130029
中成药生产	9049	56577	27455	81622	76509
化学纤维制造业	**16352**	**125409**	**93518**	**127689**	**123290**
合成纤维制造	16352	125409	93518	127689	123290
橡胶和塑料制品业	**399326**	**1138792**	**618096**	**1261590**	**1104527**
橡胶制品业	96259	319529	194931	514238	421969
塑料制品业	303067	819263	423165	747353	682558
非金属矿物制品业	**3363**	**29061**	**18194**	**36780**	**34591**
石膏、水泥制品及类似制品制造	3363	29061	18194	36780	34591
黑色金属冶炼和压延加工业	**34881**	**29968**	**11299**	**42058**	**41198**
钢压延加工	34881	29968	11299	42058	41198
有色金属冶炼和压延加工业	**21823**	**53707**	**27537**	**276859**	**263567**
有色金属压延加工	21823	53707	27537	276859	263567
金属制品业	**107956**	**392079**	**264144**	**774965**	**691906**
结构性金属制品制造	4668	20694	18033	34829	28385
金属工具制造	14443	77909	52258	79901	79901
建筑、安全用金属制品制造	34008	58077	40604	153843	144257
金属表面处理及热处理加工	2084	29016	23945	35698	34939
金属制日用品制造	49580	199555	125887	455833	389603
铸造及其他金属制品制造	3173	6829	3417	14861	14822
通用设备制造业	**882459**	**2330531**	**1361584**	**2651954**	**2286865**
金属加工机械制造	122845	242025	131248	238893	205058
物料搬运设备制造	35968	31525	20252	96779	96259
泵、阀门、压缩机及类似机械制造	417767	781464	472452	1226458	1062583
轴承、齿轮和传动部件制造	206704	966794	558700	630518	498680
烘炉、风机、包装等设备制造	88814	275186	154364	435686	406528
其他通用设备制造业	10362	33539	24567	23619	17758
专用设备制造业	**520339**	**1092051**	**666864**	**1520437**	**1460994**
采矿、冶金、建筑专用设备制造	23103	56044	31656	71427	70555

4-18 续表 2

(2023年) 单位：万元

项 目	存 货	固定资产原价	固定资产净额	年末负债合计	流动负债合计
化工、木材、非金属加工专用设备制造	238249	249520	120367	509692	483512
纺织、服装和皮革加工专用设备制造	153105	457365	313028	696740	687590
农、林、牧、渔专用机械制造	46173	152865	95832	128864	122410
医疗仪器设备及器械制造	59709	176257	105982	113714	96927
汽车制造业	**660869**	**2519038**	**1410377**	**3960002**	**3492893**
汽车整车制造	124073	324886	223993	837490	748846
汽车用发动机制造	17134	165169	111177	132183	131873
汽车零部件及配件制造	519662	2028984	1075207	2990328	2612174
铁路、船舶、航空航天和其他运输设备制造业	**290794**	**521114**	**304403**	**874962**	**738073**
铁路运输设备制造	37825	116862	79822	195421	76374
船舶及相关装置制造	72718	35191	13102	110703	110703
航空、航天器及设备制造	3320	51372	33577	36889	36889
摩托车制造	139401	218274	111096	291053	275208
助动车制造	37530	99415	66807	240895	238899
电气机械和器材制造业	**442289**	**1136655**	**825498**	**2589017**	**2378141**
电机制造	280244	557623	363894	1026647	877872
输配电及控制设备制造	69796	84962	40308	395561	355095
电池制造	42242	334982	318132	992033	991414
家用电力器具制造	21190	87602	63409	70898	56159
非电力家用器具制造	10061	42544	15658	36831	33954
照明器具制造	15255	20282	17636	50619	50619
其他电气机械及器材制造	3501	8660	6462	16428	13028
计算机、通信和其他电子设备制造业	**291247**	**780305**	**524969**	**926342**	**827175**
通信设备制造	6109	13007	8231	17075	16954
智能消费设备制造	13847	23245	13969	46581	46398
电子器件制造	88875	502055	361871	320213	294037
电子元件及电子专用材料制造	182415	241998	140898	542473	469785
仪器仪表制造业	**73039**	**191531**	**127170**	**176402**	**166298**
通用仪器仪表制造	73039	191531	127170	176402	166298
其他制造业	**64562**	**243247**	**117028**	**266196**	**245500**
日用杂品制造	64562	243247	117028	266196	245500
废弃资源综合利用业	**112333**	**41504**	**23208**	**189323**	**187187**
金属废料和碎屑加工处理	112333	41504	23208	189323	187187
电力、热力生产和供应业	**355956**	**8353702**	**5112402**	**5888300**	**1453586**
电力生产	355956	8353702	5112402	5888300	1453586

4-19　大中型工业主要财务指标(三)

(2023年)　　单位：万元

项　目	年末所有者权益合计	实收资本	营业收入	营业成本	税金及附加
总　计	**27754852**	**8037123**	**32059538**	**25719012**	**214599**
按轻重工业分					
轻工业	12943845	2861771	10203179	7546870	74421
重工业	14811007	5175352	21856359	18172141	140178
按大中型分					
大型企业	14799589	4290473	14315177	11158435	113578
中型企业	12955263	3746649	17744361	14560576	101021
按工业行业分					
农副食品加工业	**97837**	**26458**	**152246**	**127995**	**699**
植物油加工	66659	5520	50575	36323	201
水产品加工	31177	20938	101671	91672	498
食品制造业	**18171**	**5362**	**66559**	**56005**	**455**
罐头食品制造	18171	5362	66559	56005	455
纺织业	**254040**	**44953**	**292570**	**234712**	**2927**
棉纺织及印染精加工	10070	1100	80696	73233	864
化纤织造及印染精加工	13588	9373	32751	29163	177
产业用纺织制成品制造	230383	34480	179123	132317	1886
皮革、毛皮、羽毛及其制品和制鞋业	**13140**	**7487**	**78538**	**63439**	**385**
制鞋业	13140	7487	78538	63439	385
木材加工和木、竹、藤、棕、草制品业	**55261**	**13268**	**81589**	**66549**	**702**
木质制品制造	11374	2968	30386	22322	293
竹、藤、棕、草等制品制造	43888	10300	51203	44227	409
家具制造业	**478673**	**258934**	**657197**	**523617**	**5314**
木质家具制造	22669	5500	39446	29803	561
金属家具制造	427644	244846	585841	471008	4386
塑料家具制造	22053	5588	15097	10153	245
其他家具制造	6308	3000	16813	12653	123
造纸和纸制品业	**157192**	**59950**	**248265**	**225243**	**2318**
造纸	108536	12600	160425	144491	1802
纸制品制造	48656	47350	87840	80752	516
印刷和记录媒介复制业	**159693**	**44970**	**61201**	**49153**	**417**
印刷	159693	44970	61201	49153	417
文教、工美、体育和娱乐用品制造业	**90336**	**21465**	**103364**	**66148**	**1518**
工艺美术及礼仪用品制造	58900	17520	68460	41588	925
体育用品制造	31436	3945	34904	24560	593
化学原料和化学制品制造业	**782746**	**169460**	**511315**	**414072**	**3271**

4-19 续表 1

(2023年) 单位：万元

项目	年末所有者权益合计	实收资本	营业收入	营业成本	税金及附加
基础化学原料制造	43780	2635	34745	22414	376
农药制造	114526	15600	63732	52222	354
涂料、油墨、颜料及类似产品制造	140784	30400	76287	73605	682
合成材料制造	36567	30000	91175	77811	474
专用化学产品制造	380137	58958	186101	142316	1234
日用化学产品制造	66952	31867	59276	45703	152
医药制造业	**8212875**	**1539727**	**4150702**	**2751561**	**31893**
化学药品原料药制造	7249072	1325770	3738657	2547575	26977
化学药品制剂制造	792049	177957	339105	184957	3975
中成药生产	171754	36000	72940	19029	941
化学纤维制造业	**18562**	**65000**	**181461**	**182069**	**313**
合成纤维制造	18562	65000	181461	182069	313
橡胶和塑料制品业	**2208186**	**495745**	**2437085**	**1851211**	**15999**
橡胶制品业	704607	162085	642556	486028	3917
塑料制品业	1503579	333660	1794529	1365183	12083
非金属矿物制品业	**19033**	**14139**	**85059**	**73976**	**596**
石膏、水泥制品及类似制品制造	19033	14139	85059	73976	596
黑色金属冶炼和压延加工业	**57598**	**5398**	**190368**	**166324**	**580**
钢压延加工	57598	5398	190368	166324	580
有色金属冶炼和压延加工业	**24595**	**48200**	**266527**	**264897**	**507**
有色金属压延加工	24595	48200	266527	264897	507
金属制品业	**839290**	**186790**	**839562**	**685534**	**5283**
结构性金属制品制造	-963	4580	17979	16386	145
金属工具制造	48055	22501	74550	59232	351
建筑、安全用金属制品制造	59670	31613	180174	143797	1234
金属表面处理及热处理加工	3632	362	18131	17898	252
金属制日用品制造	724060	124735	518968	422307	3168
铸造及其他金属制品制造	4836	3000	29760	25915	132
通用设备制造业	**3816949**	**714357**	**4156507**	**3236471**	**26606**
金属加工机械制造	239494	40119	349046	283405	2453
物料搬运设备制造	55084	15746	100791	79267	667
泵、阀门、压缩机及类似机械制造	1679832	310347	2026226	1546356	11948
轴承、齿轮和传动部件制造	1263719	181615	933034	720985	7058
烘炉、风机、包装等设备制造	517187	159629	716463	588633	4388
其他通用设备制造业	61632	6900	30947	17824	93
专用设备制造业	**1392843**	**371672**	**1878541**	**1499772**	**13397**
采矿、冶金、建筑专用设备制造	134523	10000	123560	94177	913

4-19　续表 2

(2023年)　　　　单位：万元

项　　目	年末所有者权益合计	实收资本	营业收入	营业成本	税金及附加
化工、木材、非金属加工专用设备制造	247062	62664	460152	348844	3598
纺织、服装和皮革加工专用设备制造	604367	221535	837528	718687	5115
农、林、牧、渔专用机械制造	142589	38805	246880	205759	1173
医疗仪器设备及器械制造	264301	38669	210420	132305	2598
汽车制造业	**2233532**	**688611**	**6109787**	**5388073**	**23329**
汽车整车制造	226886	83462	2381021	2249064	1764
汽车用发动机制造	140159	82000	395956	343850	1221
汽车零部件及配件制造	1866488	523148	3332810	2795158	20344
铁路、船舶、航空航天和其他运输设备制造业	**696505**	**242424**	**1612946**	**1327834**	**32562**
铁路运输设备制造	353833	133695	81654	50665	1281
船舶及相关装置制造	35597	28000	131375	119917	574
航空、航天器及设备制造	47990	2888	20595	8551	12
摩托车制造	216613	52955	863013	692496	28940
助动车制造	42473	24885	516309	456205	1755
电气机械和器材制造业	**1189256**	**270101**	**2530037**	**2144387**	**10576**
电机制造	778165	144513	1425456	1206461	6402
输配电及控制设备制造	156293	87533	656648	597407	1721
电池制造	39503		213362	151289	1127
家用电力器具制造	115827	21300	87838	69360	578
非电力家用器具制造	88406	11767	78970	61673	493
照明器具制造	532	1988	31955	30481	114
其他电气机械及器材制造	10530	3000	35809	27716	141
计算机、通信和其他电子设备制造业	**1625310**	**281483**	**1401002**	**1104006**	**6861**
通信设备制造	35683	5000	29230	20602	218
智能消费设备制造	59200	10000	87753	66915	500
电子器件制造	874484	161132	524156	389548	3753
电子元件及电子专用材料制造	655944	105351	759863	626940	2390
仪器仪表制造业	**377121**	**80217**	**427645**	**289796**	**3757**
通用仪器仪表制造	377121	80217	427645	289796	3757
其他制造业	**434707**	**131213**	**363135**	**262845**	**3829**
日用杂品制造	434707	131213	363135	262845	3829
废弃资源综合利用业	**85021**	**21000**	**550601**	**537975**	**1054**
金属废料和碎屑加工处理	85021	21000	550601	537975	1054
电力、热力生产和供应业	**2416381**	**2228740**	**2625730**	**2125349**	**19453**
电力生产	2416381	2228740	2625730	2125349	19453

4-20 大中型工业主要财务指标(四)

(2023年) 单位：万元

项目	销售费用	财务费用	#利息费用	利润总额	利税总额	本年应交增值税	平均用工人数(人)
总计	**864775**	**227231**	**424006**	**2959895**	**3644761**	**470268**	**305421**
按轻重工业分							
轻工业	395404	49089	154063	1379726	1596584	142437	117281
重工业	469371	178142	269943	1580169	2048177	327831	188140
按大中型分							
大型企业	429471	138841	247026	1531804	1768781	123399	125959
中型企业	435304	88390	176980	1428091	1875980	346869	179462
按工业行业分							
农副食品加工业	**4272**	**2756**	**1797**	**9234**	**12513**	**2580**	**2129**
植物油加工	1889	554	835	8028	9504	1275	390
水产品加工	2384	2203	962	1205	3009	1306	1739
食品制造业	**2215**	**1417**	**1437**	**1165**	**3338**	**1718**	**1920**
罐头食品制造	2215	1417	1437	1165	3338	1718	1920
纺织业	**10182**	**1867**	**4502**	**10419**	**18735**	**5388**	**4217**
棉纺织及印染精加工	1146	3270	3048	-2457	1569	3162	887
化纤织造及印染精加工	559	648	679	-299	814	935	425
产业用纺织制成品制造	8478	-2051	775	13175	16352	1291	2905
皮革、毛皮、羽毛及其制品和制鞋业	**2752**	**739**	**672**	**2128**	**3522**	**1009**	**2789**
制鞋业	2752	739	672	2128	3522	1009	2789
木材加工和木、竹、藤、棕、草制品业	**2750**	**-120**	**455**	**8683**	**9302**	**-83**	**1864**
木质制品制造	2163	-156	8	2630	3171	248	536
竹、藤、棕、草等制品制造	587	36	446	6053	6132	-330	1328
家具制造业	**18941**	**9539**	**9557**	**49509**	**60062**	**5239**	**13014**
木质家具制造	4511	-89	234	3299	4181	322	1112
金属家具制造	12962	8432	8128	44310	52976	4280	11039
塑料家具制造	1442	1032	1032	-299	-37	17	493
其他家具制造	26	165	163	2199	2942	620	370
造纸和纸制品业	**1648**	**-171**	**690**	**11974**	**29021**	**14729**	**1455**
造纸	774	-275	171	11289	26397	13306	675
纸制品制造	874	104	520	686	2624	1423	780
印刷和记录媒介复制业	**2056**	**304**	**168**	**13650**	**15219**	**1152**	**1183**
印刷	2056	304	168	13650	15219	1152	1183
文教、工美、体育和娱乐用品制造业	**4607**	**-882**	**1374**	**18132**	**25689**	**6038**	**2892**
工艺美术及礼仪用品制造	3401	-1334	467	16403	21630	4302	1554
体育用品制造	1206	452	906	1730	4059	1736	1338
化学原料和化学制品制造业	**10248**	**-1355**	**5038**	**36090**	**45504**	**6142**	**3260**

4-20　续表 1

(2023年)　　单位：万元

项　目	销售费用	财务费用	#利息费用	利润总额	利税总额	本年应交增值税	平均用工人数(人)
基础化学原料制造	569	35	37	7349	9551	1826	331
农药制造	1049	-246	7	2872	4201	975	559
涂料、油墨、颜料及类似产品制造	766	259	676	-11418	-9061	1675	773
合成材料制造	3673	1070	1077	4407	5759	878	427
专用化学产品制造	1984	-3119	2029	26084	28107	789	804
日用化学产品制造	2206	647	1212	6795	6947		366
医药制造业	**203501**	**23182**	**98192**	**665085**	**757034**	**60056**	**35982**
化学药品原料药制造	153660	22590	93811	572959	642314	42379	32150
化学药品制剂制造	24783	-1552	2317	76850	92587	11762	3143
中成药生产	25059	2144	2064	15276	22133	5915	689
化学纤维制造业	**521**	**4871**	**5018**	**-10696**	**-10106**	**277**	**507**
合成纤维制造	521	4871	5018	-10696	-10106	277	507
橡胶和塑料制品业	**75350**	**11198**	**18760**	**299538**	**354636**	**39099**	**26745**
橡胶制品业	17340	9121	10114	85806	103853	14131	7115
塑料制品业	58010	2077	8646	213732	250783	24968	19630
非金属矿物制品业	**4865**	**525**	**489**	**2900**	**6074**	**2579**	**722**
石膏、水泥制品及类似制品制造	4865	525	489	2900	6074	2579	722
黑色金属冶炼和压延加工业	**235**	**707**	**848**	**15623**	**20370**	**4168**	**508**
钢压延加工	235	707	848	15623	20370	4168	508
有色金属冶炼和压延加工业	**1258**	**1393**	**6666**	**-4951**	**-4011**	**433**	**615**
有色金属压延加工	1258	1393	6666	-4951	-4011	433	615
金属制品业	**38078**	**1874**	**10843**	**215454**	**231350**	**10614**	**9064**
结构性金属制品制造	434	673	698	-2315	-998	1172	367
金属工具制造	1963	678	506	5797	7356	1208	1340
建筑、安全用金属制品制造	8146	2953	3253	4811	10289	4245	2775
金属表面处理及热处理加工	55	116	73	-2287	-1340	695	564
金属制日用品制造	27142	-2658	6156	208497	214081	2416	3341
铸造及其他金属制品制造	338	112	157	951	1961	878	677
通用设备制造业	**152067**	**-3392**	**24737**	**452801**	**512491**	**33084**	**52078**
金属加工机械制造	13367	2400	2805	16428	21818	2938	5921
物料搬运设备制造	5748	765	1067	2526	3750	557	983
泵、阀门、压缩机及类似机械制造	83397	-9195	7726	248200	271541	11393	24748
轴承、齿轮和传动部件制造	18936	3309	8480	106187	129702	16457	11490
烘炉、风机、包装等设备制造	30324	-624	4115	70694	74443	-639	8572
其他通用设备制造业	295	-47	544	8766	11237	2378	364
专用设备制造业	**70943**	**-391**	**12781**	**160332**	**211588**	**37859**	**24195**
采矿、冶金、建筑专用设备制造	2223	-89	213	20028	25420	4479	1285

4-20 续表 2

(2023年) 单位：万元

项 目	销售费用	财务费用	#利息费用	利润总额	利税总额	本年应交增值税	平均用工人数(人)
化工、木材、非金属加工专用设备制造	15465	3018	4555	47528	66319	15193	6527
纺织、服装和皮革加工专用设备制造	32198	-3308	5281	51161	65303	9027	8010
农、林、牧、渔专用机械制造	8939	-548	730	11054	14731	2504	3440
医疗仪器设备及器械制造	12118	534	2003	30562	39816	6657	4933
汽车制造业	**109141**	**34168**	**42494**	**158878**	**245640**	**63432**	**44869**
汽车整车制造	12419	8596	15770	62860	64144	-480	3668
汽车用发动机制造	1528	374	803	23043	32063	7798	955
汽车零部件及配件制造	95195	25198	25921	72975	149433	56114	40246
铁路、船舶、航空航天和其他运输设备制造业	**34802**	**6926**	**12235**	**70181**	**136602**	**33860**	**15251**
铁路运输设备制造	5739	2918	5360	-10314	-6015	3018	1042
船舶及相关装置制造	14	-82	3	3533	8544	4438	1685
航空、航天器及设备制造	427	960	794	7564	8033	458	451
摩托车制造	10788	2377	4871	56898	104405	18566	8538
助动车制造	17834	753	1208	12500	21635	7380	3535
电气机械和器材制造业	**52702**	**-1597**	**18998**	**156104**	**177830**	**11150**	**24979**
电机制造	30825	-235	12390	80655	107551	20494	15986
输配电及控制设备制造	13086	374	3395	13300	22200	7179	2208
电池制造	681	-3639		49299	28667	-21759	2562
家用电力器具制造	961	862	1404	6904	10135	2653	1601
非电力家用器具制造	4411	-115	697	5363	7083	1228	1425
照明器具制造	872	399	336	-1439	-1100	225	467
其他电气机械及器材制造	1867	758	777	2023	3293	1129	730
计算机、通信和其他电子设备制造业	**33942**	**-3590**	**4689**	**160584**	**185851**	**18406**	**19169**
通信设备制造	2390	-541		3358	3837	261	447
智能消费设备制造	5611	-247	52	14773	16540	1267	967
电子器件制造	13394	-4295	1547	49319	51512	-1559	9990
电子元件及电子专用材料制造	12546	1493	3090	93135	113963	18439	7765
仪器仪表制造业	**19139**	**-816**	**79**	**64147**	**83051**	**15147**	**5153**
通用仪器仪表制造	19139	-816	79	64147	83051	15147	5153
其他制造业	**7615**	**3098**	**4781**	**57622**	**76564**	**15113**	**7354**
日用杂品制造	7615	3098	4781	57622	76564	15113	7354
废弃资源综合利用业	**822**	**4568**	**3839**	**1221**	**4583**	**2308**	**361**
金属废料和碎屑加工处理	822	4568	3839	1221	4583	2308	361
电力、热力生产和供应业	**126**	**130414**	**132869**	**334087**	**432311**	**78771**	**3146**
电力生产	126	130414	132869	334087	432311	78771	3146

4-21　大中型工业主要经济效益指标(一)

(2023年)

项　　目	企　业 亏损面 (%)	资　产 负债率 (%)	流　动 比　率	产成品 存　货 周转天数 (天)
总　　计	**13.89**	**49.95**	**1.23**	**38.39**
按轻重工业分				
轻工业	19.02	41.65	1.33	61.41
重工业	10.78	55.48	1.17	28.84
按大中型分				
大型企业	12.90	51.28	1.12	42.50
中型企业	14.05	48.33	1.34	35.25
按工业行业分				
农副食品加工业	33.33	57.62	0.96	112.37
食品制造业	16.67	79.00	0.91	187.65
纺织业	33.33	47.42	1.50	49.91
皮革、毛皮、羽毛及其制品和制鞋业	14.29	80.20	0.76	25.90
木材加工和木、竹、藤、棕、草制品业		43.96	1.05	58.12
家具制造业	35.71	56.04	1.06	33.24
造纸和纸制品业		42.38	1.37	7.23
印刷和记录媒介复制业		10.52	2.89	28.75
文教、工美、体育和娱乐用品制造业		51.55	1.15	44.96
化学原料和化学制品制造业	16.67	26.55	2.52	30.48
医药制造业	21.95	35.31	1.57	106.22
化学纤维制造业	100.00	87.31	0.30	20.33
橡胶和塑料制品业	10.81	36.36	1.60	32.26
非金属矿物制品业		65.90	0.91	11.63
黑色金属冶炼和压延加工业		42.20	1.96	15.38
有色金属冶炼和压延加工业	100.00	91.84	0.83	10.54
金属制品业	31.25	48.01	1.14	31.65
通用设备制造业	6.41	41.00	1.58	42.10
专用设备制造业	18.42	52.19	1.14	46.48
汽车制造业	7.46	63.94	0.89	24.23
铁路、船舶、航空航天和其他运输设备制造业	13.04	55.68	1.30	28.57
电气机械和器材制造业	11.76	68.52	0.96	27.91
计算机、通信和其他电子设备制造业	21.43	36.30	1.73	57.85
仪器仪表制造业		31.87	2.22	23.82
其他制造业		37.98	1.86	36.26
废弃资源综合利用业		69.01	1.21	20.56
电力、热力生产和供应业	25.00	70.90	0.51	

4-22 大中型工业主要经济效益指标(二)

(2023年)

项目	企业亏损率(%)	成本费用利润率(%)	百元营业收入实现利税(元)	百元固定资产原值实现利税(元)	营业收入利润率(%)
总计	**10.78**	**10.01**	**11.37**	**15.35**	**9.23**
按轻重工业分					
轻工业	5.34	15.15	15.65	23.71	13.52
重工业	15.05	7.73	9.37	12.04	7.23
按大中型分					
大型企业	12.11	11.74	12.36	14.23	10.70
中型企业	9.31	8.65	10.57	16.58	8.05
按工业行业分					
农副食品加工业	2.57	6.43	8.22	15.56	6.06
食品制造业	32.72	1.79	5.01	9.49	1.75
纺织业	24.13	3.76	6.40	10.86	3.56
皮革、毛皮、羽毛及其制品和制鞋业	11.98	2.79	4.48	17.21	2.71
木材加工和木、竹、藤、棕、草制品业		11.15	11.40	17.86	10.64
家具制造业	8.30	8.15	9.14	24.01	7.53
造纸和纸制品业		5.00	11.69	20.70	4.82
印刷和记录媒介复制业		23.61	24.87	46.70	22.30
文教、工美、体育和娱乐用品制造业		21.67	24.85	30.03	17.54
化学原料和化学制品制造业	24.03	7.63	8.90	13.48	7.06
医药制造业	5.06	18.57	18.24	21.24	16.02
化学纤维制造业		-5.60	-5.57	-8.06	-5.89
橡胶和塑料制品业	0.83	14.14	14.55	31.14	12.29
非金属矿物制品业		3.55	7.14	20.90	3.41
黑色金属冶炼和压延加工业		9.02	10.70	67.97	8.21
有色金属冶炼和压延加工业		-1.82	-1.50	-7.47	-1.86
金属制品业	9.71	27.00	27.56	59.01	25.66
通用设备制造业	1.19	12.02	12.33	21.99	10.89
专用设备制造业	5.05	9.19	11.26	19.38	8.53
汽车制造业	55.64	2.65	4.02	9.75	2.60
铁路、船舶、航空航天和其他运输设备制造业	20.51	4.63	8.47	26.21	4.35
电气机械和器材制造业	1.73	6.60	7.03	15.65	6.17
计算机、通信和其他电子设备制造业	6.75	12.49	13.27	23.82	11.46
仪器仪表制造业		18.05	19.42	43.36	15.00
其他制造业		17.68	21.08	31.48	15.87
废弃资源综合利用业		0.22	0.83	11.04	0.22
电力、热力生产和供应业	4.26	14.26	16.46	5.18	12.72

4-23　规模以上非国有工业主要财务指标(一)

(2023年)　　单位：万元

项　　目	企　业 单位数 (个)	亏　损 企　业	资　产 总　计	流动资 产合计
总　　计	**5514**	**810**	**82952203**	**48271128**
按轻重工业分				
轻工业	2067	385	31598065	16788158
重工业	3447	425	51354138	31482970
按大中小微型分				
大型企业	58	8	21110377	10343473
中型企业	363	50	22990273	12792412
小型企业	4861	683	37666958	24207708
微型企业	232	69	1184594	927536
按工业行业分				
有色金属矿采选业	**1**		**3304**	**1882**
常用有色金属矿采选	1		3304	1882
非金属矿采选业	**5**	**2**	**115801**	**30574**
土砂石开采	5	2	115801	30574
农副食品加工业	**95**	**17**	**766378**	**487224**
谷物磨制	3	1	11825	10814
饲料加工	8	1	140331	104734
植物油加工	1		112905	37136
制糖业	1	1	6688	6390
屠宰及肉类加工	7	2	42911	12505
水产品加工	72	12	433896	309570
蔬菜、菌类、水果和坚果加工	2		13567	3644
其他农副食品加工	1		4256	2431
食品制造业	**18**	**3**	**285661**	**181572**
焙烤食品制造	2		5985	4987
方便食品制造	1		34647	11285
罐头食品制造	9	2	116668	83538
调味品、发酵制品制造	1		6587	4144
其他食品制造	5	1	121774	77618
酒、饮料和精制茶制造业	**6**	**2**	**180655**	**119575**
酒的制造	3	2	117174	80121
饮料制造	2		55951	35222
精制茶加工	1		7530	4232
纺织业	**126**	**25**	**1142118**	**767409**
棉纺织及印染精加工	14	5	221829	153445
毛纺织及染整精加工	3	1	24174	13344
化纤织造及印染精加工	31	5	178308	134671
针织或钩针编织物及其制品制造	4		40930	22397

4-23 续表 1

(2023年) 单位：万元

项目	企业单位数(个)	亏损企业	资产总计	流动资产合计
家用纺织制成品制造	25	7	73023	50654
产业用纺织制成品制造	49	7	603854	392898
纺织服装、服饰业	**20**	**5**	**97623**	**60285**
机织服装制造	11	3	56158	38916
针织或钩针编织服装制造	5	1	22916	15497
服饰制造	4	1	18549	5872
皮革、毛皮、羽毛及其制品和制鞋业	**255**	**26**	**796674**	**563756**
皮革制品制造	10	3	51853	31754
制鞋业	245	23	744821	532002
木材加工和木、竹、藤、棕、草制品业	**19**	**4**	**200925**	**117349**
人造板制造	5	2	64527	50270
木质制品制造	10	2	46457	27529
竹、藤、棕、草等制品制造	4		89941	39550
家具制造业	**80**	**34**	**1452062**	**844444**
木质家具制造	21	10	166594	83917
竹、藤家具制造	10	5	39184	29151
金属家具制造	34	15	1083298	668411
塑料家具制造	9	3	131319	39604
其他家具制造	6	1	31667	23362
造纸和纸制品业	**72**	**17**	**740974**	**488783**
造纸	8	4	163315	105720
纸制品制造	64	13	577659	383064
印刷和记录媒介复制业	**66**	**7**	**463168**	**233325**
印刷	66	7	463168	233325
文教、工美、体育和娱乐用品制造业	**158**	**40**	**861744**	**509676**
文教办公用品制造	4	2	37364	16372
工艺美术及礼仪用品制造	135	34	680971	424476
体育用品制造	4	1	77896	32395
玩具制造	11	2	35805	19067
游艺器材及娱乐用品制造	4	1	29709	17367
石油、煤炭及其他燃料加工业	**2**	**1**	**11335**	**4878**
精炼石油产品制造	2	1	11335	4878
化学原料和化学制品制造业	**102**	**21**	**2609852**	**1470273**
基础化学原料制造	9	2	194388	103310
肥料制造	1		3342	2881
农药制造	4	1	265926	144852
涂料、油墨、颜料及类似产品制造	33	10	752806	445700
合成材料制造	20	4	374244	249931
专用化学产品制造	21	2	790406	365580
日用化学产品制造	14	2	228739	158020

4-23　续表 2

(2023年)　　单位：万元

项　目	企业单位数(个)	亏损企业	资产总计	流动资产合计
医药制造业	**73**	**23**	**11880924**	**5225778**
化学药品原料药制造	60	18	10766183	4682645
化学药品制剂制造	6	4	721496	293368
中药饮片加工	1		9073	8943
中成药生产	3		281030	181580
兽用药品制造	1		29099	13959
生物药品制品制造	1		71156	44474
药用辅料及包装材料	1	1	2887	809
化学纤维制造业	**12**	**5**	**212993**	**65124**
合成纤维制造	9	3	202961	57897
生物基材料制造	3	2	10032	7226
橡胶和塑料制品业	**677**	**91**	**7283782**	**4009834**
橡胶制品业	118	18	1823504	950150
塑料制品业	559	73	5460278	3059685
非金属矿物制品业	**141**	**36**	**1892910**	**1187879**
水泥、石灰和石膏制造	5	2	61414	29392
石膏、水泥制品及类似制品制造	84	16	1362892	975375
砖瓦、石材等建筑材料制造	21	12	300901	80577
玻璃制造	7	2	24296	15989
玻璃制品制造	7	1	24383	16316
玻璃纤维和玻璃纤维增强塑料制品制造	2		5985	4025
陶瓷制品制造	5	1	47560	27223
石墨及其他非金属矿物制品制造	10	2	65480	38982
黑色金属冶炼和压延加工业	**26**	**7**	**304785**	**220567**
炼铁	1		1511	1337
炼钢	1		35651	14267
钢压延加工	24	7	267623	204964
有色金属冶炼和压延加工业	**96**	**17**	**1141919**	**842739**
常用有色金属冶炼	2	2	20287	15729
有色金属合金制造	6	1	147089	92867
有色金属压延加工	88	14	974543	734143
金属制品业	**386**	**51**	**3905888**	**2249195**
结构性金属制品制造	37	13	246632	155059
金属工具制造	26	1	291934	152488
集装箱及金属包装容器制造	15	1	100228	65290
金属丝绳及其制品制造	15	2	77892	61745
建筑、安全用金属制品制造	86	13	647664	424349
金属表面处理及热处理加工	66	12	403107	230356

4-23 续表 3

(2023年) 单位：万元

项目	企业单位数(个)	亏损企业	资产总计	流动资产合计
搪瓷制品制造	2		7973	5937
金属制日用品制造	29	1	1352518	630590
铸造及其他金属制品制造	110	8	777942	523382
通用设备制造业	**1138**	**94**	**12520259**	**7661742**
锅炉及原动设备制造	9	1	73939	41961
金属加工机械制造	126	15	1143086	774373
物料搬运设备制造	25	3	283136	186681
泵、阀门、压缩机及类似机械制造	656	45	6474773	4185371
轴承、齿轮和传动部件制造	148	13	2765564	1469234
烘炉、风机、包装等设备制造	100	8	1296796	689087
文化、办公用机械制造	2		6206	3906
通用零部件制造	54	7	320569	211171
其他通用设备制造业	18	2	156192	99958
专用设备制造业	**463**	**65**	**6127164**	**3703749**
采矿、冶金、建筑专用设备制造	20	3	462999	282308
化工、木材、非金属加工专用设备制造	182	21	2132249	1432213
食品、饮料、烟草及饲料生产专用设备制造	12	2	44350	26667
印刷、制药、日化及日用品生产专用设备制造	6	1	31494	21150
纺织、服装和皮革加工专用设备制造	70	17	1630729	860529
电子和电工机械专用设备制造	7	1	101250	70021
农、林、牧、渔专用机械制造	63	6	732957	437504
医疗仪器设备及器械制造	82	14	788190	413763
环保、邮政、社会公共服务及其他专用设备制造	21		202945	159593
汽车制造业	**461**	**50**	**10442648**	**6045673**
汽车整车制造	4	3	1685205	1008260
汽车用发动机制造	5		278420	108819
汽车车身、挂车制造	1	1	32345	17824
汽车零部件及配件制造	451	46	8446678	4910770
铁路、船舶、航空航天和其他运输设备制造业	**256**	**45**	**3749257**	**2528872**
铁路运输设备制造	9	4	705961	375779
船舶及相关装置制造	26	2	778686	649653
航空、航天器及设备制造	6	1	291620	157251
摩托车制造	129	17	1254355	889014
自行车和残疾人座车制造	1		4625	3564
助动车制造	79	19	676967	429920
非公路休闲车及零配件制造	5	2	32371	19171
潜水救捞及其他未列明运输设备制造	1		4672	4520
电气机械和器材制造业	**496**	**73**	**7189374**	**4821575**
电机制造	207	16	2848146	1914750

4-23　续表 4

(2023年)　　单位：万元

项　目	企业单位数（个）	亏损企业	资产总计	流动资产合计
输配电及控制设备制造	77	12	967342	640441
电线、电缆、光缆及电工器材制造	75	6	1230048	1010293
电池制造	1		1031536	544460
家用电力器具制造	31	5	375860	189359
非电力家用器具制造	5		159504	131521
照明器具制造	95	34	528305	363805
其他电气机械及器材制造	5		48634	26946
计算机、通信和其他电子设备制造业	**74**	**17**	**2982669**	**1691909**
计算机制造	1	1	27284	15328
通信设备制造	4	1	58235	41809
雷达及配套设备制造	1		3930	3056
非专业视听设备制造	2		16256	14473
智能消费设备制造	10	4	217803	141932
电子器件制造	20	5	1344445	634187
电子元件及电子专用材料制造	32	5	1278074	814164
其他电子设备制造	4	1	36644	26961
仪器仪表制造业	**85**	**5**	**1103302**	**755584**
通用仪器仪表制造	80	5	1055873	728740
专用仪器仪表制造	3		26443	14308
光学仪器制造	1		16178	8159
其他仪器仪表制造业	1		4808	4377
其他制造业	**50**	**13**	**886125**	**579107**
日用杂品制造	50	13	886125	579107
废弃资源综合利用业	**24**	**8**	**667954**	**591204**
金属废料和碎屑加工处理	14	6	587998	533912
非金属废料和碎屑加工处理	10	2	79956	57291
金属制品、机械和设备修理业	**2**		**8294**	**6399**
专用设备修理	1		2504	2382
铁路、船舶、航空航天等运输设备修理	1		5790	4017
电力、热力生产和供应业	**12**	**3**	**621329**	**109037**
电力生产	10	3	568155	103420
热力生产和供应	2		53174	5617
燃气生产和供应业	**11**		**201800**	**61458**
燃气生产和供应业	11		201800	61458
水的生产和供应业	**6**	**3**	**100556**	**32701**
自来水生产和供应	1	1	815	520
污水处理及其再生利用	5	2	99742	32181

4-24 规模以上非国有工业主要财务指标(二)

(2023年) 单位：万元

项 目	存 货	固定资产原价	固定资产净额	年末负债合计	流动负债合计
总 计	**11125945**	**29716588**	**17078522**	**45643453**	**40881117**
按轻重工业分					
轻工业	4071036	11229959	6353159	16045232	14252716
重工业	7054908	18486629	10725363	29598221	26628400
按大中小微型分					
大型企业	2228830	6644106	3996307	9905873	8530858
中型企业	3258584	7884022	4524125	10957753	9567855
小型企业	5484440	14880741	8387487	24058363	22130299
微型企业	154092	307720	170604	721464	652106
按工业行业分					
有色金属矿采选业	**1010**	**1405**	**577**	**1704**	**1704**
常用有色金属矿采选	1010	1405	577	1704	1704
非金属矿采选业	**5931**	**27671**	**15668**	**94588**	**85274**
土砂石开采	5931	27671	15668	94588	85274
农副食品加工业	**155244**	**264448**	**160973**	**489474**	**459463**
谷物磨制	7946	2720	910	9382	9017
饲料加工	24808	38467	25585	104247	102194
植物油加工	23853	26754	15847	46246	36661
制糖业	668	248	235	5730	5730
屠宰及肉类加工	1466	28934	17695	12839	11057
水产品加工	94187	155140	96616	298089	282665
蔬菜、菌类、水果和坚果加工	1943	8453	2504	9421	9331
其他农副食品加工	374	3733	1579	3520	2808
食品制造业	**71639**	**122667**	**76849**	**171314**	**167931**
焙烤食品制造	762	1253	988	4258	4258
方便食品制造	2658	22510	19364	22777	22777
罐头食品制造	45821	45096	22824	90310	88410
调味品、发酵制品制造	1491	2668	1750	3088	3088
其他食品制造	20907	51140	31924	50881	49398
酒、饮料和精制茶制造业	**25142**	**123895**	**21995**	**78812**	**78812**
酒的制造	17609	104198	10700	39182	39182
饮料制造	7344	17177	10254	38467	38467
精制茶加工	189	2520	1041	1163	1163

4-24　续表 1

(2023年)　　单位：万元

项　目	存　货	固定资产原价	固定资产净额	年末负债合计	流动负债合计
纺织业	**220843**	**427789**	**238313**	**671509**	**627661**
棉纺织及印染精加工	36911	72663	43345	202974	182785
毛纺织及染整精加工	3794	19836	6215	18566	18566
化纤织造及印染精加工	49826	74672	35889	102639	101496
针织或钩针编织物及其制品制造	9092	23280	12519	20736	17883
家用纺织制成品制造	13829	25145	13840	56273	51499
产业用纺织制成品制造	107391	212193	126506	270322	255432
纺织服装、服饰业	**21250**	**46188**	**27078**	**70373**	**69469**
机织服装制造	12912	18819	11397	41105	41105
针织或钩针编织服装制造	5975	15347	5708	13978	13073
服饰制造	2363	12021	9973	15291	15291
皮革、毛皮、羽毛及其制品和制鞋业	**117712**	**264908**	**150354**	**604940**	**598318**
皮革制品制造	9961	28622	15418	40916	40916
制鞋业	107751	236286	134936	564024	557402
木材加工和木、竹、藤、棕、草制品业	**24582**	**83174**	**46670**	**115401**	**113327**
人造板制造	3140	9503	3669	45434	44934
木质制品制造	6151	20419	10740	27453	26552
竹、藤、棕、草等制品制造	15291	53252	32261	42514	41841
家具制造业	**211734**	**420073**	**212130**	**891230**	**867309**
木质家具制造	31433	65598	33774	130558	116156
竹、藤家具制造	10730	12240	6315	34708	34708
金属家具制造	143439	235239	107104	633053	624527
塑料家具制造	15800	96343	59000	71727	70785
其他家具制造	10332	10652	5937	21184	21134
造纸和纸制品业	**115082**	**313725**	**158469**	**441431**	**409945**
造纸	16143	98017	35011	42858	38522
纸制品制造	98939	215708	123458	398573	371424
印刷和记录媒介复制业	**52664**	**207704**	**93011**	**191199**	**187503**
印刷	52664	207704	93011	191199	187503
文教、工美、体育和娱乐用品制造业	**134800**	**406520**	**233133**	**549819**	**542151**
文教办公用品制造	4295	19990	8503	21691	21691
工艺美术及礼仪用品制造	98653	302241	167401	433585	429034

4-24 续表 2

(2023年) 单位：万元

项 目	存 货	固定资产原价	固定资产净额	年末负债合计	流动负债合计
体育用品制造	15671	50019	35125	43191	40325
玩具制造	6489	22926	12647	27795	27544
游艺器材及娱乐用品制造	9691	11344	9457	23558	23558
石油、煤炭及其他燃料加工业	**2806**	**5752**	**3687**	**12449**	**12449**
精炼石油产品制造	2806	5752	3687	12449	12449
化学原料和化学制品制造业	**207380**	**805876**	**457857**	**1048107**	**868419**
基础化学原料制造	26750	109988	72852	78419	51581
肥料制造	8	1001	341	476	376
农药制造	13100	50273	25215	59364	43934
涂料、油墨、颜料及类似产品制造	73681	275179	163693	380818	355581
合成材料制造	37073	149753	70850	237267	215068
专用化学产品制造	43856	182732	105532	209071	137959
日用化学产品制造	12912	36949	19375	82693	63920
医药制造业	**1381988**	**3508720**	**1955580**	**4632087**	**3404997**
化学药品原料药制造	1320647	3225735	1800280	4119836	3078855
化学药品制剂制造	36674	181164	103038	326827	147354
中药饮片加工	1784	418	110	7704	7704
中成药生产	19009	63292	30311	109496	103972
兽用药品制造	1836	13413	8185	8597	8597
生物药品制品制造	1912	22217	11579	56927	56925
药用辅料及包装材料	127	2481	2078	2700	1590
化学纤维制造业	**22835**	**151509**	**108781**	**179277**	**168103**
合成纤维制造	21587	149931	107738	170597	159424
生物基材料制造	1248	1578	1043	8679	8679
橡胶和塑料制品业	**934055**	**3069331**	**1672925**	**3627041**	**3336010**
橡胶制品业	169514	577066	317478	874469	778203
塑料制品业	764541	2492266	1355448	2752572	2557807
非金属矿物制品业	**150600**	**608360**	**309374**	**1357124**	**1221791**
水泥、石灰和石膏制造	4782	29660	15389	35487	31934
石膏、水泥制品及类似制品制造	105399	440937	214201	918503	844281
砖瓦、石材等建筑材料制造	12374	58590	41297	285875	234115
玻璃制造	3403	14819	4547	17030	16905

4-24　续表 3

（2023年）　　单位：万元

项　　目	存　货	固定资产原价	固定资产净额	年末负债合计	流动负债合计
玻璃制品制造	4802	11587	5487	16610	16610
玻璃纤维和玻璃纤维增强塑料制品制造	1519	1709	932	3895	3895
陶瓷制品制造	7324	25307	14471	34398	28725
石墨及其他非金属矿物制品制造	10998	25752	13051	45325	45325
黑色金属冶炼和压延加工业	**75664**	**114432**	**61777**	**185505**	**177297**
炼铁	23	220	162	1115	1115
炼钢	5817	33319	17811	9115	2014
钢压延加工	69823	80893	43804	175276	174168
有色金属冶炼和压延加工业	**169414**	**227869**	**124616**	**843000**	**814283**
常用有色金属冶炼	7250	5363	3214	21615	21615
有色金属合金制造	20892	51583	34920	118155	116179
有色金属压延加工	141272	170923	86482	703229	676489
金属制品业	**483089**	**1413592**	**849498**	**2246471**	**2080587**
结构性金属制品制造	45372	86450	61969	184550	176076
金属工具制造	38980	177377	112895	170447	164092
集装箱及金属包装容器制造	18565	43263	27235	74090	67106
金属丝绳及其制品制造	22656	27886	13473	53307	49968
建筑、安全用金属制品制造	117372	245108	151714	419751	400354
金属表面处理及热处理加工	37064	218981	133104	297409	274595
搪瓷制品制造	1465	2452	2036	6079	6079
金属制日用品制造	70144	272377	163738	553143	482038
铸造及其他金属制品制造	131471	339698	183334	487695	460277
通用设备制造业	**1929071**	**4918379**	**2864295**	**6398503**	**5880954**
锅炉及原动设备制造	15374	39931	21650	38870	33753
金属加工机械制造	225234	457695	260084	653296	611186
物料搬运设备制造	55667	95791	63507	172590	170352
泵、阀门、压缩机及类似机械制造	1060470	2132800	1257676	3332770	3087696
轴承、齿轮和传动部件制造	330422	1444525	810660	1168275	1017322
烘炉、风机、包装等设备制造	163705	532546	328400	742352	683255
文化、办公用机械制造	850	4702	2076	1522	1243
通用零部件制造	46465	159942	86338	200924	195522
其他通用设备制造业	30884	50447	33905	87906	80627

4-24 续表 4

(2023年) 单位：万元

项　　目	存　货	固定资产原价	固定资产净额	年末负债合计	流动负债合计
专用设备制造业	**1048696**	**2345750**	**1387403**	**3607649**	**3451572**
采矿、冶金、建筑专用设备制造	69270	130251	84374	237270	219039
化工、木材、非金属加工专用设备制造	456287	829119	430878	1436313	1370400
食品、饮料、烟草及饲料生产专用设备制造	7761	22377	12393	19262	19086
印刷、制药、日化及日用品生产专用设备制造	2803	12325	7918	20420	15694
纺织、服装和皮革加工专用设备制造	216330	592403	390039	920931	900709
电子和电工机械专用设备制造	18491	34418	22908	55998	49255
农、林、牧、渔专用机械制造	118418	316988	195324	409434	400926
医疗仪器设备及器械制造	108345	361937	217451	370977	345215
环保、邮政、社会公共服务及其他专用设备制造	50991	45933	26118	137044	131248
汽车制造业	**1034907**	**4075517**	**2263966**	**6743613**	**5863749**
汽车整车制造	125746	339543	234420	1295356	1150764
汽车用发动机制造	17847	168496	112646	135815	134760
汽车车身、挂车制造	8191	8601	2967	27603	26902
汽车零部件及配件制造	883123	3558878	1913933	5284839	4551323
铁路、船舶、航空航天和其他运输设备制造业	**750614**	**1154301**	**643488**	**2525379**	**2272124**
铁路运输设备制造	54885	174082	118283	268281	149011
船舶及相关装置制造	314413	205752	70807	639289	626264
航空、航天器及设备制造	16117	116194	86768	224275	166780
摩托车制造	259462	439159	230845	829924	782401
自行车和残疾人座车制造	130	2167	659	3964	3964
助动车制造	98021	205355	129912	534281	520688
非公路休闲车及零配件制造	6379	11082	6064	21157	18807
潜水救捞及其他未列明运输设备制造	1208	510	152	4210	4210
电气机械和器材制造业	**965443**	**2109609**	**1365090**	**4757865**	**4481514**
电机制造	444729	928506	589042	1717409	1550981
输配电及控制设备制造	111170	222144	110670	580400	530386
电线、电缆、光缆及电工器材制造	211503	185940	103128	822211	791314
电池制造	42242	334982	318132	992033	991414
家用电力器具制造	44112	157281	101685	162288	145543
非电力家用器具制造	15345	45839	16835	57279	52502
照明器具制造	89675	220173	115212	396752	393282
其他电气机械及器材制造	6668	14744	10388	29493	26093

4-24　续表 5

(2023年)　　单位：万元

项　　目	存　货	固定资产原价	固定资产净额	年末负债合计	流动负债合计
计算机、通信和其他电子设备制造业	**341926**	**925756**	**624419**	**1268561**	**1106979**
计算机制造	4083	9304	8353	28396	20504
通信设备制造	7694	14264	8568	20665	20345
雷达及配套设备制造	602	1177	683	2054	2054
非专业视听设备制造	4522	3398	1712	12000	10530
智能消费设备制造	31176	72270	47910	123246	112693
电子器件制造	113341	552649	389400	398369	350186
电子元件及电子专用材料制造	179847	262746	163547	661159	580139
其他电子设备制造	662	9950	4247	22671	10529
仪器仪表制造业	**176777**	**390900**	**229111**	**472523**	**450402**
通用仪器仪表制造	171265	366831	217200	441361	420646
专用仪器仪表制造	2591	11382	4047	18536	18536
光学仪器制造	2847	12154	7434	8665	7258
其他仪器仪表制造业	74	535	430	3961	3961
其他制造业	**102622**	**306213**	**148894**	**424126**	**403192**
日用杂品制造	102622	306213	148894	424126	403192
废弃资源综合利用业	**173934**	**156199**	**92669**	**423436**	**404366**
金属废料和碎屑加工处理	156579	123753	74513	378613	362760
非金属废料和碎屑加工处理	17356	32446	18156	44823	41605
金属制品、机械和设备修理业	**1072**	**6458**	**1795**	**4335**	**4335**
专用设备修理	682	116	21	1737	1737
铁路、船舶、航空航天等运输设备修理	390	6342	1774	2598	2598
电力、热力生产和供应业	**2888**	**516654**	**344790**	**378261**	**160321**
电力生产	1912	452598	304416	341388	129619
热力生产和供应	976	64055	40374	36874	30702
燃气生产和供应业	**12373**	**131197**	**99485**	**87309**	**84202**
燃气生产和供应业	12373	131197	99485	87309	84202
水的生产和供应业	**160**	**64050**	**33803**	**49042**	**24603**
自来水生产和供应		1109	110	655	655
污水处理及其再生利用	160	62941	33693	48387	23949

4-25 规模以上非国有工业主要财务指标(三)

(2023年) 单位：万元

项目	所有者权益合计	实收资本	营业收入	营业成本	税金及附加
总计	**37308728**	**11807101**	**63899487**	**52718786**	**373346**
按轻重工业分					
轻工业	15552826	4631375	20179325	16025241	130110
重工业	21755903	7175726	43720162	36693545	243236
按大中小微型分					
大型企业	11204505	2441131	12980156	10442029	95704
中型企业	12032519	3022139	15481312	12519100	92309
小型企业	13608576	6130379	34194798	28605536	180581
微型企业	463129	213451	1243221	1152121	4752
按工业行业分					
有色金属矿采选业	**1600**	**800**	**3378**	**1615**	**145**
常用有色金属矿采选	1600	800	3378	1615	145
非金属矿采选业	**21213**	**19380**	**56826**	**38668**	**1918**
土砂石开采	21213	19380	56826	38668	1918
农副食品加工业	**276905**	**112887**	**1002434**	**916627**	**2310**
谷物磨制	2443	1250	24425	23037	8
饲料加工	36084	11132	217479	201815	231
植物油加工	66659	5520	50575	36323	201
制糖业	958	1000	5293	5062	3
屠宰及肉类加工	30072	18653	230265	221807	424
水产品加工	135807	69333	463607	419514	1342
蔬菜、菌类、水果和坚果加工	4146	4350	7699	6719	71
其他农副食品加工	736	1650	3093	2350	30
食品制造业	**114347**	**34761**	**215900**	**178527**	**1169**
焙烤食品制造	1726	800	10485	7571	42
方便食品制造	11870	6800	16119	12892	10
罐头食品制造	26358	7081	95800	82666	646
调味品、发酵制品制造	3499	2000	6359	4173	60
其他食品制造	70894	18080	87137	71224	412
酒、饮料和精制茶制造业	**101844**	**36793**	**138652**	**108238**	**9507**
酒的制造	77992	28850	82578	60635	9256
饮料制造	17484	2783	46904	39570	224
精制茶加工	6367	5160	9170	8033	27

4-25　续表 1

(2023年)　　单位：万元

项　　目	所有者权益合计	实收资本	营业收入	营业成本	税金及附加
纺织业	**470608**	**148675**	**926653**	**783821**	**5188**
棉纺织及印染精加工	18855	7565	158138	143895	1077
毛纺织及染整精加工	5608	5882	20399	18371	107
化纤织造及印染精加工	75670	36166	201555	183272	600
针织或钩针编织物及其制品制造	20194	2160	53085	45130	181
家用纺织制成品制造	16749	11246	81160	67435	337
产业用纺织制成品制造	333532	85656	412317	325719	2886
纺织服装、服饰业	**27249**	**17738**	**75163**	**60179**	**387**
机织服装制造	15053	10550	41508	32876	211
针织或钩针编织服装制造	8938	5382	20685	16759	118
服饰制造	3258	1806	12970	10544	58
皮革、毛皮、羽毛及其制品和制鞋业	**191734**	**76007**	**923478**	**784768**	**3627**
皮革制品制造	10937	8818	55584	45279	317
制鞋业	180797	67189	867893	739489	3310
木材加工和木、竹、藤、棕、草制品业	**85524**	**27667**	**159253**	**133280**	**1011**
人造板制造	19092	11981	39025	33978	161
木质制品制造	19004	4886	55541	43450	392
竹、藤、棕、草等制品制造	47428	10800	64687	55852	458
家具制造业	**560832**	**303041**	**923535**	**737587**	**7085**
木质家具制造	36036	25947	97378	75655	1061
竹、藤家具制造	4476	1365	37708	31841	241
金属家具制造	450245	256611	683944	551682	5144
塑料家具制造	59592	13891	63861	45933	463
其他家具制造	10483	5227	40644	32476	176
造纸和纸制品业	**299543**	**131214**	**730095**	**649750**	**4095**
造纸	120457	19527	222993	203196	2204
纸制品制造	179086	111687	507102	446554	1891
印刷和记录媒介复制业	**271969**	**91482**	**345635**	**288794**	**1558**
印刷	271969	91482	345635	288794	1558
文教、工美、体育和娱乐用品制造业	**311924**	**114310**	**674175**	**525027**	**5914**
文教办公用品制造	15673	10587	14017	11927	74
工艺美术及礼仪用品制造	247384	90907	556098	432465	4899

4-25 续表 2

(2023年) 单位：万元

项目	所有者权益合计	实收资本	营业收入	营业成本	税金及附加
体育用品制造	34705	5094	44062	31486	638
玩具制造	8010	4143	34938	28765	184
游艺器材及娱乐用品制造	6152	3578	25060	20385	119
石油、煤炭及其他燃料加工业	**-1114**	**2109**	**8494**	**7298**	**40**
精炼石油产品制造	-1114	2109	8494	7298	40
化学原料和化学制品制造业	**1561743**	**381575**	**1516089**	**1216679**	**9518**
基础化学原料制造	115970	14508	124700	85500	867
肥料制造	2866	52	3240	2216	3
农药制造	206562	46906	129445	102599	683
涂料、油墨、颜料及类似产品制造	371988	123125	390595	331122	3127
合成材料制造	136976	61149	351721	300616	1870
专用化学产品制造	581335	95976	393940	302763	2393
日用化学产品制造	146046	39858	122448	91862	577
医药制造业	**7248836**	**1631980**	**4233030**	**2919041**	**32163**
化学药品原料药制造	6646347	1385047	3872616	2765344	28079
化学药品制剂制造	394670	193126	165506	86377	2308
中药饮片加工	1369	1000	5271	4457	7
中成药生产	171534	38706	98130	36147	1156
兽用药品制造	20501	5419	12574	5805	226
生物药品制品制造	14229	8683	78412	20458	385
药用辅料及包装材料	187		522	453	2
化学纤维制造业	**33717**	**79794**	**250615**	**246696**	**465**
合成纤维制造	32364	77549	238602	235544	452
生物基材料制造	1353	2245	12012	11153	13
橡胶和塑料制品业	**3656739**	**1243241**	**6057805**	**4839544**	**34777**
橡胶制品业	949034	293267	1170283	916816	6703
塑料制品业	2707705	949974	4887522	3922727	28074
非金属矿物制品业	**535785**	**288615**	**1647781**	**1367088**	**10634**
水泥、石灰和石膏制造	25926	16108	76125	66722	273
石膏、水泥制品及类似制品制造	444388	217207	1290024	1070457	7491
砖瓦、石材等建筑材料制造	15026	21082	123141	103196	1637
玻璃制造	7266	5540	27656	23295	188

4-25 续表 3

(2023年) 单位：万元

项 目	所有者权益合计	实收资本	营业收入	营业成本	税金及附加
玻璃制品制造	7773	3966	29317	23762	129
玻璃纤维和玻璃纤维增强塑料制品制造	2090	418	5561	4305	14
陶瓷制品制造	13162	10584	36704	27388	471
石墨及其他非金属矿物制品制造	20155	13710	59254	47963	431
黑色金属冶炼和压延加工业	**119280**	**27807**	**581482**	**532363**	**1379**
炼铁	396	50	2310	1968	4
炼钢	26536	3188	52257	43243	211
钢压延加工	92348	24569	526915	487153	1164
有色金属冶炼和压延加工业	**298919**	**159967**	**1872092**	**1812800**	**3874**
常用有色金属冶炼	-1328	1520	58152	57404	3
有色金属合金制造	28934	32247	226171	219471	1182
有色金属压延加工	271313	126201	1587769	1535925	2690
金属制品业	**1659416**	**541036**	**3032851**	**2558932**	**14892**
结构性金属制品制造	62082	35696	249857	216990	754
金属工具制造	121487	50987	175594	135402	823
集装箱及金属包装容器制造	26137	11630	78625	65216	392
金属丝绳及其制品制造	24585	11162	109154	100759	243
建筑、安全用金属制品制造	227912	103543	631646	522462	3814
金属表面处理及热处理加工	105697	47146	310285	267924	1611
搪瓷制品制造	1893	1434	10987	9432	39
金属制日用品制造	799374	159707	661506	544376	3991
铸造及其他金属制品制造	290248	119731	805197	696372	3225
通用设备制造业	**6121751**	**1537962**	**9984006**	**7955993**	**55448**
锅炉及原动设备制造	35069	12401	47084	35935	467
金属加工机械制造	489789	111740	935577	743463	5175
物料搬运设备制造	110546	44874	209776	165726	1257
泵、阀门、压缩机及类似机械制造	3142001	790164	5619646	4477331	28170
轴承、齿轮和传动部件制造	1597288	300661	1639198	1283297	11398
烘炉、风机、包装等设备制造	554444	195212	1098228	898887	7052
文化、办公用机械制造	4684	1118	7692	5688	44
通用零部件制造	119646	54386	329663	275421	1608
其他通用设备制造业	68286	27407	97142	70247	277

4-25 续表 4

(2023年) 单位：万元

项目	所有者权益合计	实收资本	营业收入	营业成本	税金及附加
专用设备制造业	**2519514**	**802733**	**4269844**	**3377671**	**26363**
采矿、冶金、建筑专用设备制造	225730	50040	288203	225350	1719
化工、木材、非金属加工专用设备制造	695935	222966	1416737	1097342	9540
食品、饮料、烟草及饲料生产专用设备制造	25088	11059	36278	27132	213
印刷、制药、日化及日用品生产专用设备制造	11075	2446	18765	13980	78
纺织、服装和皮革加工专用设备制造	709798	264429	1113426	944979	6409
电子和电工机械专用设备制造	45252	16987	85746	63190	395
农、林、牧、渔专用机械制造	323522	103099	623913	516303	2619
医疗仪器设备及器械制造	417213	111300	528519	371052	4626
环保、邮政、社会公共服务及其他专用设备制造	65900	20408	158257	118343	765
汽车制造业	**3699033**	**1489619**	**9483578**	**8199984**	**49213**
汽车整车制造	389849	436572	2660934	2519137	11106
汽车用发动机制造	142605	82660	406071	352351	1250
汽车车身、挂车制造	4742	3855	17015	13084	117
汽车零部件及配件制造	3161837	966532	6399557	5315412	36740
铁路、船舶、航空航天和其他运输设备制造业	**1223877**	**586553**	**3625311**	**3078359**	**41202**
铁路运输设备制造	437680	175594	144858	96866	2007
船舶及相关装置制造	139398	149009	670816	618799	2795
航空、航天器及设备制造	67345	13018	63688	42895	654
摩托车制造	424431	144769	1763967	1464966	32424
自行车和残疾人座车制造	661	497	2697	1889	31
助动车制造	142686	98417	948468	828732	3091
非公路休闲车及零配件制造	11214	4650	24156	18543	185
潜水救捞及其他未列明运输设备制造	463	600	6662	5670	16
电气机械和器材制造业	**2431507**	**836554**	**6229766**	**5352818**	**23215**
电机制造	1130738	278680	2466612	2096892	10228
输配电及控制设备制造	386942	210888	1042260	913216	3483
电线、电缆、光缆及电工器材制造	407836	208246	1632106	1471660	3835
电池制造	39503		213362	151289	1127
家用电力器具制造	213571	57209	253514	199712	1571
非电力家用器具制造	102226	14178	103233	79362	592
照明器具制造	131551	61204	465717	399584	2162
其他电气机械及器材制造	19141	6150	52963	41103	216

4-25 续表 5

(2023年) 单位：万元

项 目	所有者权益合计	实收资本	营业收入	营业成本	税金及附加
计算机、通信和其他电子设备制造业	**1714107**	**420575**	**1776946**	**1411083**	**9186**
计算机制造	-1113	5080	20305	20711	29
通信设备制造	37570	6074	43443	34170	240
雷达及配套设备制造	1876	820	5001	3711	7
非专业视听设备制造	4256	3950	14564	11483	55
智能消费设备制造	94556	39510	165142	129230	1022
电子器件制造	946075	203573	614742	461677	4059
电子元件及电子专用材料制造	616915	154967	884708	724091	3519
其他电子设备制造	13972	6601	29042	26010	254
仪器仪表制造业	**630779**	**157751**	**981862**	**716112**	**6738**
通用仪器仪表制造	614512	153771	938836	681062	6550
专用仪器仪表制造	7907	1300	28007	23258	102
光学仪器制造	7514	2580	10227	7704	74
其他仪器仪表制造业	846	100	4793	4088	12
其他制造业	**461998**	**148585**	**526984**	**402596**	**4693**
日用杂品制造	461998	148585	526984	402596	4693
废弃资源综合利用业	**244518**	**139789**	**1202717**	**1163952**	**2991**
金属废料和碎屑加工处理	209385	120392	1077907	1054324	2338
非金属废料和碎屑加工处理	35133	19397	124810	109628	654
金属制品、机械和设备修理业	**3959**	**3480**	**8290**	**6863**	**47**
专用设备修理	767	480	4026	3347	10
铁路、船舶、航空航天等运输设备修理	3192	3000	4265	3517	37
电力、热力生产和供应业	**243068**	**140021**	**164119**	**116551**	**1919**
电力生产	226767	137521	130977	90984	1495
热力生产和供应	16300	2500	33142	25567	424
燃气生产和供应业	**114490**	**45023**	**238640**	**202976**	**422**
燃气生产和供应业	114490	45023	238640	202976	422
水的生产和供应业	**51514**	**27578**	**32009**	**26506**	**256**
自来水生产和供应	160	87	3006	2956	4
污水处理及其再生利用	51354	27492	29003	23550	253

4-26 规模以上非国有工业主要财务指标(四)

(2023年) 单位：万元

项目	销售费用	财务费用	#利息费用	利润总额	利税总额	本年应交增值税	平均用工人数(人)
总计	**1715213**	**476471**	**644957**	**3948853**	**5461551**	**1139352**	**749044**
按轻重工业分							
轻工业	661490	156933	246036	1655315	2140930	355505	282638
重工业	1053723	319538	398921	2293538	3320621	783847	466406
按大中小微型分							
大型企业	320084	16456	118933	1193053	1371165	82407	118451
中型企业	422168	63181	150684	1323398	1699453	283745	175289
小型企业	960371	389674	367883	1409797	2341905	751527	448982
微型企业	12591	7161	7457	22605	49030	21672	6322
按工业行业分							
有色金属矿采选业		**62**	**62**	**1096**	**1587**	**346**	**105**
常用有色金属矿采选		62	62	1096	1587	346	105
非金属矿采选业	**3386**	**7973**	**7734**	**1351**	**5015**	**1747**	**258**
土砂石开采	3386	7973	7734	1351	5015	1747	258
农副食品加工业	**16677**	**12011**	**7599**	**28206**	**36937**	**6421**	**8313**
谷物磨制	421	263	258	118	282	157	63
饲料加工	3471	2059	963	3625	4176	320	541
植物油加工	1889	554	835	8028	9504	1275	390
制糖业		59	58	-19	15	31	37
屠宰及肉类加工	2399	234	314	3476	4243	343	714
水产品加工	8203	8605	4955	12739	18152	4071	6378
蔬菜、菌类、水果和坚果加工	169	171	149	173	250	6	88
其他农副食品加工	126	68	67	66	314	218	102
食品制造业	**6375**	**1519**	**2733**	**12806**	**17860**	**3886**	**3375**
焙烤食品制造	233	72	76	1833	2549	674	177
方便食品制造	819	545	535	639	674	26	174
罐头食品制造	2762	1464	1671	1167	4037	2224	2253
调味品、发酵制品制造	62	47	51	1609	2038	369	43
其他食品制造	2499	-609	399	7558	8562	592	728
酒、饮料和精制茶制造业	**2185**	**182**	**1198**	**9074**	**23613**	**5033**	**678**
酒的制造	584	-747	193	5825	18197	3116	358
饮料制造	1429	869	944	2951	4822	1647	244
精制茶加工	172	61	60	298	595	270	76

4-26 续表 1

(2023年)　　单位：万元

项　　目	销售费用	财务费用	#利息费用	利润总额	利税总额	本年应交增值税	平均用工人数(人)
纺织业	**25564**	**8260**	**10691**	**25968**	**51832**	**20677**	**13123**
棉纺织及印染精加工	2189	4814	4115	-3724	2334	4981	1934
毛纺织及染整精加工	387	245	268	-1252	-380	765	364
化纤织造及印染精加工	2538	1855	2275	3307	8282	4375	2100
针织或钩针编织物及其制品制造	2319	223	130	1833	3397	1384	432
家用纺织制成品制造	3185	1079	597	960	3270	1973	2083
产业用纺织制成品制造	14946	45	3306	24844	34929	7200	6210
纺织服装、服饰业	**3079**	**1654**	**1450**	**1877**	**4315**	**2051**	**1716**
机织服装制造	1760	921	892	654	2041	1176	976
针织或钩针编织服装制造	1002	388	219	633	1381	631	480
服饰制造	317	345	339	591	893	244	260
皮革、毛皮、羽毛及其制品和制鞋业	**20094**	**8618**	**7191**	**28254**	**57094**	**25213**	**26615**
皮革制品制造	2530	554	595	2360	3607	931	1252
制鞋业	17563	8063	6596	25894	53486	24282	25363
木材加工和木、竹、藤、棕、草制品业	**4887**	**699**	**1589**	**9550**	**12252**	**1691**	**3459**
人造板制造	1106	694	756	154	1132	818	496
木质制品制造	3063	-233	172	2943	4053	719	1366
竹、藤、棕、草等制品制造	718	237	660	6454	7066	154	1597
家具制造业	**30239**	**14725**	**14509**	**50284**	**67959**	**10590**	**19894**
木质家具制造	7067	1728	2141	2250	4987	1676	3019
竹、藤家具制造	678	893	608	496	2411	1675	975
金属家具制造	16886	10174	9841	43265	54156	5747	13421
塑料家具制造	4369	1551	1530	1673	2045	-91	1460
其他家具制造	1239	379	390	2601	4360	1583	1019
造纸和纸制品业	**15380**	**5662**	**5224**	**15972**	**45188**	**25122**	**6659**
造纸	1856	735	847	10429	29549	16917	1151
纸制品制造	13524	4927	4377	5543	15639	8205	5508
印刷和记录媒介复制业	**10665**	**3222**	**2283**	**21630**	**31744**	**8556**	**6972**
印刷	10665	3222	2283	21630	31744	8556	6972
文教、工美、体育和娱乐用品制造业	**28714**	**6649**	**8910**	**28352**	**54068**	**19802**	**18774**
文教办公用品制造	707	320	568	-1319	-963	281	339
工艺美术及礼仪用品制造	23741	4939	7085	26232	47615	16484	15418

4-26 续表 2

(2023年) 单位：万元

项目	销售费用	财务费用	#利息费用	利润总额	利税总额	本年应交增值税	平均用工人数(人)
体育用品制造	1697	603	969	1978	4636	2019	1600
玩具制造	1466	737	219	207	898	506	985
游艺器材及娱乐用品制造	1103	49	68	1252	1883	511	432
石油、煤炭及其他燃料加工业	**174**	**533**	**529**	**-197**	**-40**	**118**	**54**
精炼石油产品制造	174	533	529	-197	-40	118	54
化学原料和化学制品制造业	**41669**	**11382**	**21893**	**102056**	**138228**	**26654**	**10502**
基础化学原料制造	1997	2377	2265	20397	24276	3012	994
肥料制造	276	23	21	421	475	52	33
农药制造	2892	-192	2633	7017	9836	2137	935
涂料、油墨、颜料及类似产品制造	11610	5616	6270	-4660	8114	9647	3109
合成材料制造	7728	5588	5903	17142	24077	5065	1651
专用化学产品制造	11497	-2539	2994	47557	55457	5508	2323
日用化学产品制造	5670	509	1807	14183	15992	1233	1457
医药制造业	**150563**	**11881**	**88031**	**611460**	**698845**	**55222**	**36956**
化学药品原料药制造	63930	8027	82020	553130	617788	36579	33342
化学药品制剂制造	19637	2738	3534	23613	34723	8803	2128
中药饮片加工	1	59	53	239	303	58	55
中成药生产	27582	2164	2177	17643	26172	7373	961
兽用药品制造	196	102	185	2048	2281	6	187
生物药品制品制造	39217	-1277		14995	17781	2401	253
药用辅料及包装材料	2	68	62	-206	-203	1	30
化学纤维制造业	**1095**	**5879**	**5664**	**-11650**	**-10196**	**989**	**1014**
合成纤维制造	824	5811	5374	-11197	-9887	858	922
生物基材料制造	271	68	291	-453	-310	131	92
橡胶和塑料制品业	**201034**	**63164**	**62964**	**446213**	**599203**	**118214**	**78936**
橡胶制品业	31665	19590	19103	104590	139016	27723	15454
塑料制品业	169369	43574	43860	341623	460187	90491	63482
非金属矿物制品业	**73883**	**21140**	**20036**	**63674**	**129632**	**55323**	**11323**
水泥、石灰和石膏制造	1005	760	764	4231	6048	1544	226
石膏、水泥制品及类似制品制造	59187	12941	11982	57314	108397	43592	7608
砖瓦、石材等建筑材料制造	6818	4730	4745	-3482	2913	4759	1096
玻璃制造	655	419	448	697	1804	920	580

4-26 续表 3

(2023年) 单位：万元

项 目	销售费用	财务费用	#利息费用	利润总额	利税总额	本年应交增值税	平均用工人数(人)
玻璃制品制造	677	448	504	1604	2277	544	639
玻璃纤维和玻璃纤维增强塑料制品制造	348	21	52	323	608	271	117
陶瓷制品制造	1283	1038	981	2128	4205	1606	688
石墨及其他非金属矿物制品制造	3909	782	560	860	3380	2089	369
黑色金属冶炼和压延加工业	**3496**	**3018**	**3105**	**26762**	**36282**	**8142**	**1963**
炼铁	30	31	31	96	185	85	27
炼钢	305	11	28	7386	8551	954	106
钢压延加工	3161	2976	3046	19279	27546	7103	1830
有色金属冶炼和压延加工业	**6330**	**7502**	**13701**	**6178**	**24140**	**14087**	**4912**
常用有色金属冶炼	69	270	274	-475	-523	-51	73
有色金属合金制造	406	459	1264	338	5107	3587	265
有色金属压延加工	5855	6773	12163	6316	19556	10550	4574
金属制品业	**82293**	**28650**	**33650**	**302627**	**379938**	**62420**	**40761**
结构性金属制品制造	4297	3047	2381	3943	10148	5451	2879
金属工具制造	4510	2271	1949	16072	22052	5157	3299
集装箱及金属包装容器制造	2070	1080	907	2868	4713	1453	1067
金属丝绳及其制品制造	929	1191	1129	2240	3839	1356	696
建筑、安全用金属制品制造	20714	8660	7611	18345	36193	14034	10394
金属表面处理及热处理加工	4489	3155	3401	2362	13236	9264	7049
搪瓷制品制造	338	85	87	357	885	489	195
金属制日用品制造	30974	-1053	6908	222325	232148	5832	5621
铸造及其他金属制品制造	13973	10214	9278	34114	56724	19385	9561
通用设备制造业	**305662**	**59081**	**77180**	**760390**	**980226**	**164388**	**144396**
锅炉及原动设备制造	2024	270	407	1976	4234	1791	1069
金属加工机械制造	30339	8940	7842	56145	78345	17026	14405
物料搬运设备制造	9406	2094	2081	6614	11579	3709	2946
泵、阀门、压缩机及类似机械制造	175798	25647	36799	434022	545342	83150	78487
轴承、齿轮和传动部件制造	37345	13367	16649	145825	193532	36310	24817
烘炉、风机、包装等设备制造	39846	3091	7366	92323	108975	9600	16103
文化、办公用机械制造	162	15	7	765	867	57	171
通用零部件制造	6418	4506	4311	14224	24515	8683	4823
其他通用设备制造业	4326	1151	1719	8496	12837	4064	1575

4-26 续表 4

(2023年) 单位：万元

项目	销售费用	财务费用	#利息费用	利润总额	利税总额	本年应交增值税	平均用工人数(人)
专用设备制造业	**165346**	**28401**	**38261**	**287949**	**422202**	**107890**	**63777**
采矿、冶金、建筑专用设备制造	6617	1552	1541	30902	42579	9958	3279
化工、木材、非金属加工专用设备制造	45140	18397	15802	95521	149132	44071	21956
食品、饮料、烟草及饲料生产专用设备制造	1086	439	427	2192	3744	1340	676
印刷、制药、日化及日用品生产专用设备制造	503	680	566	325	1347	944	445
纺织、服装和皮革加工专用设备制造	39433	-583	7572	61852	85579	17318	13759
电子和电工机械专用设备制造	1932	2115	1875	7972	11126	2759	918
农、林、牧、渔专用机械制造	21137	922	3730	29156	37614	5839	8894
医疗仪器设备及器械制造	42233	3488	5484	44341	69039	20071	11943
环保、邮政、社会公共服务及其他专用设备制造	7266	1392	1265	15688	22044	5590	1907
汽车制造业	**198394**	**80965**	**91622**	**303716**	**490587**	**137657**	**88527**
汽车整车制造	12599	21940	29853	49776	62384	1501	3807
汽车用发动机制造	1894	543	948	23482	32889	8157	1150
汽车车身、挂车制造	1321	521	528	-1469	-951	400	296
汽车零部件及配件制造	182580	57961	60293	231926	396265	127599	83274
铁路、船舶、航空航天和其他运输设备制造业	**70985**	**20911**	**27337**	**131592**	**256121**	**83328**	**42081**
铁路运输设备制造	8431	4073	6293	-6367	2088	6448	1993
船舶及相关装置制造	1224	524	1266	17991	36328	15543	7821
航空、航天器及设备制造	1353	1860	1661	8802	13113	3658	913
摩托车制造	27770	8923	12820	98648	171245	40173	20343
自行车和残疾人座车制造	84	144	146	107	176	39	52
助动车制造	30136	5417	4982	12553	32362	16719	10400
非公路休闲车及零配件制造	1641	-46	155	-231	413	459	471
潜水救捞及其他未列明运输设备制造	345	16	16	90	396	290	88
电气机械和器材制造业	**129251**	**34248**	**50964**	**298987**	**399524**	**77322**	**61057**
电机制造	48075	10823	22328	123584	175919	42107	30544
输配电及控制设备制造	20764	2237	4865	31896	51537	16159	8249
电线、电缆、光缆及电工器材制造	30235	14136	14754	47500	72198	20862	4630
电池制造	681	-3639		49299	28667	-21759	2562
家用电力器具制造	8686	1892	1849	33438	42085	7076	4583
非电力家用器具制造	6493	-119	932	7874	9826	1360	1705
照明器具制造	11974	8140	5407	2229	14482	10091	7742
其他电气机械及器材制造	2344	778	829	3169	4810	1425	1042

4-26　续表 5

(2023年)　　单位：万元

项　目	销售费用	财务费用	#利息费用	利润总额	利税总额	本年应交增值税	平均用工人数(人)
计算机、通信和其他电子设备制造业	**46943**	**-560**	**7555**	**179056**	**215381**	**27140**	**24009**
计算机制造	109	697	747	-3319	-3397	-107	156
通信设备制造	2534	-530	0	3254	4001	507	663
雷达及配套设备制造	18	61	60	644	743	92	22
非专业视听设备制造	966	445	293	154	573	364	238
智能消费设备制造	13218	528	257	13105	16695	2568	1971
电子器件制造	15414	-4417	2145	59503	63965	404	11296
电子元件及电子专用材料制造	14580	2838	4060	103518	129445	22408	9406
其他电子设备制造	105	-181	-7	2198	3357	904	257
仪器仪表制造业	**41501**	**3166**	**4528**	**105935**	**140267**	**27594**	**13643**
通用仪器仪表制造	40100	2536	4212	104527	137968	26891	12907
专用仪器仪表制造	762	354	39	1103	1378	174	277
光学仪器制造	496	244	245	67	492	351	356
其他仪器仪表制造业	143	32	32	238	429	179	103
其他制造业	**11569**	**6058**	**7144**	**57676**	**80830**	**18461**	**11006**
日用杂品制造	11569	6058	7144	57676	80830	18461	11006
废弃资源综合利用业	**7194**	**6663**	**8324**	**869**	**16170**	**12310**	**2150**
金属废料和碎屑加工处理	4882	5583	7186	-5925	1757	5345	1269
非金属废料和碎屑加工处理	2312	1081	1138	6794	14413	6965	881
金属制品、机械和设备修理业	**27**	**201**	**209**	**249**	**646**	**350**	**237**
专用设备修理	26	91	85	122	313	181	159
铁路、船舶、航空航天等运输设备修理	0	109	124	127	334	170	78
电力、热力生产和供应业	**0**	**11169**	**9100**	**22590**	**31209**	**6700**	**944**
电力生产	0	10140	8038	20530	28099	6073	718
热力生产和供应		1029	1062	2060	3110	627	226
燃气生产和供应业	**10528**	**171**	**156**	**15145**	**19251**	**3685**	**639**
燃气生产和供应业	10528	171	156	15145	19251	3685	639
水的生产和供应业	**33**	**1613**	**1835**	**3159**	**3641**	**226**	**216**
自来水生产和供应	33	4	3	-149	-106	40	13
污水处理及其再生利用		1610	1832	3309	3747	185	203

4-27 规模以上非国有工业主要经济效益指标(一)

(2023年)

项目	企业亏损面(%)	资产负债率(%)	流动比率	产成品存货周转天数(天)
总计	**14.69**	**55.02**	**1.18**	**30.42**
按轻重工业分				
轻工业	18.63	50.78	1.18	41.87
重工业	12.33	57.64	1.18	25.41
按工业行业分				
有色金属矿采选业		51.57	1.10	214.92
非金属矿采选业	40.00	81.68	0.36	45.12
农副食品加工业	17.89	63.87	1.06	43.57
食品制造业	16.67	59.97	1.08	87.98
酒、饮料和精制茶制造业	33.33	43.63	1.52	20.08
纺织业	19.84	58.80	1.22	35.78
纺织服装、服饰业	25.00	72.09	0.87	62.06
皮革、毛皮、羽毛及其制品和制鞋业	10.20	75.93	0.94	17.67
木材加工和木、竹、藤、棕、草制品业	21.05	57.43	1.04	37.86
家具制造业	42.50	61.38	0.97	34.69
造纸和纸制品业	23.61	59.57	1.19	13.58
印刷和记录媒介复制业	10.61	41.28	1.24	13.15
文教、工美、体育和娱乐用品制造业	25.32	63.80	0.94	25.46
石油、煤炭及其他燃料加工业	50.00	109.83	0.39	26.43
化学原料和化学制品制造业	20.59	40.16	1.69	29.13
医药制造业	31.51	38.99	1.53	99.79
化学纤维制造业	41.67	84.17	0.39	20.22
橡胶和塑料制品业	13.44	49.80	1.20	27.82
非金属矿物制品业	25.53	71.70	0.97	16.57
黑色金属冶炼和压延加工业	26.92	60.86	1.24	13.89
有色金属冶炼和压延加工业	17.71	73.82	1.03	6.86
金属制品业	13.21	57.51	1.08	24.59
通用设备制造业	8.26	51.11	1.30	30.46
专用设备制造业	14.04	58.88	1.07	35.30
汽车制造业	10.85	64.58	1.03	23.44
铁路、船舶、航空航天和其他运输设备制造业	17.58	67.36	1.11	24.48
电气机械和器材制造业	14.72	66.18	1.08	23.07
计算机、通信和其他电子设备制造业	22.97	42.53	1.53	44.44
仪器仪表制造业	5.88	42.83	1.68	22.92
其他制造业	26.00	47.86	1.44	33.31
废弃资源综合利用业	33.33	63.39	1.46	19.66
金属制品、机械和设备修理业		52.26	1.48	3.65
电力、热力生产和供应业	25.00	60.88	0.68	0.13
燃气生产和供应业		43.27	0.73	6.09
水的生产和供应业	50.00	48.77	1.33	1.04

4-28　规模以上非国有工业主要经济效益指标(二)

(2023年)

项　　目	企　业亏损率(%)	成本费用利润率(%)	百元营业收入实现利税(元)	百元固定资产原值实现利税(元)	营业收入利润率(%)
总　　计	**13.36**	**6.54**	**8.55**	**18.38**	**6.18**
按轻重工业分					
轻工业	9.98	8.80	10.61	19.06	8.20
重工业	15.64	5.51	7.60	17.96	5.25
按工业行业分					
有色金属矿采选业		51.78	46.98	112.97	32.44
非金属矿采选业	21.93	2.52	8.83	18.12	2.38
农副食品加工业	4.84	2.89	3.68	13.97	2.81
食品制造业	13.22	6.29	8.27	14.56	5.93
酒、饮料和精制茶制造业	2.89	7.70	17.03	19.06	6.54
纺织业	27.45	2.90	5.59	12.12	2.80
纺织服装、服饰业	19.43	2.57	5.74	9.34	2.50
皮革、毛皮、羽毛及其制品和制鞋业	10.87	3.16	6.18	21.55	3.06
木材加工和木、竹、藤、棕、草制品业	11.15	6.18	7.69	14.73	6.00
家具制造业	17.54	5.77	7.36	16.18	5.44
造纸和纸制品业	27.81	2.22	6.19	14.40	2.19
印刷和记录媒介复制业	4.57	6.47	9.18	15.28	6.26
文教、工美、体育和娱乐用品制造业	24.72	4.42	8.02	13.30	4.21
石油、煤炭及其他燃料加工业	226.46	-2.20	-0.47	-0.69	-2.32
化学原料和化学制品制造业	19.21	7.21	9.12	17.15	6.73
医药制造业	9.32	16.59	16.51	19.92	14.44
化学纤维制造业	1294.35	-4.45	-4.07	-6.73	-4.65
橡胶和塑料制品业	3.66	7.96	9.89	19.52	7.37
非金属矿物制品业	18.76	4.03	7.87	21.31	3.86
黑色金属冶炼和压延加工业	8.86	4.83	6.24	31.71	4.60
有色金属冶炼和压延加工业	65.47	0.33	1.29	10.59	0.33
金属制品业	10.12	10.39	12.53	26.88	9.98
通用设备制造业	3.63	8.18	9.82	19.93	7.62
专用设备制造业	7.38	7.17	9.89	18.00	6.74
汽车制造业	43.16	3.29	5.17	12.04	3.20
铁路、船舶、航空航天和其他运输设备制造业	21.71	3.77	7.06	22.19	3.63
电气机械和器材制造业	5.20	5.02	6.41	18.94	4.80
计算机、通信和其他电子设备制造业	12.96	10.84	12.12	23.27	10.08
仪器仪表制造业	1.22	12.12	14.29	35.88	10.79
其他制造业	4.14	11.77	15.34	26.40	10.94
废弃资源综合利用业	92.26	0.07	1.34	10.35	0.07
金属制品、机械和设备修理业		3.11	7.79	10.01	3.01
电力、热力生产和供应业	15.72	15.83	19.02	6.04	13.76
燃气生产和供应业		6.76	8.07	14.67	6.35
水的生产和供应业	41.61	10.47	11.38	5.68	9.87

主要统计指标解释

工业 我国的工业，包括:

1.自然资源的开采，如采矿、晒盐、森林采伐等(但不包括禽兽捕猎和水产捕捞)。

2.对农副产品的加工、再加工，如: 粮油加工、食品加工、轧花、缫丝、纺织、制革等。

3.对采掘品的加工、再加工，如: 冶金加工、石油加工、化学加工、机械加工、木材加工等，以及电力、煤气及水的生产和供应等。

4.对生产资料的修理、翻新，如: 机械设备的修理、交通运输工具(除汽车、摩托车、自行车外)的修理等。

轻工业 指提供生活消费品和制作手工工具的工业。按其所使用的原料不同，可分为:

1.以农产品为原料的轻工业，指直接或间接以农产品为基本原料的轻工业。主要包括食品饮料制造、烟草加工、纺织、缝纫、毛皮制作、造纸以及印刷等工业。

2.以非农产品为原料的轻工业，指以工业品为原料的轻工业。主要包括文教用品、工艺美术用品制造、化学药品制造、合成纤维制造、日用金属制品、工具制造、医疗器械制造、文化和办公用机械制造等工业。

重工业 指提供生产资料的工业，是为国民经济各部门提供物质技术基础的工业。按其生产的产品用途，可以分为:

1.采掘(伐)工业，指对自然资源的开采、非金属矿开采和木材采伐等工业。

2.原料工业，指提供国民经济各部门使用的原料、动力和燃料的工业。包括金属冶炼及加工、炼焦及焦炭、化学、化工原料、水泥、人造板、电力、石油加工等。

3.制造工业，指对原材料进行加工制造的工业。包括装备国民经济各部门和机械设备制造工业、金属结构、水泥制品等工业，以及为农业提供的生产资料和化肥、农药等工业。

根据上述划分原则，修理业中修理作业对象是重工业的划分为重工业，否则划为轻工业。

轻重工业增加值的划分按“工厂法”计算，即一个工业企业在正常情况下生产的主要产品的性质属于轻工业，则该企业的全部总产值作为轻工业增加值；一个工业企业生产的主要产品的性质属于重工业，则该企业的全部总产值作为重工业增加值。

工业增加值 指以货币形式表现的，工业企业在报告期内生产活动的最终成果，是企业生产过程中新增加值的价值。工业增加值是国内生产总值（GDP）的组成部分，也是计算工业发展速度所依据的总量指标。工业增加值有两种计算方法，一是“生产法”，二是“收入法”。

统计上大中小微型企业划分 是根据工业和信息化部、国家统计局、国家发展改革委、财政部《关于印发中小企业划型标准规定的通知》要求，国家统计局结合统计工作的实际情况，制定了《统计上大中小微型企业划分办法》。办法对工业（制造业，电力、热力、燃气及水生产和供应业）等 15 个行业门类以及社会工作行业大类的各种组织形式的法人企业或单位，依据从业人员、营业收入、资产总额等指标或替代指标，将企业划分为大型、中型、小型、微型等四种类型。个体工商户参照本办法进行划分。

企业划分由政府综合统计部门根据统计年报每年确定一次，定报统计原则上不进行调整。

工业划分大型、中型、小型、微型等四种类型标准是：大型：从业人员大于（等于）1000 人且营业收入大于（等于）4 亿元，中型：从业人员大于（等于）300 人小于 1000 人且营业收入大于（等于）2000 万元小于 4 亿元，小型：从业人员大于（等于）20 人小于 300 人且营业收入大于（等于）300 万元小于 2000 万元，微型：从业人员小于 20 人或营业收入小于 300 万元。

其他行业划型标准详见国家统计局《关于印发统计上大中小微型企业划分办法（2017）的通知》（国统字〔2017〕213 号）。

5

固定资产投资和建筑业

Investment in Fixed Assets and Construction

5-1 主要年份固定资产投资

单位：亿元

年份	固定资产投资总额	一产投资	二产投资	三产投资
2010	689.74	0.50	241.18	448.06
2011	799.85	3.94	264.96	530.94
2012	952.69	3.38	292.04	657.26
2013	1116.18	3.61	340.02	772.56
2014	1260.95	2.95	390.69	867.31
2015	1373.45	2.53	424.54	946.38
2016	1446.42	7.38	413.49	1025.55
2017	1618.44	8.58	431.93	1177.93
2018年比上年增长%	8.1	-52.8	5.2	9.6
2019年比上年增长%	10.7	28.5	3.2	13.2
2020年比上年增长%	4.2	60.1	-7.9	7.9
2021年比上年增长%	7.1	48.5	12.1	5.5
2022年比上年增长%	6.5	-56.1	22.3	2.4
2023年比上年增长%	-7.4	-45.9	12.2	-14.0

注：2010年起投资基数调整，现用调整后数据。

5-2 分注册类型和分行业固定资产投资

单位：万元

指　　标	2020年比上年增长%	2021年比上年增长%	2022年比上年增长%	2023年比上年增长%
总　　计	**4.2**	**7.1**	**6.5**	**-7.4**
按注册登记类型分				
内　　资	3.4	5.9	7.2	-8.8
国　有	-34.2	2.7	4.8	-4.4
集　体	-21.6	-26.3	43.3	14.3
股份合作	5.0	-5.5	-21.3	-24.8
联　营	-80.1	-96.8	-100.0	
国有联营				
集体联营	-100.0			
国有与集体联营				
其他联营	2.3	-96.8	-100.0	
有限责任公司	43.7	6.2	12.0	-4.0
国有独资公司	20.9	23.1	15.2	10.5
其他有限责任公司	51.0	1.8	11.1	-8.7
股份有限公司	-67.2	7.8	7.8	-0.9
私　营	-19.7	6.5	-1.5	-21.2
其　他	18.4	14.6	-30.1	-14.0
港澳台商投资	26.7	29.4	49.6	40.6
外商投资	81.0	71.9	-43.6	35.0
个体经营	-84.3	69.2	20.2	-97.8
按控股情况分				
国有及国有控股投资	12.9	12.6	22.4	8.7
非国有控股投资	0.9	4.7	-0.7	-16.4
其中：民间投资	1.2	3.1	...	-18.0
按三次产业分				
第一产业	60.1	48.5	-56.1	-45.9
第二产业	-7.9	12.1	22.3	12.2
第三产业	7.9	5.5	2.4	-14.0

5-3 房地产开发投资(一)

(1990-2023年) 单位：万元

年份	房地产开发投资额	按构成分				按用途分			
		建筑工程	安装工程	设备工器具购置	其他费用	住宅	办公楼	商业用房	其他
1990	8194	6710	275	24	1185	7150	281	305	458
1991	10189	8430	353	20	1386	8448	350	345	1046
1992	15553	13883	303	116	1251	14202	51	301	999
1993	28711	23716	217	25	4753	26894	76	565	1176
1994	82515	62926	552	166	18871	75499	988	1419	4609
1995	159558	122500	2916	380	33762	127092	11651	15511	5304
1996	121127	92518	6324	70	22215	85634	15481	14727	5285
1997	104333	73766	3447	1826	25294	71713	7920	19661	5039
1998	117780	84340	2701	127	30612	85617	7906	20758	3499
1999	132302	89549	5510	789	36454	110507	4733	11342	5720
2000	240974	130421	3331	1437	105785	168037	9747	28495	34695
2001	320213	177790	2215	10	140198	202389	22195	35997	59632
2002	467686	266652	3239	830	196965	341552	21108	63200	41826
2003	564954	352618	8735	3161	200440	424154	25944	84714	30142
2004	872958	481399	15770	6744	369045	663979	28550	107465	72964
2005	1161255	623378	8219	10858	518800	861037	25225	142498	132495
2006	1014720	683178	7936	6502	317104	747737	29087	115110	122786
2007	957290	587516	38787	11473	319514	704099	38954	101569	112668
2008	1262494	720615	33797	13709	494373	916313	35852	127714	182615
2009	1522741	853863	43029	17847	608002	1141388	21398	186986	172969
2010	1960774	1006068	89339	7196	858171	1426309	33732	232572	268161
2011	3191643	1515055	101869	14941	1559778	2413168	80266	327401	370808
2012	3573761	1802660	174419	27746	1568936	2645443	65919	415194	447205
2013	4535381	2552868	286010	33465	1663038	3188965	141114	455742	749560
2014	4960473	2656655	245475	25821	2032522	3328394	138189	633626	860264
2015	4386861	2535144	275097	51466	1525154	2727785	166293	783328	709455
2016	4242066	2328849	541306	17474	1354437	2632860	171461	663170	774575
2017	4610267	2556976	318843	40360	1694088	2988486	174731	492727	954323
2018	6595529	2604531	124769	35401	3830828	4513258	140154	507170	1434947
2019	7909506	3428551	67984	25240	4387731	5786269	143471	610387	1369379
2020	8992118	4095610	94137	25741	4776630	6586985	196720	514687	1693726
2021	9613924	4445869	63416	47165	5057474	6686345	241965	604394	2081220
2022	9723591	4256203	92734	28448	5346206	6700427	236443	637910	2148811
2023	7794120	3840944	42761	23945	3886470	5511312	188090	410198	1684520

5-4 房地产开发投资(二)

(1990-2023年)　　单位：万元

年　份	本年资金来源情况						新增固定资产	竣工房屋价值
	合　计	国家预算内	国内贷款	利用外资	自筹资金	其他资金		
1990							7272	7889
1991	11082	30	2190		2449	6413	6470	10209
1992	22943		7028		3111	12804	11310	8857
1993	36563	325	4860		9843	21535	13609	16227
1994	93134		15127	1972	22574	53461	36228	36012
1995	161024		28593	2474	30885	99072	101864	106643
1996	144789	990	33293	3000	29933	77573	108977	89927
1997	139262	1290	36866	2288	30133	68685	102019	82388
1998	154570	4340	38504	3248	23264	85214	80912	73028
1999	206298	940	50835	1942	41025	111556	129283	76465
2000	382577	267	120185	954	74591	186580	141600	120678
2001	473031		132419	602	102743	237267	156477	144599
2002	725117		200653		117922	406542	185457	160782
2003	1023823		295050		155163	573610	303535	262133
2004	1295343		254892	26959	226655	786837	250858	233921
2005	1538953		331226	22386	386168	799173	569856	504322
2006	1578898		308258	100	307844	962696	343951	258215
2007	1777193		278898	2729	406546	1089020	533574	475246
2008	1824484		258255		548569	1017660	666306	604153
2009	2838076		376276	5770	584235	1871795	364144	334377
2010	3503328		516728		945118	2041482	860992	512974
2011	4483613		341327	300	1902184	2239802	1051826	805925
2012	4819965		595161		1551372	2673432	886531	516976
2013	6709128		1227633		2267615	3213880	1598647	1226297
2014	8588750		852236		2351256	2797763	1380069	1086854
2015	7905130		664705		1642792	3507188	2286251	1325805
2016	8748870		568046		1850552	4600405	2665596	2162909
2017	8411765		993709		2276285	5141771	2651162	1787357
2018	11431794		1315281		3812459	6304054	2541946	2083932
2019	10951819		1637028		3563278	5751513	1261830	1038846
2020	14520419		1749995		5075849	7694575	2361990	1843097
2021	17449293		2052487		4077032	11319774	2841414	2570365
2022	11702054		2149531		2613327	6939196	2989957	2619313
2023	9518232		1417534		3425237	4675461	4486510	4415380

5-5 房地产开发投资(三)

(1990-2023年)

单位：万平方米

年 份	施 工 面 积	#住 宅	竣 工 面 积	#住 宅	商品房销售面积	#住 宅	商品房待售面积	商品房销售额(万元)	#住 宅
1990	39.25	35.79	21.87	20.17					
1991	76.68	69.85	29.22	27.99	14.90	14.69		5522	4231
1992	56.18	52.03	22.30	19.67	22.71	22.35		9241	6948
1993	89.17	72.06	32.41	29.34	21.27	20.87		11656	8763
1994	187.18	169.96	56.10	53.55	47.10	46.45		36848	36051
1995	289.59	246.60	135.80	126.42	53.38	50.05	15.60	81544	66163
1996	227.15	168.47	105.24	90.12	65.97	59.88	25.04	79251	65456
1997	201.87	141.53	92.32	73.75	72.37	63.58	31.40	103124	76673
1998	192.65	147.61	82.95	63.60	53.25	48.78	23.71	73521	63292
1999	244.51	206.26	94.93	77.89	68.74	62.11	21.43	106200	85235
2000	312.24	256.48	129.03	108.54	110.05	87.29	16.33	182013	126406
2001	405.47	305.35	124.14	97.35	137.98	116.54	10.55	237291	173452
2002	600.13	464.99	135.26	110.13	119.12	100.46	3.76	231988	176534
2003	721.41	559.51	201.32	164.32	168.49	144.06	4.44	446640	349028
2004	920.36	712.30	199.17	162.31	175.67	148.92	3.53	455713	346156
2005	1159.08	879.84	304.14	226.41	184.29	159.91	28.31	769814	638832
2006	1238.32	951.84	188.92	142.09	259.72	231.23	24.19	1227395	1042565
2007	1286.12	952.59	231.88	189.86	281.33	241.65	36.77	1435164	1201307
2008	1364.52	979.98	296.18	218.10	227.91	197.37	35.06	1226328	1046742
2009	1454.63	1071.97	171.42	130.15	422.36	378.90	34.84	2715370	2461015
2010	1801.61	1292.62	190.60	138.74	462.89	390.57	38.84	3304746	2830011
2011	2323.08	1685.01	301.55	226.45	327.00	278.58	47.99	2852331	2542727
2012	2438.97	1752.54	209.60	142.01	319.72	275.96	46.30	3053129	2765035
2013	2712.55	1897.03	333.78	246.95	351.75	301.16	79.62	3398341	2995371
2014	3026.32	2006.11	329.06	224.75	344.55	272.53	124.52	3070081	2636502
2015	3299.43	2114.83	359.18	250.92	442.03	352.07	181.27	3969866	3424699
2016	3345.56	2111.07	561.36	356.57	662.06	531.31	299.22	6057732	5289852
2017	3323.14	2052.07	448.78	289.13	829.39	622.76	231.92	7521414	6393626
2018	3791.87	2360.67	396.94	246.70	933.43	612.43	140.84	9539001	7767312
2019	4296.01	2707.98	272.48	151.85	850.81	629.90	129.99	9150292	7822897
2020	5032.54	3177.85	368.82	216.02	858.36	668.15	133.31	11222340	9989725
2021	4946.44	3045.66	521.66	304.82	954.67	750.63	147.87	13111386	11657828
2022	4835.35	3061.99	534.70	348.83	765.48	589.21	204.01	10195763	9069659
2023	4617.37	2926.74	715.18	440.33	576.66	456.71	239.02	7425533	6380910

5-6 房地产开发企业财务状况(一)

(2023年)

单位：万元

指　　标	流动资产合计	#存货	固定资产合计	#本年折旧	资产合计	负债合计
总　　计	**42265510**	**26908937**	**881420**	**4354**	**48954314**	**31741019**
一、按登记注册类型分						
内资企业	41275700	26396995	867686	4354	47869479	31031518
国有独资公司	142336	105853	28519	1025	304166	119154
私营有限责任公司	9788389	6274332	417984	1218	10869804	8247689
其他有限责任公司	31299763	19978341	411780	1692	36644940	22620504
私营股份有限公司	45212	38470	9404	420	50569	44170
其他股份有限公司						
全民所有制企业(国有企业)						
集体所有制企业(集体企业)						
股份合作企业						
联营企业						
个人独资企业						
合伙企业						
其他内资企业						
港澳台商投资企业	514538	214604	13332		597213	279333
港澳台投资有限责任公司	514538	214604	13332		597213	279333
港澳台投资股份有限公司						
港澳台投资合伙企业						
其他港澳台投资企业						
外商投资企业	475272	297338	401		487622	430168
外商投资有限责任公司	475272	297338	401		487622	430168
外商投资股份有限公司						
外商投资合伙企业						
其他外商投资企业						
农民专业合作社(联合社)						
个体工商户						
其他市场主体						
二、按控股类型分组						
国有控股	10156464	6992223	316592	1598	14422261	6494512
集体控股	340636	220632	150	10	347519	268596
私人控股	30778600	19184141	550944	2746	33099699	24268411
港澳台商控股	514538	214604	13332		597213	279333
外商控股	475271.9	297338	401		487622	430168

5-7 房地产开发企业财务状况(二)

(2023年)

单位：万元

指标	所有者权益合计	#实收资本	营业收入	营业成本	税金及附加	管理费用
总　　计	**8952693**	**4316243**	**13063573**	**10977562**	**394128**	**239512**
一、按登记注册类型分						
内资企业	8702560	4110969	12834835	10789043	376200	235527
国有独资公司	84865	31000	55600	52712	2392	3334
私营有限责任公司	1964137	1172589	3228171	2725685	118607	109730
其他有限责任公司	6647177	2893390	9536084	7998305	255169	121838
私营股份有限公司	6381	13990	14981	12341	32	625
其他股份有限公司						
全民所有制企业(国有企业)						
集体所有制企业(集体企业)						
股份合作企业						
联营企业						
个人独资企业						
合伙企业						
其他内资企业						
港澳台商投资企业	192679	151274	226149	186903	13977	1981
港澳台投资有限责任公司	192679	151274	226149	186903	13977	1981
港澳台投资股份有限公司						
港澳台投资合伙企业						
其他港澳台投资企业						
外商投资企业	57454	54000	2588	1617	3951	2004
外商投资有限责任公司	57454	54000	2588	1617	3951	2004
外商投资股份有限公司						
外商投资合伙企业						
其他外商投资企业						
农民专业合作社(联合社)						
个体工商户						
其他市场主体						
二、按控股类型分组						
国有控股	3205156	1008320	2039702	1780781	54206	22269
集体控股	78923	85000	61406	56547	1696	1642
私人控股	5418480	3017649	10733727	8951715	320298	211616
港澳台商控股	192679	151274	226149	186903	13977	1981
外商控股	57454	54000	2588	1617	3951	2004

5-8　房地产开发企业财务状况(三)

(2023年)　　单位：万元

指　　标	财务费用	#利息支出	销售费用	营业利润	利润总额	所得税费用	应付职工薪酬
总　　计	**144578**	**133730**	**216979**	**1179125**	**1160009**	**296444**	**141406**
一、按登记注册类型分							
内资企业	138773	128748	213937	1169704	1151656	297496	137479
国有独资公司	1815	1239	92	-4542	-4492		1417
私营有限责任公司	47512	38288	63805	178286	179690	72941	49129
其他有限责任公司	89433	89203	149411	994618	976760	224549	86747
私营股份有限公司	13	18	628	1342	-302	6	187
其他股份有限公司							
全民所有制企业(国有企业)							
集体所有制企业(集体企业)							
股份合作企业							
联营企业							
个人独资企业							
合伙企业							
其他内资企业							
港澳台商投资企业	5813	4981	1548	15933	14864	-594	1279
港澳台投资有限责任公司	5813	4981	1548	15933	14864	-594	1279
港澳台投资股份有限公司							
港澳台投资合伙企业							
其他港澳台投资企业							
外商投资企业	-8		1495	-6512	-6511	-458	2647
外商投资有限责任公司	-8		1495	-6512	-6511	-458	2647
外商投资股份有限公司							
外商投资合伙企业							
其他外商投资企业							
农民专业合作社(联合社)							
个体工商户							
其他市场主体							
二、按控股类型分组							
国有控股	36231	38671	34912	139235	129508	43760	20041
集体控股	-844	2	2134	236	238	747	1776
私人控股	103386	90075	176891	1030232	1021910	252989	115662
港澳台商控股	5813	4981	1548	15933	14864	-594	1279
外商控股	-8		1495	-6512	-6511	-458	2647

5-9 建筑业企业生产情况(一)

(2023年) 单位：万元

指 标	企业数(个)	建筑业总产值	#建筑工程	#安装工程	#在外省市完成	竣工产值
总 计	**728**	**14315231**	**13175152**	**809285**	**2245641**	**8356182**
其中：国有控股企业	32	525052	301000	207036	6832	123228
一、按登记注册类型分						
内资企业	728	14315231	13175152	809285	2245641	8356182
港、澳、台商投资企业						
外商投资企业						
二、按建筑业行业分						
房屋建筑业	263	10060797	9837582	110430	1853867	6575842
土木工程建筑业	328	3139406	2793417	213866	270382	1350869
建筑安装业	49	564438	96150	426710	33469	217127
建筑装饰和其他建筑业	88	550590	448003	58279	87924	212345
三、按企业资质等级分组						
施工总承包	564	13122811	12261510	629308	1977694	7855519
特级	8	5275097	5201791	56746	1306362	3721948
一级	55	3065932	2987827	14915	447342	1857035
二级	167	2634665	2502404	105582	159869	1237210
三级及以下	334	2147117	1569488	452066	64122	1039327
专业承包	164	1192421	913641	179976	267947	500663
一级	26	459180	358042	55287	71213	253484
二级	92	480637	372425	62065	176928	127301
三级及以下	46	252604	183175	62625	19807	119878

注：本表统计范围为有工作量的总承包和专业承包的建筑业企业，下同。

5-10 建筑业企业生产情况(二)

(2023年) 单位: 万平方米

指标	房屋建筑施工面积	#本年新开工面积	房屋建筑竣工面积	#住宅	#仓库	#其他未列明的房屋建筑物
总计	**12439.71**	**2885.42**	**3155.54**	**1398.55**	**4.02**	**59.03**
其中: 国有控股企业	119.30	59.74	0.86	0.86		
一、按登记注册类型分						
内资企业	12439.71	2885.42	3155.54	1398.55	4.02	59.03
港、澳、台商投资企业						
外商投资企业						
二、按建筑业行业分						
房屋建筑业	11791.12	2592.13	3076.36	1371.87	4.02	50.56
土木工程建筑业	600.63	269.83	71.36	20.89		8.48
建筑安装业	11.19	0.16	1.07			
建筑装饰和其他建筑业	36.78	23.29	6.76	5.79		
三、按企业资质等级分组						
施工总承包	12191.07	2737.75	3046.63	1398.48	4.02	51.34
特级	5692.46	931.33	1436.65	869.85		38.31
一级	2930.44	720.89	530.32	271.75	1.73	2.00
二级	2420.48	750.09	584.86	125.23	2.28	8.22
三级及以下	1147.68	335.43	494.79	131.65	0.01	2.81
专业承包	248.65	147.67	108.92	0.07		7.69
一级	86.03	37.72	67.97	0.07		
二级	120.26	88.20	16.87			7.69
三级及以下	42.36	21.75	24.08			

主要统计指标解释

固定资产投资额 指以货币表示的工作量指标，包括实际完成的建筑安装工程价值，设备、工具、器具的购置费，以及实际发生的其他费用。没用到工程实体的建筑材料、工程预付款和没有进行安装的需要安装的设备等，都不能计算投资完成额。

建筑工程（建筑工作量） 指各种房屋、建筑物的建造工程，又称建筑工作量。包括：①各种房屋如厂房、仓库、办公室、住宅、商店、学校、医院、俱乐部、食堂、招待所等工程；房屋的土建工程；列入房屋工程预算内的暖气、卫生、通风、照明、煤气等设备的价值及装设油饰工程；列入建筑工程预算内的各种管道(如蒸汽、压缩空气、石油、给排水等管道)、电力、电讯电缆、导线的敷设工程。②设备基础、支柱、操作平台、梯子、烟囱、凉水塔、水池、灰塔等建筑工程；炼焦炉、裂解炉、蒸汽炉等各种窑炉的砌筑工程及金属结构工程。③为施工而进行的建筑场地的布置、工程地质勘探，原有建筑物和障碍物的拆除，平整土地、施工临时用水、电、汽、道路工程，以及完工后建筑场地的清理、环境绿化美化工作等。④矿井的开凿，井巷掘进延伸，露天矿的剥离，石油、天然气钻井工程和铁路、公路、港口、桥梁等工程。⑤水利工程，如水库、堤坝、灌溉以及河道整治等工程。⑥防空、地下建筑等特殊工程及其他建筑工程。

安装工程（安装工作量） 指各种设备、装置的安装工程，又称安装工作量。包括：①生产、动力、起重、运输、传动和医疗、实验等各种需要安装设备的装配和安装，与设备相连的工作台、梯子、栏杆等装设工程，附属于被安装设备的管线敷设工程，被安装设备的绝缘、防腐、保温、油漆等工作。②为测定安装工程质量，对单个设备、系统设备进行单机试运、系统联动无负荷试运工作(投料试运工作不包括在内)。在安装工程中，不包括被安装设备本身价值。

设备、工具、器具购置 是指建设单位或企、事业单位购置或自制的，达到固定资产标准的设备、工具、器具的价值。新建单位及扩建单位的新建车间，按照设计或计划要求购置或自制的全部设备、工具、器具，不论是否达到固定资产标准均计入“设备、工具、器具购置”中。①设备：指各种生产设备、传导设备、动力设备、运输设备等。②工具、器具：是指具有独立用途的各种生产用具、工作工具和仪器。

其他费用 是指在固定资产建造和购置过程中发生的，除建筑安装工程和设备、工器具购置费以外的各种应分摊计入固定资产的费用。

民间投资 从投资主体为标准划分，政府或代表政府的国有企、事业单位投资建造和购置固定资产，均为政府投资，非国有、合资企业投资建造和购置固定资产则为民间投资。从2002年年报开始，国家投资统计制度中新增加了“国有及国有控股”指标，根据现有的统计资料，一般认为投资总额中扣除国有及国有控股投资部分即为非国有投资。因此，在做民间投资分析时，可以从非国有经济投资中再扣除外商及港澳台商投资部分即为民间投资，但要注意在扣除时，不要再次扣除国有控股部分的外商及港澳台商投资，否则会引起重复扣除。

基础设施投资 目前关于基础设施的界定，国际、国内尚没有统一的标准。我们通常在进行基础设施投资分析时，采用的基础设施投资范围包括：水利、环境和公共设施管理业；电力、燃气及水的生产供应业；交通运输、仓储和邮政业；电信和其他信息传输服务业；教育设施；广播、电视、电影和音像业；文化艺术业；体育设施；卫生设施。

房地产开发投资 是指报告期内完成的全部用于房屋建设工程、土地开发工程投资额以及公益性建筑和土地购置费等投资额。包括各种经济类型的房地产开发公司、商品房建设公司及其他房地产开发单位统一开发的包括统代建、拆迁还建的住宅、厂房、仓库、饭店、宾馆、度假村、写字楼、办公楼等房屋建筑物和配套的服务设施、土地开发工程，如道路、给水、排水、供电、供热、通讯、平整场地等基础设施工程的投资。不包括单纯的土地交易活动。

新增固定资产 指通过投资活动所形成的新的固定资产价值。包括已经建成投入生产或交付使用的工程价值和达到固定资产标准的设备、工具、器具的价值及有关应摊入的费用。

房屋建筑施工面积 指报告期内房屋建筑按照设计要求已全部完工，达到住人和使用条件，经验收鉴定合格或达到竣工验收标准，可正式移交使用的各栋房屋建筑面积的总和。

房屋建筑面积的统计范围是从房屋外墙线算起的各层平面面积的总和，包括房屋结构（如柱、墙）占用的面积和地下室面积。多层建筑按各自然层面积总和计算，包括房屋内的楼隔层，突出墙面的眺望间、门斗、有柱雨罩的面积，不包括突出墙面结构的构件、艺术装饰等所占的面积，如台阶等。凹阳台、挑阳台按其水平投影面积一半计算建筑面积。

房屋建筑竣工面积 指在报告期内，按照设计所规定的工程内容全部完成，达到了设计规定的交工条件，经有关部门检查验收鉴定合格的房屋建筑面积。

商品房销售面积 指报告期内出售商品房屋的合同总面积（即双方签署的正式买卖合同中所确定的建筑面积）。由现房销售面积和期房销售面积两部分组成。

待售面积 指报告期末已竣工的可供销售或出租的商品房屋建筑面积中，尚未销售或出租的商品房屋建筑面积，包括以前年度竣工和本期竣工的房屋面积，但不包括报告期已竣工的拆迁还建、统建代建、公共配套建筑、房地产公司自用及周转房等不可销售或出租的房屋面积。按照商品房待售时间的长短可以划分为待售一年以下、待售一到到三年（含一年）和待售三年以上（含三年）。

商品房销售额 指报告期内出售商品房屋的合同总价款（即双方签署的正式买卖合同中所确定的合同总价）。该指标与商品房销售面积同口径，由现房销售额和期房销售额两部分组成。

建筑业统计单位 指从事房屋、构筑物建造和设备安装活动的法人企业。建筑业法人企业应同时具备的条件是：①依法成立，有自己的名称、组织机构和场所，能够承担民事责任；②独立拥有和使用资产，承担负债，有权与其他单位签订合同；③独立核算盈亏，能够编制资产负债表。建筑业企业同时也是建筑业统计报表的基本填报单位。建筑业包括施工总承包、专业承包和劳务分包。建筑业法人单位和产业活动单位按注册所地原则进行统计。

建筑业总产值 建筑业总产值是以货币表现的建筑业企业在一定时期内生产的建筑业产品和服务的总和。建筑业总产值包括建筑工程产值、安装工程产值和其他产值三部分内容。建筑业总产值包括：

1.建筑工程产值：指列入建筑工程预算内的各种工程价值。

2.设备安装工程产值：指设备安装工程价值。

3.其他产值：建筑业总产值中除建筑工程、安装工程以外的产值。包括房屋构筑物修理产值、非标准设备制造产值、总包企业向分包企业收取的管理费以及不能明确划分的施工活动所完成的产值。

房屋构筑物修理产值：指房屋和构筑物的修理所完成的产值，但不包括被修理房屋、构筑物本身价值和生产设备的修理价值。

非标准设备制造产值：指加工制造没有定型的非标准生产设备的加工费和原材料价值(如化工厂、炼油厂用的各种罐、槽，矿井生产统一使用的各种漏斗、三角槽、阀门等)以及附属加工厂为本企业承建工程制作的非标准设备的价值。

竣工产值 一般是以单位工程为对象，当该工程按照设计所规定的工程内容全部完成，达到了设计规定的交工条件，经有关部门检查验收鉴定合格的单位工程价值，即为竣工产值。竣工产值包括范围是：对跨年度施工的单位工程，其竣工产值应当包括该工程从开始到竣工的全部自行完成价值；对有些大型单位工程，如大型厂房、高级宾馆、各种管道、公路、铁路等，能够分跨、分层、分段施工并按合同规定，能够分开交付使用的，可以分开计算竣工产值。

6

交通运输邮电通信和电力

Transportation, Posts, Telecommunications and Electricity Consumption

6-1 主要年份客运量和货运量

年 份	客运量(万人)					货运量(万吨)			港口货物吞吐量(万吨)
	合 计	铁 路	公 路	水 运	民 用 航 空	合 计	#公 路	#水 运	
1952	86		39	47		39		39	
1957	280		211	69		217	111	106	
1962	515		330	185		143	40	103	
1965	659		539	120		202	79	123	
1970	797		605	192		265	106	159	
1975	1155		708	447		301	117	184	
1978	1920		1502	418		382	136	246	
1980	2693		2166	527		431	122	309	
1985	6018		5610	408		1143	697	446	
1990	7934		7652	280	2	2113	1281	832	
1994	9127		8924	196	7	4022	3005	1017	
1995	9338		9123	207	8	4396	3168	1228	
1996	9736		9520	204	12	4121	3023	1098	
1997	9981		9800	170	11	4084	3018	1066	
1998	10051		9894	147	10	4074	2942	1132	
1999	9986		9831	145	10	4587	3260	1327	1134
2000	10049		9899	138	12	4688	3347	1341	1271
2001	10187		10110	62	15	5452	3587	1865	1398
2002	11294		11234	53	7	5971	3868	2103	1613
2003	11921		11851	63	7	7380	4650	2730	2150
2004	10646		10553	83	10	8655	5168	3487	2722
2005	10892		10807	73	12	8629	4330	4299	2819
2006	12143		12021	108	14	10318	4816	5502	3027
2007	14320		14162	140	18	12006	5707	6299	3507
2008	28470		28291	158	21	16143	10025	6118	3898
2009	29201	40	28941	193	27	15830	10021	5809	4294
2010	30137	272	29623	210	32	18155	10500	7655	4706
2011	30577	350	29973	223	31	19685	11220	8462	5099
2012	30874	426	30210	217	21	21245	11744	9493	5358
2013	15204	547	14423	203	31	19464	9040	10424	5628
2014	13869	695	12931	209	33	20222	9628	10565	6049
2015	12851	836	11177	208	30	21215	9990	11200	6237
2016	11086	948	9895	209	34	22902	11658	11213	6771
2017	9795	1306	8236	209	44	27899	14377	13482	7057
2018	8596	1373	6992	174	58	29183	15393	13758	7167
2019	9747	1335	8314	29	71	29923	16330	13573	5248
2020	6525	802	5570	45	109	27802	15372	12401	5121
2021	2413	924	1330	25	134	31688	18952	12702	5735
2022	1809	1022	662	32	93	30456	17773	12626	6241
2023	2471	1567	665	37	202	31588	18851	12705	7380

注：1.从2019年起，客货运量、货物吞吐量统计范围从往年的全行业口径改为已办理港口经营许可证的港口企业，下同。
2.客货运量自2021年开始由运输企业通过联网直报报送，下同。

6-2 主要年份客运周转量和货运周转量

年份	客运周转量（万人公里）				货运周转量（万吨公里）			
	合计	铁路	公路	水运	合计	铁路	公路	水运
1952	2429		1404	1025	2866		55	2811
1957	8904		7308	1596	8162		651	7511
1962	14722		10337	4385	12075		485	11590
1965	14280		12188	2092	17778		1253	16525
1970	18505		15439	3066	23941		1700	22241
1975	23800		18625	5175	25409		1859	23550
1978	43841		32032	11809	52630		3401	49229
1980	62337		46205	16132	58734		3879	54855
1985	164001		150726	13275	190588		44649	145939
1990	248166		236650	11516	277473		68381	209092
1994	339888		330580	9308	592027		201379	390648
1995	376539		367190	9349	662074		260199	401875
1996	435206		428349	6857	800486		366380	434106
1997	490569		485100	5469	799378		368430	430948
1998	562752		558186	4566	903920		376450	527470
1999	599956		595898	4058	1136367		355856	780511
2000	609219		605222	3997	1265144		367388	897756
2001	573927		570954	2973	1547704		370050	1177654
2002	530396		527998	2398	2107028		372897	1734131
2003	552254		550315	1939	2861369		378638	2482731
2004	486854		485418	1436	3607218		343161	3264057
2005	497676		496490	1186	4391979		321865	4070114
2006	568713		567631	1082	5738826		391389	5347437
2007	697739		696613	1126	6778528		454670	6323858
2008	856179		855012	1167	7642498		1274580	6367918
2009	897620	10498	885604	1518	8045858		1314321	6731537
2010	977082	68930	905849	2303	11106446		1419832	9686614
2011	1038253	119485	916120	2647	12382359	640	1566498	10815222
2012	1062380	134317	925562	2501	13252138	1680	1688270	11562188
2013	747599	187251	558711	1637	14196836	5650	1486510	12704676
2014	773225	235190	536282	1753	14663554	6027	1577113	13080414
2015	781350	267193	512420	1737	15710683	5313	1661631	14043739
2016	728398	299520	426965	1913	16231545	6468	1810187	14414890
2017	752840	394690	356230	1920	18143241	8400	2197246	15938597
2018	715627	414993	298782	1852	18307816	6669	2330935	15970212
2019	692563	400506	290830	1227	18778916	6019	2444729	16328168
2020	306435	126383	178618	1434	17970468	6079	1967192	15997197
2021	320384	197101	121979	1304	19579163	6952	2644523	16927688
2022	271392	206854	62879	1659	20349117	5315	2601338	17742464
2023	317130	233179	82005	1946	20998214	4536	3025867	17967811

6-3 公路基本情况

(2023年)

单位：公里

指　　标	通　车 总里程	国　道 公　路	省　道 公　路	县　道 公　路	乡　道 公　路	专　用 公　路	村　道 公　路
合　计	**13059**	**676**	**1003**	**2559**	**2032**	**46**	**6743**
按技术等级分							
高速公路	499	270	229				
一　级	1003	330	325	338	1	6	4
二　级	1282	77	276	712	145	5	67
三　级	676		33	331	195	4	114
四　级	9600		140	1178	1691	31	6559
准四级							
按路面类型分							
有铺装	13059	676	1003	2559	2032	46	6743
水泥混凝土	9457	8	159	1153	1753	32	6352
沥青混凝土	3602	668	844	1407	279	14	391
简易铺装							
未铺装							
桥　梁							
座	7188	1326	1240	1538	819	8	2257
米	756720	334088	268612	80120	19946	256	53699
隧　道							
道	440	119	156	89	33	1	42
延　米	353991	125927	162737	43970	10690	698	9968

6-4 按管理性质分公路里程

(1986-2023年)

单位：公里

年 份	通 车 总里程	国 道	省 道	县 道	乡 道	专用公路	村 道
1986	2160	155	616	792	502	95	
1987	2104	155	615	815	511	7	
1988	2197	155	618	862	554	7	
1989	2230	151	608	973	494	7	
1990	2256	150	588	995	516	7	
1991	2302	149	588	1005	560		
1992	2315	149	590	1015	561		
1993	2381	148	595	1045	593		
1994	2438	148	599	1060	632		
1995	2470	158	599	1064	649		
1996	2521	158	598	1087	678		
1997	2589	169	596	1118	707		
1998	3618	176	602	1154	1686		
1999	3650	176	592	1198	1685		
2000	3766	234	592	1230	1710		
2001	3994	232	591	1481	1575	115	
2002	4018	232	591	1503	1576	117	
2003	4060	232	591	1534	1586	117	
2004	4125	232	585	1613	1576	119	
2005	4128	232	585	1617	1576	119	
2006	9087	232	649	1655	1604	98	4849
2007	10200	232	652	1691	1606	98	5921
2008	10593	274	653	2352	2045	65	5204
2009	10988	274	696	2386	2042	66	5523
2010	11267	273	695	2391	2042	66	5800
2011	11528	273	720	2403	2042	66	6024
2012	11688	273	729	2422	2070	66	6129
2013	11910	273	728	2491	2080	66	6272
2014	12283	267	730	2701	2022	64	6500
2015	12480	268	734	2750	2029	64	6636
2016	12578	463	677	2615	2042	64	6717
2017	12780	484	677	2682	2061	60	6817
2018	13014	660	681	2616	2102	56	6898
2019	13112	675	680	2617	2093	56	6990
2020	13239	686	734	2623	2106	56	7035
2021	13278	686	734	2656	2107	59	7036
2022	13298	679	734	2749	2073	42	7021
2023	13059	676	1003	2559	2032	46	6743

注：从2006年开始通车公路里程及相关指标包括村道，下同。

6-5 运输线路长度

(1986-2023年)

单位：公里

年份	铁路营业里程	公路通车里程	等级公路合计	#高速公路	#一级	#二级	#三级	#四级	内河航道里程	民用航空航线(条)
1986		2160	1206			32	26	1148	1091	
1987		2104	1239			32	36	1171	1096	2
1988		2197	1347			33	43	1271	1074	2
1989		2230	1386			31	43	1312	1074	2
1990		2256	1384			93	110	1181	1074	4
1991		2302	1446			93	110	1243	986	4
1992		2315	1493			120	132	1241	986	3
1993		2381	1611			210	153	1248	986	5
1994		2438	1693			256	182	1255	986	8
1995		2470	1791			272	188	1331	986	7
1996		2521	1854		22	299	299	1234	986	10
1997		2589	1927		21	329	331	1246	986	10
1998		3618	3029		60	364	477	2128	986	7
1999		3650	3065		60	373	488	2144	986	7
2000		3766	3180	90	60	374	486	2170	986	12
2001		3994	3530	128	124	975	511	1792	986	8
2002		4018	3561	128	140	965	512	1816	986	4
2003		4060	3611	128	141	981	515	1846	993	4
2004		4125	3686	128	177	1030	516	1835	993	4
2005		4128	3688	128	182	1031	512	1835	993	4
2006		9087	8522	188	209	1115	536	3999	993	4
2007		10200	9691	188	236	1169	544	4203	993	5
2008		10593	10175	230	237	1203	565	5053	993	9
2009	94	10988	10671	274	255	1223	568	5301	993	9
2010	94	11267	11005	274	299	1196	556	5507	993	9
2011	94	11528	11287	298	307	1196	565	5577	984	9
2012	94	11688	11453	298	325	1209	565	5731	1007	8
2013	94	11910	11681	298	410	1194	563	5898	1007	11
2014	94	12283	12055	298	555	1233	563	6090	1007	12
2015	94	12480	12297	298	608	1241	566	6246	1007	9
2016	94	12578	12517	298	652	1218	565	6363	1007	15
2017	94	12780	12752	298	757	1230	573	6455	1007	14
2018	94	13014	13014	447	792	1222	588	6601	1007	15
2019	94	13112	13112	446	825	1223	588	6679	1007	20
2020	94	13239	13239	500	863	1217	592	6852	1007	22
2021	365	13278	13278	500	908	1190	678	9245	1007	22
2022	365	13298	13298	500	971	1205	724	9898	1007	23
2023	365	13059	13059	499	1003	1282	676	9600	1007	27

6-6 公路运输工具拥有量

(1999-2023年)

单位：辆

年 份	汽 车	#营业性汽车	载客汽车	载货汽车	其他汽车	摩托车	挂 车
1999	35538		12328	22805	405	170224	76
2000	52390		18485	33386	519	267219	99
2001	70357		26569	43135	653	323187	135
2002	98863	20750	41259	56757	847	391797	172
2003	136432	23522	63937	71352	1143	477445	204
2004	170650	27400	83831	83536	3283	528609	466
2005	211745	24453	114664	93795	3286	576227	324
2006	260615	25996	157742	99091	3782	622064	667
2007	315913	24959	206790	105016	4107	656827	924
2008	368029	24502	254013	109517	4499	646246	1223
2009	457161	25046	330605	123306	3250	664074	1893
2010	565917	27284	423241	139133	3543	677287	2720
2011	678938	32750	520767	154518	3653	632821	3302
2012	793273	33789	623700	165915	3658	586604	3603
2013	922061	33153	738660	179521	3880	575657	4100
2014	1039522	31792	862643	173361	3518	592177	4243
2015	1160758	27530	996106	161221	3431	561369	4429
2016	1327839	33154	1153475	171146	3218	274361	4816
2017	1482967	37742	1294940	184644	3383	171019	5112
2018	1629324	36536	1424418	201201	3705	143060	5494
2019	1752182	37371	1534736	213341	4105	139578	5777
2020	1869405	42930	1635938	229032	4435	160709	6406
2021	1989175	37205	1742556	241941	4678	193937	6727
2022	2104562	35788	1858633	241126	4803	252060	6645
2023	2194675	35467	1948331	241437	4907	307994	6766

6-7 水路运输工具拥有量

(1996-2023年)

年 份	机动船拥有量(艘)			净载重量(吨位)	载客量(客位)
	合 计	货 船	客 船		
1996	3996	3868	128	239092	12397
1997	3596	3434	123	230381	6471
1998	3327	3279	48	267942	3060
1999	2849	2808	40	345076	2812
2000	2354	2338	16	399659	1671
2001	2389	2375	14	512720	1531
2002	2481	2466	15	652575	1545
2003	2281	2263	18	780320	2224
2004	2127	2113	14	960802	1737
2005	2078	2064	14	1365200	1784
2006	2109	2095	14	1703568	1742
2007	2057	2042	15	1606295	1651
2008	1866	1854	12	1429165	1572
2009	1201	1189	12	2267030	1610
2010	938	926	12	2494626	1227
2011	829	817	12	2739021	1377
2012	772	759	13	3160552	1457
2013	619	606	13	3597236	1457
2014	595	581	14	3932078	1617
2015	564	550	14	3811131	1617
2016	532	517	14	3663501	1870
2017	514	503	11	4115623	1570
2018	501	489	12	4963248	2048
2019	413	406	7	5030722	1340
2020	420	413	7	4859964	1340
2021	403	396	7	5116159	1302
2022	381	373	8	5487085	1588
2023	320	312	8	5411153	1588

6-8 按货类分港口货物吞吐量

(2023年) 单位：吨

指 标	合 计	#外 贸	出 港	#外 贸	进 港	#外 贸
港口货物吞吐量	**73797671**	**12452861**	**6937245**	**1393756**	**66860426**	**11059105**
1. 煤炭及制品	22223157	10248633	365104		21858053	10248633
2. 石油、天然气及制品	1679535		10913		1668622	
成品油	1643668		6192		1637476	
3. 钢铁	9288704	202300	544734		8743970	202300
其中：钢 材						
生 铁						
4. 矿建材料	22246907		2181082		20065825	
其中：砂						
5. 水 泥	4628851		17379		4611472	
6. 木 材						
7. 非金属矿石	7433241		283427		7149814	
8. 化肥及农药						
9. 盐						
10. 粮 食	29529		12917		16612	
11. 机械、设备、电器	3420				3420	
12. 化工原料及制品	88367				88367	
13. 轻工、医药产品						
14. 农、林、牧、渔业产品	20929	20929			20929	20929
15. 其 他	6155031	1980999	3521689	1393756	2633342	587243
其中：集装箱重量	5471193	1980999	2859072	1393756	2612121	587243
滚装船汽车吞吐量						

6-9 主要年份邮电业务量

年 份	邮电业务总量(万元)	邮电业务收入(万元)	函 件(万件)	订销报刊累计份数(万份)	固定电话用户数(万户)	移动电话用户数(万户)	互联网宽带接入用户数(户)	移动互联网用户数(户)
1949	20		64	18				
1952	47		150	364				
1957	133		493	707				
1962	278		608	700				
1965	299		585	1623				
1970	354		610	2694				
1975	458		686	3133				
1978	611		775	3635	0.67			
1980	792		1106	4707	0.76			
1985	1514		1987	7332	1.28			
1990	5376		1989	7401	2.86			
1994	30034		2428	8937	12.76	0.61		
1995	51505		2376	10740	20.29	1.99		
1996	76928		2489	11750	26.99	4.27	2	
1997	105213		2172	10172	36.13	9.24	447	
1998	164086		2205	10201	53.29	16.19	3957	
1999	226838		2360	10889	77.10	41.20	7663	
2000	362332		2630	11339	100.81	78.35	62305	
2001	331815		3581	11826	117.09	127.33	182318	
2002	400261		3484	11766	143.66	157.78	278892	
2003	590142	354574	3446	12800	169.13	225.02	390310	
2004	836830	390559	2705	12187	198.32	283.06	393280	
2005	889277	426046	2227	12276	207.69	360.83	282427	
2006	1063520	475040	1583	12693	214.30	432.97	373162	
2007	1318754	561391	1444	12614	215.53	517.74	461203	
2008	1463341	646065	1373	13065	211.86	554.13	558170	
2009	1536168	625391	1592	13254	189.95	591.34	683016	
2010	1467071	663022	1516	12724	178.72	719.60	863564	
2011		691300	1774	12933	170.99	791.45	1126632	3567678
2012		763311	1803	14419	165.07	782.99	1265399	4685981
2013		770435	1935	16407	152.04	744.77	1512076	5028731
2014		755726	1597	15922	140.55	758.62	1676744	5427455
2015		726790	1286	16324	120.44	739.78	1785103	6056687
2016		764482	776	11108	106.81	770.84	2084579	6063636
2017		746635	605	13809	92.26	826.46	2262561	6888502
2018		795915	762	10589	107.70	958.00	2450698	6886762
2019		849388	519	9702	100.80	960.57	2532310	7113845
2020		892458	540	9657	97.45	895.49	2611887	7535400
2021		989890	400	12721	93.07	927.99	2832222	7858872
2022		1082670	643	13540	103.02	955.11	3120000	8422012
2023		1139657	685	18173	87.90	979.70	3225525	8597913

注：2001年起邮电业务总量为2000年不变价，下同；2004年及以前互联网宽带接入用户数为国际互联网用户数。

6-10 主要年份邮电企业主要指标

年　份	邮电局(所)数(个)	邮路及农村投递线路长度(公里)	固定电话主线普及率(户/百人)	移动电话普及率(户/百人)	快递服务企业业务量(万件)	快递服务企业业务收入(亿元)
1978	294		0.15			
1980	302	14529	0.16			
1985	339	15451	0.26			
1986	348	16224	0.28			
1987	350	16072	0.33			
1988	349	15788	0.40			
1989	348	16306	0.46			
1990	345	15835	0.55			
1991	342	16063	0.66			
1992	336	15616	0.88			
1993	321	16052	1.39	0.01		
1994	294	16112	2.42	0.12		
1995	293	16263	3.83	0.38		
1996	280	16552	5.06	0.80		
1997	284	16476	6.74	1.72		
1998	368	16485	9.88	3.00		
1999	433	16264	14.20	7.59		
2000	408	16211	18.44	14.33		
2001	365	16433	21.35	23.21		
2002	343	16715	26.10	28.66		
2003	232	15779	30.61	40.72		
2004	327	18645	35.67	50.92		
2005	417	20038	37.10	64.45		
2006	437	20989	37.95	76.68		
2007	475	21587	37.85	90.93		
2008	456	24444	36.91	96.53		
2009	468	24372	32.84	102.22		
2010	465	24315	30.65	123.40		
2011	447	24937	29.14	134.88	3666	5.55
2012	457	24690	27.90	132.50	6489	8.21
2013	442	26232	25.59	125.37	10255	12.07
2014	456	18564	23.54	127.05	18553	17.44
2015	425	16653	20.16	123.81	29479	24.29
2016	385	17178	17.80	128.44	49250	34.20
2017	392	17166	15.28	136.94	53945	33.19
2018	304	18099	17.79	158.24	70312	39.96
2019	344	20668	16.39	156.20	82471	44.07
2020	374	46177	16.06	147.53	84220	43.79
2021	380	52128	15.36	153.15	132257	72.10
2022	409	57664	15.43	143.02	139797	90.02
2023	434	68538	13.10	145.96	148286	92.13

注：1.2003年起邮电局、所总数不包括代办点。2.固定电话、移动电话普及率自2019年起按常住人口口径计算。

6-11 全社会用电量(一)

(1986-2023年) 单位：万千瓦时

年 份	全社会用电量(包括厂用电量及线损)	农林牧渔水利业	工业用电	建筑业
1986	68185	6771	47606	346
1987	81333	6388	55928	473
1988	97744	7037	65001	664
1989	101163	5700	65199	675
1990	114048	5679	69416	776
1991	138918	6359	85071	863
1992	160412	6734	101102	1296
1993	194360	6768	123414	1678
1994	224103	7876	140052	2103
1995	253892	8161	155598	3038
1996	270237	8048	165274	3477
1997	290184	7393	178064	4960
1998	318937	7261	195749	5732
1999	377370	7130	241075	5995
2000	460236	8795	309357	6397
2001	525430	9104	358175	7167
2002	647020	9444	452978	8157
2003	779903	9986	552753	9746
2004	848560	8488	618333	11720
2005	1048465	10346	744117	15354
2006	1240624	11841	870314	22439
2007	1438263	11939	1031548	22180
2008	1566240	12296	1111781	21438
2009	1718830	13185	1214514	24205
2010	1962057	12937	1391383	30082
2011	2219849	12924	1570324	33710
2012	2273310	13487	1566705	35761
2013	2479714	15862	1692994	46231
2014	2544168	15726	1731691	50460
2015	2527487	15634	1677933	51046
2016	2821453	17422	1834332	68452
2017	3105087	18991	2053891	73967
2018	3295674	18244	2146201	88135
2019	3312213	17751	2128694	75494
2020	3488544	18835	2245547	74000
2021	3972626	20883	2598041	75928
2022	4108679	25877	2510204	71000
2023	4394454	27237	2735615	72269

6-12 全社会用电量(二)

(1986-2023年)　　单位：万千瓦时

年 份	交通运输仓储邮政业	商业住宿和餐饮业	其他事业	城乡居民生活用电	乡村	城市
1986	236	839	2264	10123	6955	3168
1987	275	1104	2798	14368	9519	4849
1988	336	1357	3557	19793	13133	6660
1989	357	1418	3961	23854	15623	8231
1990	419	1675	4309	31774	20812	10962
1991	570	2050	5212	38794	24925	13869
1992	621	2015	5897	42746	27256	15490
1993	792	2448	7123	52137	33011	19126
1994	1008	2961	8410	61693	38905	22788
1995	1283	3476	9447	72889	45249	27640
1996	1747	4883	10965	75844	46172	29672
1997	1919	5422	12457	79969	47386	32583
1998	2260	6753	14770	86414	49907	36507
1999	2562	8689	18014	93905	53254	40650
2000	3328	10993	21000	100365	55896	44470
2001	4283	16426	23287	106988	60513	46475
2002	5135	20333	25686	125287	71591	53696
2003	6605	24063	32205	144544	81424	63120
2004	6517	28488	33012	142002	75818	66184
2005	6895	32660	59243	179849	101689	78160
2006	8522	40554	69979	216975	127247	89728
2007	9660	45522	79839	237575	141979	95596
2008	9492	49541	87478	274214	158919	115295
2009	10352	59848	94167	302559	177569	124990
2010	16645	68668	102487	339856	204750	135106
2011	19681	81565	114534	387110	235962	151148
2012	18570	91379	126222	421186	253065	168122
2013	20425	100071	138626	465505	280428	185077
2014	23988	109302	147256	465746	281880	183865
2015	25243	114348	135725	481992	293354	188639
2016	27552	129661	160121	555139	336178	218961
2017	31387	144585	176535	575693	351380	224313
2018	34374	152957	192374	622837	380372	242465
2019	39577	160151	154580	643741	390055	253686
2020	37792	159818	152505	698913	425807	273106
2021	44081	192887	178170	739406	487063	252343
2022	50795	210586	193581	904888	647820	257068
2023	62845	242176	213838	879275	634404	244871

6-13 分产业和行业全社会用电量

(2023年)

类　别	用户数（个）	用户用电装机容量（千瓦）	本年用电量（万千瓦时）
总　计	**3789374**	**55857946**	**4394454**
#按产业分	**451296**	**32428585**	**3515179**
第一产业	13942	337208	19615
第二产业	182617	19932039	2804533
第三产业	254737	12159338	691032
按用途分			
一、农、林、牧、渔业	**24011**	**489849**	**27237**
农　业	11133	231236	10701
林　业	204	3838	124
畜牧业	1550	53448	5067
渔　业	1055	48686	3722
农、林、牧、渔服务业	10069	152641	7622
其中：排　灌	8504	107699	4020
二、工　业	**169854**	**18128838**	**2735615**
采矿业	683	137549	11264
制造业	156754	15489184	2508370
农副食品加工业	8213	307292	34629
食品制造业	1676	89802	11636
酒、饮料及精制茶制造业	2520	58941	3542
烟草制品业	10	1552	99
纺织业	6208	304580	50791
纺织服装、服饰业	4010	142690	24958
皮革、毛皮、羽毛及其制品和制鞋业	4993	427842	68833
木材加工和木、竹、藤、棕、草制品业	9070	147694	10699
家具制造业	1285	171989	21321
造纸和纸制品业	2188	147106	47859
印刷和记录媒介复制业	1410	88230	14191
文教、工美、体育和娱乐用品制造业	9883	446080	55270
石油、煤炭及其他燃料加工业	104	3287	142
化学原料和化学制品制造业	458	195172	42286
医药制造业	433	707547	190234
化学纤维制造业	87	19064	4037

6-13 续表

(2023年)

类　别	用户数(个)	用户用电装机容量(千瓦)	本年用电量(万千瓦时)
橡胶和塑料制品业	23132	2438701	469745
非金属矿物制品业	2624	382089	53537
黑色金属冶炼和压延加工业	41	23179	6692
有色金属冶炼和压延加工业	465	159285	35734
金属制品业	16453	1606694	274169
通用设备制造业	42799	4048694	495076
专用设备制造业	4518	655338	132779
汽车制造业	1546	783886	129736
铁路、船舶、航空航天和其他运输设备制造业	1502	542458	68453
电气机械和器材制造业	3031	676063	132945
计算机、通信和其他电子设备制造业	451	154438	38999
仪器仪表制造业	400	75572	12623
其他制造业	5587	547146	62108
废弃资源综合利用业	983	107528	11892
金属制品、机械和设备修理业	674	29245	3352
电力、热力、燃气及水生产和供应业	12417	2502105	215981
电力、热力生产和供应业	5329	2116130	173607
燃气生产和供应业	145	18447	786
水的生产和供应业	6943	367528	41588
三、建筑业	**13437**	**1832446**	**72269**
四、交通运输、仓储和邮政业	**3079**	**960875**	**62845**
五、信息传输、软件和信息技术服务业	**31464**	**493224**	**54918**
六、批发和零售业	**80320**	**2909273**	**181848**
七、住宿和餐饮业	**16064**	**790759**	**60328**
八、金融业	**2007**	**184771**	**13482**
九、房地产业	**9849**	**2100643**	**64668**
十、租赁和商务服务业	**4781**	**521011**	**28131**
十一、公共服务及管理组织	**96430**	**4016896**	**213838**
十二、城乡居民生活用电	**3338078**	**23429361**	**879275**
城镇居民	971504	7830108	244871
乡村居民	2366574	15599253	634404

主要统计指标解释

货(客)运量　指运输业实际运送的货物(旅客)数量。货运按吨计算，客运按人计算。货物不论运输距离长短，货物类别，均按实际重量统计；旅客不论行程远近或票价多少，均按一人一次作为客运量统计。半价票、小孩票也按一人统计。货(客)运量是反映运输业为国民经济和人民生产服务的数量指标，也是制定和检查运输生产计划，研究运输发展规模和速度的重要指标。

货物(旅客)周转量　指运输业实际运送的货物(旅客)数量与相应运输距离乘积之总和，通常以吨公里和人公里为计算单位。计算货物周转量通常按发出站与到达站之间的最短距离，也就是计费距离计算。它是反映运输业生产总成果的重要指标，也是编制和检查运输生产计划、计算运输效率、劳动生产率以及核算运输单位成本的主要基础资料。

铁路营业里程　又称营业长度，指办理客货运输业务的铁路正线总长度。凡是全线或部分建成双线及以上的线路，以第一线的实际长度计算；复线、站线、段管线、岔线和特殊用途线以及不计算运费的联络线都不计算营业里程。铁路营业里程是反映铁路运输业基础设施发展水平的重要指标，也是计算客货周转量、运输密度和机车车辆运用效率等指标的基础资料。

公路里程　也称“公路通车里程”，是指实际达到公路工程技术标准等级的公路长度。它包括大中城市的郊区公路以及通过小城镇街道的公路里程，也包括桥梁、渡口的长度，但不包括城市的街道以及厂矿、林区和农业生产用道的里程。两条或多条公路共同走向的同一条路段，只计算一次，不得重复计算里程长度。公路里程是反映公路建设发展规模的重要指标，也是计算运输网密度等指标的基础资料。

内河航道里程　也称“内河通航里程”，是反映内河水运网规模、水平和发展情况的主要指标。指在一定时期内，能通航运输船舶及排筏的天然河流、湖泊水库、运河及通航渠道的长度。包括全年季节性通航累计三个月以上的航道，但不包括仅供零散流放竹、木排的河道。

港口货物吞吐量　指由水运进出港口港区范围、并经过装卸的货物数量。吞吐量可以分进口、出口，又可以分为国内贸易和对外贸易。货物吞吐量的货种分类及其主要流向流量，反映了港口在国内外物资交换和对外贸易运输中的地位和作用。

载货汽车拥有量　是指以辆为单位计算的，在报告期末，全社会拥有的载货汽车总辆数。按公路监理部门和公安部门的机动车管理单位所掌握的领有车辆牌照资料加以整理计算。

订销报刊累计份数　是以万份为计算单位，报告期订阅和零售国内外报刊各出版期的总份数。在计算时，订阅的报刊按出版期计算，零售的按实销份数计算。凡正常性或临时加发的零售份数，报告期出版的或报告期前出版的份数都统计在内，但不包括变价出售的报刊。订销报刊累计份数应按进口交换量计算。

全社会用电量　是指国民经济各行业及城乡居民消费的电量。它包括电力企业售电量与自备电厂自发自用电量及其售给附近用户电量之和。它是考察电力消费去向、作为电力分配依据的重要指标。

7

原材料和能源

Crude Material and Energy

7-1 全社会单位生产总值能耗

(2005-2023年)

年 份	能源消费总量(万吨标准煤)	单位GDP能耗(吨标准煤/万元)	单位GDP能耗降低率(%)	能源消费弹性系数(%)	电力消费总量(亿千瓦时)	单位GDP电耗(千瓦时/万元)	单位GDP电耗降低率(%)	电力消费弹性系数(%)
2005	790.75	0.632			104.85	837		1.70
2006	880.45	0.615	2.65	0.78	124.07	866	-3.46	1.27
2007	967.47	0.590	4.05	0.68	143.83	877	-1.27	1.10
2008	1005.25	0.560	5.18	0.41	156.62	872	0.60	0.92
2009	1029.39	0.531	5.12	0.28	171.88	886	-1.65	1.15
2010	1105.30	0.505	4.85	0.57	196.21	897	-0.88	1.08
2011	1107.85	0.421	2.79	0.63	221.98	847	-4.73	1.46
2012	1116.54	0.395	6.14	0.12	227.33	810	4.70	0.32
2013	1182.96	0.388	1.80	0.76	247.97	814	-1.05	1.14
2014	1214.08	0.371	4.50	0.35	254.42	777	4.57	0.35
2015	1245.45	0.349	4.10	0.33	252.75	703	6.72	-0.10
2016	1364.19	0.355	-1.80	1.25	282.15	728	-3.69	1.49
2017	1457.53	0.351	1.10	0.85	310.51	741	-1.76	1.23
2018	1512.49	0.339	3.50	0.48	329.57	734	1.33	0.84
2019	1512.80	0.323	4.70	0.02	331.22	708	4.33	0.10
2020	1562.31	0.323	0.10	0.97	348.85	720	-1.88	1.58
2021	1767.18	0.312	-2.13	1.28	397.26	700	-5.16	1.68
2022	1814.43	0.311	0.05	0.98	410.87	705	-0.68	1.26
2023	1943.92	0.320	-2.54	1.60	439.45	723	-2.40	1.56

7-2 规模以上工业企业能源购进、消费与库存情况

(2023年)

能源名称		购进量	工业生产消费	年末库存量
能源合计	**(吨标准煤)**		**17586663.14**	
原煤	(吨)	19734721.90	19936087.29	638099.05
煤制品	(吨)	823.60	927.02	36.09
焦炭	(吨)			3.66
天然气(气态)	(万立方米)	29900.35	29713.16	3.55
液化天然气(液态)	(吨)	60460.02	60413.10	178.27
汽油	(吨)	17687.39	16657.96	47.01
煤油	(吨)	385.26	382.68	1.74
柴油	(吨)	63394.48	62328.54	3519.33
燃料油	(吨)	5653.20	5173.35	580.91
液化石油气	(吨)	2476.31	2483.41	3.35
润滑油	(吨)	9999.74	10019.78	333.82
石蜡	(吨)	2076.06	2046.85	107.76
溶剂油	(吨)	1412.15	1392.84	145.21
石油焦	(吨)	601.30	741.24	249.06
石油沥青	(吨)	10495.35	10108.87	1116.27
其他石油制品	(吨)	5411.41	5124.11	241.47
热力	(百万千焦)	17043950.46	18571901.09	
电力	(万千瓦时)	1935648.24	1983593.36	
城市垃圾用于燃料	(吨)	1178147.79	2549022.79	27973.89
生物燃料	(吨标准煤)	27029.01	27280.69	618.42
其他燃料	(吨标准煤)	143.80	143.80	

7-3 规模以上工业按行业分主要能源消费量(一)

(2023年)　　单位：吨

行业名称	原煤	煤制品	焦炭	天然气(万立方米)	液化天然气	汽油	煤油
合　计	**10784097.08**			**594.27**	**15757.29**	**733.96**	**170.38**
有色金属矿采选业							
非金属矿采选业							
农副食品加工业							
食品制造业							
酒、饮料和精制茶制造业							
纺织业							
纺织服装、服饰业							
皮革、毛皮、羽毛及其制品和制鞋业							
木材加工和木、竹、藤、棕、草制品业							
家具制造业					32.30	0.50	
造纸和纸制品业							
印刷和记录媒介复制业				15.03	459.79	3.04	
文教、工美、体育和娱乐用品制造业					12.00		
石油加工、炼焦和核燃料加工业							
化学原料和化学制品制造业							
医药制造业					56.44		
化学纤维制造业							
橡胶和塑料制品业				25.00	68.93	25.58	
非金属矿物制品业							
黑色金属冶炼和压延加工业							
有色金属冶炼和压延加工业					2102.37	12.32	
金属制品业				142.82	7955.83	68.13	
通用设备制造业				293.71	1094.24	266.69	86.57
专用设备制造业				26.59	26.10	26.32	
汽车制造业					1710.60	265.89	83.81
铁路、船舶、航空航天和其他运输设备制造业				38.06	1700.77	12.78	
电气机械和器材制造业						2.70	
计算机、通信和其他电子设备制造业						10.47	
仪器仪表制造业				53.06	537.92	39.54	
其他制造业							
废弃资源综合利用业							
金属制品、机械和设备修理业							
电力、热力生产和供应业	10784097.08						
燃气生产和供应业							
水的生产和供应业							

7-4 规模以上工业按行业分主要能源消费量(二)

(2023年) 单位：吨

行业名称	柴油	燃料油	液化石油气	其他石油制品	热力(百万千焦)	电力(万千瓦时)
合 计	**4006.15**	**877.09**	**1008.51**	**86.79**	**288396.9**	**319832.29**
有色金属矿采选业						
非金属矿采选业						78.2
农副食品加工业	359.2	801.83			69301.35	653.4
食品制造业						170.73
酒、饮料和精制茶制造业						
纺织业	4.2					107.04
纺织服装、服饰业						
皮革、毛皮、羽毛及其制品和制鞋业						1133.04
木材加工和木、竹、藤、棕、草制品业						49.45
家具制造业	0.05					407.97
造纸和纸制品业					5855	19.6
印刷和记录媒介复制业	32.49				49298.9	870.83
文教、工美、体育和娱乐用品制造业						592.8
石油加工、炼焦和核燃料加工业						
化学原料和化学制品制造业						99.04
医药制造业	1.72				24295.27	1790.95
化学纤维制造业						
橡胶和塑料制品业	59.1					11678.51
非金属矿物制品业	2227.56					2166.97
黑色金属冶炼和压延加工业	3.3					872.41
有色金属冶炼和压延加工业	10.2					23905.61
金属制品业	286.32		145.2		109645.54	27877.64
通用设备制造业	407.75	69.32	738.21	15.99		61410.03
专用设备制造业	12.95			0.11		13150.05
汽车制造业	401.36	5.94	63.39	21.96		58887.91
铁路、船舶、航空航天和其他运输设备制造业	0.7					5131.65
电气机械和器材制造业	14.82		12.71			3903.58
计算机、通信和其他电子设备制造业	17.81					1864.81
仪器仪表制造业	13.02		49	48.73		6341.44
其他制造业						
废弃资源综合利用业	89.5					1421.36
金属制品、机械和设备修理业						
电力、热力生产和供应业	64.1				30000.84	92016.55
燃气生产和供应业						32.64
水的生产和供应业						3198.08

7-5 规模以上工业按行业分能源消费情况

(2023年) 单位：吨标准煤

行业名称	综合能耗		万元产值综合能耗		节能量
	绝对额	比上年增长(%)	绝对额	比上年降低(%)	
合 计	**11262367**	**4.7**	**0.166**	**-2.26**	**-249.15**
有色金属矿采选业	443	20.7	0.113	0.14	0.12
非金属矿采选业	8992	10.4	0.081	0.06	-1.89
农副食品加工业	44518	-1.4	0.045	0.04	-4.25
食品制造业	18120	4.0	0.089	0.08	-2.73
酒、饮料和精制茶制造业	8782	-4.6	0.065	0.08	1.65
纺织业	84049	9.3	0.096	0.08	-16.36
纺织服装、服饰业	1216	6.3	0.017	0.01	-0.41
皮革、毛皮、羽毛及其制品和制鞋业	27550	7.1	0.030	0.03	-3.68
木材加工和木、竹、藤、棕、草制品业	19957	-8.5	0.112	0.15	5.98
家具制造业	24224	-12.8	0.037	0.03	-5.99
造纸和纸制品业	192380	3.5	0.284	0.24	-28.52
印刷和记录媒介复制业	21080	6.1	0.056	0.05	-2.25
文教、工美、体育和娱乐用品制造业	17899	-11.3	0.028	0.03	-1.58
石油加工、炼焦和核燃料加工业	7515	6.2	0.501	0.02	-7.17
化学原料和化学制品制造业	117134	-15.8	0.068	0.08	24.65
医药制造业	529477	-0.7	0.115	0.11	-34.58
化学纤维制造业	46946	-4.3	0.228	0.14	-17.77
橡胶和塑料制品业	478044	5.5	0.082	0.08	-22.75
非金属矿物制品业	158215	9.2	0.087	0.07	-28.15
黑色金属冶炼和压延加工业	36963	10.4	0.072	0.06	-4.58
有色金属冶炼和压延加工业	72613	4.4	0.033	0.04	23.90
金属制品业	251418	1.9	0.085	0.08	-7.54
通用设备制造业	288367	8.9	0.029	0.03	-11.61
专用设备制造业	133213	9.3	0.034	0.03	-10.43
汽车制造业	241795	4.7	0.027	0.03	-19.53
铁路、船舶、航空航天和其他运输设备制造业	90531	3.0	0.026	0.02	-12.91
电气机械和器材制造业	113969	30.8	0.020	0.02	-28.74
计算机、通信和其他电子设备制造业	68067	10.4	0.045	0.04	-13.60
仪器仪表制造业	16087	8.6	0.016	0.02	-0.73
其他制造业	21048	-1.1	0.038	0.04	-0.88
废弃资源综合利用业	60260	-9.6	0.120	0.08	-22.14
金属制品、机械和设备修理业	1257	323.4	0.092	0.07	-0.33
电力、热力生产和供应业	8033349	5.2	1.374	2.40	5995.35
燃气生产和供应业	501	2.8	0.002	0.00	0.00
水的生产和供应业	26389	-3.1	0.102	0.11	1.81

7-6 规模以上工业主要能源消费量(一)

(1999-2023年) 单位: 吨

年 份	原 煤	煤制品	焦 炭	汽 油	煤 油
1999	4106147	82	8316	9148	2926
2000	4665482	180	11642	11126	3946
2001	4787214	116	20011	13388	5731
2002	4747322	238	17291	17346	7123
2003	5414989	316	25424	20048	7188
2004	5868900	1238	33611	27533	17612
2005	5873411	149	36615	32360	11661
2006	5726068	637	42483	41334	12363
2007	9963353	1829	45799	48012	11149
2008	13518900	1169	40008	43092	9252
2009	13409540	909	26507	40899	7139
2010	13922044		26360	42102	7051
2011	15110170	19840	17550	24602	4367
2012	12884375	12429	12847	20775	2618
2013	13294169	15434	12020	20646	1701
2014	11451570	10025	8671	19664	1472
2015	10766567	11949	7351	21413	1923
2016	13855653	13049	7029	21869	1552
2017	15643953	6564	5036	22164	1539
2018	15719125	3769	4117	23325	2069
2019	14513957	1725	1081	22964	2086
2020	13553422	168	133	15958	1843
2021	18187074		164	16693	1508
2022	18160060	705		15836	326
2023	19936087	927		16658	383

7-7　规模以上工业主要能源消费量(二)

(1999-2023年)　　单位：吨

年　份	柴　油	燃料油	液　化 石油气	热　力 (百万千焦)	电　力 (万千瓦时)
1999	32822	280	588	659930	184951
2000	29953	1132	968	1766294	236146
2001	34289	2140	1811	2171882	270509
2002	43914	3128	3536	2881165	298967
2003	78053	4898	4683	3470891	447453
2004	169985	9364	11036	3894369	460304
2005	135280	35860	6351	4909302	585211
2006	141321	20129	8837	5053894	681262
2007	169879	20395	9347	5904636	821157
2008	147176	19341	8358	6024796	925013
2009	108967	16628	7303	5950744	963462
2010	124310	14216	7450	6226344	1101773
2011	80976	10104	6622	5802316	1004928
2012	52553	6329	5321	5894498	1006422
2013	48547	5277	4464	5542756	1088458
2014	46202	4813	4599	5735865	1114778
2015	46174	4597	4156	6684579	1116193
2016	44994	4241	2669	8176855	1264510
2017	47409	3454	2058	12210588	1415123
2018	50759	2896	1841	14062208	1520249
2019	54893	3489	1888	14614721	1534998
2020	62258	4928	2359	15256941	1499564
2021	67055	6322	2543	17159761	1839266
2022	59985	4790	2549	18304329	1910202
2023	62329	5173	2483	18571901	1983593

7-8 规模以上工业取水量

(2007-2023年)　　单位：万立方米

年份	取水总量	地表水	地下水	自来水	海水	其他水	外供水
2007	149758	9823	703	10760	128437	33	
2008	173590	20283	492	7276	145484	17	
2009	58765	45791	92	482	10392	2099	
2010	61986	45371	523	11740	1774	2578	45782
2011	60522	44807	450	11256	1642	2367	45975
2012	69715	52894	358	11824	1737	2902	53942
2013	75950	58370	348	12715	1738	2780	60255
2014	74950	60111	311	12867	1610	52	62468
2015	78807	64301	292	12781	1372	12	66614
2016	82693	66455	268	14730	1154	13	70452
2017	91454	74161	228	15719	1282	63	78566
2018	93343	75596	192	16077	1397	81	80011
2019	92669	74520	180	16102	1751	114	77936
2020	94585	76853	119	16139	1357	117	80779
2021	100681	81301	95	17162	1528	596	85551
2022	106156	85642	102	18429	1211	680	88886
2023	97537	82065	2	13542	1174	683	81106

7-9 规模以上工业按行业分取水量

(2023年) 单位：万立方米

行业名称	取水总量						外供水
		地表水	地下水	自来水	海水	其他水	
合　计	**97536.9**	**82065.3**	**1.6**	**13542.3**	**1174.4**	**682.6**	**81106.4**
有色金属矿采选业	7.2						
非金属矿采选业	42.1	16.2		26.0			
农副食品加工业	316.6	53.0		250.1		13.2	
食品制造业	210.7	17.8		186.7		6.1	
酒、饮料和精制茶制造业	102.9	0.5		94.6		7.7	
纺织业	348.9	85.3		242.3		21.2	
纺织服装、服饰业	12.0			12.0			
皮革、毛皮、羽毛及其制品和制鞋业	128.6	8.8		119.8			
木材加工和木、竹、藤、棕、草制品业	45.8	0.1		45.7			
家具制造业	135.0	9.3	0.1	124.4		1.2	
造纸和纸制品业	358.3	256.2		77.2		22.4	1.8
印刷和记录媒介复制业	52.0	0.4		47.7		3.8	
文教、工美、体育和娱乐用品制造业	89.8	2.7		86.6		0.5	
石油、煤炭及其他燃料加工业	0.6	0.1		0.5			
化学原料和化学制品制造业	439.6	17.3		290.7		118.4	
医药制造业	1706.0	30.9		1349.5		294.7	
化学纤维制造业	61.9			33.5		28.4	
橡胶和塑料制品业	885.4	70.6	0.1	692.9		121.4	
非金属矿物制品业	430.7	136.5		271.8		21.2	
黑色金属冶炼和压延加工业	30.4	3.8		26.6			
有色金属冶炼和压延加工业	60.4	2.3		58.1			
金属制品业	522.1	44.5		463.0		11.4	
通用设备制造业	608.6	21.9		576.2		0.0	
专用设备制造业	393.7	8.8		384.6		0.0	
汽车制造业	517.7	5.5		512.2		0.0	
铁路、船舶、航空航天和其他运输设备制造业	305.7	6.0		297.5		1.9	
电气机械和器材制造业	353.3	16.0	0.7	335.6		1.0	
计算机、通信和其他电子设备制造业	409.9	1.2		408.4		0.3	
仪器仪表制造业	44.8	0.3	0.3	44.2		0.0	
其他制造业	133.7	27.8	0.4	105.4			
废弃资源综合利用业	110.2	41.6		63.0		4.8	
金属制品、机械和设备修理业	2.7	0.3		2.4			
电力、热力生产和供应业	3240.4	1290.4		772.8	1174.4	2.9	617.8
燃气生产和供应业	4.6			4.6			
水的生产和供应业	85424.7	79889.2		5535.6			80486.9

主要统计指标解释

能源购进量　指能源使用单位在报告期内外购的、用于本企业消费的各种一次能源和二次能源。购进量的统计原则是：谁购进，谁统计。

能源消费量　是指能源使用单位在报告期内实际消费的一次能源或二次能源的数量。包括终端消费和中间消费。能源消费数量分别用实物量和价值量表示。能源消费量统计的原则是：

(1)谁消费、谁统计；

(2)何时投入使用，何时计算消费量；

(3)消费量只能计算一次。

工业企业的能源消费量包括工业企业在生产过程中作为燃料、动力、原料、辅助材料使用的能源以及工艺用能、非生产用能。作为能源加工转换企业，还要包括能源加工转换的投入量。具体包括：

(1)用于本企业产品生产、工业性作业和其他生产性活动的能源；

(2)用于技术更新改造措施、新技术研究和新产品试制以及科学试验等方面的能源；

(3)用于经营维修、建筑及设备大修理、机电设备和交通运输工具等方面的能源；

(4)用于劳动保护的能源；

(5)其他非生产消费的能源。

综合能源消费量　是指报告期内工业企业在工业生产活动中实际消费的各种能源的总和。

万元工业总产值综合能耗　是指综合能源消费量与工业总产值之比，它反应单位工业总产值所耗的能源量。

标准煤　各种能源折算成以煤当量为统一标准的计量单位。

能源消费弹性系数　是反映能源消费增长速度与国民经济增长速度之间比例关系的指标。计算公式：

能源消费弹性系数＝能源消费量年平均增长速度/国民经济年平均增长速度

电力消费弹性系数　是反映电力消费增长速度与国民经济增长速度之间比例关系的指标。计算公式：

电力消费弹性系数＝电力消费量年平均增长速度/国民经济年平均增长速度

国民经济年平均增长速度，可根据不同的目的或需要，用国民生产总值，国内生产总值等指标来计算，本资料是采用生产总值指标计算的。

取水总量　指工业企业从各种水源提取的，并用于工业生产活动的水量总和。包括地表水、地下水、自来水、由管道供应的未经达标处理的水、经城市污水处理厂处理后回用的中水、海水，以及企业从市场购得的其他水或水的产品(如纯净水、矿泉水、蒸汽、热水、地热水等)。

8

批发零售和住宿餐饮业

Wholesale and Retail Sale Trade and Accommodation and Restaurants

8-1 主要年份社会消费品零售总额

单位：万元

年份	社会消费品零售总额	批发和零售业	住宿和餐饮业	其他
1949	3257	3178	61	18
1952	5196	5066	100	30
1957	13064	12636	353	75
1962	18197	17188	892	117
1965	19656	19011	536	109
1970	24796	23298	721	777
1975	31157	29890	860	407
1978	49157	47252	1204	701
1980	76294	72577	1731	1986
1985	169672	155903	4911	8858
1990	371549	338638	13646	19265
1994	1034412	923292	72458	38661
1995	1450730	1320504	106434	23792
1996	1737176	1556437	115987	64751
1997	1821677	1612332	132116	77228
1998	1882692	1661716	133057	87919
1999	2065954	1799071	157706	109177
2000	2185914	1933324	174853	77736
2001	2476392	2169429	222804	84160
2002	2828190	2428385	309306	90500
2003	3252703	2747491	395026	110186
2004	3721584	3146729	470634	104220
2005	4332035	3635183	579414	117437
2006	5044658	4245481	676223	122954
2007	5887261	4967827	791966	127469
2008	7019244	6219558	779848	19838
2009	7978219	7114609	836668	26943
2010	9457716	8451632	1006084	
2011	11243314	10006608	1236706	
2012	12778841	11352058	1426784	
2013	13970429	12437603	1532826	
2014	15761946	14053036	1708909	
2015	17436479	15575820	1860659	
2016	19243405	17155464	2087942	
2017	21352953	18973349	2379604	
2018	23502986	20799940	2703046	
2019	25446294	22475622	2970672	
2020	23960699	20979038	2981660	
2021	26056222	22595012	3461210	
2022	25859776	22486797	3372979	
2023	27662319	23936609	3725710	

注：第四次经济普查后，国家修正了1994年以来的历史数据。

8-2 市区主要年份社会消费品零售总额

单位：万元

年 份	市 区	椒江区	黄岩区	路桥区
1949	1076	374	702	
1952	1805	624	1181	
1957	4309	1522	2787	
1962	7016	2633	4383	
1965	7252	2810	4442	
1970	8202	2920	5282	
1975	9250	3453	5797	
1978	17280	6439	10841	
1980	25401	7748	17653	
1985	70360	27755	42605	
1990	142578	59519	83059	
1994	386377	146619	104408	135350
1995	553034	223732	111089	218213
1996	663850	245383	150304	268164
1997	703877	224198	176307	303372
1998	726139	225090	188648	312400
1999	808145	239840	223925	344379
2000	887364	266039	237137	384188
2001	1028501	319272	275079	434150
2002	1200228	375093	313040	512094
2003	1381562	431911	350605	599046
2004	1592391	497000	399900	695491
2005	1869294	588109	468078	813107
2006	2193664	681730	553696	958238
2007	2573539	796143	642574	1134822
2008	3071525	946678	756962	1367884
2009	3466197	1103547	901447	1461203
2010	4104622	1290855	1062868	1750899
2011	4818346	1508310	1245585	2064452
2012	5474591	1743853	1408423	2322315
2013	5862532	1911661	1536699	2414172
2014	6644874	2159419	1755503	2729952
2015	7386063	2354822	1963675	3067566
2016	8116470	2521293	2137802	3457375
2017	8899664	2762419	2382990	3754256
2018	9285469	2873695	2516903	3894871
2019	10004859	3125471	2777049	4102339
2020	9185533	2904746	2477528	3803259
2021	9888933	3187091	2629093	4072748
2022	9789022	3094483	2613931	4080608
2023	10261559	3240116	2790526	4230917

注：第四次经济普查后，对各县(市、区)2018年和2019年数据作了修正。

8-3 各县市主要年份社会消费品零售总额

单位：万元

年 份	三门县	天台县	仙居县	温岭市	临海市	玉环市
1949	226	376	116	569	737	157
1952	252	524	181	1146	894	394
1957	615	1132	635	2786	2378	1209
1962	767	1308	940	3455	3279	1432
1965	948	1478	1038	3876	3540	1524
1970	1338	2001	1776	5249	4435	1795
1975	2097	2979	2055	6673	5758	2345
1978	3525	3731	2679	10583	6851	4508
1980	5359	5790	4401	15173	12193	7977
1985	10331	10571	8348	31718	21887	16456
1990	20298	33129	15637	74716	56942	28249
1994	40805	66980	37969	251317	141685	79306
1995	59402	83421	57532	371144	183057	124342
1996	59020	101511	68760	477408	189263	119885
1997	60178	105683	69266	517735	181061	127677
1998	57449	111444	74776	551521	163911	133218
1999	66516	118778	79902	587884	203676	144955
2000	75880	125285	86181	604442	230696	170963
2001	84497	141571	97410	642717	269731	193876
2002	101627	163583	114621	711693	317185	230107
2003	125379	186643	133469	796888	368667	271759
2004	151200	216200	156400	922800	432200	317509
2005	172396	243753	182602	1073924	501395	369147
2006	200757	281620	212075	1249273	583674	425807
2007	235352	327617	246518	1457003	682491	494012
2008	281905	393193	293847	1736376	814122	593376
2009	325938	435291	346606	2025050	938029	641673
2010	375712	496479	409210	2355278	1106588	756617
2011	449656	584424	478806	2802448	1285862	904169
2012	527306	682002	555664	3266826	1475823	1060805
2013	617992	745795	612587	3779022	1626290	1248461
2014	705021	850878	698901	4305372	1838683	1419498
2015	796498	980053	804952	4738870	2018966	1541381
2016	868747	1065088	880458	5267628	2232939	1700075
2017	962132	1195167	983170	5933498	2506214	1877462
2018	1015407	1264274	1026491	6289005	2639241	1983098
2019	1109144	1391024	1099487	6895708	2784890	2161182
2020	1038440	1299155	1059739	6691232	2568015	2118585
2021	1111633	1445859	1161576	7354119	2695274	2398828
2022	1090540	1441856	1170196	7302664	2699901	2365598
2023	1216712	1582392	1280234	7939178	2913903	2468337

注：第四次经济普查后，对各县(市、区)2018年和2019年数据作了修正。

8-4　限额以上批发和零售业企业销售情况

(2023年)

名　　称	法人企业（个）	年末从业人数（人）	销售额（万元）	年末零售营业面积（平方米）
总　　计	**2244**	**52820**	**52876797**	**1579382**
一、批发业	**1350**	**27580**	**44638360**	**67367**
其中：大中型	249	18623	12610122	53549
按登记注册类型分				
内资企业	1341	27427	44024271	67267
国有独资公司	1	42	3319	
私营有限责任公司	1127	17320	30374368	45715
其他有限责任公司	159	6828	10634380	11952
私营股份有限公司	36	1120	626035	8900
其他股份有限公司	6	877	777143	700
全民所有制企业(国有企业)	2	1046	1527464	
股份合作企业	7	108	42596	
合伙企业	3	86	38966	
港澳台投资有限责任公司	3	18	32404	
外商投资有限责任公司	6	135	581684	100
按批发行业分				
农、林、牧、渔产品批发	18	298	1219901	
食品、饮料及烟草制品批发	53	2386	2426205	235
纺织、服装及家庭用品批发	160	4646	1578153	14005
文化、体育用品及器材批发	43	906	437371	1360
医药及医疗器材批发	39	3336	1680767	5027
矿产品、建材及化工产品批发	771	9828	31569767	9183
机械设备、五金产品及电子产品批发	230	5200	5069237	33067
贸易经纪与代理	2	23	7938	
其他批发业	34	957	649021	4490
二、零售业	**894**	**25240**	**8238438**	**1512015**
其中：大中型	125	15309	3544110	831113
按登记注册类型分				
内资企业	881	23403	6600321	1317411
私营有限责任公司	693	14971	3969312	737753
其他有限责任公司	147	5133	1976765	409899
私营股份有限公司	9	562	42172	7033
其他股份有限公司	5	2331	512841	139720

8-4 续表

(2023年)

名　称	法人企业(个)	年末从业人数(人)	销售额(万元)	年末零售营业面积(平方米)
股份合作企业	7	96	25021	4694
个人独资企业	12	151	24222	9821
合伙企业	8	159	49988	8491
港、澳、台商投资企业	7	1049	112983	157504
外商投资企业	5	777	1524435	36950
农民专业合作社(联合社)	1	11	699	150
按零售行业分				
综合零售	74	4482	412422	470948
食品、饮料及烟草制品专门零售	73	1602	189390	42262
纺织、服装及日用品专门零售	10	316	72014	40330
文化、体育用品及器材专门零售	12	568	78434	45540
医药及医疗器材专门零售	20	3279	322606	108216
汽车、摩托车、燃料及零配件专门零售业	360	11242	5938860	668198
家用电器及电子产品专门零售	46	1610	236472	95693
五金、家具及室内装饰材料专门零售	8	258	28017	14241
货摊、无店铺及其他零售业	291	1883	960223	26587
按经营方式分				
独立门店	592	16192	6451119	1082192
连锁总店	16	5284	409968	250408
连锁直营店	7	584	345606	74650
其　他	274	3042	1001794	97417
按零售业态分				
有店铺零售	517	21015	6564727	1403029
便利店	36	1773	1531625	62371
超市	63	3632	311973	354813
仓储会员店	3	46	7602	750
百货店	16	418	103194	188057
购物中心	4	308	41991	20188
专业店	195	7770	1694689	357878
品牌专卖店	192	6981	2834817	416518
集合店	8	87	38835	2454
无店铺零售	377	4225	1673711	108986

8-5　限额以上住宿和餐饮业企业基本情况

(2023年)

名　　称	法人企业(个)	营业额(万元)	#客房收入(万元)	#餐费收入(万元)
总　　计	**397**	**512865**	**134762**	**359234**
一、住宿业	**129**	**216568**	**111162**	**90862**
其中：大中型	21	132491	47135	77247
按登记注册类型分				
内资企业	124	179940	99538	72086
私营有限责任公司	92	115032	69238	40708
其他有限责任公司	23	51445	24305	24633
其他股份有限公司	1	9077	2935	5696
个人独资企业	3	1020	882	
合伙企业	5	3367	2179	1049
港、澳、台商投资企业	5	36629	11624	18776
外商投资企业				
按住宿行业分				
旅游饭店	76	178961	78407	87931
经济型连锁酒店	14	13013	11451	256
一般旅馆	32	22422	19844	1983
民宿服务	6	1929	1441	470
露营地服务	1	244	19	223
按星级分				
五　星	6	52203	17275	29915
四　星	16	48465	20029	26338
三　星	10	11555	5299	6028
二　星	1	447	408	26
一　星	1	446	433	12
其　他	95	103453	67719	28543
二、餐饮业	**268**	**296297**	**23600**	**268372**
其中：大中型	26	123060	18296	102050
按登记注册类型分				
内资企业	268	296297	23600	268372
私营有限责任公司	186	207609	13235	191082
其他有限责任公司	25	48697	9967	37698
私营股份有限公司	1	230		230
集体所有制企业(集体企业)	1	503		503
个人独资企业	48	31469	345	31125
合伙企业	7	7789	54	7735
港、澳、台商投资企业				
按餐饮行业分				
正餐服务	258	289776	23600	261991
快餐服务	5	1409		1409
其他餐饮业	3	992		916
按经营方式分				
独立门店	251	273702	23393	246307
连锁直营店	5	5703		5702
连锁加盟店	1	254		254
其他	11	16638	208	16110

8-6 限额以上批发和零售业企业财务状况(一)

(2023年)

单位：万元

名称	企业数(个)	流动资产合计	#存货	固定资产原价	累计折旧	#本年折旧
总计	**2244**	**16634943**	**1767210**	**1445059**	**589886**	**80894**
一、批发业	**1350**	**14789954**	**1240765**	**835948**	**351650**	**45440**
其中：大中型	249	5506971	639907	557578	244742	28634
按登记注册类型分						
内资企业	1341	14541037	1238366	835564	351496	45368
国有独资公司	1	3610	192	784	444	24
私营有限责任公司	1127	9865428	846674	469789	185443	27824
其他有限责任公司	159	3239826	277284	146910	55924	8043
私营股份有限公司	36	212396	42500	38193	17355	1772
其他股份有限公司	6	745234	21198	114547	48640	4766
全民所有制企业(国有企业)	2	436378	46281	61647	41254	2735
股份合作企业	7	20703	3605	3112	2139	145
合伙企业	3	17461	634	582	299	60
港、澳、台商投资企业	3	22879	773	7	2	2
外商投资企业	6	226053	1626	377	151	70
按批发行业分						
农、林、牧产品批发	18	191483	50169	21259	8348	501
食品、饮料及烟草制品批发	53	657520	128826	91097	54045	4692
纺织、服装及家庭用品批发	160	623295	75789	50163	17737	3196
文化、体育用品及器材批发	43	167329	22360	21541	9345	887
医药及医疗器材批发	39	623862	106129	31600	18059	1975
矿产品、建材及化工产品批发	771	9799423	619857	428932	170487	24834
机械设备、五金产品及电子产品批发	230	2552600	189972	167879	66027	8164
贸易经纪与代理	2	2767		1225	1169	8
其他批发业	34	171690	47661	22254	6433	1183
二、零售业	**894**	**1844974**	**526445**	**609111**	**238236**	**35455**
其中：大中型	125	1026061	317488	439881	172173	24087
按登记注册类型分						
内资企业	881	1671884	504719	445322	180505	29318
私营有限责任公司	693	1015121	346320	225766	98676	17213
其他有限责任公司	147	528122	117883	187748	65386	10159
私营股份有限公司	9	19091	9146	3094	1840	197
其他股份有限公司	5	81962	29132	21167	10271	1289
股份合作企业	7	9070	432	2479	1884	204
个人独资企业	12	9812	494	1177	751	82
合伙企业	8	8706	1312	3892	1697	174

8-6 续表

(2023年) 单位：万元

名称	企业数(个)	流动资产合计	#存货	固定资产原价	累计折旧	#本年折旧
港、澳、台商投资企业	7	77447	2883	82233	34629	2661
外商投资企业	5	94949	18510	81344	22975	3459
农民专业合作社(联合社)	1	695	334	212	128	17
按零售行业分						
综合零售	74	253116	26627	194706	68478	8071
食品、饮料及烟草制品专门零售	73	68861	15682	15285	5803	1271
纺织、服装及日用品专门零售	10	41760	19043	22859	10288	1242
文化、体育用品及器材专门零售	12	68488	8850	58708	16465	1352
医药及医疗器材专门零售	20	134655	37272	3805	2889	259
汽车、摩托车、燃料及零配件专门零售	360	1020281	346935	286958	120836	21151
家用电器及电子产品专门零售	46	94394	29669	15522	8719	1000
五金、家具及室内装饰材料专门零售	8	16935	7674	1399	634	158
货摊、无店铺及其他零售业	291	146486	34695	9869	4125	950
按经营方式分						
独立门店	592	1395739	428735	439239	178592	28005
连锁总店	16	192397	50224	65378	19371	3106
连锁直营店	7	28206	10835	31035	10544	1355
其他	274	211868	34052	65428	27075	2568
按零售业态分						
有店铺零售	517	1544829	446476	565195	218792	31701
便利店	36	57124	9100	19761	6675	1531
超市	63	151842	21114	101176	42119	4250
仓储会员店	3	2721	272	142	60	12
百货店	16	109181	6346	119875	36710	4637
购物中心	4	32532	4550	25723	7332	586
专业店	195	523978	151301	120305	50468	6666
品牌专卖店	192	655974	248706	177834	75298	13955
集合店	8	11478	5088	380	129	65
无店铺零售	377	300145	79970	43916	19445	3753
网络零售	288	140642	35260	5686	1844	614
电视/广播零售	1	32	24	66	0	0
邮寄零售	2	649	2			
电话零售	2	2005	1314	105	69	5
直销	21	44710	13027	8883	4231	1010
其他	63	112108	30343	29177	13301	2125

8-7 限额以上批发和零售业企业财务状况(二)

(2023年) 单位：万元

名称	资产合计	负债合计	所有者权益	#实收资本	#个人资本	主营业务收入
总计	**20382512**	**15958659**	**4423853**	**2061408**	**641299**	**45401063**
一、批发业	**17580435**	**13786254**	**3794182**	**1412841**	**551237**	**39579172**
其中：大中型	7296282	4738793	2557490	664475	317365	11295698
按登记注册类型分						
内资企业	17329724	13577480	3752244	1385352	550931	39010136
国有独资公司	4345	854	3491	407		2971
私营有限责任公司	11767286	9898941	1868345	697004	415616	26952789
其他有限责任公司	3613912	3017270	596643	389828	16382	9533195
私营股份有限公司	270515	150989	119525	68914	48504	569849
其他股份有限公司	1164638	381358	783280	221513	69441	521893
全民所有制企业(国有企业)	468395	100805	367590	5890		1357091
股份合作企业	22888	9970	12919	1659	968	37864
合伙企业	17745	17294	451	137	20	34483
港、澳、台商投资企业	23065	1384	21681	21132		29549
外商投资企业	227647	207390	20257	6357	307	539487
按批发行业分						
农、林、牧产品批发	219944	192567	27377	20449	240	1104506
食品、饮料及烟草制品批发	733421	283469	449951	32325	5756	2179387
纺织、服装及家庭用品批发	698605	530983	167622	67722	20898	1508736
文化、体育用品及器材批发	205818	157647	48171	29892	14323	406153
医药及医疗器材批发	651753	479005	172749	47973	12645	1498513
矿产品、建材及化工产品批发	11922992	9623236	2299756	906035	386965	27779878
机械设备、五金产品及电子产品批发	2946803	2362015	584788	281838	93742	4518120
贸易经纪与代理	3651	1865	1786	144	144	7938
其他批发业	197448	155466	41982	26463	16524	575942
二、零售业	**2802077**	**2172406**	**629671**	**648567**	**90062**	**5821891**
其中：大中型	1563393	1296232	267161	307781	31415	3229533
按登记注册类型分						
内资企业	2473107	1967653	505453	557215	90012	5503945
私营有限责任公司	1272602	1134193	138409	314766	77964	3170574
其他有限责任公司	946856	666784	280072	194806	3501	1752200
私营股份有限公司	22377	17056	5321	6216	5456	39041
其他股份有限公司	199106	130221	68884	39308	1202	455136

8-7 续表

(2023年) 单位：万元

名称	资产合计	负债合计	所有者权益	#实收资本	#个人资本	主营业务收入
股份合作企业	9717	1926	7791	591	591	22183
个人独资企业	10290	8645	1646	950	870	20569
合伙企业	12159	8829	3331	578	428	44243
港、澳、台商投资企业	157045	100441	56604	50753		96541
外商投资企业	171127	103705	67422	40549		220705
农民专业合作社(联合社)	798	607	192	50	50	699
按零售行业分						
综合零售	447574	335696	111878	146807	8143	375515
食品、饮料及烟草制品专门零售	84375	58790	25585	18917	8315	169903
纺织、服装及日用品专门零售	54619	37719	16900	23673	2848	64055
文化、体育用品及器材专门零售	126545	89822	36723	8298	770	58577
医药及医疗器材专门零售	188356	105486	82869	39835	2475	295338
汽车、摩托车、燃料及零配件专门零售	1613176	1298949	314227	371689	44422	4188415
家用电器及电子产品专门零售	110867	88545	22321	21335	13494	217076
五金、家具及室内装饰材料专门零售	21766	21121	645	550	202	25011
货摊、无店铺及其他零售业	154801	136278	18523	17464	9393	428002
按经营方式分						
独立门店	2007826	1600812	407014	504362	74362	4597618
连锁总店	319841	227330	92511	65098	4236	377596
连锁直营店	114016	89554	24462	5348	566	298834
其他	330636	240894	89742	62510	10797	520338
按零售业态分						
有店铺零售	2415971	1877736	538236	593853	63354	4767433
便利店	127515	74904	52611	14384	2478	209440
超市	260621	205981	54640	97194	3782	270390
仓储会员店	2803	2676	127	12	12	7457
百货店	209721	128702	81019	73043	5736	107390
购物中心	58819	47911	10908	4500	500	39972
专业店	866391	625596	240795	247022	27090	1534646
专卖店	877858	780782	97077	156777	23076	2563351
集合店	12244	11184	1060	920	680	34786
无店铺零售	386105	294670	91435	54715	26708	1054458

8-8 限额以上批发和零售业企业财务状况(三)

(2023年)

单位：万元

名称	营业成本	税金及附加	其他业务利润	销售费用	管理费用
总计	**43410534**	**223780**	**77975**	**1058097**	**492430**
一、批发业	**38071246**	**208494**	**28296**	**682955**	**317862**
其中：大中型	10149072	195006	22208	511448	200074
按登记注册类型分					
内资企业	37557023	207934	28281	651584	310042
国有独资公司	2202	11			550
私营有限责任公司	26431905	16429	21441	291129	186254
其他有限责任公司	9080178	10648	1967	305078	45255
私营股份有限公司	539671	865	125	11696	12151
其他股份有限公司	497910	2800	3648	22303	29332
全民所有制企业(国有企业)	937800	177100	1100	19364	34435
股份合作企业	34899	46		1491	897
合伙企业	32459	36		523	1167
港、澳、台商投资企业	28826	13		192	548
外商投资企业	485397	547	15	31180	7272
按批发行业分					
农、林、牧产品批发	1099707	218	36	3516	3916
食品、饮料及烟草制品批发	1715826	177915	1644	34269	46959
纺织、服装及家庭用品批发	1364307	1778	249	75539	34198
文化、体育用品及器材批发	380778	271	62	13465	10530
医药及医疗器材批发	1168219	5059	2769	205738	29562
矿产品、建材及化工产品批发	27449326	16435	16152	192020	116416
机械设备、五金产品及电子产品批发	4336390	6152	7429	137676	69418
贸易经纪与代理	7305	3		421	290
其他批发业	549388	664	-45	20312	6572
二、零售业	**5339288**	**15286**	**49679**	**375143**	**174568**
其中：大中型	2996750	11062	41129	197458	99258
按登记注册类型分					
内资企业	5058199	12230	42016	350072	163236
私营有限责任公司	2912119	7664	24118	204418	114930
其他有限责任公司	1630435	3357	16642	103408	36476
私营股份有限公司	32468	70		3217	3328
其他股份有限公司	408538	953	1255	35568	4544
股份合作企业	18939	32		1050	1195
个人独资企业	17902	41	0	941	882
合伙企业	37798	114	1	1470	1880

8-8 续表

(2023年) 单位：万元

名称	营业成本	税金及附加	其他业务利润	销售费用	管理费用
港、澳、台商投资企业	83300	850	6837	17183	2449
外商投资企业	197234	2206	826	7864	8798
农民专业合作社(联合社)	555	0		24	85
按零售行业分					
综合零售	318917	3291	15674	55681	22890
食品、饮料及烟草制品专门零售	147693	220	4	6841	12143
纺织、服装及日用品专门零售	54534	350		7362	2701
文化、体育用品及器材专门零售	47474	452	1221	6188	4307
医药及医疗器材专门零售	228407	681	1686	34161	10143
汽车、摩托车、燃料及零配件专门零售	4008556	8992	25545	154655	92867
家用电器及电子产品专门零售	201212	284	4332	11836	11727
五金、家具及室内装饰材料专门零售	19277	45		3325	2655
货摊、无店铺及其他零售业	313220	972	1218	95094	15137
按经营方式分					
独立门店	4272091	12539	32083	248545	134908
连锁总店	295505	943	9609	59750	18574
连锁直营店	293417	547	994	16312	-246
其他	453892	1124	6965	49135	19454
按零售业态分					
有店铺零售	4432835	13583	43681	256561	140756
便利店	182280	406	2420	17165	10150
超市	230203	969	12081	44314	11026
仓储会员店	6851	5		241	316
百货店	91408	2617	2283	5355	9270
购物中心	33974	166	723	3203	2336
专业店	1393349	3108	9053	91692	49617
品牌专卖店	2461294	6298	17108	93712	57114
集合店	33476	15	13	879	928
无店铺零售	906453	1702	5998	118582	33812
网络零售	316159	862	1053	97279	13776
电视/广播零售	7	0			
邮寄零售	514	0		0	34
电话零售	3645	5		378	156
直销	175243	214	2278	5382	5854
其他	410885	622	2666	15542	13993

8-9 限额以上批发和零售业企业财务状况(四)

(2023年) 单位：万元

名称	财务费用	#利息费用	营业利润	利润总额	应付职工薪酬	应交增值税
总计	**71222**	**129503**	**709732**	**749453**	**548826**	**236297**
一、批发业	**40062**	**104340**	**683273**	**710695**	**326507**	**181939**
其中：大中型	-9518	45799	580081	589556	247781	139636
按登记注册类型分						
内资企业	48828	104327	654736	682159	324832	178286
国有独资公司	-12		396	397	497	101
私营有限责任公司	66630	69435	138106	151173	158932	55903
其他有限责任公司	9520	31834	105568	114551	97666	60056
私营股份有限公司	1912	2430	8808	9161	12219	2982
其他股份有限公司	-11753	562	192995	198453	17802	4394
全民所有制企业(国有企业)	-17637		208124	207705	36284	54376
股份合作企业	145	78	462	453	937	229
合伙企业	24	-13	275	267	496	244
港、澳、台商投资企业	-67	11	56	55	217	8
外商投资企业	-8700	2	28482	28481	1459	3645
按批发行业分						
农、林、牧产品批发	1674	1476	-3025	2411	4099	317
食品、饮料及烟草制品批发	-16326	1837	228155	230532	48004	63176
纺织、服装及家庭用品批发	4897	2565	36782	39003	43262	8896
文化、体育用品及器材批发	2038	815	1026	1265	8895	2289
医药及医疗器材批发	4022	4811	90198	89211	51210	41645
矿产品、建材及化工产品批发	59442	79791	284371	293154	103327	46969
机械设备、五金产品及电子产品批发	-16280	12368	46858	55929	58111	15303
贸易经纪与代理	176	-1	-321	-174	270	
其他批发业	419	679	-770	-637	9329	3345
二、零售业	**31160**	**25164**	**26459**	**38758**	**222320**	**54358**
其中：大中型	16894	14336	15345	22252	145230	29870
按登记注册类型分						
内资企业	30654	24447	16881	28758	208246	50241
私营有限责任公司	18445	14564	-24685	-18105	121364	26851
其他有限责任公司	9306	8930	3006	8157	57503	15212
私营股份有限公司	584	501	-596	-399	3673	539
其他股份有限公司	1850	88	34797	34845	22323	6324
股份合作企业	80	77	888	885	966	285
个人独资企业	84	36	795	754	1061	260
合伙企业	306	252	2677	2621	1357	772

8-9 续表

(2023年) 单位：万元

名称	财务费用	#利息费用	营业利润	利润总额	应付职工薪酬	应交增值税
港、澳、台商投资企业	-156	37	1379	1506	8185	1477
外商投资企业	660	679	8165	8451	5814	2640
农民专业合作社(联合社)	2		34	44	75	
按零售行业分						
综合零售	1512	1173	-6906	-5634	33760	4956
食品、饮料及烟草制品专门零售	420	362	3576	3715	11397	1872
纺织、服装及日用品专门零售	451	437	1356	1397	2755	844
文化、体育用品及器材专门零售	-1018	151	3229	6165	6782	-207
医药及医疗器材专门零售	-73	458	45467	45527	26333	6165
汽车、摩托车、燃料及零配件专门零售	29049	20580	-30444	-24238	113440	29415
家用电器及电子产品专门零售	422	1498	1041	1481	11599	2036
五金、家具及室内装饰材料专门零售	18	46	-303	-169	2318	364
货摊、无店铺及其他零售业	379	460	9442	10515	13936	8912
按经营方式分						
独立门店	27757	21654	-12069	-2825	150245	38986
连锁总店	600	901	34265	35361	40488	6293
连锁直营店	1937	17	-3015	-2789	7414	2944
其他	997	2588	6891	8606	22722	5936
按零售业态分						
有店铺零售	27765	22645	20371	30584	188662	41198
便利店	1882	1266	2219	2423	10171	2656
超市	902	947	-2494	-1401	26583	3650
仓储会员店	5	6	40	55	270	8
百货店	571	423	2724	5563	4008	1372
购物中心	-357	115	1842	1961	3323	67
专业店	8013	9042	34298	35610	68067	13512
品牌专卖店	16746	10808	-18000	-13417	75547	19793
集合店	3	38	-257	-208	693	140
无店铺零售	3395	2519	6088	8174	33657	13160
网络零售	464	459	5466	6781	13595	8559
电视/广播零售			1	1	1	
邮寄零售	0		-31	11	17	
电话零售	31	35	27	27	263	45
直销	314	282	409	552	6006	1614
其他	2585	1743	216	803	13777	2942

8-10 限额以上住宿和餐饮业企业财务状况(一)

(2023年)

单位：万元

名　称	企业数(个)	流动资产合　计	#存 货	固定资产原　价	累　计折　旧	#本年折旧
总　计	**397**	**307961**	**13764**	**672391**	**277835**	**26070**
一、住宿业	**129**	**194606**	**5631**	**482610**	**199371**	**17663**
其中：大中型	21	104310	3704	343281	146958	11184
按登记注册类型分						
内资企业	124	175119	4296	265655	98619	9782
私营有限责任公司	92	87078	2992	116149	54293	5056
其他有限责任公司	23	80211	1118	120798	27020	3137
其他股份有限公司	1	5955	129	23848	13916	1324
个人独资企业	3	136	11	576	422	39
合伙企业	5	1740	46	4284	2968	226
港、澳、台商投资企业	5	19486	1335	216955	100752	7881
外商投资企业						
按住宿行业分						
旅游饭店	76	174549	5044	464086	186687	16573
经济型连锁酒店	14	8920	116	1130	456	189
一般旅馆	32	9354	449	15359	11831	750
民宿服务	6	1754	22	2001	391	147
露营地服务	1	29	1	34	5	5
二、餐饮业	**268**	**113355**	**8133**	**189781**	**78464**	**8407**
其中：大中型	26	61657	3562	143622	50830	6093
按登记注册类型分						
内资企业	268	113355	8133	189781	78464	8407
私营有限责任公司	186	78999	5510	137794	54816	5280
其他有限责任公司	25	25109	1378	46594	20262	2798
私营股份有限公司	1	0	0	0	0	0
集体所有制企业(集体企业)	1	47	1	165	154	2
个人独资企业	48	5899	826	3286	1563	227
合伙企业	7	3302	419	1942	1669	100
港、澳、台商投资企业						
按餐饮行业分						
正餐服务	258	110163	7957	189529	78381	8367
快餐服务	5	178	23	126	20	14
其他餐饮业	3	186	55	10	2	2

8-11 限额以上住宿和餐饮业企业财务状况(二)

(2023年) 单位：万元

名称	资产总计	负债合计	所有者权益	#实收资本	#个人资本	主营业务收入
总计	**1014532**	**956450**	**58082**	**313498**	**126495**	**465777**
一、住宿业	**742019**	**698394**	**43625**	**143028**	**26551**	**197833**
其中：大中型	504925	459045	45880	101997	10306	121649
按登记注册类型分						
内资企业	593613	588580	5033	86894	26551	166022
私营有限责任公司	226524	247645	-21121	52888	24717	106218
其他有限责任公司	266384	293405	-27021	20231	659	47051
其他股份有限公司	96868	44348	52520	12000		8623
个人独资企业	367	370	-3	100		1002
合伙企业	3471	2812	659	1675	1175	3127
港、澳、台商投资企业	148406	109814	38591	56134		31810
外商投资企业						
按住宿行业分						
旅游饭店	696417	652407	44010	125114	17459	163286
经济型连锁酒店	14398	13417	981	4209	1070	11088
一般旅馆	27062	31088	-4026	11497	5949	21323
民宿服务	3989	1447	2542	2073	2073	1895
露营地服务	153	36	117	135		241
二、餐饮业	**272513**	**258056**	**14457**	**170470**	**99944**	**267944**
其中：大中型	184111	170962	13149	57078	8790	113384
按登记注册类型分						
内资企业	272513	258056	14457	170470	99944	267944
私营有限责任公司	197999	192145	5854	70206	16640	189812
其他有限责任公司	59787	55717	4071	16362	374	44468
私营股份有限公司	44	33	11	11	11	228
集体所有制企业(集体企业)	59	208	-149	38		498
个人独资企业	10348	6920	3428	81994	81258	26412
合伙企业	4276	3033	1243	1860	1662	6526
港、澳、台商投资企业						
按餐饮行业分						
正餐服务	269059	255831	13228	169430	99934	261612
快餐服务	284	113	172	40	10	1368
其他餐饮业	195	244	-49			929

8-12 限额以上住宿和餐饮业企业财务状况(三)

(2023年)

单位：万元

名　称	营　业 成　本	税金及 附　加	其他业务 利　润	销　售 费　用	管　理 费　用
总　计	**240147**	**3241**	**7269**	**120476**	**122388**
一、住宿业	**80198**	**2126**	**6694**	**56175**	**75398**
其中：大中型	38893	1137	5538	43477	44595
按登记注册类型分					
内资企业	68719	1442	4280	41681	68319
私营有限责任公司	42829	389	3099	27667	43033
其他有限责任公司	21214	938	1181	11008	20360
其他股份有限公司	2377	103		1807	3890
个人独资企业	486	1		293	248
合伙企业	1813	10		906	789
港、澳、台商投资企业	11480	684	2414	14494	7079
外商投资企业					
按住宿行业分					
旅游饭店	62317	2057	4102	50686	62297
经济型连锁酒店	5876	6		1292	5267
一般旅馆	11003	53	2593	3672	7369
民宿服务	768	9		516	451
露营地服务	235	0		10	14
二、餐饮业	**159949**	**1115**	**575**	**64300**	**46990**
其中：大中型	7694	13		2698	1134
按登记注册类型分					
内资企业	159949	1115	575	64300	46990
私营有限责任公司	116497	930	693	43572	30304
其他有限责任公司	21726	89	-118	14580	11303
私营股份有限公司	120	0		1	96
集体所有制企业(集体企业)	269	0		229	34
个人独资企业	16968	74		4659	4368
合伙企业	4370	23		1259	885
港、澳、台商投资企业					
按餐饮行业分					
正餐服务	154257	1108	575	64273	46478
快餐服务	1033	1		10	244
其他餐饮业	803	1		7	117

8-13 限额以上住宿和餐饮业企业财务状况(四)

(2023年) 单位：万元

名称	财务费用	#利息费用	营业利润	利润总额	应付职工薪酬	应交增值税
总计	**13390**	**13242**	**-24243**	**-21882**	**124104**	**9953**
一、住宿业	**10299**	**10860**	**-19684**	**-19336**	**54716**	**4615**
其中：大中型	7061	8026	-8028	-8155	32500	3061
按登记注册类型分						
内资企业	8996	9590	-20201	-19857	47332	3194
私营有限责任公司	4791	4451	-9020	-9104	28398	2240
其他有限责任公司	3544	4576	-10660	-10153	15694	654
其他股份有限公司	562	531	-72	-168	1818	212
个人独资企业	27		-54	-54	281	10
合伙企业	72	31	-395	-377	1141	78
港、澳、台商投资企业	678	660	-3034	-2905	4359	652
外商投资企业	1303	1271	517	521	7384	1421
按住宿行业分						
旅游饭店	9710	10573	-18758	-18414	46548	3782
经济型连锁酒店	160	3	-412	-422	2382	148
一般旅馆	381	239	-598	-596	5170	636
民宿服务	48	46	102	114	588	47
露营地服务			-18	-18	28	2
二、餐饮业	**3091**	**2382**	**-4559**	**-2546**	**69388**	**5338**
其中：大中型	2038	1673	-2157	-1194	29002	2758
按登记注册类型分						
内资企业	3091	2382	-4559	-2546	69388	5338
私营有限责任公司	2015	1484	-1119	326	46402	4582
其他有限责任公司	942	799	-3616	-3199	12959	120
私营股份有限公司	0		11	11	71	2
集体所有制企业(集体企业)	2	2	-36	-2	190	5
个人独资企业	96	78	248	342	7828	457
合伙企业	37	20	-47	-23	1938	173
港、澳、台商投资企业						
外商投资企业						
按餐饮行业分						
正餐服务	3085	2382	-4648	-2643	68309	5296
快餐服务	0	0	80	80	311	17
其他餐饮业	0		2	2	292	10

8-14 各类商品市场基本情况

(1990-2023年)

年 份	市场数(个)	#消费品市场	#生产资料市场	市场成交额(亿元)
1990	837			28.70
1991	822			32.80
1992	810			46.80
1993	851			71.70
1994	854			181.60
1995	859	740	119	352.10
1996	858	729	129	420.40
1997	843	687	156	396.50
1998	841	684	157	396.20
1999	811	687	124	439.80
2000	585	477	108	474.90
2001	569	464	105	541.50
2002	585	481	104	542.90
2003	538	440	98	577.40
2004	544	443	99	634.96
2005	530	435	95	671.76
2006	523	430	93	727.50
2007	538	444	94	798.79
2008	537	446	91	844.48
2009	571	478	93	905.77
2010	488	404	83	1019.87
2011	497	410	86	1136.65
2012	509	426	82	1295.21
2013	528	443	84	1435.20
2014	533	446	86	1512.84
2015	537	449	84	1615.00
2016	526	451	70	1307.62
2017	496	424	68	1392.20
2018	470	399	66	1414.27
2019	440	377	63	1386.00
2020	357	298	59	1278.90
2021	340	282	58	1310.88
2022	304	254	50	1281.00
2023	304	252	49	1419.00

主要统计指标解释

社会消费品零售总额 指企业（单位、个体户）通过交易直接售给个人、社会集团非生产、非经营用的实物商品金额，以及提供餐饮服务所取得的收入金额。社会消费品零售总额包括：

一、批发和零售业单位：

1. 售予城乡居民的各种生活消费品；

2. 售予入境旅游的外国人、华侨、港澳台同胞的各类商品；

3. 售予行政事业单位、社会团体、军队和武警等机构的商品，以及以零售方式售予各类企业的商品。具体包括：用于非生产和社会交往的办公用品，如通讯设备、计算器具和设备、电讯网络设备、文印设备、音像视听器材和设备、纸张、本册、文具及装订文印材料、家具、日用电器、针纺织品、清洁卫生用品、文体用品、奖品、纪念品、礼品等；供内部人员乘坐的交通工具和燃料；用于办公设施修缮的各类配件、材料、工具等；用于取暖和防暑降温的设备、燃料、材料及食品等；专用于教学的用品和设备；非营利医疗机构的中、西药品、中药材和医疗设备器材；非专用的劳动保护用品；不对外营业的内部食堂用的餐具、炊具、设备、清洁卫生工具和食品、燃料等；军队、武警用于其人员生活的衣着品和个人用品；其他各类非生产性设备和用品。

二、住宿和餐饮业单位出售的主食、菜肴、烟酒饮料和其他商品。

商品销售额 指对本单位以外的单位和个人出售的商品金额（含增值税）以及出售给本单位且开具增值税发票的商品金额。包括：（1）售给个人和社会集团消费用的商品；（2）售给农业、工业、建筑业、服务业等国民经济各行业用于生产、经营用的商品，包括售给批发和零售业作为转卖或加工后转卖的商品；（3）对国（境）外直接出口的商品。在批发和零售业中，本指标反映国内销售的商品以及出口商品的总价。

批发 指除零售以外的一切商品销售活动，包括对生产经营单位批发、对批发零售贸易业批发和出口。

连锁企业（或称连锁店、连锁公司） 指在核心企业或总店的领导下，由分散的、经营同类商品或服务的企业或活动单位，采取共同方针，实行集中采购和分散销售的有机结合，通过规范化经营，实现规模效益的经济联合组织形式。一般连锁店应由若干个分店组成。其经营特征：（1）经营同类商品；（2）使用统一商号；（3）统一采购配送或特许经营。

连锁门店包括下列三种形式：

1. 直营连锁：指连锁店铺由连锁公司全资或控股开设，在总部的直接控制下，开展统一经营的连锁经营形式。2. 特许连锁：指拥有注册商标、企业标志、专利、专有技术等经营资源的企业（特许人），以合同形式将其拥有的经营资源许可其他经营者（被特许人）使用，被特许人按合同约定在统一的经营模式下开展经营，并向特许人支付特许经营费用的连锁经营形式。3. 自愿连锁：指若干个店铺或企业自愿组合起来，在不改变各自资产所有权关系的情况下，以同一个品牌形象面对消费者，以共同进货为纽带开展的连锁经营形式。

限额以上批发企业 指年主营业务收入在 2000 万元及以上的批发企业。

限额以上零售企业 指年主营业务收入在 500 万元及以上的零售企业。

限额以上住宿企业 指年主营业务收入在 200 万元及以上的住宿企业。

限额以上餐饮企业 指年主营业务收入在 200 万元及以上的餐饮企业。

营业额 指本单位在经营活动中，因提供服务或销售商品等取得的全部收入（含增值税），收入主要来源于提供客房及餐饮服务、商品销售和其他服务，如商务服务。不包括多产业法人企业附营的其他行业产业活动单位的餐费收入、商品销售收入等各项收入。

客房数 指本单位提供住宿服务的房间数，该指标按报告期内正常情况下的实有数统计。

床位数 指本单位供应旅客使用的床位数，不包括临时加床和门店内部工作人员使用的床位。该指标按报告期内正常情况下的实有数统计。

餐位数 指本单位为顾客提供就餐服务时，正常可同时容纳就餐人员的餐位数量，不包括临时加的餐位。该指标按报告期内正常情况下的实有数统计。

年末餐饮营业面积 指本单位对外提供餐饮服务的就餐面积和从事食品加工、烹饪、调制的厨房面积，不包括办公用房和仓库等面积。按年末实有建筑面积统计。本指标应与餐费收入统计相匹配。

市场成交额 指经乡镇及以上政府主管部门批准，有固定交易场所，进行经常性常年交易、并设有专职管理人员的现货商品交易市场所有摊位、写字间或门面的商品交易额之和。

9

对外经济贸易和旅游

Foreign Economy and Trade, Tourism

9-1 外贸进出口额

(1990-2023年)

单位：万美元、万元

年份	进出口总额	出口额				进口额
			外贸企业	三资企业	生产企业	
1990	1028	1020				8
1991	3823	3793	3280	513		30
1992	6127	6127	4767	1360		
1993	14732	14177	7564	5673	940	555
1994	24496	20314	10925	5999	3390	4182
1995	32591	27778	15344	5880	6554	4813
1996	40111	32857	14618	8367	9872	7254
1997	46636	35757	14778	10764	10215	10879
1998	47337	37969	13785	11963	12221	9368
1999	65932	49001	13157	18728	17116	16931
2000	114436	86877	26168	27824	32885	27559
2001	154277	117860	34356	38611	44893	36417
2002	219125	180240	50000	54234	76006	38885
2003	328806	265072	61566	74823	128683	63734
2004	478862	379895	81865	103464	194566	98967
2005	635301	519553	102866	145028	271659	115748
2006	843174	703475	129048	203560	370867	139699
2007	1109292	936472	165165	241736	529571	172820
2008	1381114	1176443	177425	267234	731785	204671
2009	1203152	1006683	163521	194230	648932	196469
2010	1700137	1396259	222856	250367	923037	303878
2011	2050352	1703492	260251	270695	1172546	346860
2012	2062194	1723882	249216	253316	1221350	338312
2013	2187783	1872069	317703	246506	1307860	315714
2014	2207924	1935131	288280	235657	1411194	272793
2015	2116577	1882887	284189	207592	1391106	233690
2016	13108112	11693755	1631197	1113314	8949244	1414358
2017	15778907	13794733	2404792	1291261	10098681	1984173
2018	17429914	15375961	2688878	1318638	11368444	2053953
2019	17000805	15651471	2830148	1270463	11550861	1349334
2020	18984818	17608621	3929183	1245316	12434121	1376197
2021	23993637	21970924	5051431	1421148	15498345	2022713
2022	27718442	25266899	7080957	2710668	15475274	2451543
2023	27444834	25145338	7411308	3472018	14262012	2299496

注：从2016年起以人民币为计价单位。

9-2 市区外贸进出口总额

(1994-2023年) 单位：万美元、万元

年份	市区	#椒江区	#黄岩区	#路桥区
1994	19237	5360		
1995	23880	6829		1389
1996	21197	7160		2211
1997	28247	8504	8959	1919
1998	26032	7360	9392	3454
1999	36609	11392	12544	2847
2000	64900	16936	15792	8606
2001	89475	21210	18985	16170
2002	119773	41150	26796	25477
2003	167141	58566	33435	38298
2004	240127	77922	47954	62426
2005	320224	88099	74365	91445
2006	401949	128764	83257	130490
2007	512334	168648	100432	172434
2008	635350	144851	142103	238820
2009	561927	147928	119877	184505
2010	787554	211139	154229	281062
2011	948350	253431	190352	346583
2012	934491	257432	196573	329031
2013	982645	269903	215912	338781
2014	968173	270706	212143	339216
2015	888127	233047	211009	290578
2016	5418626	1536534	1333919	1720441
2017	6792785	1843348	1598299	2456366
2018	7224305	2145879	1678573	2446041
2019	6351386	1708463	1863666	1700402
2020	7244782	1648031	2008812	2297010
2021	10240610	2367185	2405987	3816611
2022	12856909	2896857	2742738	5502029
2023	13397927	3177854	2612931	5721040

注：从2016年起以人民币为计价单位。

9-3 各县市外贸进出口总额

(1994-2023年)　　单位：万美元、万元

年 份	三门县	天台县	仙居县	温岭市	临海市	玉环市
1994	31		403	913	3912	
1995	116		1060	2977	4558	
1996	359		2427	7449	6671	2008
1997	427		3226	6987	5519	2230
1998	598		3296	6525	7067	3819
1999	823		4834	8200	10011	5455
2000	1448		6150	16253	16041	9644
2001	1580	2562	7842	22526	17982	12310
2002	2862	4699	9951	40565	21964	19311
2003	5135	7076	12184	63076	40317	33877
2004	8052	13229	16750	77594	62404	60706
2005	13192	18511	16757	102914	69254	94449
2006	20199	25445	19253	139575	86520	150233
2007	29127	34374	25314	187436	112232	208475
2008	37313	45133	30274	223813	141852	267379
2009	34266	35759	32126	191761	141260	206053
2010	51152	47767	40570	281324	195826	295945
2011	66586	60884	51073	339599	237234	346627
2012	68715	60653	57428	355682	247900	337325
2013	69423	60839	63476	398550	256559	356291
2014	72811	67378	70371	399584	264282	365326
2015	68811	70721	73386	382427	281752	351352
2016	445216	426859	416647	2471219	1828402	2101144
2017	507424	471978	486539	2975188	2150280	2394713
2018	560652	520472	662666	3284535	2442049	2735233
2019	699586	549248	584061	3602635	2534508	2679381
2020	697007	584144	591856	4363968	2795995	2707067
2021	862354	761341	717211	4062337	3582754	3767030
2022	986260	813850	723140	3899481	3842022	4596780
2023	959255	785762	664124	4020559	3383632	4233575

注：从2016年起以人民币为计价单位。

9-4 市区外贸出口总额

(1994-2023年)　　单位：万美元、万元

年 份	市 区	#椒江区	#黄岩区	#路桥区
1994	10780	4639		
1995	12593	5601		1389
1996	8121	5677		2211
1997	2665	6700	7488	1919
1998	3134	6088	8571	3454
1999	3628	8632	10293	2587
2000	13435	14615	13248	5217
2001	61197	18513	16416	9252
2002	91223	36993	23252	16293
2003	121000	50749	29328	25376
2004	162515	60690	40484	37933
2005	222720	61460	65979	55671
2006	284051	84084	74182	79852
2007	368009	116834	90500	110186
2008	469614	109870	132570	159853
2009	398931	106705	109293	108726
2010	543002	155048	139145	148179
2011	662545	195259	174854	180442
2012	656580	197145	183631	171062
2013	731468	213054	204125	193553
2014	746168	214012	200604	214138
2015	701205	198975	199668	181320
2016	4384280	1361530	1262048	1034521
2017	5272098	1656456	1515032	1318043
2018	5734430	1962039	1576970	1308385
2019	5589758	1576718	1776966	1247668
2020	6405627	1537600	1919183	1759716
2021	8856093	2238520	2294569	2791806
2022	11083566	2757593	2637279	4121088
2023	11770518	3054750	2563340	4403942

注：从2016年起以人民币为计价单位。

9-5 各县市外贸出口总额

(1994-2023年)　　单位：万美元、万元

年 份	三门县	天台县	仙居县	温岭市	临海市	玉环市
1994	28		403	913	3551	
1995	106	137	1060	2977	3915	
1996	359	130	2390	7393	4583	1993
1997	384	200	3191	6832	4149	2229
1998	502	314	3258	5353	4286	3009
1999	731	400	4723	7675	5759	4573
2000	1224	788	6071	14817	9148	8314
2001	1376	2385	7735	21145	13287	10735
2002	2631	4437	9888	35838	18591	17632
2003	4772	6688	12004	57299	31391	31918
2004	7306	12226	16556	74860	48942	57490
2005	12203	17053	16491	100123	62382	88581
2006	18471	23967	18886	134695	79037	144368
2007	27360	33192	25032	181513	104096	197270
2008	34341	42944	29974	212539	131933	255098
2009	31920	34220	31818	181556	132468	195770
2010	48487	44082	40188	266525	180117	273858
2011	64328	56338	49693	327396	218467	324727
2012	65995	56321	56041	341184	228690	319070
2013	66258	57375	60558	383859	235805	336746
2014	68749	64903	67674	384576	248724	354340
2015	66242	65965	71052	372092	265425	340906
2016	428165	402868	405060	2310408	1715768	2047205
2017	484848	439651	479256	2777010	2026812	2315057
2018	536012	483685	654997	3041244	2285997	2639595
2019	618527	519974	564638	3432538	2346847	2579189
2020	678881	558351	573064	4198018	2571342	2623337
2021	838052	727032	700785	3870089	3327662	3651212
2022	925721	792764	690096	3719750	3552079	4502923
2023	938280	764467	625056	3837476	3090468	4119074

注：从2016年起以人民币为计价单位。

9-6 外贸主要商品出口情况

(2015–2023年) 单位：万元

类　别	2015年	2016年	2017年	2018年	2019年	2020年	2021年	2022年	2023年
机电产品	**6411285**	**6472309**	**7705054**	**8738719**	**8670464**	**9975279**	**12102552**	**13281261**	**14983344**
高新技术非机电产品	**729879**	**759029**	**837666**	**964652**	**1069670**	**1395140**	**1331705**	**1628278**	**1483465**
主要商品(类别)									
家用电器	539042	569476	702182	796056	446216	496058	599369	614248	664807
其中：压缩机	199303	196420	161240	116358	122906	126489	175474	202304	211836
空　调	12270	11186	19029	76364	22463	17004	28601	20598	22678
冷藏箱	113279	115952	135300	145269	150928	185560	169249	151783	188307
汽摩及部件	672327	700718	804586	910635	896435	908233	1238461	1509462	3875204
1. 汽车及部件	520974	527952	601482	671453	677996	651660	896785	1081954	3316375
汽车整车	14416	3764	577	43	605	3484	10992	15240	2230642
汽车零部件	506559	524188	600906	671411	677390	648177	885792	1066714	1085733
2. 摩托车及部件	151353	172766	203104	239181	218440	256573	341676	427508	559009
服装机械	174657	199275	252156	301428	309064	292190	396558	497663	437740
塑料模具	752544	780222	895288	1001353	1110051	1261222	1643264	1788564	1671524
医化产品	1328772	1338443	1518315	1747395	1892470	2216161	2251920	2524389	2335108
纺织服装	493472	473456	578352	627403	591088	674580	939949	963620	749017
帐　篷	156271	157519	178519	190053	203707	205608	268594	264113	183340
鞋　类	952297	915900	1016745	1071504	1193199	1026640	1347296	1528861	1339401
灯　具	325565	307592	351501	389515	393277	519077	557543	670217	499186
农产品	448560	428492	367587	582012	568865	548129	618887	596853	536878
阀门、龙头	1132548	1109979	1257179	1375112	1414171	1456774	1853319	1879605	1798108
家　具	1099628	1047690	1179322	1247424	1265277	1444045	1818481	1825811	1367482
太阳伞	137660	139750	158982	173578	220528	241224	351496	328759	227373
工艺品	166655	165221	126018	143363	160393	144367	179783	32594	25079
太阳能板	88756	103637	57012	67133	87728	103707	135968	235055	239571
喷雾器	294980	327757	372542	413639	447423	588355	639700	538486	559708
船　舶	37099	36654	33194	59956	58494	10786	65906	44840	134858
液体泵	558401	592735	649644	700307	824862	903997	1126880	1120398	1328482
铝制品	336637	310312	431110	436745	404912	359271	520793	575325	448327
铜制品	200313	189582	219765	249566	245013	241855	348063	353620	325692

9-7 外贸主要商品进口情况

(2015-2023年)　　单位：万元

类　别	2015年	2016年	2017年	2018年	2019年	2020年	2021年	2022年	2023年
机电产品	**207870**	**138360**	**193341**	**253726**	**319681**	**336370**	**338280**	**367250**	**355351**
高新技术产品	**30853**	**37717**	**34150**	**39295**	**44923**	**32896**	**30762**	**40640**	**25537**
主要商品(类别)									
钢铁废碎料	480076	432764	565531	347425	17663	7205	43643	85771	114949
铜废碎料	353919	360963	644955	753712	371928	285373	735848	853756	869093
铝废碎料	3096	4600	7631	44759	21852	8362	86272	188510	176697
未锻轧的铜锌合金(黄铜)	11187	10228	17265	20456	21070	48172	70119	57059	43691
化工原料	106597	110631	110696	132183	129207	126595	138873	163676	153007
纺织原料	18347	19037	22016	21088	18221	26598	35842	39518	36167
塑料制品	143155	139280	166845	217670	215568	217929	243471	214622	152415
橡胶制品	19335	20392	23388	18938	19087	23556	31202	33143	31054
皮　革	4076	2789	2336	1983	2989	2538	1896	2188	1960
农产品	24277	43361	27635	52612	22474	21962	33906	70024	71012
光学、医疗仪器	20397	25201	42873	56802	62343	73669	72687	86801	80198
矿产品	1771	83660	82931	99805	76807	37717	17258	24478	18869
液晶装置	12912	17839	26224	34396	255				
金属加工中心	5763	9560	10103	16410	8595	6014	6210	7619	3709
玻璃制品	21287	9184	14124	11503	9105	16268	13810	18917	20293
木制品	12235	32244	48259	33386	8396	5758	2914	2104	3479
发动机	4759	4777	2917	3675	3528	2705	2559	1560	3547
压缩机	2456	1708	515	2359	2388	4005	6015	10387	11015

9-8 主要国家(地区)外贸进出口总额

(2015-2023年) 单位：万元

国家(地区)	2015年	2016年	2017年	2018年	2019年	2020年	2021年	2022年	2023年
中国香港	110595	64856	61118	185245	83118	93860	90195	98436	143547
中国台湾	139303	139841	164684	197720	163729	179082	289009	321118	345776
印　度	489730	520579	620860	721544	814268	861877	971388	1164061	1177490
以色列	67107	67560	85872	96302	84931	85812	103483	122166	115878
日　本	831237	830749	1100807	1164401	687092	726346	1046850	1158756	1174406
沙特阿拉伯	163636	127411	159453	163132	201887	228753	292774	350325	305315
韩　国	325585	329263	432027	478668	408170	459017	521284	653883	563321
土耳其	174659	155500	184951	174866	160540	227849	269749	338072	510244
阿联酋	314607	256048	286636	252298	288491	294285	444864	908390	690530
印度尼西亚	167346	191450	218034	254276	292380	289734	352856	421711	498141
菲律宾	88456	92648	123428	135612	142764	161712	336521	387949	426796
新加坡	137912	52027	68890	91968	119561	135908	112370	156824	140707
泰　国	208022	231712	232898	271358	314315	388113	585785	744217	656126
越　南	149055	178430	220192	255612	246534	281475	333456	526713	505464
埃　及	140904	117533	94633	119942	135316	156488	184125	179644	154735
尼日利亚	124009	121486	169872	186632	212706	182554	266300	290697	274945
波　兰	174484	178613	240867	293210	275494	328770	377063	427518	443782
罗马尼亚	35637	43984	54535	64142	62222	70327	78264	94930	124595
比利时	136981	128128	145687	175766	170475	245598	273021	348804	293331
丹　麦	50555	44664	54150	57340	65527	69014	97986	110274	81017
英　国	501442	488920	567635	601714	622237	721094	908126	972091	1007665
德　国	650537	672252	813066	854780	900499	1032310	1152576	1273054	977182
法　国	327953	323732	385142	401112	446307	434037	563339	648024	563852
意大利	361075	367875	434314	467424	480965	503525	672392	747192	653985
荷　兰	347018	363309	390357	394293	379106	572162	615782	608802	552727
希　腊	46205	49989	57369	61735	69623	66678	93155	137375	117398
西班牙	267159	267167	315042	340353	347369	353548	427686	484198	422826
瑞　典	64468	66427	78089	93692	101239	171132	207385	255822	524567
阿根廷	88410	88945	122892	114782	75112	104106	144627	173604	138567
巴　西	200427	165494	238845	285480	346960	382694	466262	503171	592635
智　利	127296	122000	153574	155790	161839	168970	281371	227961	238300
墨西哥	337338	329481	368932	433691	473996	443208	649117	726841	852217
委内瑞拉	19353	12379	7210	6457	12961	13671	38197	38891	71808
加拿大	323786	338462	363182	396948	366587	463466	499219	593184	463930
美　国	2403835	2384700	2981908	3343045	2879298	3506946	4090672	4319770	4005466
澳大利亚	270699	276735	324844	344391	307058	405029	455092	613864	682037

9-9 主要国家(地区)外贸出口总额

(2015-2023年)

单位：万元

国家(地区)	2015年	2016年	2017年	2018年	2019年	2020年	2021年	2022年	2023年
中国香港	101553	58160	53792	78674	59499	86931	87213	92274	143071
中国台湾	96598	98403	106603	123439	121492	137426	242459	273474	287994
印　度	469760	494218	595242	685110	773865	798147	915827	1099004	1140724
以色列	65869	66405	83300	93735	82548	83468	98742	118692	108760
日　本	275226	303372	350122	372269	374989	421422	464899	518765	532314
沙特阿拉伯	148424	113032	116478	109000	163646	197524	262884	315362	284807
韩　国	221152	223311	311579	347690	305519	315360	385875	494791	418328
土耳其	172188	149183	177613	169906	157927	221996	256569	330945	508893
阿联酋	306433	244626	266193	230811	254432	265315	386717	837729	645916
印度尼西亚	164931	187865	212268	244433	285020	275881	337157	394383	429679
菲律宾	87651	89827	116792	131576	137117	158579	325521	360247	413105
新加坡	84825	29265	43977	69621	96005	114128	80815	132502	119230
泰　国	189845	209345	208658	232691	259483	316592	488282	559426	503910
越　南	134276	164863	195432	233175	238435	270809	309506	493602	478589
埃　及	140615	116154	91201	113479	135263	154864	174154	175950	153805
尼日利亚	121789	115882	153553	174433	207367	166297	240033	266606	251828
波　兰	172130	176350	238228	290771	268644	323453	370089	409945	433151
罗马尼亚	34840	42287	47337	56833	54771	63763	73279	91413	120885
比利时	120688	112441	124111	156283	164597	234794	260827	337027	281657
丹　麦	48935	43724	50786	55908	64717	67581	97270	109589	80208
英　国	463732	453020	509785	550401	586637	698684	868796	925317	957729
德　国	595329	599658	725773	780970	831721	975680	1090282	1213807	889688
法　国	313142	309807	364662	386894	431984	422164	543649	600209	521890
意大利	338049	344853	395018	427749	455284	477931	608944	703307	610120
荷　兰	306439	320610	319508	360115	368946	565333	604250	601786	550317
希　腊	44258	48616	53661	60812	69493	66406	92234	136003	117022
西班牙	254118	253007	289573	324529	331896	342352	407195	460408	391374
瑞　典	61035	63156	74181	89986	93410	156474	194766	227807	495643
阿根廷	88337	88560	122287	113572	73438	103656	144067	173591	138507
巴　西	196725	158165	231856	274475	342422	375732	459292	495442	588052
智　利	110407	108394	136435	144869	144814	143549	259331	183716	184008
墨西哥	333698	324131	365845	430185	468307	441337	642664	713006	830067
委内瑞拉	19353	11927	6487	5735	9916	12511	29734	26334	56689
加拿大	309080	325575	346861	384241	360201	459361	489659	579371	457264
美　国	2175018	2231926	2780747	3188134	2786598	3456097	3996171	4118674	3854839
澳大利亚	256318	262797	301565	321144	302321	395172	447098	602047	674156

9-10 主要国家(地区)外贸进口总额

(2015-2023年)

单位：万元

国家(地区)	2015年	2016年	2017年	2018年	2019年	2020年	2021年	2022年	2023年
中国香港	9042	6696	7326	106571	23619	6929	2982	6162	475
中国台湾	42705	41438	58081	74281	42238	41656	46551	47644	57782
印　度	19970	26361	25618	36434	40403	63730	55561	65057	36766
以色列	1238	1155	2572	2567	2383	2344	4741	3474	7117
日　本	556011	527377	750685	792132	312103	304924	581951	639991	642092
沙特阿拉伯	15212	14379	42975	54132	38242	31229	29891	34963	20507
韩　国	104433	105952	120448	130979	102651	143657	135409	159092	144993
土耳其	2471	6317	7338	4960	2613	5854	13180	7126	1351
阿联酋	8174	11422	20443	21487	34059	28970	58147	70661	44615
印度尼西亚	2415	3585	5766	9843	7360	13853	15700	27328	68462
菲律宾	805	2821	6636	4036	5646	3133	11000	27702	13691
新加坡	53087	22762	24913	22346	23556	21780	31555	24323	21477
泰　国	18177	22367	24240	38667	54831	71520	97503	184791	152216
越　南	14779	13567	24760	22437	8099	10666	23950	33111	26875
埃　及	289	1379	3432	6463	52	1624	9971	3694	930
尼日利亚	2220	5604	16319	12199	5339	16257	26267	24091	23117
波　兰	2354	2263	2639	2439	6851	5317	6974	17573	10631
罗马尼亚	797	1697	7198	7309	7451	6565	4986	3517	3710
比利时	16293	15687	21576	19483	5877	10804	12194	11777	11674
丹　麦	1620	940	3364	1432	810	1433	716	684	810
英　国	37710	35900	57850	51312	35600	22410	39330	46774	49936
德　国	55208	72594	87293	73811	68778	56630	62294	59247	87494
法　国	14811	13925	20480	14218	14323	11873	19690	47815	41962
意大利	23026	23022	39296	39675	25681	25593	63448	43885	43865
荷　兰	40579	42699	70849	34178	10160	6829	11531	7016	2410
希　腊	1947	1373	3708	923	130	271	922	1372	375
西班牙	13041	14160	25469	15823	15473	11196	20491	23790	31451
瑞　典	3433	3271	3908	3705	7829	14658	12619	28014	28924
阿根廷	73	385	605	1209	1673	450	560	13	60
巴　西	3702	7329	6989	11005	4538	6961	6971	7729	4582
智　利	16889	13606	17139	10922	17025	25421	22040	44245	54291
墨西哥	3640	5350	3087	3506	5689	1872	6453	13835	22151
委内瑞拉		452	723	721	3045	1160	8463	12557	15119
加拿大	14706	12887	16321	12707	6386	4105	9561	13813	6666
美　国	228817	152774	201161	154911	92700	50849	94501	201096	150628
澳大利亚	14381	13938	23279	23248	4737	9856	7994	11817	7882

9-11 对外经济合作和境外投资企业情况

(1988-2023年)

单位：万美元

年 份	对外经济合作		境外投资企业				
	项目数(个)	营业额	当年投资境外企业(家)	中方投资额	境外企业直接出口	年末实有投资境外企业(家)	期末在外人数(人)
1988	304	28					
1989	671	91					
1990	428	99					
1991	240	85					
1992	119	53	2	58		2	767
1993	135	55	1	10	28	3	935
1994	92	42	1	5	57	4	655
1995	79	40	1	9	229	5	598
1996	76	36	6	79	409	11	609
1997	34	23	4	22	347	15	659
1998	40	34	6	51	528	19	690
1999	43	128	8	176	2405	22	416
2000	11	101	11	135	8838	27	243
2001	4	28	18	610	11724	31	344
2002	1	6262	25	548	15959	73	228
2003		6464	29	950	23053	97	252
2004		1320	39	1182	31578	136	428
2005		1800	48	1892	38680	184	444
2006		2600	55	5254	45869	245	808
2007	10	3784	38	5001	54489	277	466
2008	2	4002	39	6852		315	130
2009	1	5085	26	5119		342	146
2010	3	31175	29	7341		371	1912
2011	14	7403	38	6436		408	87
2012	16	3636	38	8216		446	65
2013	16	9521	33	6310		478	185
2014	16	7182	35	8668		513	
2015	15	8115	34	13693		547	216
2016	15	13010	47	17150		594	35
2017	15	12060	31	50070		625	95
2018	15	11590	35	206321		660	107
2019	15	12894	42	34639		702	77
2020	16	8669	26	20657		727	48
2021	16	8221	30	17916		753	394
2022	17	1721	36	23674		785	418
2023		766	65	55081		786	307

9-12 利用外资情况

(1985-2023年)　　单位：万美元

年　份	项目数 (企业数) (个)	总投资	合同外资	实际利用 外　资
1985	1	55	16	
1986	2	67	26	
1987	2	33	29	
1988	5	206	87	9
1989	12	1451	304	15
1990	9	314	109	21
1991	16	1035	405	43
1992	95	5211	2201	548
1993	266	24561	8461	2596
1994	155	17371	5438	2589
1995	123	17241	7763	3700
1996	70	12318	5335	3510
1997	51	9129	3037	3697
1998	91	25491	9994	3849
1999	93	16842	9949	4347
2000	120	22040	10715	5083
2001	107	23773	13329	5568
2002	173	60977	27919	11800
2003	200	94406	40204	21588
2004	123	61354	27507	21684
2005	117	63180	39893	25107
2006	139	160026	79829	31138
2007	95	135601	81681	31150
2008	38	43468	27300	23890
2009	25	28613	14334	18806
2010	28	16765	11842	13206
2011	20	11786	6320	14301
2012	25	53829	78482	47520
2013	29	53757	26982	40001
2014	40	54108	34586	27705
2015	17	34709	18289	11635
2016	36	159240	103894	33683
2017	48	159492	77847	44332
2018	44	82060	50532	28893
2019	78	126675	149128	65118
2020	78	151475	89984	36319
2021	81	1154036	74305	48259
2022	67		36620	24143
2023	103		84487	35482

注：实际利用外资从2004年开始使用商务部统计口径，合同外资从2006年开始使用商务部统计口径。

9-13 分国别和地区利用外资

(2022-2023年)

单位：万美元

国家(地区)	2022年			2023年		
	利用外资企业数(家)	合同外资	实际利用外资	利用外资企业数(家)	合同外资	实际利用外资
总 计	**67**	**36620**	**24143**	**103**	**84487**	**35482**
亚 洲	**42**	**30784**	**17891**	**74**	**49823**	**31666**
越 南	2	9				
中国香港	25	33188	16917	33	49504	31431
印 度				4	144	25
伊拉克			8			
日 本	1	169	393	4	63	
新加坡	3	-3513	453	4	-1023	113
巴基斯坦	1	7		2	29	
韩 国	1	125	29	4	259	97
乌兹别克斯坦	1	7		1	50	
沙特阿拉伯			13			
阿联酋			20			
中国台湾	8	792	58	18	763	
黎巴嫩				1	5	
马来西亚				1		
土耳其				1	22	
缅 甸				1	7	
非 洲	**3**	**404**		**7**	**-102**	
埃 及	2	329		3	-293	
阿尔及利亚				1	15	
埃塞俄比亚				1	28	
南 非				1	14	
苏 丹				1	134	
纳米比亚	1	75				
欧 洲	**5**	**-5112**	**152**	**7**	**8484**	**420**
英 国	3	119		3	8111	119
德 国				1	250	250
法 国		-3150				
意大利	2	86	125			
卢森堡		-2167				
荷 兰			27			
捷 克				1	51	
瑞 典				1	72	
俄罗斯联邦				1		
南美洲			**5002**	**1**	**6280**	**324**
英属维尔京群岛			5002	1	6280	324
北美洲	**12**	**10119**	**798**	**10**	**10009**	**1860**
加拿大	2	9502	782	3	10191	1860
美 国	10	617	16	7	-182	
大洋洲	**6**	**425**	**300**	**6**	**9993**	**1212**
澳大利亚	5	346		5	-7	9
新西兰	1	79				
萨摩亚			300	1	10000	1203
重要区域(经济)组织						
RCEP	13	-2785	875	19	-701	219
欧 盟	2	-5231	152	3	373	301
一带一路	9	-3161	494	20	-1008	189

9-14 分行业利用外资

(2022-2023年)　　　　单位：万美元

类别	2022年			2023年		
	利用外资企业数(家)	合同外资	实际利用外资	利用外资企业数(家)	合同外资	实际利用外资
总　计	**67**	**36620**	**24143**	**103**	**84487**	**35482**
农、林、牧、渔业	**1**	**70**				
农业	1	70				
制造业	**15**	**6452**	**7793**	**22**	**18376**	**9715**
食品制造业	1	592	76			688
纺织服装、服饰业	1	7				
皮革、毛皮、羽毛及其制品和制鞋业				1	574	
文教、工美、体育和娱乐用品制造业		-300		1	4	
化学原料及化学制品制造业	2	2590	816			1700
医药制造业		-5478	379			
化学纤维制造业	2	32				6
橡胶和塑料制品业				2	103	
金属制品业		-3150		2	500	
非金属矿物制品业	1	10000	660	3	6181	3806
通用设备制造业	5	186	29	3	-614	259
专用设备制造业	1	325	531	5	-979	183
汽车制造业			3669		-500	
铁路、船舶、航空航天和其他运输设备制造业			578	1	122	100
电气机械及器材制造业	2	1648	50	1	11	63
计算机、通信和其他电子设备制造业				1	2960	1900
仪器仪表制造业				1	14	
其他制造业			1005	1	10000	1010
电力、热力、燃气及水生产和供应业	**3**	**557**	**3369**	**1**	**135**	
电力、热力生产和供应业	3	557	3369	1	135	
建筑业	**1**	**1873**		**3**	**8362**	**10830**
房屋建筑业	1	1873		2	5794	9049
土木工程建筑业					2561	
建筑安装业				1	7	
交通运输、仓储和邮政业	**1**	**944**	**2023**			**720**
道路运输业			339			
装卸搬运和仓储业	1	944	1684			720
信息传输、软件和信息技术服务业	**3**	**1163**	**700**	**9**	**9034**	**5763**
软件和信息技术服务业	3	1163	700	9	9034	5763
批发和零售业	**11**	**4987**	**969**	**23**	**15197**	**4265**
批发业	10	4936	942	20	10183	4159
零售业	1	51	27	3	5014	106
住宿和餐饮业			**6**	**1**	**5**	
餐饮业			6	1	5	
金融业				**1**	**10000**	**1630**
房地产业			**150**	**1**	**-797**	
房地产业			150	1	-797	
租赁和商务服务业	**8**	**5681**	**3110**	**7**	**-1303**	**840**
商务服务业	8	5681	3110	7	-1303	840
科学研究和技术服务业	**20**	**14780**	**5577**	**33**	**25225**	**1719**
研究和试验发展	3	35	93	7	372	13
专业技术服务业	1	113		1	2	40
科技推广和应用服务业	16	14632	5484	25	24851	1666
水利、环境和公共设施管理业	**1**	**5**	**446**	**1**	**166**	
生态保护和环境治理业	1	5				
公共设施管理业			446	1	166	
居民服务、修理和其他服务业	**1**	**1**				
居民服务业	1	1				
教育	**1**	**106**				
卫生和社会工作	**1**	**1**		**1**	**87**	
社会工作				1	87	

9-15　旅游设施基本情况

(2000-2023年)

年　份	旅行社数(家)	星级饭店数(家)	景　区(个)	#3A	#4A	#5A
2000	15	4				
2001	23	8	2		1	
2002	25	9	5		3	
2003	34	11	6		3	
2004	38	12	7		3	
2005	47	18	8		4	
2006	56	20	9	1	4	
2007	64	26	12	3	5	
2008	70	29	14	4	5	
2009	93	31	18	6	6	
2010	102	33	20	6	6	
2011	114	38	21	7	6	
2012	122	41	24	9	7	
2013	130	43	28	13	7	
2014	145	54	37	19	9	
2015	140	50	46	23	9	2
2016	145	47	59	34	9	2
2017	157	54	72	44	13	2
2018	174	54	80	53	13	2
2019	168	35	93	64	15	2
2020	172	35	100	69	17	2
2021	171	32	103	70	18	2
2022	187	32	108	74	17	3
2023	202	26	107	74	17	3

9-16 国际国内旅游情况

(2000-2023年)　　单位：万人次

年 份	旅游总人数	国内旅游人数	国际旅游入境人数	外国人数	港澳人数	台湾人数	旅游总收入(亿元)	国内旅游收入(亿元)	国际旅游(外汇)收入(万美元)
2000	509.92	507.65	2.27	1.14	0.36	0.77	38.62	37.87	903
2001	642.97	639.67	3.30	1.73	0.34	1.23	48.70	47.50	1418
2002	925.49	921.10	4.39	2.15	0.43	1.81	74.93	71.85	3720
2003	1068.64	1063.86	4.78	1.94	0.83	2.01	86.71	83.51	3855
2004	1243.90	1237.61	6.29	3.50	0.79	2.00	100.40	97.15	3923
2005	1615.03	1607.50	7.53	4.30	1.10	2.13	139.09	134.79	5304
2006	1812.69	1803.80	8.89	5.44	1.96	1.50	150.32	145.10	6448
2007	2182.97	2173.66	9.31	6.52	1.20	1.59	175.28	170.63	6200
2008	2605.23	2594.85	10.38	7.06	1.28	2.05	208.59	203.70	7046
2009	2895.87	2887.22	8.65	5.91	0.95	1.79	230.04	226.65	4964
2010	3295.95	3285.66	10.29	6.83	1.02	2.45	273.23	269.42	5629
2011	3977.70	3965.36	12.34	6.93	1.40	4.00	329.25	325.16	6334
2012	4492.92	4468.92	24.00	10.90	2.71	10.40	412.18	406.67	8726
2013	5176.43	5165.54	10.89	6.11	2.69	2.09	493.37	490.73	4265
2014	6094.38	6078.85	15.53	11.51	2.31	1.70	583.55	580.53	4909
2015	7436.03	7419.17	16.86	12.74	2.04	2.07	749.25	745.63	5876
2016	8930.73	8911.49	19.24	14.88	2.13	2.24	942.65	938.35	6478
2017	10326.13	10275.57	19.88	15.58	2.14	2.16	1133.34	1109.98	6750
2018	11840.08	11821.70	18.38	14.60	1.71	2.07	1302.23	1298.02	6355
2019	13169.58	13155.70	13.88	11.46	0.62	1.80	1470.08	1466.89	4614
2020	11415.30	11413.80	1.47	1.18	0.11	0.18	1247.16	1246.92	355
2021	3602.12	3599.55	2.57	2.30	0.11	0.16	423.97	423.29	1060
2022	3114.37	3113.94	0.43	0.27	0.07	0.09	460.77	460.67	146
2023	3882.80	3879.61	3.19	2.45	0.18	0.56	482.27	481.47	1149

9-17 接待外国旅游人数

(2015-2023年)

单位：人次

国家(地区)	2015年	2016年	2017年	2018年	2019年	2020年	2021年	2022年	2023年
总　计	**127380**	**148828**	**155832**	**146046**	**114639**	**11796**	**23026**	**2747**	**24513**
亚洲小计	**70648**	**84633**	**115670**	**76393**	**79489**	**7599**	**11262**	**1351**	**13448**
其中：日　本	5253	7932	40836	28599	10513	628	1482	328	1920
韩　国	53794	58416	22055	29420	48939	5375	7201	248	1808
印度尼西亚	691	2095	10656	1126	1312	75	57	19	668
新加坡	605	1612	8572	713	794	116	257	119	283
泰　国	576	770	1429	968	1236	92	180	16	444
马来西亚	753	2044	10141	1739	1898	185	288	159	816
菲律宾	412	1411	7485	669	736	75	183	25	191
印　度	2930	3558	4332	5346	4945	261	310	39	2301
美洲小计	**5481**	**8127**	**10871**	**11143**	**10135**	**1499**	**6093**	**589**	**3702**
其中：美　国	3579	4897	6558	6444	6060	1043	4129	257	2170
加拿大	663	1048	1564	1338	1187	196	794	125	384
非洲小计	**2095**	**2718**	**2842**	**3776**	**3738**	**221**	**492**	**107**	**2054**
大洋洲小计	**1148**	**1352**	**1830**	**1481**	**1294**	**182**	**838**	**52**	**455**
其中：澳大利亚	865	881	1301	1201	1068	137	629	40	387
新西兰	69	172	245	142	124	30	69	10	47
欧洲小计	**9581**	**13559**	**19244**	**20927**	**19049**	**1981**	**4189**	**420**	**4854**
其中：英　国	1022	1486	1924	2239	1733	349	464	44	439
法　国	934	1245	1525	1687	1354	172	181	43	461
德　国	1775	2166	3009	3407	2968	337	1010	94	565
意大利	923	1108	1386	1566	1936	264	1251	65	528
瑞　士	94	203	453	273	206	61	82	4	26
瑞　典	180	1160	2577	2898	2943	196	84	2	99
荷　兰	569	586	699	1222	744	38	45	15	191
俄罗斯	1094	1505	2476	2609	2358	187	540	52	1385
西班牙	1095	793	821	1142	1018	70	61	15	244
其他	**38427**	**38439**	**5375**	**32326**	**934**	**315**	**152**		

主要统计指标解释

进出口总额　指实际进出我国国境的货物总金额。包括对外贸易实际进出口货物，来料加工装配进出口货物，国家间、联合国及国际组织无偿援助物资和赠送品，华侨、港澳台胞和外籍华人捐赠品，租赁期满归承租人所有的租赁货物，进料加工进出口货物，边境地方贸易及边境地区小额贸易进出口货物(边民互市贸易除外)，中外合资企业、中外合作经营企业、外商独资经营企业进出口货物和公用物品，到、离岸价格在规定限额以上的进出口货样和广告品(无商业价值、无使用价值和免费提供出口的除外)，从保税仓库提取在中国境内销售的进口货物，以及其他进出口货物。我国规定出口货物按离岸价格统计，进口货物按到岸价格统计。

利用外资　指各级政府、部门、企业、中国银行和其他单位通过对外借款、吸收客商直接投资和商品信贷及其他方式，从国外和港澳台地区筹措的资金。对外借款包括通过外国政府贷款、国际金融组织贷款、外国银行的买方信贷和现汇贷款及对外发行债券等方式，从国外和港澳台地区借用的资金。

外商直接投资　是指外国企业和经济组织或个人(包括华侨、港澳台胞以及我国在境外注册的企业)按我国有关政策、法规，在我国境内开办独资企业、与我国境内的企业或经济组织共同举办合资企业、合作经营企业、股份制企业或合作开发资源的投资以及客商从企业得到的收益的再投资。

入境旅游人数　指来我国观光游览、度假、探亲访友、就医疗养、购物、参加会议或从事经济、科技、文化、体育、宗教活动的外国人、港澳台同胞等入境人数。不包括外国在我国的常住机构，如领使馆、通讯社、企业办事处的工作人员；来我国常驻的外国专家、留学生以及在岸逗留不过夜人员。统计时，外国人、港澳台同胞每入境一次统计1人次。

国内旅游人数　指国内居民在中国（大陆）观光游览、度假、探亲访友、就医疗养、购物、参加会议或从事经济、文化、体育、宗教活动的人数，其出游的目的不是通过所从事的活动谋取报酬。统计时，国内游客每出游一次统计1人次。

国际旅游（外汇）收入　指入境旅游的外国人、港澳台同胞在中国（大陆）旅行、游览过程中用于交通、参观游览、住宿、餐饮、购物、娱乐等全部费用，对国家来说就是国际旅游（外汇）收入。

国内旅游收入　又称旅游总花费。指国内游客在国内旅行、游览过程中用于交通、参观游览、住宿、餐饮、购物、娱乐等全部花费。

10

财政金融保险

Public Finance, Banking and Insurance

10-1 主要年份财政收入与支出

单位：万元

年份	财政总收入	一般公共预算收入	#增值税	#营业税	#企业所得税	#个人所得税	一般公共预算支出
1949	480						200
1952	972						455
1957	3337						1333
1962	5186						2778
1965	5769						2242
1970	6635						3706
1975	6502						5908
1978	11897						9871
1980	13677						10539
1985	31377						20480
1990	65925						49925
1994	168869	86479	26512	14130	19487	7263	121969
1995	203050	104642	30869	21779	27759	8348	144858
1996	239739	120900	34773	29431	28419	12476	165445
1997	263381	134112	38469	33386	30582	14966	196390
1998	309568	162619	44488	42649	36767	18617	223500
1999	380039	197303	51709	50744	45112	23042	258937
2000	531793	261491	72941	55766	79621	29137	331947
2001	650425	388056	75314	74685	127995	47260	428608
2002	868285	431122	99245	104977	67392	36378	556353
2003	1086780	526964	118324	137692	73324	37603	688820
2004	1266669	626046	61696	162942	102201	38264	791520
2005	1474457	723324	157257	174958	107334	44788	880887
2006	1756878	861115	193493	213294	130776	53233	1040000
2007	2183788	1088551	233654	273535	175148	66079	1269285
2008	2480225	1260498	264386	300397	180448	82885	1538078
2009	2631616	1360227	283823	355692	160627	87158	1759524
2010	3106245	1648845	293775	432931	224035	115832	2227592
2011	3704657	2001150	325771	503206	289871	145347	2655309
2012	4089456	2204230	380110	574263	310909	136008	2879269
2013	4484660	2477341	441897	603749	334446	142687	3290300
2014	4852909	2652092	494463	607423	375250	162998	3714666
2015	5397827	2980170	551873	656380	382176	187590	4572105
2016	5838322	3432835	1012917	322062	408521	192637	5143996
2017	6569658	3822482	1498834		493303	223635	5630966
2018	7451904	4311768	1685337		551254	264757	6537506
2019	7298349	4384983	1597274		544642	181437	7703304
2020	6828276	4012385	1524829		503249	192838	7001415
2021	7700616	4554334	1521215		695633	224696	7348054
2022	7265398	4407498	1219319		655968	259757	8349302
2023	8319361	4942788	1759339		691207	248434	8366080

10-2 市区主要年份财政总收入

单位：万元

年 份	市 区	#椒江区	#黄岩区	#路桥区
1978	4251		3943	
1980	4755		4536	
1985	13145	4057	8342	
1986	16577	5121	10543	
1987	17495	5766	11004	
1988	21474	6285	12853	
1989	24235	6776	15215	
1990	27001	8058	16714	
1991	32591	10562	18749	
1992	34652	12586	21347	
1993	55318	18327	35357	
1994	70347	24287	45688	
1995	83037	27794	30574	23410
1996	96367	32026	34121	26691
1997	112168	35714	39065	31475
1998	134217	41890	45882	36661
1999	157289	47437	52837	43459
2000	208039	64645	67479	61638
2001	272467	85241	83200	81319
2002	362205	109502	116320	102318
2003	465779	146011	145003	127678
2004	551899	177441	150536	154065
2005	638204	199738	172172	181630
2006	751477	236223	201549	222566
2007	923035	287488	247435	277733
2008	1048382	316242	272368	327095
2009	1122393	325118	284464	361155
2010	1349410	386899	326821	441433
2011	1627998	460759	386512	534966
2012	1763763	513458	418183	542848
2013	1945430	571320	475971	581901
2014	2061986	598475	520502	594698
2015	2282818	633653	580611	633997
2016	2484906	674010	617978	666956
2017	2703610	727436	699538	738445
2018	3063269	820660	789429	843216
2019	3035299	834657	697934	827158
2020	2878168	751673	673538	707458
2021	3185487	841967	741718	762368
2022	2946885	796053	645810	851194
2023	3445014	865786	831134	928843

10-3 各县市主要年份财政总收入

单位：万元

年 份	三门县	天台县	仙居县	温岭市	临海市	玉环市
1978	725	1112	867	1805	2290	847
1980	727	1155	996	2308	2736	1000
1985	1591	2342	1970	5353	4676	2300
1986	2034	2807	2383	6548	5982	3056
1987	2281	3425	2777	7951	6903	3744
1988	2378	3908	3185	9991	7646	4842
1989	2692	4488	3648	11534	9136	5393
1990	2750	4940	3743	13124	8655	5712
1991	3693	5310	4116	13777	10027	6505
1992	3473	5788	4287	15156	12215	7883
1993	5131	8302	7618	21187	20069	12352
1994	6013	10515	9518	29221	26515	16740
1995	6910	12075	12180	36439	31918	20491
1996	7248	13521	13515	49666	35314	24108
1997	6703	14129	14898	51094	36511	27878
1998	8451	16607	16665	61306	40486	31836
1999	11587	20443	22479	85474	44531	38236
2000	16727	28481	29023	134805	59033	55685
2001	24058	33107	30869	139009	75647	75268
2002	31573	46005	42428	177911	108006	100157
2003	41062	56010	48889	222880	130019	122141
2004	43646	67148	46986	260234	151112	145644
2005	53318	77008	54972	294209	176646	180100
2006	65283	87518	66118	333938	212782	239762
2007	86168	100088	81199	418892	266106	308300
2008	107153	115380	92418	453898	306516	356478
2009	116279	124429	93432	475522	329502	370059
2010	136675	140142	106582	570123	401886	401427
2011	163436	170690	130233	665511	480167	466622
2012	179500	198451	146808	721978	526902	552054
2013	196980	214333	161768	785977	580080	600092
2014	213292	233522	188972	877077	633301	644759
2015	236843	258932	234602	983574	678102	722956
2016	247706	298917	267136	1031980	764240	743437
2017	262791	329491	305219	1157118	977423	834006
2018	302235	363628	347331	1307043	1144567	923831
2019	292538	369951	348070	1266938	1111390	874163
2020	266081	342709	329556	1189771	1018556	803435
2021	412884	399332	371183	1318542	1116279	896909
2022	433562	390754	307312	1326272	1045105	815508
2023	525429	419798	377456	1447539	1155311	948814

10-4 市区一般公共预算收入

(1994-2023年)

单位：万元

年 份	市 区	#椒江区	#黄岩区	#路桥区
1994	35834	13611	21851	
1995	42731	15353	15078	11478
1996	49805	17625	16843	12954
1997	57294	19437	18463	15076
1998	72242	24133	21552	18169
1999	85777	28575	24656	22023
2000	110603	38256	31889	29440
2001	171574	56224	47410	48688
2002	197148	63389	56618	51859
2003	245674	82592	69231	62841
2004	295117	98446	73551	77737
2005	337181	111041	83309	87855
2006	385038	125449	96266	104460
2007	472813	150971	118769	133120
2008	537741	164540	132707	155408
2009	590145	180667	142843	178598
2010	723612	226478	166018	225550
2011	899464	275213	197394	288078
2012	981790	301439	215851	291821
2013	1103883	329903	249939	321492
2014	1156668	326413	273714	328326
2015	1283947	350386	310189	358834
2016	1451939	385494	371145	395787
2017	1568587	416047	416795	427609
2018	1751242	472176	477200	470360
2019	1787223	496123	430800	470600
2020	1654041	443280	397974	383876
2021	1817138	491100	439647	426065
2022	1714115	500626	409578	504153
2023	1984073	517809	500285	531416

注：2004年，外贸出口退税政策调整，考虑历史年份资料可比性，本表中的地方财政一般预算收入按老口径计算。

10-5 各县市一般公共预算收入

(1994-2023年)

单位：万元

年 份	三门县	天台县	仙居县	温岭市	临海市	玉环市
1994	2939	4856	4613	16558	13675	8004
1995	3414	5801	5956	19688	17013	10039
1996	3719	6189	6712	23688	19027	11760
1997	3401	6275	7093	27144	19597	13308
1998	4459	7170	7668	34018	21029	16033
1999	6470	8802	10167	41458	24623	20006
2000	10051	13127	13252	56588	30221	27649
2001	15803	18053	18005	77538	44345	42738
2002	16733	20108	17680	80018	53615	45820
2003	21431	25841	20518	97357	64853	51290
2004	22221	32819	22150	117954	73308	62477
2005	27527	37511	25052	134798	86296	74959
2006	34156	42547	30822	158013	106651	103888
2007	45679	51610	40626	204069	136172	137582
2008	61111	60533	48023	233759	161023	158308
2009	66069	65442	49377	250238	173388	165568
2010	80734	78081	56698	305918	221272	182530
2011	96022	96610	68553	361688	261957	216856
2012	106818	110722	79028	388678	286066	251128
2013	118035	122958	92990	438479	325006	275990
2014	127657	132867	105588	478388	352566	298358
2015	144987	150268	134660	541213	380108	344987
2016	155766	170371	162468	616886	449188	426217
2017	167830	192068	185250	680900	542928	484919
2018	186290	218960	208400	772850	640650	533376
2019	181700	223312	210900	782700	659900	539248
2020	161600	203992	198237	721157	594890	478468
2021	301384	227432	218062	803800	660200	526318
2022	320589	247958	186522	813380	621134	503800
2023	367497	259026	236980	857728	680471	557013

10-6 一般公共预算收入及分类(一)

(1994-2023年) 单位：万元

年份	一般公共预算收入合计	增值税	营业税	企业所得税	企业所得税退税	个人所得税	资源税	固定资产投资方向调节税
1994	86479	26512	14130	19487	-1503	7263	174	746
1995	104642	30869	21779	27759	-1425	8348	127	1015
1996	120900	34773	29431	28419	-1286	12476	165	1485
1997	134112	38469	33386	30582	-406	14966	134	1726
1998	162619	44488	42649	36767	-1015	18617	92	1481
1999	197303	51709	50744	45112	-2683	23042	103	1048
2000	261491	72941	55766	79621	-1303	29137	115	174
2001	388056	75314	74685	127995		47260	116	-83
2002	431122	99245	104977	67392		36378	126	-7
2003	526964	118324	137692	73324		37603	104	
2004	626046	61696	162942	102201		38264	147	
2005	723324	157257	174958	107334		44788	1068	
2006	861115	193493	213294	130776		53233	3021	
2007	1088551	233654	273535	175148		66079	3616	
2008	1260498	264386	300397	180448		82885	3835	
2009	1360227	283823	355692	160627		87158	3643	
2010	1648845	293775	432931	224035		115832	3440	
2011	2001150	325771	503206	289871		145347	3244	
2012	2204230	380110	574263	310909		136008	3596	
2013	2477341	441897	603749	334446		142687	3891	
2014	2652092	494463	607423	375250		162998	5392	
2015	2980170	551873	656380	382176		187590	8051	
2016	3432835	1012917	322062	408521		192637	9312	
2017	3822482	1498834		493303		223635	13524	
2018	4311768	1685337		551254		264757	11103	
2019	4384983	1597274		544642		181437	8969	
2020	4012385	1524829		503249		192838	8940	
2021	4554334	1521215		695633		224696	7231	
2022	4407498	1219319		655968		259757	8740	
2023	4942788	1759339		691207		248434	7653	

10-7 一般公共预算收入及分类(二)

(1994-2023年)

单位：万元

年份	城市维护建设税	房产税	印花税	城镇土地使用税	土地增值税	车船税	屠宰税	农牧业税	农业特产税
1994	6206	1300	317	310		388	222	3644	3259
1995	7624	1749	405	358	1	487	459	4692	3736
1996	8615	2303	520	264	53	518	530	6633	3122
1997	9992	2730	503	341	111	549	582	5454	3060
1998	11180	3690	701	411	185	618	675	6290	3018
1999	12923	4475	941	493	238	867	861	5067	3088
2000	16088	5230	1380	568	364	865	816	5153	3459
2001	23042	7391	1837	697	687	1147	826	5071	3054
2002	28231	10313	3075	873	1682	1452	185	5260	1734
2003	33817	13358	4603	1246	3805	1780	2	5675	
2004	39259	16937	6925	1665	4630	2382		8	
2005	48171	23685	8914	5122	10326	2206			
2006	57246	26871	11622	7018	13809	2764			
2007	72070	32401	14975	10763	23934	3418			
2008	83087	42637	18677	43442	30663	8952			
2009	87333	46689	18271	58842	42016	11285			
2010	104067	47562	25590	57364	55868	14941			
2011	133390	71139	27484	80487	78145	18114			
2012	144439	88276	28327	86141	97642	27477			
2013	157384	98990	32327	91507	119470	32468			
2014	161947	118367	40082	102976	144222	36914			
2015	174320	133407	46114	115244	107636	41720			
2016	191407	142690	39287	128627	131348	44968			
2017	209809	148602	47707	113682	182677	50960			
2018	245367	168687	54604	114584	233003	56004			
2019	228805	191948	52090	120231	232189	55583			
2020	222754	119570	57180	56083	201651	59478			
2021	223102	180258	65111	79362	314832	63861			
2022	225644	230686	70956	107406	292817	68074			
2023	247101	259681	90257	105408	183541	69056			

10-8 一般公共预算收入及分类(三)

(1994-2023年) 单位：万元

年份	耕地占用税	契税	专项收入	罚没和行政事业性收费收入	国有资本经营收入	国有资源(资产)有偿使用收入	其他收入	政府性基金收入
1994	2585	805			-4061		4695	3517
1995	2703	926		1528	-12533		4035	4642
1996	2546	1949		1578	-17606		4412	5228
1997	3161	1915		2528	-21372		5601	5121
1998	2374	3004	5340	4629	-22580		5	12572
1999	3040	5062	6603	3908	-19358		20	15017
2000	4218	9172	8588	5858	-37213		494	17379
2001	6519	12351	11332	23138	-34591		268	32307
2002	16442	19952	15361	43183	-24833		101	87451
2003	21022	32045	15704	42425	-16755		1190	136992
2004	11271	41950	17648	66231	-15713	47	1236	174957
2005	8789	45804	24471	75473	-16634	54	1538	216982
2006	12095	48778	30800	75791	-21847	63	2288	268984
2007	12003	69976	38817	76555	-21372	2971	8	918572
2008	13857	70792	44947	87121	-20346	4149	569	1304414
2009	16421	94645	47278	73789	-33569	6167	117	1567329
2010	25612	153125	55462	82591	-55067	11563	154	3063426
2011	38067	142764	68842	97919	-41196	18532	24	3036436
2012	40576	120240	73174	110933	-23655	5634	140	2780556
2013	49525	189654	79221	103630	-28641	25135	1	3268178
2014	47254	158025	80532	128483	-26929	14691	2	1917587
2015	33805	144297	272474	125144	-25127	21586	3480	1392457
2016	121153	176970	287221	164117	-18871	60450	18019	1723387
2017	99849	230272	269784	132040	-39983	137999	9788	3419117
2018	49794	322952	299935	168768	-35912	106058	12787	5447128
2019	99510	319198	255213	363443	-24512	138341	15802	8405080
2020	28911	381930	289729	282809	-37056	98601	16815	5863774
2021	31455	427868	237174	216472	-52333	296118	19614	6708520
2022	27848	386344	259019	382813	-124485	312863	19482	7108077
2023	30483	396695	285569	260387	-15435	299660	19242	6260595

10-9 一般公共预算支出情况

(2018-2023年) 单位：万元

指 标	2018年	2019年	2020年	2021年	2022年	2023年
一般公共预算支出合计	**6537506**	**7703304**	**7001415**	**7348054**	**8349302**	**8366080**
一般公共服务	780115	858023	835412	871909	941251	941199
国 防	5710	6330	9449	4471	8702	9433
公共安全	470696	516284	514759	551351	553831	565310
教 育	1345144	1473112	1491485	1581500	1746919	1919376
科学技术	169642	287879	175336	221466	268593	316323
文化旅游体育与传媒	115514	118798	173899	169035	170589	168353
社会保障和就业	665531	949443	760182	853848	1020174	991037
卫生健康	514996	605866	677722	709081	851156	881215
节能环保	186855	304181	158394	202827	347664	161977
城乡社区	665440	749245	393326	328349	427490	292038
农林水	720018	714661	744922	759018	803188	859900
交通运输	379142	322703	266493	295993	344602	421300
工业商业金融等	133904	233719	211249	209075		
其他支出	384799	563600	588787	590131		
政府性基金支出合计	**5722397**	**7985546**	**6217032**	**7004111**	**7607384**	**6253793**
文化教育与传媒	15	383	611	351		358
社会保障和就业	15178	13694	11512	9703	16091	16011
城乡社区	5385800	4693348	4542790	5648772	4299470	3564096
农林水	540	147	259	252	192	270
交通运输	2809	97972	92512	137400	58197	178087
工业商业金融等	370					
其他支出	317685	3180002	1569348	1207633		2185482
社会保险基金支出合计	**3753332**	**4308675**	**5043041**	**2333863**	**2549487**	**2790050**
企业职工基本养老保险基金	1998889	2210235	3010411			
城乡居民基本养老保险基金	170289	185030	200615	261863	311423	360599
机关事业单位基本养老保险基金	576622	574564	557068	597461	634015	677320
职工基本医疗保险基金	427634	527314	567634	729854	804778	870927
城乡居民基本医疗保险基金	446868	540405	513218	600184	604636	613258
工伤保险基金	66790	75333	68931	106276	105433	157502
失业保险基金	30239	162357	125164	38225	89202	110444
生育保险基金	36001	33437				

10-10 主要年份金融主要指标

单位：万元

年份	金融机构本外币存款年末余额	#金融机构人民币存款余额	#住户存款余额	金融机构本外币贷款年末余额	#金融机构人民币贷款余额	#短期贷款	#中长期贷款
1952		560			193		
1957		1784			5388		
1962		3593			12898		
1965		5238			11989		
1970		6927			22740		
1975		11875			26090		
1978		16368			34604		
1980		32389			53673		
1985		98546			123613		
1990		312614			307913		
1994		1061934			838094	695657	96289
1995		1399917			1052121	865819	123833
1996		1896944			1335406	1052894	179930
1997		2496502			1711067	1424932	208135
1998		3394537			2126197	1723669	301773
1999		4320709			2726762	2108507	478072
2000	5407241	5289565		3307634	3304269	2596518	556846
2001	6428949	6290422		4096823	4023234	2669865	1272296
2002	8284108	8117593		5794759	5716237	3642042	1733151
2003	10740254	10561850		8237648	8090895	4909163	2783124
2004	11823111	11640689		9454142	9328902	5693519	3373348
2005	13849843	13694418		10580440	10445507	6411816	3764513
2006	16659867	16499842		13132416	12946754	8271509	4473442
2007	19375543	19213038		16159896	15770372	10527055	5124007
2008	23717020	23533773		19262657	18930765	12392248	6068898
2009	29356051	29152567		25180611	24229188	15603817	8219377
2010	35884773	35627957		30558214	29405118	19324859	9845344
2011	39989019	39590586		34707628	33545934	22740162	10542262
2012	45091738	44573554		38931604	37839726	25873733	11258308
2013	52197210	51541069		44541067	43402430	29596023	13455469
2014	56710259	56090430		50393663	49122356	32077228	16170388
2015	63059372	61886513	32323686	55184387	54296010	33499572	18306354
2016	70686244	69232204	37033664	58260273	57589217	33879939	20933601
2017	76184056	74292622	40386881	64124819	63666783	35711164	26842421
2018	85189153	83857431	45802900	73543353	72887742	39133406	31891069
2019	94573897	93454500	53335154	85431854	85046532	43221072	39049620
2020	106303100	104520942	60248813	98722521	98324505	46882100	48078416
2021	120495826	118365226	66974162	116699672	116030483	50511092	60123084
2022	139374160	137171904	78553769	137647841	137089139	54620232	77369303
2023	156416120	154407902	90907504	159599664	159201645	60695594	92892518

10-11 金融机构年末人民币存款余额

(2018-2023年)　　单位：万元

指　标	2018年	2019年	2020年	2021年	2022年	2023年
各项存款合计	**83857431**	**93454500**	**104520942**	**118365226**	**137171904**	**154407902**
境内存款	83792044	93415681	104474949	118309030	137094657	154263556
住户存款	45802900	53335154	60248813	66974162	78553769	90907504
活期存款	19353331	21003661	21530944	21683161	23469884	24035484
定期及其他存款	26449569	32331494	38717869	45291002	55083884	66872020
非金融企业存款	19281772	22405619	25700731	29786896	34593941	39164133
活期存款	8634210	9833153	9833907	10723893	11827513	12770123
定期及其他存款	10647562	12572466	15866824	19063003	22766428	26394010
广义政府存款	14828819	15147178	15071523	15115511	15898600	16593390
财政性存款	906303	1337570	1004672	1133606	977150	1085999
机关团体存款	13922516	13809608	14066851	13981905	14921450	15507391
非银行业金融机构存款	3878553	2527730	3453882	6432460	8048347	7598529
境外存款	65387	38819	45993	56196	77246	144346

10-12 金融机构年末人民币贷款余额

(2018-2023年)

单位：万元

指 标	2018年	2019年	2020年	2021年	2022年	2023年
各项贷款合计	**72887742**	**85046532**	**98324505**	**116030483**	**137089139**	**159201645**
境内贷款	72886713	85044275	98323089	116001128	137087273	159200228
住户贷款	40564471	45926098	51829700	59219238	66133433	72361333
短期贷款	21576033	23625810	24633338	25514251	27320739	30271953
消费贷款	5466557	5805443	5285280	4833045	4785045	4903589
经营贷款	16109476	17820367	19348058	20681206	22535694	25368364
中长期贷款	18988438	22300288	27196362	33704987	38812693	42089380
消费贷款	14760026	16727763	19101749	21912026	21733202	20229252
经营贷款	4228412	5572525	8094613	11792961	17079492	21860129
非金融企业及机关团体贷款	32322243	39118177	46493389	56503889	70781840	86668895
短期贷款	17557373	19595262	22248762	24996841	27299493	30423641
中长期贷款	12902631	16749332	20882054	26418096	38556609	50803137
票据融资	1850899	2759807	3352654	5076792	4923396	5439065
各项垫款	11339	13775	9919	12160	2343	3052
非银行业金融机构贷款				278000	172000	170000
境外贷款	1029	2256	1416	29356	1866	1417

10-13 财产和人寿保险业务收支情况

(1989-2023年)

单位：万元

年份	保费收入			赔款、给付		
	合计	财产险	人身险	合计	财产险赔款支出	人身险赔款支出及给付
1989	3917	2214	1703	6844	6307	537
1990	4688	2727	1961	3483	2762	721
1991	8452	4515	3937	3087	2445	642
1992	15956	8234	7722	8186	6486	1700
1993	21221	12611	8610	9370	5492	3878
1994	21844	12987	8857	12187	11060	1127
1995	28985	17973	11012	9609	8268	1341
1996	34669	20489	14180	11173	9513	1660
1997	44182	22755	21427	56522	43690	12832
1998	57600	26061	31539	25928	12149	13779
1999	74468	30348	44120	22303	14691	7612
2000	92422	36150	56272	27915	15957	11958
2001	128548	43389	85159	34789	20314	14475
2002	173031	53802	119229	40151	27902	12249
2003	194986	56614	138372	52557	33194	19363
2004	240338	76198	164140	127470	101907	25563
2005	274479	98715	175764	101523	82333	19190
2006	311690	126931	184759	93238	66165	27073
2007	374198	162896	211302	141927	89755	52172
2008	515523	193432	322091	183381	117919	65462
2009	575102	233688	341414	207852	125507	82345
2010	729151	294241	434910	184306	139505	44801
2011	758807	342052	416755	228258	173571	54687
2012	843994	391421	452573	291713	227214	64499
2013	962828	445690	517138	362328	269691	92638
2014	1123907	517174	606733	383806	296430	87375
2015	1274452	579060	695392	459763	321127	138637
2016	1461460	617343	844117	533770	349695	184074
2017	1703004	640951	1062053	530434	351045	179389
2018	1785000	738000	1047000	579600	392100	187500
2019	1921554	773293	1148261	819215	641349	177866
2020	2192534	852308	1340226	709138	530252	178886
2021	2188653	913555	1275099	806470	601282	205188
2022	2395939	1071333	1324607	913060	693036	220025
2023	2660321	1041554	1618767	1043670	727173	316498

主要统计指标解释

财政总收入 包括地方上划中央税收入和地方财政收入两部分。

一般预算收入 指按国家预算收入科目规定，属于地方负责组织征收的收入数，包括①各种税收收入类，指税务机关征管的“工商税收类”；海关征管的“关税类”；财政机关征管的“农业税类”“国有企业所得税类”等。②企业收入类。③企业亏损补贴类。④其他收入等。

增值税 是以商品生产流通和劳务服务各个环节的增值额为征税对象的一种流转税。按现行财政体制，增值税属于中央与地方的共享税种，其中：中央分享 75%，地方分享 25%；2016 年 5 月份开始中央和地方各 50%。

一般预算支出 指按国家预算支出科目规定，属于地方财政的各类预算支出，包括一般公共服务支出、公共安全支出、教育支出、科学技术支出、文化体育与传媒支出、社会保障和就业支出、医疗卫生支出、环境保护支出、城乡社区事务支出、农林水事务支出、交通运输支出、工业商业金融事务支出等。

金融机构存款 指企业、机关、团体和居民根据可以收回的原则，把货币存入各类金融机构保管，并取得一定利息的一种信用活动形式。根据存款对象的不同可划分为企业存款、财政存款、机关团体存款、居民储蓄存款等。

金融机构贷款 指各类金融机构根据必须归还的原则，按一定利率为企业、个人等提供资金的一种信用活动形式。根据贷款对象的不同分为工业贷款、建筑业贷款、商业贷款、农业贷款等。

城乡居民储蓄存款余额 包括城镇居民储蓄和农村居民个人储蓄两部分存款余额。不包括工矿企业、部队、机关团体等集体存款。

保费收入 指被保险人按其得到保险利益的保障程度(保险金额)的一定比率向保险人缴付的费用。

赔款 指保险人对财产保险的保险事故给予的经济补偿或对人身保险的保险事故给付的保险金。

11

物　价

Prices

11-1 主要年份市区物价总指数

年 份	居民消费价格总指数		商品零售价格指数	
	以上年为100	以1978年为100	以上年为100	以1978年为100
1978	100.0	100.0	99.9	100.0
1980	108.8	111.6	109.5	113.2
1985	109.4	134.9	109.8	137.3
1986	107.7	145.3	107.4	147.5
1987	111.8	162.4	112.0	165.2
1988	124.8	202.7	125.2	206.8
1989	117.7	238.6	117.1	242.2
1990	100.9	240.8	100.4	243.2
1991	104.6	251.8	104.2	253.4
1992	111.4	280.6	111.5	282.5
1993	118.7	333.0	116.0	327.7
1994	125.3	417.3	124.2	407.1
1995	115.2	480.7	114.0	464.0
1996	108.8	523.0	105.2	488.2
1997	102.4	535.6	99.9	487.7
1998	99.6	533.4	98.0	477.9
1999	99.2	529.1	98.3	469.8
2000	100.8	533.4	99.1	465.6
2001	98.4	524.8	99.0	460.9
2002	99.0	519.6	99.3	457.7
2003	100.4	521.7	98.4	450.4
2004	104.3	544.1	100.5	452.7
2005	100.0	544.1	99.2	449.1
2006	100.2	545.2	99.4	446.4
2007	104.0	567.0	104.4	466.0
2008	104.2	590.8	105.6	492.1
2009	99.4	587.3	99.5	489.6
2010	104.6	614.3	104.3	510.7
2011	106.3	653.0	106.7	544.9
2012	102.0	666.1	102.1	556.3
2013	101.8	678.1	100.3	558.1
2014	102.3	693.7	101.4	565.9
2015	100.7	698.6	99.5	563.1
2016	101.6	709.8	100.9	568.2
2017	102.4	726.8	101.5	576.7
2018	102.4	744.1	101.6	585.9
2019	102.3	761.1	101.7	595.9
2020	102.1	776.9	101.6	605.3
2021	101.7	790.2	102.6	620.9
2022	101.6	802.8	102.8	638.3
2023	99.7	800.4		

注：2023年商品零售价格指数停止调查。

11-2　市区居民消费价格分类指数

(2018-2023年，以上年为100)

指　　标	2018年	2019年	2020年	2021年	2022年	2023年
居民消费价格指数	**102.4**	**102.3**	**102.1**	**101.7**	**101.6**	**99.7**
服务价格指数	**103.5**	**101.5**	**100.6**	**101.3**	**100.2**	**100.2**
消费品价格指数	**101.6**	**102.8**	**103.1**	**102.0**	**102.5**	**99.4**
食品烟酒	101.5	105.8	106.5	101.0	101.3	99.9
食　品	101.1	107.9	108.9	100.3	100.8	99.4
粮　食	100.1	99.2	101.6	101.1	100.9	100.5
鲜　菜	108.1	108.6	104.7	109.1	101.3	100.3
畜肉类	96.6	130.3	137.1	78.9	97.9	93.3
水产品	101.0	97.1	99.7	111.4	98.7	100.8
烟　酒	99.9	100.2	101.4	101.0	101.8	101.6
衣　着	102.3	101.1	101.4	101.4	102.5	98.6
居　住	105.8	100.4	100.0	100.3	99.6	97.9
生活用品及服务	101.5	102.1	102.0	101.8	103.0	101.0
交通和通信	100.3	98.8	97.0	104.1	104.8	97.8
教育文化和娱乐	102.2	101.4	101.9	104.2	101.7	104.1
医疗保健	101.4	103.8	100.2	103.2	100.1	100.6
其他用品和服务	99.7	102.6	102.7	97.1	101.7	102.4

11-3　工业生产者价格指数

(2015-2023年，以上年为100)

项　　目	2015年	2016年	2017年	2018年	2019年	2020年	2021年	2022年	2023年
一、工业生产者出厂价格指数(PPI)	**97.3**	**97.9**	**103.2**	**102.0**	**100.1**	**98.8**	**102.7**	**102.7**	**97.9**
其中：轻工业	99.1	99.1	102.5	101.2	100.3	98.9	99.3	101.7	99.5
重工业	96.4	97.5	103.4	102.2	100.0	98.7	104.0	103.0	97.3
其中：生产资料	96.3	97.5	104.2	102.3	99.4	98.4	104.3	103.4	98.1
生活资料	99.1	98.8	100.7	101.1	101.6	99.5	99.0	100.7	97.5
按工业行业大类分									
农副食品加工业	99.3	101.3	97.8	99.7	111.6	111.2	87.4	101.1	96.1
食品制造业	98.7	98.9	96.6	94.9	99.8	96.7	95.4	103.3	100.6
酒、饮料和精制茶制造业	97.3	97.4	99.9	99.9	98.2	99.0	100.2	98.8	107.5
纺织业	98.7	98.5	104.0	102.6	101.6	98.2	99.3	103.8	99.9
纺织服装、服饰业	100.7	96.5	97.4	100.0	103.1	98.2			
皮革、毛皮、羽毛及其制品和制鞋业	100.5	100.8	100.8	102.7	100.7	98.4	94.5	98.5	101.3
木材加工和木、竹、藤、棕、草制品业	99.4	99	100.2	100.4	99.3	97.9	98.3	100.7	101.4
家具制造业	100	103	100.5	99.6	101.7	101.8	97.7	103.2	102.0
造纸和纸制品业	99.2	102.8	126.4	103.0	88.1	98.8	105.3	101.9	92.3
印刷和记录媒介复制业	97.9	99.6	101.7	104.9	101.2	99.6	112.6	107.4	100.8
文教、工美、体育和娱乐用品制造业	100.9	94.8	101.2	102.4	100.6	100.7	97.7	88.9	99.2
化学原料和化学制品制造业	94.9	94.9	109.1	113.5	98.5	89.8	111.9	103.7	89.7
医药制造业	98.5	98	100.6	104.3	104.2	99.3	98.7	101.5	100.6
化学纤维制造业	86.5	103.1	114.9	104.4	97.1	88.8			
橡胶和塑料制品业	97.5	97.6	100.3	99.2	100.0	99.2	102.2	102.8	98.4
非金属矿物制品业	94.1	99.8	110.4	118.1	104.9	102.3	105.5	95.9	90.5
黑色金属冶炼和压延加工业	95.3	94.9	117.6	113.8	97.4	97.2	119.6	101.6	89.3
有色金属冶炼和压延加工业	93.8	99.5	119.8	101.5	97.0	102.0	122.3	106.8	100.0
金属制品业	96.6	97.4	103.5	103.5	101.8	99.9	107.3	105.2	99.3
通用设备制造业	97	98.2	103.4	103.0	101.7	98.5	101.6	104.3	100.1
专用设备制造业	95.9	99.8	100.9	101.4	100.7	99.1	99.8	102.0	100.7
汽车制造业	97.3	97.5	100.3	98.6	98.8	98.5	100.2	104.4	93.9
铁路船舶航空航天和其他运输设备制造业	98.9	99.2	102.5	99.6	99.0	98.6	102.4	102.6	98.7
电气机械和器材制造业	96.7	96.9	102.6	100.6	97.8	98.5	111.6	102.2	99.2
计算机、通信和其他电子设备制造业	93.1	98.2	99.2	98.0	97.1	96.1	99.1	94.9	98.5
仪器仪表制造业	97.4	95.2	96.7	100.5	99.5	96.4	99.0	100.6	99.4
其他制造业	98.2	98.9	104.4	100.5	100.2	101.5	99.9	100.3	101.3
废弃资源综合利用业	89.8	100.4	111.7	105.7	100.5	100.6			
电力、热力生产和供应业	98.9	95.3	99.6	98.4	98.0	97.5	101.4	102.4	99.3
燃气生产和供应业	87.2	89.4	103.7	106.4	105.1	94.2	92.8	117.7	95.4
水的生产和供应业	100	102.7	107.9	102.0	100.0	96.0	101.3	99.9	99.9
二、工业生产者购进价格指数(IPI)	**95.1**	**98.4**	**108.2**	**103.9**	**97.3**	**97.3**	**112.9**	**104.3**	**94.6**
燃料、动力类	91	97.5	103.0	100.7	99.4	99.2	113.4	105.6	95.7
黑色金属材料类	92.4	96.1	118.0	107.1	97.9	98.8	120.8	102.2	92.8
有色金属材料及电线类	92.3	98	115.2	103.4	95.5	100.1	124.6	106.9	96.8
化工原料类	94.6	98.5	109.3	104.4	93.6	93.1	118.5	104.5	86.5
木材及纸浆类	99.4	99.6	111.9	103.8	96.2	99.2	108.8	100.6	95.3
建筑材料及非金属类	97.8	94.8	117.5	119.1	103.8	99.7	105.5	97.3	90.0
其他工业原材料及半成品类	97.5	99.2	104.1	102.4	97.8	97.2	105.8	103.5	97.1
农副产品类	98.8	101.4	103.2	101.9	108.3	105.9	98.5	107.2	104.9
纺织原料类	97.6	99.5	106.3	105.4	96.5	93.2	103.2	105.2	95.2

注：2018年起，工业行业划分标准的依据是《国民经济行业分类》(GB/T4754-2017)。

主要统计指标解释

居民消费价格指数 居民消费价格是指城乡居民支付生活消费品和服务项目消费的价格，是社会产品和服务项目的最终价格。居民消费价格指数是度量一组具有代表性的消费商品及服务项目价格水平随着时间而变动的相对数，反映居民家庭购买的消费品及服务价格水平的变动情况。它是宏观经济分析和决策、价格总水平监测和调控以及国民经济核算的重要指标。调查内容包括食品烟酒、衣着、居住、生活用品及服务、交通及通信、教育文化和娱乐、医疗保健、其他用品和服务 8 大类的商品及服务项目。编制居民消费价格指数共设 268 个基本分类，代表规格品 1682 种，采用加权算术平均公式计算指数。计算指数的价格来源于各采价点，权数根据住户调查中居民的实际消费构成每 5 年调整

商品零售价格指数 商品零售价格是商品在流通过程中最后一个环节的价格，指工业、商业、餐饮业和其他零售企业向城乡居民、机关团体出售生活消费品和办公用品的价格。商品零售价格指数是指反映一定时期内商品零售价格变动趋势和变动程度的相对数。调查内容包括即食品、饮料烟酒、服装鞋帽、纺织品、家用电器及音像器材、文化办公用品、日用品、体育娱乐用品、交通通信用品、家具、化妆品、金银珠宝、中西药品及医疗保健用品、书报杂志及电子出版物、燃料、建筑材料及五金电料 16 大类，编制商品零售价格指数共设 229 个基本分类，代表规格品 738 种，采用加权算术平均公式计算指数。计算指数的价格来源于各采价点(即商场、商店、农贸市场等)，权数根据批发零售贸易统计中的相关资料和典型调查资料每 5 年调整。

工业生产者出厂价格指数 工业生产者出厂价格是指工业产品第一次出售时的出厂价格，工业生产者出厂价格指数是以出厂代表产品的价格变动来反映全部出厂产品的价格变化趋势和变动幅度。编制工业生产者出厂价格指数共设 41 大类行业。

工业生产者购进价格指数 工业生产者购进价格是指企业作为中间投入的原材料、燃料、动力购进价格。工业生产者购进价格指数是以购进代表产品的价格变动来反映全部购进产品的价格变化趋势和变动幅度。编制工业生产者购进价格指数共设 9 大类。

12

人民生活

People's Livelihood

12-1　分行业在岗职工工资总额

单位：万元

行　　业	2020年	2021年	2022年	2023年
总　　计	**7413216**	**8249896**	**9131208**	**9151318**
按国民经济行业分				
农、林、牧、渔业				
采矿业	3017	3199	5851	5962
制造业	4479018	5229336	5832731	6022365
电力、热力、燃气及水生产和供应业	131953	88858	143500	147926
建筑业	1681680	1757860	1792269	1535542
批发和零售业	361502	372059	452912	483579
交通运输、仓储和邮政业	162013	159823	175891	175235
住宿和餐饮业	73260	83587	99313	108517
信息传输、软件和信息技术服务业	77218	79666	90177	100870
金融业				
房地产业	164659	176592	181682	161440
租赁和商务服务业	142937	178337	193326	218915
科学研究、技术服务业	60640	49973	72447	86247
水利、环境和公共设施管理业	22943	22559	32357	38061
居民服务、修理和其他服务业	22167	20787	19397	22366
教　育	2559	1435	1552	1589
卫生和社会工作	18132	17384	26409	32181
文化、体育和娱乐业	9519	8439	11394	10524
公共管理、社会保障和社会组织				

注：本表统计范围为辖区内规模以上工业、有资质的建筑业、限额以上批发和零售业、限额以上住宿和餐饮业、有开发经营活动的全部房地产开发经营业、规模以上服务业法人单位。

12-2 分行业在岗职工平均工资

单位：元

行业	2020年	2021年	2022年	2023年
总计	**67568**	**74580**	**75887**	**78758**
按国民经济行业分				
农、林、牧、渔业				
采矿业	68874	76346	102108	99195
制造业	67837	76832	77715	80755
电力、热力、燃气及水生产和供应业	150615	147654	179151	188464
建筑业	59540	62873	62933	62681
批发和零售业	73621	82551	86084	91630
交通运输、仓储和邮政业	84219	94102	100930	105246
住宿和餐饮业	48140	54722	57041	59465
信息传输、软件和信息技术服务业	130812	148409	164436	176873
金融业				
房地产业	97976	111810	109924	104607
租赁和商务服务业	64880	67320	60919	67307
科学研究、技术服务业	127074	115145	134810	138505
水利、环境和公共设施管理业	57894	59571	59965	58465
居民服务、修理和其他服务业	56048	62125	57642	54221
教育	65943	67689	74990	76005
卫生和社会工作	77821	89886	96172	98623
文化、体育和娱乐业	62056	90454	105696	96020
公共管理、社会保障和社会组织				

注：本表统计范围为辖区内规模以上工业、有资质的建筑业、限额以上批发和零售业、限额以上住宿和餐饮业、有开发经营活动的全部房地产开发经营业、规模以上服务业法人单位。

12-3 全体居民家庭人均可支配收入和消费支出情况

(2013-2023年)

单位：元

指标名称	2013年	2014年	2015年	2016年	2017年	2018年	2019年	2020年	2021年	2022年	2023年
人均可支配收入	**28215**	**30950**	**33788**	**36915**	**40439**	**43973**	**47988**	**50643**	**55499**	**58040**	**61067**
工资性收入	16868	18652	20493	22324	24505	26572	28879	30130	33159	34591	36467
经营净收入	5618	5997	6365	6869	7446	8069	8783	9480	10306	10759	11294
财产净收入	2978	3281	3627	4039	4402	4814	5310	5711	6316	6706	6969
转移净收入	2751	3019	3302	3684	4086	4518	5016	5322	5717	5984	6337
人均消费支出	**19502**	**21641**	**23822**	**25143**	**27129**	**29421**	**31768**	**30969**	**36227**	**38330**	**40878**
食品烟酒	5925	6526	7085	7426	7890	8489	9092	9073	10329	10881	11527
衣　着	1553	1723	1888	1951	2054	2210	2361	2282	2675	2782	2907
居　住	4623	5133	5678	5863	6408	6957	7479	7357	8516	8998	9495
生活用品及服务	1123	1272	1401	1457	1579	1700	1833	1793	2115	2226	2354
交通通信	3110	3480	3850	4174	4515	4917	5333	5051	6013	6502	6970
教育文化娱乐	1626	1790	2029	2256	2519	2778	3078	2935	3659	3841	4227
医疗保健	1045	1167	1289	1382	1499	1659	1820	1754	2100	2241	2465
其他用品及服务	497	550	602	635	665	711	771	724	820	860	932

12-4　主要年份城乡居民家庭人均收支情况

(1990-2023年)　　单位：元

年　份	全市城镇常住居民		市区城镇常住居民		全市农村常住居民	
	人均可支配收入	人均消费支出	人均可支配收入	人均消费支出	人均可支配收入	人均消费支出
1990	1595	1476	1528	1236		
1991	1938	1862	1991	1688		
1992	2307	2293	2348	2157		
1993	3514	3096	3697	2943		
1994	4960	4111	5355	3915		
1995	6489	5636	7088	5397		
1996	6793	5826	7487	5647		
1997	7221	6869	8062	6312	3836	
1998	7761	7305	8684	7393	4169	
1999	8189	7370	9052	7306	4378	
2000	8728	7493	9465	7372	4668	
2001	10105	8543	10724	8612	5032	
2002	11639	9564	12782	9857	5401	
2003	13404	10532	14983	10795	5823	4548
2004	15870	11892	17176	12968	6529	4672
2005	17132	13380	18890	14330	7269	6010
2006	18749	14052	20582	15360	8006	6544
2007	20626	15726	22946	15565	9053	7749
2008	22395	16425	24943	15614	9975	8466
2009	24061	17732	26705	17364	10873	8864
2010	26802	19401	29484	19499	12287	9655
2011	30030	21430	33140	22502	14244	11332
2012	33467	22333	37058	24014	15829	12117
2013	36480	24031	40356	25983	17523	13643
2014	39763	26458	44082	28698	19362	15307
2015	43266	28892	47990	31448	21225	17102
2016	47162	30021	52318	33462	23164	18598
2017	51374	32514	57032	35809	25369	19709
2018	55705	35100	61779	38266	27631	21510
2019	60351	37616	67041	40794	30221	23364
2020	62598	36131	69488	39300	32188	23001
2021	68053	42096	75388	46299	35419	26838
2022	70737	44180	77813	48387	37700	28958
2023	73879	46744	81284	51375	40153	31303

注：2013年起住户调查方法制度进行城乡一体化改革，2012年及以前年份数据依据改革后新调查口径推算所得，下同。

12-5　城镇居民家庭人均可支配收入和消费支出情况

(2013-2023年)

单位：元

指标名称	2013年	2014年	2015年	2016年	2017年	2018年	2019年	2020年	2021年	2022年	2023年
人均可支配收入	**36480**	**39763**	**43266**	**47162**	**51374**	**55705**	**60351**	**62598**	**68053**	**70737**	**73879**
工资性收入	21045	23149	25402	27644	30247	32684	35260	36226	39504	40931	42846
经营净收入	6974	7365	7699	8241	8856	9579	10359	11022	11906	12336	12869
财产净收入	4596	5033	5548	6167	6651	7244	7909	8290	9103	9620	9925
转移净收入	3864	4216	4617	5111	5621	6198	6824	7061	7540	7851	8239
人均消费支出	**24031**	**26458**	**28892**	**30021**	**32514**	**35100**	**37616**	**36131**	**42096**	**44180**	**46744**
食品烟酒	7125	7802	8457	8796	9402	10058	10713	10564	11941	12481	13138
衣　着	2042	2257	2463	2507	2623	2814	2981	2844	3305	3408	3540
居　住	5817	6393	6994	7079	7798	8426	8981	8685	9978	10452	10950
生活用品及服务	1443	1628	1782	1848	2014	2159	2314	2226	2607	2726	2868
交通通信	3934	4351	4690	4890	5271	5729	6137	5695	6811	7310	7756
教育文化娱乐	1914	2084	2372	2631	2968	3256	3591	3382	4221	4393	4797
医疗保健	1087	1204	1323	1421	1562	1725	1894	1805	2192	2320	2527
其他用品及服务	669	739	811	849	876	933	1005	930	1041	1090	1169

12-6　农村居民家庭人均可支配收入和消费支出情况

(2013-2023年)

单位：元

指标名称	2013年	2014年	2015年	2016年	2017年	2018年	2019年	2020年	2021年	2022年	2023年
人均可支配收入	**17523**	**19362**	**21225**	**23164**	**25369**	**27631**	**30221**	**32188**	**35419**	**37700**	**40153**
工资性收入	11466	12739	13986	15185	16591	18057	19709	20721	23012	24436	26055
经营净收入	3862	4198	4598	5027	5504	5966	6519	7100	7748	8232	8722
财产净收入	884	978	1081	1183	1303	1430	1576	1729	1858	2038	2144
转移净收入	1311	1446	1560	1769	1970	2178	2417	2638	2803	2994	3232
人均消费支出	**13643**	**15307**	**17102**	**18598**	**19709**	**21510**	**23364**	**23001**	**26838**	**28958**	**31303**
食品烟酒	4372	4849	5266	5587	5807	6303	6763	6770	7751	8317	8899
衣　着	919	1022	1127	1205	1270	1368	1471	1415	1667	1778	1875
居　住	3078	3475	3934	4231	4493	4910	5320	5308	6178	6670	7119
生活用品及服务	708	803	895	933	979	1061	1142	1125	1328	1424	1516
交通通信	2045	2335	2737	3213	3474	3787	4177	4056	4737	5207	5687
教育文化娱乐	1254	1403	1573	1753	1900	2113	2342	2245	2760	2956	3297
医疗保健	991	1119	1244	1328	1412	1566	1715	1675	1952	2114	2364
其他用品及服务	275	301	326	348	374	402	435	407	465	492	546

12-7 全体居民家庭住房和耐用消费品情况

(2013-2023年)

指标名称		2013年	2014年	2015年	2016年	2017年	2018年	2019年	2020年	2021年	2022年	2023年
平均每户家庭人口数	**(人)**	**2.91**	**2.96**	**3.00**	**3.01**	**3.03**	**3.04**	**3.08**	**3.10**	**3.10**	**3.10**	**3.07**
每百户耐用消费品拥有量												
家用汽车	(辆)	34	39	41	45	49	57	58	62	65	66	67
其中：新能源汽车	(辆)										2	5
摩托车	(辆)	25	29	26	23	20	15	12	12	10	11	10
助力车	(辆)	68	74	81	87	91	91	101	101	104	107	102
洗衣机	(台)	76	81	86	87	89	91	94	97	100	100	98
电冰箱(柜)	(台)	91	96	98	99	101	104	107	107	108	108	107
彩色电视机	(台)	166	173	179	181	184	184	185	186	186	186	155
烤箱	(台)										5	7
空　调	(台)	124	136	148	152	158	177	182	186	193	193	194
热水器	(台)	84	92	98	100	103	104	105	109	109	109	110
排油烟机	(台)	63	68	72	75	78	80	83	85	87	87	86
固定电话	(部)	49	49	46	41	37	31	29	24	20	20	15
移动电话	(部)	214	227	233	235	240	250	251	254	260	261	257
计算机	(台)	73	80	86	88	89	82	81	84	81	81	75
照相机	(架)	29	31	30	27	24	17	16	16	13	13	11

12-8 城镇居民家庭住房和耐用消费品情况

(2013-2023年)

指标名称		2013年	2014年	2015年	2016年	2017年	2018年	2019年	2020年	2021年	2022年	2023年
平均每户家庭人口数	**(人)**	**2.89**	**2.95**	**2.99**	**3.00**	**3.01**	**3.03**	**3.06**	**3.05**	**3.05**	**3.07**	**3.05**
每百户耐用消费品拥有量												
家用汽车	(辆)	43	49	51	54	57	65	66	69	72	73	74
其中：新能源汽车	(辆)										3	5
摩托车	(辆)	24	28	24	20	16	13	11	11	8	9	8
助力车	(辆)	61	67	74	78	82	84	93	94	96	100	95
洗衣机	(台)	85	90	95	96	97	97	100	102	104	104	102
电冰箱(柜)	(台)	96	99	101	101	103	105	107	107	108	109	107
彩色电视机	(台)	183	190	196	197	198	192	190	191	191	191	159
烤箱	(台)										6	8
空　调	(台)	164	177	191	195	199	214	215	215	221	221	218
热水器	(台)	93	102	108	110	112	112	113	115	115	115	115
排油烟机	(台)	75	82	87	90	92	91	92	93	94	94	93
固定电话	(部)	54	53	51	46	41	36	33	28	23	22	18
移动电话	(部)	226	237	242	245	249	256	257	258	265	266	258
计算机	(台)	92	97	104	105	105	98	96	98	94	94	87
照相机	(架)	42	44	43	40	37	25	24	22	19	19	16

12-9 农村居民家庭住房和耐用消费品情况

(2013-2023年)

指标名称		2013年	2014年	2015年	2016年	2017年	2018年	2019年	2020年	2021年	2022年	2023年
平均每户家庭人口数	**(人)**	**2.93**	**2.98**	**3.02**	**3.03**	**3.05**	**3.07**	**3.10**	**3.16**	**3.17**	**3.16**	**3.11**
每百户耐用消费品拥有量												
家用汽车	(辆)	22	26	29	34	39	44	47	51	54	55	56
其中：新能源汽车	(辆)										2	4
摩托车	(辆)	26	31	28	28	25	18	14	14	13	14	12
助力车	(辆)	77	84	91	100	104	101	111	113	118	119	113
洗衣机	(台)	65	70	73	76	78	83	85	89	94	94	92
电冰箱(柜)	(台)	84	91	94	96	97	102	106	106	107	107	106
彩色电视机	(台)	143	151	156	159	165	173	178	178	179	179	151
烤箱	(台)										3	5
空　调	(台)	73	83	92	94	102	125	135	140	149	149	155
热水器	(台)	73	80	85	86	90	92	94	98	100	100	101
排油烟机	(台)	47	50	53	54	58	64	70	72	75	75	75
固定电话	(部)	43	44	39	35	31	24	23	18	16	16	11
移动电话	(部)	199	214	221	222	228	242	244	248	253	253	256
计算机	(台)	48	57	62	65	68	60	58	63	59	60	55
照相机	(架)	12	13	12	8	7	6	6	5	4	4	4

12-10 市区全体居民家庭人均可支配收入和消费支出情况

(2013-2023年)

单位：元

指标名称	2013年	2014年	2015年	2016年	2017年	2018年	2019年	2020年	2021年	2022年	2023年
人均可支配收入	**31781**	**34903**	**38083**	**41654**	**45720**	**49707**	**54177**	**57129**	**62280**	**64969**	**68724**
工资性收入	18582	20374	22481	24182	26559	28791	31354	32759	35777	37148	39343
经营净收入	6110	6629	7105	7369	7969	8688	9482	10088	10861	11367	11947
财产净收入	3981	4402	4864	5657	6209	6718	7371	7756	8606	9145	9650
转移净收入	3108	3497	3633	4446	4984	5510	5969	6526	7037	7310	7784
人均消费支出	**21321**	**23663**	**26062**	**27950**	**30070**	**32299**	**34632**	**33692**	**39387**	**41486**	**44604**
食品烟酒	6527	7213	7877	8271	8805	9384	10052	9732	11696	12268	13021
衣　着	1812	2008	2219	2296	2479	2656	2838	2772	3175	3291	3504
居　住	4964	5492	5923	6303	6717	7250	7691	7488	8293	8663	9223
生活用品及服务	1240	1369	1503	1629	1769	1901	2042	2050	2356	2479	2659
交通通信	3381	3848	4343	4822	5225	5584	5988	5902	6700	7176	7789
教育文化娱乐	1779	1962	2213	2511	2790	3028	3311	3101	4074	4287	4773
医疗保健	900	986	1099	1165	1257	1387	1521	1511	1745	1870	2051
其他用品及服务	719	786	884	953	1027	1109	1190	1136	1348	1451	1586

12-11 市区城镇居民家庭人均可支配收入和消费支出情况

(2013-2023年)　　单位：元

指标名称	2013年	2014年	2015年	2016年	2017年	2018年	2019年	2020年	2021年	2022年	2023年
人均可支配收入	**40356**	**44082**	**47990**	**52318**	**57032**	**61779**	**67041**	**69488**	**75388**	**77813**	**81284**
工资性收入	22837	24828	27352	29263	31995	34510	37394	38436	41958	43136	45177
经营净收入	7123	7722	8239	8341	8938	9761	10680	11221	11830	12238	12795
财产净收入	5794	6374	7039	8235	8951	9662	10548	10889	12038	12644	13094
转移净收入	4602	5158	5361	6479	7149	7846	8419	8942	9562	9794	10218
人均消费支出	**25983**	**28698**	**31448**	**33462**	**35809**	**38266**	**40794**	**39300**	**46299**	**48387**	**51375**
食品烟酒	7938	8755	9515	9879	10473	11097	11837	11323	13543	14114	14829
衣　着	2338	2576	2829	2908	3120	3320	3534	3423	3959	4060	4262
居　住	5945	6527	7027	7453	7941	8567	9008	8674	9745	10104	10629
生活用品及服务	1588	1746	1894	2050	2216	2367	2533	2508	2897	3005	3182
交通通信	4060	4603	5135	5637	6003	6343	6742	6617	7623	8110	8670
教育文化娱乐	2097	2293	2597	2929	3261	3531	3855	3585	4754	4986	5487
医疗保健	1060	1159	1291	1358	1458	1604	1757	1734	2048	2165	2336
其他用品及服务	958	1039	1160	1248	1337	1437	1529	1436	1729	1845	1980

12-12 市区农村居民家庭人均可支配收入和消费支出情况

(2013-2023年)　　单位：元

指标名称	2013年	2014年	2015年	2016年	2017年	2018年	2019年	2020年	2021年	2022年	2023年
人均可支配收入	**18607**	**20544**	**22446**	**24592**	**27059**	**29626**	**32374**	**34480**	**37765**	**40098**	**42571**
工资性收入	12046	13408	14793	16053	17593	19278	21118	22356	24218	25553	27195
经营净收入	4555	4920	5316	5814	6369	6902	7453	8012	9048	9679	10181
财产净收入	1195	1318	1430	1533	1684	1822	1986	2016	2186	2368	2479
转移净收入	811	898	907	1193	1412	1625	1816	2097	2313	2499	2716
人均消费支出	**14160**	**15788**	**17560**	**19131**	**20602**	**22373**	**24189**	**23415**	**26461**	**28121**	**30508**
食品烟酒	4360	4802	5292	5698	6054	6534	7028	6817	8241	8694	9258
衣　着	1005	1118	1257	1318	1420	1552	1658	1579	1707	1804	1925
居　住	3456	3872	4181	4464	4699	5060	5459	5313	5578	5874	6294
生活用品及服务	706	778	886	955	1031	1127	1210	1211	1345	1461	1571
交通通信	2338	2667	3094	3517	3942	4320	4709	4591	4972	5366	5954
教育文化娱乐	1290	1444	1607	1841	2013	2191	2390	2214	2803	2935	3285
医疗保健	654	715	796	856	925	1025	1120	1104	1179	1298	1457
其他用品及服务	352	390	448	481	516	564	615	587	636	689	764

12-13 市区全体居民家庭住房和耐用消费品情况

(2013-2023年)

指标名称		2013年	2014年	2015年	2016年	2017年	2018年	2019年	2020年	2021年	2022年	2023年
平均每户家庭人口数	(人)	**3.11**	**3.08**	**3.13**	**3.09**	**3.10**	**3.12**	**3.22**	**3.19**	**3.25**	**3.29**	**3.20**
每百户耐用消费品拥有量												
家用汽车	(辆)	49	54	57	61	66	68	67	71	73	74	77
其中：新能源汽车	(辆)										2	5
摩托车	(辆)	23	24	22	20	17	15	13	13	13	12	10
助力车	(辆)	65	70	74	79	84	82	83	84	83	88	88
洗衣机	(台)	81	84	89	92	94	96	97	99	102	102	102
电冰箱(柜)	(台)	92	96	99	102	104	106	107	107	108	109	107
彩色电视机	(台)	187	191	193	194	197	195	196	194	196	195	155
烤箱	(台)										5	9
空　调	(台)	154	165	178	181	183	187	192	194	197	201	207
热水器	(台)	101	104	109	109	111	112	114	115	115	116	115
排油烟机	(台)	71	75	79	81	85	87	88	90	92	93	94
固定电话	(部)	57	52	53	49	43	39	40	38	36	32	27
移动电话	(部)	223	239	246	250	252	257	259	261	263	265	260
计算机	(台)	88	95	101	102	101	98	98	98	99	95	88
照相机	(架)	36	37	36	33	33	30	30	28	28	25	24

12-14 市区城镇居民家庭住房和耐用消费品情况

(2013-2023年)

指标名称		2013年	2014年	2015年	2016年	2017年	2018年	2019年	2020年	2021年	2022年	2023年
平均每户家庭人口数	(人)	**2.97**	**2.99**	**3.03**	**3.06**	**3.08**	**3.07**	**3.23**	**3.20**	**3.23**	**3.25**	**3.16**
每百户耐用消费品拥有量												
家用汽车	(辆)	58	63	64	69	73	76	77	78	80	81	83
其中：新能源汽车	(辆)										2	5
摩托车	(辆)	21	22	20	16	16	13	11	10	11	10	9
助力车	(辆)	61	66	72	76	81	76	77	78	75	81	81
洗衣机	(台)	88	92	98	99	100	101	103	104	106	105	104
电冰箱(柜)	(台)	95	99	103	104	108	109	111	111	111	112	108
彩色电视机	(台)	202	207	205	205	209	205	208	204	204	203	148
烤箱	(台)										6	10
空　调	(台)	188	202	216	217	216	218	223	223	223	225	227
热水器	(台)	109	112	115	114	117	117	119	119	118	119	117
排油烟机	(台)	79	83	88	88	91	92	93	94	95	95	97
固定电话	(部)	63	57	60	56	48	42	44	42	40	35	32
移动电话	(部)	233	244	252	254	259	262	265	267	267	268	248
计算机	(台)	101	109	115	116	113	110	111	110	109	104	97
照相机	(架)	52	53	47	42	43	39	39	36	36	32	33

12-15 市区农村居民家庭住房和耐用消费品情况

(2013-2023年)

指标名称		2013年	2014年	2015年	2016年	2017年	2018年	2019年	2020年	2021年	2022年	2023年
平均每户家庭人口数	**(人)**	**3.31**	**3.21**	**3.29**	**3.14**	**3.13**	**3.20**	**3.20**	**3.18**	**3.29**	**3.36**	**3.30**
每百户耐用消费品拥有量												
家用汽车	(辆)	36	41	45	49	54	55	51	57	59	62	63
其中：新能源汽车	(辆)										1	4
摩托车	(辆)	26	28	25	25	19	18	17	17	17	16	14
助力车	(辆)	72	75	78	85	89	93	94	94	99	102	103
洗衣机	(台)	70	73	75	80	83	87	89	90	94	96	97
电冰箱(柜)	(台)	86	91	94	99	98	99	102	101	103	104	104
彩色电视机	(台)	165	166	174	177	177	178	178	176	181	179	169
烤箱	(台)										2	5
空　调	(台)	101	108	119	123	130	135	139	141	150	154	165
热水器	(台)	88	91	98	102	101	103	106	106	110	110	111
排油烟机	(台)	58	62	66	70	75	78	80	81	87	89	89
固定电话	(部)	48	44	43	38	35	33	34	32	29	26	17
移动电话	(部)	209	230	237	244	241	247	249	248	255	258	284
计算机	(台)	68	73	79	80	81	78	77	76	79	77	70
照相机	(架)	12	14	18	17	16	15	14	13	11	10	7

12-16 各县市区城镇常住居民人均可支配收入

(2006-2023年)

单位：元

年　份	全　市	市　区				三门县	天台县	仙居县	温岭市	临海市	玉环市
			椒江区	黄岩区	路桥区						
2006	18749	20582	19715	18398	25080	13732	13988	12513	20634	16307	23987
2007	20626	22946	22236	20090	26914	15485	15626	14184	22533	18135	25717
2008	22395	24943	24491	21908	29067	17327	17638	15583	24348	19700	27309
2009	24061	26705	26360	23870	30395	18864	19051	17039	26206	21314	28414
2010	26802	29484	29276	26270	32938	21026	21258	19198	28569	24627	32884
2011	30030	33140	33018	29441	36919	23521	24000	21401	31593	27386	36664
2012	33467	37058	37394	32842	40641	26222	26676	23802	34763	30735	40608
2013	36480	40356	40722	35963	44055	28818	29291	26134	37995	33348	44019
2014	39763	44082	44101	39404	48416	31805	32257	28526	41225	36488	47761
2015	43266	47990	47993	43048	52587	34771	35276	31201	44743	39676	51586
2016	47162	52318	52563	47180	56840	37908	38526	34072	48941	43332	55979
2017	51374	57032	56949	51609	62286	41156	41928	37127	53178	47309	61057
2018	55705	61779	61532	55861	67703	44933	45265	40506	57793	51520	66027
2019	60351	67041	66899	60963	72982	48875	48984	43940	62948	55915	71344
2020	62598	67041	69053	63103	76052	50538	50746	45741	65277	58319	74492
2021	68053	75388	75477	68313	82681	55072	54800	49620	71025	62993	81806
2022	70737	77813	77823	70714	85274	57062	56555	51962	73956	65777	85051
2023	73879	81284	81569	73548	89028	60205	60127	55496	76539	68229	88361

12-17 各县市区农村常住居民人均可支配收入

(1997-2023年)

单位：元

年份	全市	市区	椒江区	黄岩区	路桥区	三门县	天台县	仙居县	温岭市	临海市	玉环市
1997	3836		4239	3812	4068	2772	3193	2651	5046	3161	3834
1998	4169		4918	4270	4540	3018	3355	2771	5385	3484	5180
1999	4378		5254	4526	5072	3285	3526	2931	5748	3967	5445
2000	4668		5621	4894	5454	3588	3786	3080	5999	4304	5924
2001	5032		5966	5220	5765	3950	4125	3242	6328	4665	6425
2002	5401		6336	5680	6172	4226	4358	3439	6662	4963	6885
2003	5823		6723	6145	6669	4627	4714	3719	7052	5311	7479
2004	6529	7131	7530	6664	7549	5163	5115	4025	7552	5943	8298
2005	7269	7920	8166	7132	8470	5801	5576	4811	8081	6482	8923
2006	8006	8799	8841	7811	9406	6653	6132	5354	8734	7580	9586
2007	9053	9966	9958	9050	10842	7574	6902	6211	10017	8839	10612
2008	9975	10922	10876	9998	11827	8594	7876	7010	11073	9883	11654
2009	10873	11855	11767	10978	12790	9413	8654	7751	12099	10851	12620
2010	12287	13148	13135	12195	14098	10597	9901	8916	13846	12271	14659
2011	14244	15108	15009	14289	16176	12287	11583	10421	16037	14157	17033
2012	15829	16824	16757	15954	17906	13695	12923	11626	17794	15736	18898
2013	17523	18607	18533	17629	19841	15201	14306	12929	19681	17404	20940
2014	19362	20544	20527	19477	21825	17040	15765	14398	21786	19180	22950
2015	21225	22446	22386	21338	23823	18788	17401	15930	23739	20973	25171
2016	23164	24592	24419	23404	26182	20428	18947	17453	25922	22932	27446
2017	25369	27059	26857	25834	28750	22241	20697	19129	28412	25052	29996
2018	27631	29626	29394	28276	31534	24313	22468	20970	30743	27418	32453
2019	30221	32374	32007	30992	34501	26601	24644	22962	33842	30131	35340
2020	32188	34480	33872	33102	36888	28309	26370	24454	36244	32150	37645
2021	35419	37765	37093	36184	40621	30944	28909	26956	39667	35367	41871
2022	37700	40098	39096	38787	42939	32735	30501	29027	41879	37261	44760
2023	40153	42571	41511	41229	45542	34890	32450	31046	44593	39839	47535

12-18　各县市区城镇常住居民人均消费支出

(2007-2023年)　　单位：元

年　份	全　市	市　区				三门县	天台县	仙居县	温岭市	临海市	玉环市
			椒江区	黄岩区	路桥区						
2007	15726	15565	17474	15738	15272	11349	12126	10075	17300	15319	21579
2008	16425	15614	17754	15446	16600	11961	12812	10181	18674	15998	22683
2009	17732	17364	19799	17807	17464	12404	13278	11729	19982	16980	23163
2010	19401	19499	22443	19801	17689	13316	15574	13281	21156	20319	23171
2011	21430	22502	23565	22342	20549	14629	17229	13945	23728	20686	26617
2012	22333	24014	25082	24307	22027	15633	17616	14552	25051	20989	27307
2013	24031	25983	27239	26875	23815	16774	19289	17175	27180	21727	29274
2014	26458	28698	30099	29509	26449	18904	21179	19116	29871	24161	32113
2015	28892	31448	32718	32637	28988	20511	23064	21066	32732	26529	34018
2016	30021	33462	34747	33528	32032	22275	23871	22941	34193	29182	36954
2017	32514	35809	37839	34333	34982	24177	25327	24958	36467	31517	39861
2018	35100	38266	40715	35535	38206	26219	26467	27053	39311	34271	42852
2019	37616	40794	43503	37603	40886	28213	28337	29152	42241	36825	45820
2020	36131	39300	42641	35138	39618	27218	27518	27098	41086	34646	43046
2021	42096	46299	50478	41832	45331	31785	31416	30868	47324	39919	50664
2022	44180	48387	52332	43998	47489	33125	32836	32896	49665	42274	52552
2023	46744	51375	55366	46637	50578	35214	35011	35201	51898	44642	55289

12-19　各县市区农村常住居民人均消费支出

(2007-2023年)　　单位：元

年　份	全　市	市　区				三门县	天台县	仙居县	温岭市	临海市	玉环市
			椒江区	黄岩区	路桥区						
2007	7749	8519	9627	6490	9213	5829	5600	5607	7759	8601	8977
2008	8466	9261	10421	6503	10491	6389	6006	6765	7984	9215	10425
2009	8864	8918	9275	6922	10313	6937	6288	7677	8617	10512	11204
2010	9655	10031	11624	7581	10592	7677	8214	8181	9693	9624	11788
2011	11332	11836	13374	10149	12308	9721	9625	9146	11206	12526	12198
2012	12117	12584	13818	10817	13048	10180	10406	9503	12786	12794	13487
2013	13643	14160	15765	12130	14872	11074	11384	10947	14526	14002	14783
2014	15307	15788	17751	13537	16391	12580	12591	12437	16327	15752	16512
2015	17102	17560	20147	15067	17800	13851	13787	13818	18194	17485	18223
2016	18598	19131	21497	16533	19723	15034	14518	15158	19619	19076	19927
2017	19929	20602	23423	17773	21010	16303	15456	16233	21102	20182	21540
2018	21510	22373	25564	19008	23075	17647	16445	17735	22685	22029	23176
2019	23364	24189	27530	20570	25049	19053	17708	19214	24722	23969	25125
2020	23001	23415	26030	20224	24579	18937	17120	18508	24778	24116	24453
2021	26838	26461	29586	22641	27486	22123	19882	21285	28718	28099	28784
2022	28958	28121	31090	24281	29225	23517	21097	23310	31041	30280	31302
2023	31303	30508	33682	26443	31619	25683	22934	25432	33160	32708	33408

主要统计指标解释

工资总额

指本单位在报告期内直接支付给本单位全部在岗职工的劳动报酬总额。工资总额不论是计入成本的还是不计入成本的，不论是以货币形式支付的还是以实物形式支付的，均应列入工资总额的计算范围。

工资总额是税前工资，包括单位从个人工资中直接为其代扣或代缴的个人所得税、社会保险基金和住房公积金等个人缴纳部分，以及房费、水电费等。工资总额应包含：

（1）基本工资：也可称为标准工资、合同工资、谈判工资。指本单位在报告期内（年度）支付给本单位在岗职工的按照法定工作时间提供正常工作的劳动报酬。各单位给个人确定的底薪可作为基本工资。包括工龄工资。基本工资不含定时、定额发放的各种奖金、各种津贴和补贴、加班工资，也不包括补发的上一年度的基本工资。

（2）绩效工资：也可称为效益工资、业绩工资。指根据本单位利润增长和员工工作业绩定期支付给本单位在岗职工的奖金；支付给本单位从业人员的超额劳动报酬和增收节支的劳动报酬。具体包括：值加班工资、绩效奖金（如年度、季度、月度等）、全勤奖、生产奖、节约奖、劳动竞赛奖和其他名目的奖金；以及某工作事项完成后的提成工资、年底双薪等。但不包括入股分红、股权激励兑现的钱和各种资本性收益。

（3）工资性津贴和补贴：指本单位制定的员工相关工资政策中，为补偿本单位在岗职工特殊或额外的劳动消耗和因其他特殊原因支付的津贴，以及为保证其工资水平不受物价影响而支付的物价补贴。具体包括：补偿特殊或额外劳动消耗的津贴及岗位性津贴、保健性津贴、技术性津贴、地区津贴和其他津贴。如：过节费、通讯补贴、交通补贴、公车改革补贴、不休假补贴、无食堂补贴、单位发给员工的可自行支配的住房补贴以及为员工缴纳的各种商业性保险等。上述各种项目既包括货币性质的，也包括实物性质的和各种形式的充值卡、购物卡（券）等。

（4）其他工资：指上述基本工资、绩效工资、工资性津贴和补贴三类工资均不能包括的发给在岗职工的工资，如补发上一年度的工资等。

13

城市建设和环境保护

City Construction and Environment Protection

13-1 城市和县城建设基本情况(一)

(1999-2023年)

年份	建成区面积(平方公里)	城市维护建设资金支出(亿元)	全年供水总量(万吨)	#居民家庭用水量	用水普及率(%)
1999	114.26	5.86	12058	3374	68.50
2000	133.55	10.31	14184	4604	80.67
2001	152.84	14.76	16310	5834	92.84
2002	168.40	20.34	17860	6639	92.89
2003	190.67	28.06	19448	7427	92.41
2004	209.89	20.90	20116	8434	93.92
2005	219.85	16.78	22135	9484	95.00
2006	231.37	14.29	19519	7762	98.48
2007	235.96	16.81	21777	8366	99.04
2008	243.39	21.94	21077	8592	98.19
2009	247.05	25.14	22717	9725	99.12
2010	249.97	44.64	24205	10631	99.36
2011	251.89	38.98	24942	11504	100.00
2012	254.22	37.67	25520	11393	100.00
2013	256.13	47.98	26589	12351	100.00
2014	269.67	39.81	27721	13003	100.00
2015	285.60	44.35	29086	13699	100.00
2016	289.72	40.75	31081	14756	100.00
2017	296.95		32787	18878	100.00
2018	301.47		32561	16028	100.00
2019	311.70		34387	16577	100.00
2020	318.63		35746	17165	100.00
2021	331.48		40804	20067	100.00
2022	337.13		38264	19199	100.00
2023	344.79		40833	20799	100.00

注：统计范围为2005年及以前为行政区域内镇和街道，2006年起仅包括临海、温岭两市为城市规划区，其他县为县政府所在地建制镇或街道。

13-2 城市和县城建设基本情况(二)

(2000-2023年)

年 份	排水管道长度(公里)	建成区排水管道密度(公里/平方公里)	铺设道路面积(万平方米)	人均城市道路面积(平方米)	公共汽车总 数(辆)
2000	1040	7.79	1781		816
2001	1275	8.34	2079		691
2002	1485	8.82	2411		842
2003	1906	10.00	2800		853
2004	2081	9.91	3147		969
2005	2240	10.19	3387		1110
2006	2169	9.37	3575	16.06	1128
2007	2451	10.39	3843	16.75	1207
2008	2758	11.33	4052	16.64	1518
2009	2988	12.09	4295	20.27	1358
2010	3205	12.82	4444	20.87	1477
2011	3489	13.85	4777	22.43	1506
2012	3626	14.26	4895	22.84	1613
2013	3812	14.88	5090	23.64	1962
2014	4139	15.35	5093	23.52	1840
2015	4401	15.41	5170	23.63	1955
2016	4590	15.84	5304	24.11	2048
2017	5274	8.87	4891	21.76	2430
2018	5551	9.01	5372	23.27	2817
2019	5365	12.22	5517	23.56	3086
2020	6418	15.23	5884	22.15	3407
2021	7296	16.24	6014	22.17	3971
2022	7269	16.00	5486	20.59	3949
2023	7326	15.71	5739	21.32	4145

注：统计范围为2005年及以前为行政区域内镇和街道，2006年起仅包括临海、温岭两市为城市规划区，其他县为县政府所在地建制镇或街道。

13-3 城市和县城建设基本情况(三)

(2000-2023年)

年 份	绿化覆盖面积(公顷)	园林绿地面积(公顷)	公园绿地面积(公顷)	人均公园绿地面积(平方米)	公园个数(个)	公园面积(公顷)
2000	3247	2154	472	2.32	36	388
2001	3766	2672	537	2.38	39	402
2002	4324	3168	678	2.95	57	489
2003	5164	3810	909	3.85	75	628
2004	5876	4312	1071	4.45	84	714
2005	6208	4639	1175	4.85	96	851
2006	6700	4813	1194	5.36	97	872
2007	7435	5569	1335	5.82	118	1068
2008	9421	8403	1815	7.45	129	1411
2009	9712	8738	2075	9.80	132	1632
2010	10396	9502	2158	10.14	137	1806
2011	10417	9767	2217	10.41	138	1838
2012	10702	9604	2374	11.08	141	1925
2013	11196	10392	2558	11.88	144	2071
2014	12522	11470	2715	12.54	152	2187
2015	12899	11796	2795	12.78	160	2279
2016	13148	12091	2883	13.10	161	2311
2017	14752	13651	3304	14.70	177	2589
2018	13789	13151	3740	16.20	166	2921
2019	14146	13061	3383	14.45	171	2789
2020	14568	13510	3650	13.74	183	2804
2021	15096	13977	3909	14.41	217	3037
2022	15589	14290	4018	15.08	241	3248
2023	16618	14994	4316	16.04	293	3479

注：统计范围为2005年及以前为行政区域内镇和街道，2006年起仅包括临海、温岭两市为城市规划区，其他县为县政府所在地建制镇或街道。公园绿地面积和人均公园绿地面积2005年及以前分别为公共绿地面积和人均公共绿地面积。

13-4 废水排放和处理情况

(1990-2023年)

年 份	工业废水排放量(万吨)	工业废水中有害物质含量(吨)						
		#六价铬	#砷	#铅	#挥发酚	#氰化物	#石油类	#化学需氧量(万吨)
1990	5313	1.22	0.19	0.70	8.07	8.23	30.51	1.90
1991	3718	1.65	0.02	0.32	4.54	7.56	1.76	27.65
1992	3560	1.60	0.21	0.05	10.24	4.77	2.50	2.10
1993	3407	1.95		0.06	2.51	2.03	9.90	1.80
1994	2811	3.25	0.62	0.02	0.70	1.11	3.68	1.50
1995	2409	2.40	0.01	0.10	1.51	5.07	32.43	1.50
1996	1968	1.33	0.04	0.48	1.40	0.84	32.87	1.03
1997	3527	6.00	0.03	0.09	18.79	0.61	97.37	2.82
1998	4222	1.71	0.15	0.09	0.35	1.16	193.12	2.69
1999	4800	1.58	0.19	0.11	0.45	0.84	231.85	2.77
2000	4809	3.10	0.05	0.06	0.33	1.96	53.92	1.96
2001	4235	1.69	0.06	0.07	1.09	1.68	40.74	1.35
2002	4273	1.40	0.07	0.08	0.69	1.16	37.49	1.30
2003	4018	1.13	0.49	0.02	1.68	0.86	107.65	1.52
2004	4265	0.93	0.01	0.07	0.45	0.71	58.90	1.33
2005	4428	0.74	0.46	0.03	0.01	0.54	17.96	1.02
2006	4892	2.47	0.01	0.10	0.01	1.93	14.68	0.99
2007	5292	0.71	0.01	0.08	0.52	0.77	41.17	1.04
2008	5317	0.78	0.01	0.10		0.34	45.02	0.96
2009	5125	0.40	…	0.06		0.25	10.38	0.82
2010	5709	0.20	…	0.06		0.09	6.69	0.97
2011	6305	0.60	0.06	0.02	0.17	0.38	92.92	0.91
2012	6152	0.52	0.04	0.02	1.06	0.29	81.84	0.90
2013	6278	0.36	0.04	0.02	1.06	0.17	66.86	0.94
2014	6065	0.40	0.01		0.04	0.33	48.22	0.88
2015	6251	0.42	0.02	0.03	0.30	0.42	50.75	0.80
2016	5725	0.36	0.03	0.01	0.10	0.26	28.78	0.54
2017	5125	0.31	0.02	0.01	0.07	0.88	24.00	0.41
2018	5114	0.43	…	…	0.07	0.98	15.75	0.27
2019	5105	0.29	…	0.02	0.04	1.26	25.18	0.22
2020	4199	0.15	…	0.01	0.01	0.31	0.06	0.16
2021	4291	0.15	…	0.01	…	0.16	0.03	0.16
2022	4258	0.15	…	0.01	…	0.13	0.03	0.14
2023	4161	0.09		0.01		0.01	0.02	0.11

13-5 废气排放和处理情况

(1990-2023年)

年 份	废 气 排放量 (亿标立方米)	二氧化硫 排 放 量 (吨)	烟粉尘 排放量 (吨)	氮氧化物 排 放 量 (吨)
1990	239.02	52710	39230	
1991	218.09	48833	25526	
1992	219.39	44619	27605	
1993	251.84	49694	23115	
1994	268.93	50746	21038	
1995	294.57	51297	23027	
1996	272.89	52491	15479	
1997	330.02	69114	18815	
1998	372.82	68830	21186	
1999	398.41	69277	20146	
2000	455.94	62344	18011	
2001	450.2	58040	10386	
2002	449.89	66396	9726	
2003	501.43	57488	9886	
2004	543.21	71716	10588	
2005	927.96	78831	8244	
2006	548.39	75494	8117	28099
2007	1214.77	65624	11019	38344
2008	1957.98	48380	8964	46712
2009	1279.56	30878	7313	51049
2010	1395.68	24552	6165	61704
2011	1700.82	48981	16619	48087
2012	1446.82	44209	13016	41566
2013	1507.23	43170	12297	39130
2014	1313.12	28083	13106	31461
2015	1318.99	31868	16263	26255
2016	839.42	13211	9152	10480
2017	2225.79	10958	8784	10106
2018	1800.81	8004	8151	9583
2019	2238.46	6034	11124	9567
2020	3567.70	3815	9047	6634
2021	4539.07	3119	4103	6701
2022	4429.17	3831	3789	7833
2023	4591.99	3845	3749	7861

13-6　工业固体废物排放和处理情况

(1990-2023年)　　单位：万吨

年 份	工业固体废物产生量	工业固体废物贮存量	工业固体废物综合利用量	工业固体废物综合利用率(%)	工业固体废物处理量
1990	87.89	73.64	10.80	12.30	
1991	86.00	77.00			
1992	90.40	76.35	83.90		
1993	85.81	14.01	8.19	9.50	
1994	91.26	12.59	9.07	9.90	
1995	103.69	13.89	52.73	50.90	
1996	111.16	96.44	84.45	75.90	
1997	107.30	14.11	96.02	89.40	
1998	103.31	12.70	83.67	81.00	
1999	101.36	11.37	86.74	85.60	
2000	100.81	8.20	90.34	89.60	1.14
2001	109.48	6.71	101.43	92.70	1.34
2002	104.09	2.34	99.92	96.00	1.78
2003	146.33	7.65	135.51	92.60	2.53
2004	167.57	6.00	158.46	94.60	3.09
2005	154.09	4.23	147.88	96.00	2.16
2006	171.78	0.07	163.97	95.50	7.90
2007	214.32	3.11	204.90	95.60	6.25
2008	313.18	5.02	305.43	97.50	2.72
2009	242.06	3.21	225.07	93.00	13.78
2010	245.85	1.05	239.97	97.60	4.84
2011	266.54	0.30	237.27	89.80	28.70
2012	242.85	3.04	228.80	94.20	10.72
2013	326.50	0.15	314.87	96.40	11.66
2014	363.43	0.83	251.09	95.30	11.92
2015	228.00	1.52	222.97	97.80	3.84
2016	270.13	1.33	257.88	95.40	11.79
2017	464.02	0.75	423.81	91.27	39.97
2018	413.48	0.59	394.64	95.41	18.56
2019	404.03	0.31	395.78	97.77	8.73
2020	366.17	0.36	361.10	98.63	5.40
2021	438.87	0.49	435.45	99.22	3.40
2022	528.16	0.34	525.16	99.43	3.20
2023	507.18	0.44	504.16	99.40	3.02

注：本表统计范围：2011年开始为一般工业固体废物，不包括危险废物。

13-7 工业污染治理情况

(1990-2023年)

单位：万元

年 份	工业污染治理投入	#治理废水	#治理废气	#治理固体废物	#治理噪声	#治理其他	当年安排治理项目(个)
1990	370	282	66				62
1991	517	387	128				26
1992	2087	1327	730				44
1993	2287	1250	1037				24
1994	1160	1140	8				15
1995	1975	475	1425				22
1996	2480	400	1560	520			6
1997	2342	1798	144	350		50	24
1998	2337	1978	213	111	1	35	57
1999	9447	5331	919	600	5	2592	182
2000	22299	20334	1010	40	321	595	290
2001	6918	5928	584	405			59
2002	10207	8455	1394	108	250		60
2003	22999	19224	765		10		71
2004	10652	6690	2187	9	10	1756	74
2005	25239	7262	16276	68		1634	127
2006	23516	8794	7546	157		1719	123
2007	21975	9881	11818	52		208	192
2008	16992	6178	10526			288	123
2009	8167	6188	1803	115		61	54
2010	5862	3489	2178	50		145	56
2011	17227	10760	4877	201	800	590	143
2012	6812	3779	1847	58	850	278	23
2013	94642	25576	46310	326	897	21533	165
2014	83622	8478	61465	182	30	13386	81
2015	90425	9611	66569	10793	120	3332	216
2016	68757	16756	49638	327	0.7	1820	163
2017	21521	2760	6298	75		12128	83
2018	10378	2420	4406	70		3267	78
2019	31447	7412	7223	9181		7296	95
2020	69148	3277	12628			52876	148
2021	20061	9284	4556	2410		3812	64
2022	21947	11373	3143	7193		178	32
2023	3717	398	1696	1150		473	24

主要统计指标解释

工业废水排放量　指调查年度经过企业厂区所有排放口排到企业外部的工业废水量。包括生产废工业废水排放量水、外排的直接冷却水、废气治理设施废水、超标排放的矿井地下水和与工业废水混排的厂区生活污水，不包括独立外排的间接冷却水（清浊不分流的间接冷却水应计算在内）。

工业废气排放量　指调查年度企业厂区内排入空气中含有污染物的气体的总量，以标准状态（273K，101325Pa）计。

颗粒物排放量 指调查年度调查对象相应堆场排入大气的粉尘的质量。

一般工业固体废物综合利用量 指调查年度企业通过回收、加工、循环、交换等方式，从固体废物中提取或者使其转化为可以利用的资源、能源和其他原材料的固体废物量（包括当年利用的往年工业固体废物累计贮存量）。如用作农业肥料、生产建筑材料、筑路、用作充填回填材料等。综合利用量由产生固体废物的单位统计。

一般工业固体废物处置量 指调查年度企业将工业固体废物焚烧和用其他改变工业固体废物的物理、化学、生物特性的方法，达到减少或者消除其危险成分的活动，或者将工业固体废物最终置于符合生态环境保护规定要求的填埋场的活动中，所消纳固体废物的量。

14

教育科技和质量监督

Education, Science and Qualitical Supervision

14-1 教育事业基本情况

(2023年)

单位：人

项目	学校数(所)	毕业生数	招生数	在校学生数	教职工数	#专任教师
一、普通高等学校	4	13367	15469	46144	3641	2682
台州学院	1	3948	4870	16859	1775	1285
台州职业技术学院	1	4649	4227	12471	821	647
台州科技职业学院	1	3338	3674	10040	652	450
浙江汽车职业技术学院	1	1432	2698	6774	393	300
二、成人高等教育	1	10765	14346	33136	456	252
其中：台州开放大学	1	8342	7903	23289	456	252
三、普通中等专业学校	2	1402	925	3529	242	214
四、成人中等专业学校	1	512	527	1592	20	16
五、技工学校	12	3656	8410	24996	2158	2015
六、普通中学	276	101238	105656	315010	28052	24752
高　中	79	34253	37524	111362	10969	9414
初　中	197	66985	68132	203648	17083	15338
七、职业高中	22	22823	20248	63377	4488	4314
八、小　学	344	70533	77678	426556	25426	24348
九、幼儿园	879	75706	50123	167765	25166	12941
十、特殊教育	10	622	641	3111	393	364

注：成人高等教育数据含普通高等学校的成人教育；特殊教育学生含普通中小学随班就读和送教上门的学生；中职教育学生数含普通高中和特殊教育附设中职班的学生。

14-2 主要年份高等学校基本情况

单位：人

年 份	毕业生数	招生数	在校学生数	教职工数	#专任教师
1977		146	146	64	18
1978		267	413	173	79
1980	146	275	776	188	101
1985	280	333	921	300	145
1990	477	486	962	295	133
1991	459	499	988	312	139
1992	401	540	1124	337	141
1993	403	539	1403	339	147
1994	533	834	1794	386	167
1995	378	558	1692	390	169
1996	389	448	1606	396	179
1997	638	491	1443	395	180
1998	457	603	1674	399	183
1999	457	1360	2296	491	284
2000	478	2309	4125	649	381
2001	590	3375	6892	1007	619
2002	1703	4803	10623	1160	702
2003	2703	5048	12784	1324	840
2004	2859	5818	15371	1689	1083
2005	3867	6957	18069	1759	1145
2006	4559	7709	21079	1833	1235
2007	5414	8627	24307	2049	1370
2008	6362	9486	27254	2136	1447
2009	7580	9738	29164	2239	1520
2010	8530	9469	29749	2317	1579
2011	8222	9657	30933	2336	1595
2012	9144	9602	31132	2400	1616
2013	8876	10099	32018	2389	1593
2014	9008	10100	32631	2437	1645
2015	9101	10430	33567	2345	1633
2016	9504	10636	34205	2466	1667
2017	9825	10715	34728	2496	1741
2018	10474	11366	35216	2633	1786
2019	10523	13061	37349	2857	2022
2020	10494	13726	39955	3004	2130
2021	11114	13867	42356	3278	2322
2022	11531	14607	44744	3464	2471
2023	13367	15469	46144	3641	2682

注：高等学校指普通高校，不含成人高校。

14-3 主要年份普通中等专业学校基本情况

单位：人

年 份	学校数(所)	毕业生数	招生数	在校学生数	教职工数	#专任教师
1949	4	54	413	1323	66	35
1952	7	238	1056	2242	215	113
1957	5	466	759	1809	216	113
1962	4	857	158	552	201	106
1965	2	40	610	756	116	61
1970	2				114	60
1975	5	472	704	1618	242	111
1978	5	519	1006	1893	362	179
1980	6	1277	1223	2834	556	245
1985	7	999	1211	3019	677	334
1990	7	1184	1284	3739	728	438
1994	8	1309	3116	6775	735	410
1995	8	1503	3769	8983	778	424
1996	8	1949	4574	11515	802	442
1997	7	2698	2895	8918	797	433
1998	7	2930	2618	8574	805	439
1999	8	2915	2631	8194	801	458
2000	6	2695	2413	7848	782	461
2001	6	2619	2928	8508	810	533
2002	6	2737	4397	9891	670	467
2003	5	1935	3261	9831	589	408
2004	3	3001	1942	8076	356	279
2005	1	3191	1820	6063	134	112
2006	1	2383	1490	4989	150	131
2007	1	1613	1765	4716	148	119
2008	1	1404	1749	4253	158	118
2009	1	1106	1093	3201	194	120
2010	1	856	2221	4384	229	155
2011	1	831	1376	4246	270	154
2012	1	864	700	3803	165	114
2013	2	1428	781	2536	128	86
2014	2	860	1151	2563	146	100
2015	2	588	1562	3332	150	98
2016	2	603	1318	3884	199	148
2017	2	906	1087	3532	223	170
2018	2	1235	1159	3347	197	170
2019	2	1210	1350	3424	200	171
2020	2	939	1527	3957	215	184
2021	2	1096	1587	4300	238	209
2022	2	1275	1218	4103	236	208
2023	2	1402	925	3529	242	214

14-4 主要年份成人教育基本情况

单位：人

年份	成人高等教育				成人中等教育					
	毕业生数	招生数	在校学生数	教职工数	学校数(所)	毕业生数	招生数	在校学生数	教职工数	#专任教师
1979		136	136	11						
1980		97	168	20						
1985	755	2057	4152	83	6	864	1099	1740	295	103
1990	451	377	1962	113	7	522	31	2609	230	145
1991	1165	328	1698	112	7	879	232	1914	178	100
1992	735	499	988	114	7	609	493	1338	190	111
1993	193	383	1227	110	8	511	314	1145	217	113
1994	272	804	1546	114	8	843	1741	2777	253	147
1995	360	672	1543	124	8	992	1448	2745	274	169
1996	295	772	1803	136	8	1178	1559	2809	253	152
1997	455	657	2084	153	8	605	1358	3626	247	144
1998	848	1034	2519	166	8	816	1006	3109	241	149
1999	812	1085	2959	187	9	1058	1578	3851	332	175
2000	761	2020	4802	227	9	1337	1235	3567	361	207
2001	774	3217	5911	288	9	1096	872	2639	335	205
2002	1317	7083	13150	300	10	813	902	2558	365	230
2003	2003	4748	15614	323	11	1337	1352	3655	396	252
2004	5477	6341	14973	377	11	1179	1160	3504	297	200
2005	5080	7829	16332	401	11	1360	1189	3378	320	224
2006	4731	7851	18898	449	11	1042	777	1957	275	192
2007	7209	7895	19359	551	10	615	846	2086	296	208
2008	5955	8293	21428	460	10	617	971	2308	291	202
2009	5635	9102	24256	438	9	607	902	2479	254	184
2010	7140	7828	22323	442	7	792	900	2390	221	168
2011	7616	12040	29697	433	7	799	1167	2616	218	166
2012	6035	9927	33509	433	6	677	777	2247	158	106
2013	8528	10048	36769	430	4	799	770	2110	52	34
2014	10056	15309	37570	419	2	678	803	2118	36	30
2015	7816	9348	34768	425	2	622	661	1986	57	29
2016	8280	7514	32146	419	1	384	510	1354	15	11
2017	8815	10973	32070	547	1	408	536	1450	15	11
2018	7910	13195	34718	540	1	386	453	1454	14	11
2019	8299	12441	37985	383	1	440	692	1629	16	13
2020	11231	11192	36160	349	1	418	583	1675	18	14
2021	10515	11831	36489	358	1	385	508	1717	20	16
2022	10424	13446	33917	337	1	534	636	1659	19	15
2023	10765	14346	33136	456	1	512	527	1592	20	16

14-5 主要年份技工学校基本情况

单位：人

年份	学校数(所)	招生数	在校学生数	毕业生数	教职工数	#专任教师
1979	2	300	300		24	11
1980	2	50	350		29	16
1985	2	173	282		26	14
1990	3	259	617	169	98	50
1991	3	179	648	136	97	50
1992	3	383	737	194	115	55
1993	3	301	848	220	115	60
1994	3	226	935	182	119	63
1995	3	269	792	309	115	63
1996	5	651	1298	253	125	105
1997	5	1287	2194	197	188	147
1998	6	1748	3602	348	287	225
1999	7	2179	5009	625	283	243
2000	7	2704	5952	1091	316	254
2001	7	2485	6146	1519	471	400
2002	6	2638	5600	1776	444	329
2003	6	4320	7658	1934	583	360
2004	6	4210	10961	2260	576	411
2005	6	4883	12263	3193	665	417
2006	7	6075	13513	3055	748	583
2007	6	4931	10818	2374	790	566
2008	6	4980	11744	2573	894	637
2009	6	5359	12947	3760	872	609
2010	6	5847	12145	3721	957	752
2011	6	5105	13961	3460	1038	815
2012	6	3645	9520	2789	1040	820
2013	6	4253	13272	3704	977	889
2014	6	3428	10105	3594	980	565
2015	6	2835	8504	3138	788	660
2016	8	5170	12225	3696	1132	883
2017	8	5974	14002	3781	1259	956
2018	8	7216	17593	3625	1262	871
2019	9	8101	19999	4380	1466	868
2020	9	8079	24472	5182	1887	1428
2021	11	7365	18729	3488	1693	1499
2022	11	8911	19539	3180	2478	2095
2023	12	8410	24996	3656	2158	2015

14-6 主要年份普通中学基本情况

单位：人

年份	学校数(所)	毕业生数	招生数	在校学生数	教职工数	#专任教师
1949	19	842	1900	7039	628	393
1952	20	1679	5235	14234	894	559
1957	47	4365	7317	18875	1265	791
1962	66	5201	8981	20878	1882	1177
1965	95	5458	10522	26578	1889	1225
1970	597	10193	42406	74170	3236	2476
1975	562	53738	86364	155363	7075	4977
1978	568	91819	92508	225792	11779	10250
1980	431	52095	79063	207727	11586	9464
1985	356	44786	71813	200249	11615	9285
1990	375	53325	71848	200084	11910	9751
1994	360	58196	86696	222141	13429	11250
1995	350	64311	100049	250442	14319	12178
1996	353	64104	98397	280473	15557	13369
1997	352	80778	98522	292662	16940	14712
1998	363	94032	105937	296671	18141	15633
1999	355	91774	114696	311962	19222	16592
2000	335	92374	120734	334081	20342	17663
2001	335	98191	109934	339150	21140	18217
2002	324	107320	106058	331353	21480	18533
2003	311	112144	99440	315106	21622	18572
2004	298	105832	91450	297368	21702	18757
2005	277	103575	89160	283958	21906	18994
2006	270	98117	95207	280281	22013	19257
2007	264	94126	98786	287457	22284	19452
2008	261	88767	98489	293146	22343	19732
2009	259	92922	95980	289083	22606	20003
2010	258	92150	96088	286837	22531	20157
2011	268	92747	95928	283109	23831	20246
2012	274	91534	94847	281149	24156	20436
2013	280	91695	96743	282600	24274	21266
2014	259	93665	95570	282295	25522	22296
2015	253	90447	96689	284963	27175	23774
2016	269	92076	104425	294858	28628	25105
2017	277	91706	106788	305011	28506	25403
2018	281	93285	105870	314118	26047	23253
2019	281	100810	104528	315460	26120	23732
2020	277	102855	103801	313353	26838	24208
2021	279	103020	105825	313022	27259	24451
2022	275	102594	105551	313761	28394	24673
2023	276	101238	105656	315010	28052	24752

14-7　主要年份职业高中基本情况

单位：人

年　份	学校数(所)	毕　业生　数	招生数	在　校学生数	教　职工　数	#专任教师
1979	12	148	595	1128		
1980	25	580	1156	2017		
1985	23	984	4601	7396	519	391
1990	36	3347	5084	11386	1057	800
1991	30	4696	5781	11626	1045	798
1992	31	3937	5434	11874	1131	853
1993	35	4497	5785	12137	1110	827
1994	41	3823	7414	14628	1258	890
1995	42	4682	9760	18668	1469	1066
1996	32	5730	7289	17758	1401	1066
1997	39	7223	10949	22444	1529	1201
1998	56	6172	12662	26808	1701	1294
1999	58	7593	12302	28063	2169	1633
2000	48	8622	14431	31359	2102	1690
2001	55	7467	20516	40641	2410	1933
2002	55	9463	26013	53789	2895	2351
2003	52	11699	30211	65214	3592	2977
2004	53	13952	27275	69999	3588	3026
2005	50	17789	25284	67952	4043	3415
2006	48	20743	25052	65357	3856	3295
2007	44	19086	24591	61795	3646	3084
2008	45	18362	23877	59935	3585	3091
2009	43	17507	27453	64270	3399	2925
2010	42	16616	27252	67242	3457	3024
2011	41	17254	26710	69251	3178	2848
2012	39	19883	23242	67358	3279	2961
2013	34	20448	22133	64890	3499	3151
2014	27	20354	21087	59224	3786	3471
2015	27	18816	21602	59957	3819	3520
2016	21	18728	22951	62380	3881	3587
2017	19	18907	22127	62951	3862	3586
2018	19	19532	22067	63630	3892	3656
2019	19	20164	24397	65981	4077	3855
2020	21	19347	25680	68440	4066	3825
2021	21	19040	24284	70652	4117	4108
2022	22	23442	22187	68301	4249	4256
2023	22	22823	20248	63377	4488	4314

14-8 主要年份小学基本情况

单位：人

年份	学校数(所)	毕业生数	招生数	在校学生数	教职工数	#专任教师	入学率(%)
1949	1970	4070	48028	96738	5073	4693	
1952	2751	7650	42724	194412	7227	6685	
1957	2546	22037	59246	238276	7364	6812	
1962	3251	26417	67268	249793	7140	5609	
1965	5677	22185	123169	401476	12283	10520	
1970	5014	59807	112006	446081	14722	13817	
1975	6305	78801	148328	670227	21752	20170	
1978	5420	102368	144258	649623	22342	21860	97.16
1980	4956	87440	114734	640215	22876	21723	96.53
1985	4205	102647	81412	497033	21301	19762	97.60
1990	3377	74263	88868	460288	18514	17010	99.17
1994	2446	80450	94110	497515	19306	17952	99.72
1995	2248	89144	79668	486871	19533	18123	99.55
1996	1991	86784	69159	468435	20201	18742	99.80
1997	1847	82228	62084	446885	20765	19315	99.67
1998	1622	84654	55032	416557	20378	18956	99.95
1999	1324	92573	63379	387715	20322	18876	99.91
2000	1134	92160	74022	370452	20309	18809	99.94
2001	977	78918	63708	354473	20363	18797	99.99
2002	914	67435	63532	353256	19905	18449	100.00
2003	843	57553	60557	360886	19903	18364	100.00
2004	794	53181	61380	375140	19911	18353	100.00
2005	749	54819	61482	387461	20197	18782	100.00
2006	729	64240	65903	397107	20611	19209	100.00
2007	678	69621	71122	406204	21097	19530	100.00
2008	600	70039	72607	411801	21445	19928	100.00
2009	575	67116	72375	410767	21684	20319	100.00
2010	561	65150	82428	430476	21924	20510	100.00
2011	560	66089	88358	462265	20852	20716	100.00
2012	502	68184	85023	473217	21135	21132	100.00
2013	356	70730	82574	479447	21685	20364	100.00
2014	343	70587	79361	481586	22821	21318	100.00
2015	329	71447	78428	480907	21635	20536	100.00
2016	346	79179	74539	469238	21816	20902	100.00
2017	352	78157	73468	453416	22579	21714	100.00
2018	360	77399	75739	445719	26088	24698	100.00
2019	367	74874	71292	436487	26405	24689	100.00
2020	367	72156	66526	425552	26058	24592	100.00
2021	354	71186	69348	422399	26489	24430	100.00
2022	343	69393	67645	420073	25560	24501	100.00
2023	344	70533	77678	426556	25426	24348	100.00

14-9　主要年份幼儿园基本情况

单位：人

年份	幼儿园数（所）	班数（个）	在园幼儿数	教职工数	#专任教师
1978	68	185	8539	240	233
1980	90	444	18613	519	507
1985	962	1918	59632	2290	2198
1990	401	2218	71938	2748	2580
1991	421	2278	79390	2744	2557
1992	284	2336	77969	2552	2416
1993	293	2319	90189	2824	2677
1994	719	2418	84818	2969	2712
1995	338	2456	83020	3069	2772
1996	403	2544	84601	3235	2855
1997	526	2497	79429	3532	3021
1998	726	2979	90637	3698	3253
1999	651	3037	94797	4225	3339
2000	445	3308	97897	4627	3804
2001	653	4692	128707	6245	3924
2002	588	5056	138302	6953	4432
2003	718	5453	151458	8015	5104
2004	838	5638	164752	9142	5671
2005	1319	5721	172201	9820	6111
2006	1356	6303	193585	11001	6816
2007	1251	6557	205811	12314	7637
2008	1278	6943	225949	13427	8520
2009	1297	7704	239897	15587	9808
2010	1291	8226	259760	18521	11075
2011	1372	8716	262004	18259	10519
2012	1434	8687	251947	20971	12089
2013	1331	7944	233031	21235	11467
2014	1314	8091	230259	22983	12298
2015	1329	8024	224345	23240	11704
2016	1285	7398	220379	23975	12289
2017	1234	7317	216473	24262	12743
2018	1166	6876	201137	23617	12473
2019	1074	6587	192240	23583	12482
2020	1026	6595	192458	24414	12865
2021	1014	6659	193593	26053	13579
2022	985	6655	191097	26793	13869
2023	879	6069	167765	25166	12941

14-10 主要年份特殊教育基本情况

单位：人

年 份	学校数(所)	毕业生数	招生数	在校学生数	教职工数	#专任教师
1982			12	12	1	1
1985	1			21	4	3
1990	4		58	178	31	27
1991	4		64	251	39	27
1992	4	17	81	304	56	40
1993	5	45	144	385	70	54
1994	5	25	73	336	87	60
1995	6	17	113	448	131	100
1996	7	31	108	484	141	110
1997	7	26	73	423	143	106
1998	7	78	78	530	122	89
1999	7	299	191	1715	129	95
2000	7	336	153	1624	134	102
2001	7	172	331	2289	131	102
2002	7	337	293	2048	128	103
2003	7	339	337	2230	131	103
2004	7	251	257	1884	136	107
2005	7	166	218	1824	139	109
2006	7	212	265	1815	144	117
2007	7	223	266	2056	150	126
2008	7	226	284	2070	154	136
2009	8	236	263	2045	173	146
2010	9	242	280	2141	186	170
2011	10	163	250	1910	221	193
2012	10	151	300	1898	234	208
2013	10	166	345	2032	256	222
2014	10	279	257	1903	264	235
2015	10	261	272	1793	282	250
2016	10	294	257	1716	305	271
2017	10	284	327	1978	316	282
2018	10	278	406	2334	332	302
2019	10	327	470	2390	334	301
2020	10	385	423	2375	332	309
2021	10	522	607	2819	370	304
2022	10	568	639	3087	383	345
2023	10	622	641	3111	393	364

注：从1999年开始学生数含普通学校附设及随班就读人数。

14-11 主要年份每万人口中在校学生数的大中小学生构成

年 份	各级学校在校学生占全市人口(%)	平均每万人口中(人)			大、中、小学生占学生总数(%)		
		大学生	中学生	小学生	大学生	中学生	小学生
1949	4.37		29.26	402.12		7.96	92.04
1952	8.38		65.45	772.27		7.81	92.19
1957	9.15		73.09	841.99		7.99	92.01
1962	8.84		69.86	814.35		7.90	92.10
1965	12.62		80.43	1181.37		6.37	93.63
1970	13.28		189.33	1138.69		14.26	85.74
1975	19.04		361.24	1542.31		18.98	81.02
1978	19.39	0.91	502.94	1434.96	0.05	25.94	74.01
1980	18.50	1.40	461.27	1386.92	0.08	24.94	74.99
1985	14.59	10.35	433.98	1014.19	0.71	29.75	69.54
1990	13.22	5.67	423.74	892.91	0.43	32.05	67.53
1994	14.21	6.35	469.79	945.29	0.45	33.05	66.50
1995	14.54	6.11	531.82	915.61	0.42	36.59	62.99
1996	14.74	6.40	588.86	878.90	0.43	39.95	59.62
1997	14.54	6.58	613.56	833.77	0.45	42.20	57.35
1998	14.09	7.77	627.91	772.10	0.55	44.65	54.80
1999	13.81	9.68	657.63	714.05	0.70	47.61	51.69
2000	13.94	16.33	700.32	677.71	1.17	50.23	48.60
2001	13.94	23.34	723.92	646.24	1.67	51.95	46.38
2002	14.17	43.19	732.46	641.75	3.05	51.68	45.27
2003	14.31	51.39	726.49	653.06	3.59	50.77	45.64
2004	14.31	54.75	703.47	676.83	3.82	49.02	47.16
2005	14.21	61.45	667.34	692.08	4.32	46.97	48.71
2006	14.22	70.80	648.34	703.26	4.98	45.58	49.44
2007	14.34	76.69	644.32	713.40	5.35	44.92	49.73
2008	14.49	84.80	646.95	717.35	5.85	44.64	49.50
2009	14.45	92.35	643.04	710.09	6.39	44.49	49.12
2010	14.67	89.30	639.64	738.20	6.09	43.60	50.32
2011	15.27	103.32	635.97	787.79	6.77	41.65	51.59
2012	15.26	109.38	616.09	800.77	7.17	40.37	52.47
2013	15.38	115.80	615.12	807.10	7.53	39.99	52.48
2014	15.29	117.58	604.57	806.54	7.69	39.55	52.76
2015	15.29	114.37	609.32	804.88	7.48	39.86	52.66
2016	15.17	110.55	624.29	781.80	7.29	41.16	51.55
2017	15.03	110.68	641.14	751.27	7.36	42.65	49.98
2018	15.13	115.52	660.95	736.24	7.64	43.69	48.67
2019	15.14	124.18	670.07	719.51	8.20	44.27	47.53
2020	13.79	114.86	621.54	642.15	8.33	45.09	46.58
2021	13.58	110.95	613.15	634.14	8.17	45.14	46.69
2022	13.61	117.79	610.00	629.04	8.68	44.96	46.36
2023	13.67	118.12	608.62	635.51	8.67	44.68	46.65

注：大学生包括普通教育、成人教育、本科、专科学生，中学生包括普通中专、成人中专、技工学校、普通中学、职业中学学生，本表仅包括台州市各类学校学生数，不包括在外地就读的台州籍学生数。

14-12 主要年份学校教师负担学生数

单位：人

年 份	高等学校		中等学校		小 学	
	教师数	平均每个教师负担学生	教师数	平均每个教师负担学生	教师数	平均每个教师负担学生
1949			428	19.54	4693	20.61
1952			672	24.52	6685	29.08
1957			904	22.88	6812	34.98
1962			1283	16.70	5609	44.53
1965			1286	21.26	10520	38.13
1970			2536	29.25	13817	32.28
1975			5088	30.85	20170	33.23
1978	79	5.23	10429	21.83	21860	29.72
1980	121	7.80	9725	21.89	21723	29.47
1985	228	22.25	10127	21.00	19762	25.15
1990	246	11.89	11184	19.53	17010	27.06
1994	281	11.89	12760	19.38	17952	27.71
1995	293	11.04	13900	20.26	18123	26.75
1996	315	10.82	15134	20.74	18742	24.99
1997	333	10.59	16647	19.75	19315	23.14
1998	349	12.01	17740	19.10	18956	21.97
1999	411	12.79	19101	18.69	18876	20.54
2000	523	17.07	20275	18.88	18809	19.70
2001	806	15.88	21288	18.65	18797	18.86
2002	891	26.68	21910	18.40	18449	19.15
2003	1042	27.25	22569	17.79	18364	19.65
2004	1329	22.83	22673	17.20	18353	20.44
2005	1397	24.62	23162	16.13	18782	20.63
2006	1502	26.62	23458	15.61	19209	20.67
2007	1652	26.43	23429	15.66	19530	20.80
2008	1737	28.03	23780	15.62	19928	20.66
2009	1795	28.76	23841	15.60	20319	20.22
2010	1645	31.65	24256	15.38	20510	20.99
2011	1880	32.25	24240	15.40	20716	22.31
2012	1901	34.00	24527	14.84	21132	22.39
2013	1877	36.65	25507	14.33	20364	23.54
2014	1934	36.30	26462	13.46	21318	22.59
2015	1929	35.43	28081	12.78	20536	23.42
2016	1957	33.90	29734	12.60	20902	22.45
2017	2105	31.73	30126	12.84	21714	20.88
2018	2096	33.37	27961	14.31	24698	18.05
2019	2304	32.70	28639	14.19	24689	17.68
2020	2384	31.93	29659	13.89	24592	17.30
2021	2818	27.98	30283	13.49	24430	17.29
2022	2712	29.00	31247	13.03	24501	17.15
2023	2934	27.02	31311	13.05	24348	17.52

注：高等学校包括成人教育，中等学校包括普通中专、成人中专、技工学校、普通中学、职业中学。

14-13 全社会研究与试验发展(R&D)活动情况

(2011-2023年)

地 区	R&D活动人员数(万人年)	每万人就业人员中R&D人员(人年)	研究与试验发展经费支出(亿元)	研究与试验发展经费支出相当于GDP比重(%)
2011	2.82	47.06	38.98	1.42
2012	2.24	37.35	42.43	1.46
2013	2.45	40.67	51.25	1.63
2014	2.72	45.10	56.59	1.67
2015	2.93	48.50	63.11	1.78
2016	2.86	70.70	71.10	1.85
2017	2.97	73.15	83.31	1.89
2018	3.37	82.60	88.88	1.82
2019	4.33	106.20	102.30	1.99
2020	4.70	122.78	119.00	2.26
2021	5.08	131.87	139.44	2.41
2022	5.63	146.65	155.58	2.58
2023	6.76	175.85	166.97	2.68

14-14 县级及以上政府部门属研究与开发机构变化情况

(1991-2023年) 单位：万元

年 份	机构数(个)	职工总数(人)	#科技活动人员	经费收入总额	#政府拨款	经费支出总额	#人员费用
1991	8	294	96	248	192	241	94
1992	8	316	83	375	265	294	114
1993	8	277	100	432	375	406	137
1994	8	257	91	574	350	519	163
1995	8	246	89	618	446	604	265
1996	8	230	77	611	470	572	298
1997	8	226	79	804	540	815	347
1998	9	231	84	1020	640	640	450
1999	9	223	71	1135	764	1066	522
2000	8	214	75	1361	868	1209	597
2001	7	198	65	1543	1110	1242	718
2002	7	192	66	1901	1157	1602	755
2003	7	194	68	2197	1501	1871	1036
2004	7	183	70	2170	1511	2051	699
2005	7	188	77	2589	1608	2288	783
2006	7	187	80	3474	2049	2887	1276
2007	7	237	95	4081	2124	3631	2102
2008	7	236	97	4122	2065	3436	1794
2009	7	232	144	4772	2514	4982	1676
2010	7	233	117	4680	2604	4221	1420
2011	7	233	134	5765	2868	4977	1711
2012	7	207	114	6437	2952	5711	3605
2013	7	223	188	6126	3725	5899	2456
2014	7	223	185	6502	4058	6047	2227
2015	7	253	214	7348	4048	7536	3400
2016	7	239	191	7980	4990	7259	3440
2017	8	374	306	10234	6824	11556	6244
2018	9	393	321	19201	12419	16196	5673
2019	8	408	330	20276	9891	17168	7189
2020	11	529	435	22286	12298	17514	9421
2021	11	622	547	24496	15395	21698	9996
2022	17	1070	902	48134	21012	39413	18224
2023	19	1119	923	54782	30568	43287	19663

注：科技活动人员统计范围：2008年及以前的数据为科学家和工程师的人员数。

14-15 科技成果和专利授权情况

(1990-2023年)

年 份	科技进步奖励	国家级	部级	省级	市级	合同数	技术成交额(万元)	专利申请受理量	专利授权量合计	发明	实用新型	外观设计
1990	77	1	1	22	46	4	21	107	58	1	56	1
1991	27			23		368	285	137	99	3	86	10
1992	90			22	60	14	200	218	147	2	131	14
1993	31	1	1	22		481	2167	308	248		194	54
1994	102			19	72	1894	351	251	231	2	187	42
1995	28		1	20		462	1856	285	245		183	62
1996	92			30	52	8141	3864	339	305	1	161	143
1997	68			19	42	1716	1662	448	409	3	187	219
1998	69			19	40	1033	6598	519	483		201	282
1999	95	1		28	56	488	4615	823	791		415	376
2000	113	2		28	78	526	5651	829	772		407	365
2001	112			22	90	623	6948	1480	962	22	410	530
2002	109			27	82	733	13133	2197	1223	14	471	738
2003	77			27	50	932	23772	2345	1795	21	540	1234
2004	72			22	50	854	22696	2803	1698	31	537	1130
2005	68		2	16	50	1029	28153	4834	2136	38	705	1393
2006	80			27	53	446	38116	5626	3365	57	1059	2249
2007	78			19	59	649	37046	6276	4589	82	1723	2784
2008	72	3		15	54	228	88300	9043	4811	168	1805	2838
2009	84	3		16	65	240	43300	8806	8145	225	2292	5628
2010	121	2		18	101	208	22877	10436	10558	285	4348	5925
2011	80			17	63	197	41837	12471	9653	519	4293	4841
2012	79			23	56	118	27672	14111	12182	793	5987	5402
2013	77	1		18	58	192	76255	16956	12673	737	6345	5591
2014	74	3		14	60	1022	173706	20570	16134	791	8597	6746
2015	69	3		16	50	1198	143539	23144	19717	1386	10257	8074
2016	71	1		10	60	1580	360274	27921	20075	1534	10769	7772
2017	65			8	57	1675	1042830	28071	19143	1844	8800	8499
2018	6	1		5		1326	633635	35695	26287	2767	13138	10382
2019	18			18		1467	730847	35090	26936	3071	12894	10971
2020	13			13		1575	614328	40217	34830	4401	15174	15255
2021	19			19		2430	1158081		39269	5282	18194	15793
2022	19			19			2234600		36556	2941	18495	15120
2023	20			20		4235	2588300		29236	2921	13516	12799

14-16 规模以上工业企业研究与试验发展(R&D)活动基本情况(一)

(2023年)

项　目	有R&D活动企业数(个)	有研发机构企业数(个)	企业办研发机构(个)	发明专利申请数(件)	有效发明专利数(件)
总　计	**2021**	**1882**	**1959**	**2637**	**12829**
一、按登记注册类型分					
内资企业	**1969**	**1826**	**1895**	**2373**	**11243**
全民所有制企业(国有企业)	1	1	1		
集体所有制企业(集体企业)		1	1		1
股份合作企业	25	19	19	6	33
联营企业					
国有独资公司	3	1	1	11	12
有限责任公司	124	113	123	418	1079
股份有限公司	95	99	121	464	2111
私营企业	1721	1592	1629	1474	8007
港、澳、台商投资企业	**22**	**28**	**29**	**54**	**245**
外商投资企业	**30**	**28**	**35**	**210**	**1341**
二、按国民经济行业分					
非金属矿采选业	2	2	2	4	4
农副食品加工业	16	4	4	6	22
食品制造业	11	9	9	6	34
酒、饮料和精制茶制造业	2	1	1		
纺织业	28	26	26	16	105
纺织服装、服饰业	3	4	4	3	7
皮革、毛皮、羽毛及其制品和制鞋业	84	22	22	4	71
木材加工和木、竹、藤、棕、草制品业	5	4	5	5	26
家具制造业	25	22	22	16	157
造纸和纸制品业	23	17	17	19	70
印刷和记录媒介复制业	17	21	21	1	32
文教、工美、体育和娱乐用品制造业	22	26	26	24	147
石油、煤炭及其他燃料加工业					2
化学原料和化学制品制造业	45	59	66	97	471
医药制造业	64	55	83	273	1906
化学纤维制造业	4	7	7	8	48
橡胶和塑料制品业	217	242	243	204	1013
非金属矿物制品业	44	45	45	40	130
黑色金属冶炼和压延加工业	4	2	2	9	10
有色金属冶炼和压延加工业	12	9	9	2	47
金属制品业	113	95	96	93	480
通用设备制造业	438	389	399	537	2437
专用设备制造业	184	235	241	402	2055
汽车制造业	206	165	167	198	899
铁路、船舶、航空航天和其他运输设备制造业	118	122	125	122	430
电气机械和器材制造业	207	197	207	130	1008
计算机、通信和其他电子设备制造业	45	45	51	135	271
仪器仪表制造业	47	37	37	97	499
其他制造业	13	10	10	36	235
废弃资源综合利用业	8	3	3	2	9
电力、热力生产和供应业	11	5	7	148	202
燃气生产和供应业	1	1	1		
水的生产和供应业	2	1	1		2

14-17 规模以上工业企业研究与试验发展(R&D)活动基本情况(二)

(2023年)

项目	R&D人员(人)	R&D人员折合全时当量(人年)	R&D经费内部支出(万元)	R&D经费外部支出(万元)
总　计	**81750**	**64372**	**1409876**	**132632**
一、按登记注册类型分				
内资企业	**78042**	**61273**	**1332541**	**126752**
国有企业	36	28	1403	
集体企业	15	9		
股份合作企业	497	366	6964	
联营企业				
国有独资公司	152	135	3208	
有限责任公司	7104	5518	169890	67335
股份有限公司	12039	9186	261309	29420
私营企业	58199	46031	889768	29997
港、澳、台商投资企业	**1534**	**1253**	**30829**	**922**
外商投资企业	**2174**	**1847**	**46506**	**4958**
二、按国民经济行业分				
非金属矿采选业	76	31	660	
农副食品加工业	280	205	2325	5
食品制造业	202	117	2421	48
酒、饮料和精制茶制造业	13	7	192	46
纺织业	945	745	12888	26
纺织服装、服饰业	91	68	372	
皮革、毛皮、羽毛及其制品和制鞋业	1654	1332	11791	75
木材加工和木、竹、藤、棕、草制品业	218	187	1567	11
家具制造业	2183	1645	26569	
造纸和纸制品业	666	541	14294	
印刷和记录媒介复制业	428	351	3860	
文教、工美、体育和娱乐用品制造业	1009	800	8804	
石油、煤炭及其他燃料加工业	9	5		
化学原料和化学制品制造业	1555	1220	31501	1301
医药制造业	7554	5823	181310	45303
化学纤维制造业	203	145	8840	569
橡胶和塑料制品业	6764	5327	121091	1526
非金属矿物制品业	1062	885	17988	75
黑色金属冶炼和压延加工业	137	104	2524	
有色金属冶炼和压延加工业	333	255	3264	4
金属制品业	3567	2721	39264	178
通用设备制造业	16809	13163	242871	1948
专用设备制造业	7007	5862	120218	2051
汽车制造业	10026	8044	165268	49777
铁路、船舶、航空航天和其他运输设备制造业	4639	3780	99259	6882
电气机械和器材制造业	7327	5705	148641	1184
计算机、通信和其他电子设备制造业	3026	2614	69556	1888
仪器仪表制造业	2073	1670	30277	1952
其他制造业	1050	627	12295	229
废弃资源综合利用业	178	137	4376	
电力、热力生产和供应业	614	213	25289	17554
燃气生产和供应业	15	7	230	
水的生产和供应业	37	36	71	

14-18 标准计量质量监督基本情况(一)

(1990-2023年)

年 份	已建市(地)级社会公用计量标准			已开展强制检定计量器具		强制检定计量器具实际检定数(台件)	计量仪器检定(台件)
	类	项	种	项	种		
1990	4	17	29	17	29	18231	36688
1991	4	17	32	15	26	14679	42584
1992	4	17	32	17	26	29432	49265
1993	5	17	43	18	28	27075	48819
1994	5	20	49	16	26	30799	42383
1995	5	25	54	20	27	31752	48518
1996	5	28	58	20	27	36950	55043
1997	6	28	64	20	35	32988	50653
1998	9	32	76	26	40	39919	32058
1999	10	27	40	27	40	18655	53361
2000	10	55	265	36	65	26538	132693
2001	10	52	119	23	36	8685	55176
2002	5	56	143	23	33	35985	78550
2003	5	95	201	21	33	48863	135373
2004	9	98	289	22	38	23751	78087
2005	10	65	114	28	48	10681	113102
2006	10	71	196	22	32	14678	103518
2007	15	98	223	25	35	15678	123518
2008	15	81	199	23	45	29134	95422
2009	11	99	222	23	45	44748	84913
2010	11	99	222	23	45	45160	90432
2011	11	99	222	23	45	35782	108732
2012	11	100	223	24	46	43316	110539
2013	11	108	233	28	51	46846	157169
2014	11	145	334	24	39	26567	118939
2015	10	149	338	25	40	37573	128464
2016	10	159	340	26	45	54028	112571
2017	10	163	342	26	46	64933	119993
2018	10	163	342	26	46	66244	110270
2019	10	256	396	26	46	137850	197993
2020	10	191	355	26	46	54556	122036
2021	10	196	363	17	50	95295	103408
2022	17	310	310	50	54	186757	189473
2023	17	320	320	50	54	434166	435233

14-19 标准计量质量监督基本情况(二)

(1990-2023年)

年份	产品质量监督受检企业数(个)	受检产品种数(种)	检验产品批次(批次)	检验产品合格批次(批次)	批次合格率(%)	现有工作用房(平方米)
1990	18	3	19	14	73.70	2739
1991	1292	14	1452	788	54.27	2946
1992	1135	11	1373	979	71.30	3300
1993	1330	13	1537	1133	73.72	3600
1994	2126	37	2185	1516	69.38	3600
1995	1428	14	1469	1033	70.32	4074
1996	2031	20	2118	1559	74.00	4100
1997	2866	46	3078	2403	76.00	4300
1998	3058	56	3134	2441	78.00	5900
1999	1966	55	2253	1592	70.66	7900
2000	1423	58	1534	1283	83.60	7930
2001	2100	28	2100	1697	80.83	10280
2002	4376	130	4376	3543	81.20	9280
2003	3634	240	3726	2727	75.00	18790
2004	3981	258	4158	3451	83.00	11800
2005	1956	167	1971	1691	85.79	28500
2006	2170	189	2319	2016	86.90	28500
2007	2497	196	2497	2197	87.99	28500
2008	1012	89	1012	816	80.63	28500
2009	1832	92	1832	1623	88.69	28500
2010	2093	149	2093	1907	91.11	28500
2011	1839	143	1839	1665	90.54	28500
2012	976	55	976	907	92.93	28500
2013	1070	82	1070	1027	95.98	28500
2014	1340	90	1341	1281	95.53	28500
2015	1190	113	1193	1125	94.30	28500
2016	1121	93	1152	1098	95.30	28500
2017	1149	102	1198	1146	95.66	28500
2018	1341	106	1341	1303	97.17	28500
2019	1390	102	1390	1349	97.05	32170
2020	1243	87	1247	1228	98.48	32170
2021	1109	83	1187	1161	97.81	32170
2022	603	113	736	612	83.15	1754.5
2023	2528	239	3460	2974	85.95	28500

14-20 标准计量质量监督基本情况(三)

(1990-2023年)

年 份	企业产品标准备案数(个)	政府计量部门建立社会公用计量标准(项)	授权建立社会公用计量标准(项)	制造计量器具许可证工商户数(户)	修理计量器具许可证工商户数(户)	技术监督行政执法受理案件数(件)	技术监督行政法结案案件数(件)
1990	258						
1991	227					15	15
1992	446					90	85
1993	416	37		120	50	45	30
1994	501	94		89	60	195	182
1995	2315	95	5	167	56	417	384
1996	2680	123	5	182	87	591	495
1997	3409	123	2	127	69	976	935
1998	4285	122	3	91	71	1162	1096
1999	5511	94	3	89	60	1927	1830
2000	7489	92	7	112	49	2042	2021
2001	9021	125	7	76	7	2493	2487
2002	11327	249	13	29	21	2542	2534
2003	2931	201	13	147	9	2342	2342
2004	15584	289	43	175	1	1557	1551
2005	17007	320	76	28	2	1211	1185
2006	15677	325	30	35	1	580	518
2007	11136	332	31	35	1	3726	3720
2008	10735	339	2	26	1	2292	1978
2009	12019	199		23	1	3726	3720
2010	3875	200	3	21	1	1228	1099
2011	3151	211	3	24	1	957	956
2012	1285	219	3	23	1	556	539
2013	4276	259	3	27	1	501	495
2014	986	269	3	25	1	299	297
2015	1433	298	3	17	1	424	414
2016	12637	316	4	18	1	453	446
2017	8109	325	6	19	1	591	571
2018	3690	342	7	18	1	680	668
2019	3780	396	7	17	1	463	451
2020	3898	355	7	17	1	447	428
2021	4043	258	6	0	0	1297	1291
2022	4108	310	16	28	0	814	814
2023		320	10	28	1	1132	1132

注：2015年起企业产品标准备案数统计口径改为企业产品标准自我声明公开数;《标准化法》出台后，取消企业标准备案。2023年企业产品标准备案已经取消，相关数据无法统计。

主要统计指标解释

普通高等学校 指按照国家规定的审批程序举办，通过全国统一招生考试，招收高级中等学校毕业生和具有同等学历者，实施高等教育，增减高等专门人才的学校。包括大学、专科学校和短期职业大学。

成人高等学校 指按照国家规定的审批程序批准举办，招收高中毕业生或同等学历者，利用多种形式对成人实施高等教育，培养相当普通高等学校专科或本科毕业水平的专门人才的学校。包括广播电视大学、职工高等学校、农民高等学校、干部管理学校、教育学院、独立函授学院以及普通高等学校举办的函授、夜大等。

中等专业学校 指经国务院各部委或省人民政府批准举办，招收初中(或部分高中)毕业生或具有同等学历者，实施中等专业教育、培养中等专门人才的学校。具体又可分为中等技术学校和中等师范学校两大类。

技工学校 指招收初中(或部分高中)毕业生或同等学历者，实施专业技术教育、培养中级技术工人的学校。包括中央在地方单位办、各级劳动部门办、各级其他部门办和厂矿企业办。其在校学生数不包括培训的在职职工人数。

招生数 指新学年开始时，按照国家招生计划实际招收入学的新生数。不包括留级生和复读学生数。

在校学生数 指学年初开学以后，具有学籍的在校学习的学生总数。

毕业生数 指上学年度内，具有学籍的学生学完教学计划的全部课程，考试及格，获得毕业证书的学生数。不包括结业生和肄业生数。

教职工数 指在学校中工作的固定教职工人数。包括校本部、科研机构、校办工厂、农(林)场和附属机构的人员。不包括下列人员：离休、退休、退职人员；学校办的集体单位和学校附属机构中，属于集体单位的职工；代课教师和各种临时工。

专任教师 指主要从事教育工作的人员。包括临时(一年以内)调去帮助做其他工作的教学人员。不包括调离教学岗位，担任行政领导工作或其他工作的原教学人员；不包括兼任教师和代课教师。

小学学龄儿童入学率 指调查范围内已入学学习的学龄儿童占校内外学龄儿童总数(包括弱智儿童在内，但不包括盲聋哑儿童)的比重。计算公式是：

小学学龄儿童入学率=已入学的小学学龄儿童数/校内外小学学龄儿童总数×100%

专利 是专利数的简称，是对发明人的发明创造经审查合格后，由专利局依据专利法授予发明人和设计人对该项发明创造享有的专有权。从类型来看，包括发明、实用新型和外观设计。

发明 指对产品、方法或者其改进所提出的新的技术方案。实用新型指对产品的形状、构造或者其结合所提出的实用的新的技术方案。

外观设计 指对产品的形状、图案、色彩或者其结合所做出的富有美感并适于工业上应用的新设计。

企业办研发机构 指企业自办（或与外单位合办），管理上同生产系统相对独立（或者单独核算）的专门科技活动机构，如企业办的技术中心、研究院所、开发中心、开发部、实验室、中试车间、试验基地等。

R&D(研究与试验发展) 是指在科学技术领域，为增加知识总量、以及运用这些知识去创造新的应用进行的系统的创造性的活动，包括基础研究、应用研究、试验发展三类活动。

R&D 经费内部支出 是指调查单位在报告年度用于内部开展 R&D 活动（基础研究、应用研究和试验发展）的实际支出。包括用于 R&D 项目（课题）活动的直接支出，以及间接用于 R&D 活动的管理费、服务费、与 R&D 有关的基本建设支出以及外协加工费等。不包括生产性活动支出、归还贷款支出以及与外单位合作或委托外单位进行 R&D 活动而转拨给对方的经费支出。

R&D 经费外部支出 是指报告期委托外单位或

与外单位合作进行科技活动而拨给对方的经费。包括对国内研究机构支出、对国内高等学校支出、对国内企业支出以及对境外机构支出合计。

强制检定工作计量器具 指直接用于贸易结算、安全防护、医疗卫生、环境监测方面的列入《中华人民共和国强制检定的工作计量器具目录》的工作计量器具，项数是指县级以上政府计量行政部门根据《市场监管总局关于调整实施强制管理的计量器具目录的公告》中规定的 40 项 62 种，具体开展项、种数。

产品质量监督检验企业数 指报告期内实际受检的企业数。

产品质量监督检验批次 在同一时期，对同一企业生产的同种规格的产品，按规定办法抽取样品，进行一次监督检验，为一个批次。

社会公用计量标准 指经过政府计量行政部门考核、作为统一本地区量值的依据，在社会上实施计量监督具有公证作用的计量标准。项数是指县级以上政府计量行政部门建立并考核发证的项目数。

授权建立的社会公用计量标准 指县以上政府计量行政部门授权其他部门或单位建立的社会公用计量标准器具考核发证的项目数。

15

文化卫生体育和广播

Culture, Public Health, Sports and Broadcast

15-1 主要年份文化艺术事业单位数

单位：个

年份	电影放映单位	艺术表演团体	文化馆、站	#文化馆	公共图书馆
1980	412	12	205	8	7
1985	616	8	441	8	8
1990	577	8	430	8	8
1991	554	8	420	8	8
1992	542	8	202	8	8
1993	516	8	157	8	8
1994	516	8	210	8	8
1995	490	4	168	8	8
1996	493	4	168	8	8
1997	452	4	150	8	8
1998	453	6	181	9	8
1999	453	6	181	9	8
2000	370	6	180	9	8
2001	370	6	163	9	8
2002	380	7	139	9	8
2003	380	8	129	9	8
2004	380	8	131	9	8
2005	42	8	140	9	8
2006	41	7	143	10	9
2007	38	8	144	10	9
2008	26	8	143	10	10
2009	25	8	143	10	10
2010	25	8	143	10	10
2011	27	7	143	10	10
2012	31	6	143	10	10
2013	33	7	143	10	10
2014	47	7	129	10	10
2015	39	169	139	10	10
2016	39	186	139	10	10
2017	44	208	139	10	10
2018		225	139	10	10
2019		224	139	10	10
2020		175	139	10	10
2021		163	139	10	10
2022		162	139	10	10
2023		132	140	10	10

注：2005年起电影放映单位数使用基本单位调查数据(含法人单位和其他法人单位附属的产业活动单位)。
2015年起艺术表演团体含私营团体。

15-2 群众文化基本情况

(1996-2023年)

年份	举办展览场次(个)	组织文艺活动(次)	举办训练班班次(次)	培训人次(万人次)	藏书(万册)	经费总支出(万元)
1996	689	2059	610	2.00	21.50	833
1997	625	1959	617	2.10	19.80	788
1998	737	2047	795	1.50	18.20	914
1999	666	2213	870	1.30	24.20	989
2000	708	1889	622	1.23	29.91	1424
2001	501	1482	516	1.40	30.20	1340
2002	518	1954	752	1.47	34.94	3474
2003	503	1720	479	1.37	38.03	2955
2004	636	2385	715	1.95	58.75	3177
2005	617	1607	620	2.33	64.20	3548
2006	698	1859	774	2.63	89.60	6046
2007	550	1028	1686	4.05	77.35	2858
2008	694	1999	1344	9.64	83.77	5387
2009	671	2285	4379	9.38	88.61	5831
2010	620	2331	1214	8.30	97.98	6363
2011	596	2186	1245	9.77	105.00	6923
2012	583	2307	1500	14.12	112.00	9648
2013	597	2428	1497	14.20	119.69	11262
2014	823	2805	2536	23.04	262.26	12920
2015	1252	5682	2902	42.57	252.24	15767
2016	1374	6100	4104	49.62	185.97	16574
2017	1484	10237	6912	53.04	204.50	21307
2018	1767	15480	6649	83.12	211.65	19092
2019	2046	25516	11717	76.20	214.12	28026
2020	1815	11854	9680	40.10	232.66	27163
2021	1706	18788	15336	63.87	229.35	41488
2022	2528	95796	19150	168.82	252.70	47170
2023	5031	100427	29347	169.70	3265.22	48428

注：本表统计范围为文化馆和文化站。

15-3 主要年份卫生机构数

单位：个

年 份	卫生机构数	医院、卫生院	疗养院、所	社区卫生服务中心(站)	诊所卫生所医务室门诊部	卫生防疫机构	妇幼保健机构	卫生监督所	医学在职培训机构	其他卫生机构
1978	618	417								
1980	674	425								
1985	718	357								
1990	730	351	1	333		9	10		1	25
1991	729	359	1	322		9	10		1	27
1992	728	415	1	264		9	10		1	28
1993	701	386	1	266		9	10	1	10	18
1994	698	393	1	264		9	10	1	10	10
1995	709	402	1	265		10	10	1	10	10
1996	694	387	1	265		10	10	1	10	10
1997	717	391	1	284		10	10	1	10	10
1998	680	382	1	255		10	10	1	10	11
1999	635	356	1	236		10	10	1	10	11
2000	645	340	1	262		10	10	1	10	11
2001	664	365	1	238		28	10	1	10	11
2002	932	277	1	378	225	23	10	1	10	7
2003	1097	229	1	344	462	20	10	1	9	21
2004	1223	232	1	135	796	20	10	1	9	19
2005	1285	237	1	327	673	20	10	1	9	7
2006	1243	242	1	346	605	20	10	1	9	9
2007	1401	233	1	413	703	20	10	1	9	11
2008	1379	240	1	417	670	10	10	10	8	13
2009	1394	239	1	440	663	10	10	10	8	13
2010	1380	220	1	470	638	10	10	10	8	13
2011	3061	156	1	548	633	10	10	10	8	5
2012	3101	192	1	515	658	10	10	10	8	5
2013	3096	201	1	497	687	10	10	10	8	4
2014	3260	209	1	479	836	10	10	10	9	4
2015	3455	262	1	424	1047	10	10	10	9	4
2016	3540	271	2	406	1137	10	10	10	9	4
2017	3601	269	2	384	1257	10	10	10	8	8
2018	3691	285	2	345	1247	10	10	10	8	7
2019	3651	233	2	320	1348	10	10	10	8	6
2020	3662	235	2	258	1578	10	10	10	8	6
2021	3805	234	2	273	1671	10	10	10	7	4
2022	3896	238	2	273	1772	10	10	10	7	4
2023	3954	243	2	218	1767	10	10	10	7	4

注：2002年开始卫生机构数包括个体诊所、社区卫生服务站机构数；2003和2011年度均有一部分卫生院转为社区卫生服务站，导致卫生院数减少，社区卫生服务站增加；2011年卫生机构数包括1672家村卫生室，导致卫生机构数增加。

15-4 主要年份卫生机构床位数

单位：张

年 份	卫生机构床位数	#医院、卫生院	#疗养院、所	#妇保幼健机构	#社区卫生中心(站)	每万人拥有床位数
1978	4788	4723				10.6
1980	5237	5162				11.3
1985	5974	5858				12.2
1990	7030	6902	60			13.6
1991	7352	7223	60			14.2
1992	7672	7546	70			14.7
1993	7682	7563	70			14.7
1994	7861	7695	112			14.9
1995	8015	7854	112			15.1
1996	8333	8177	112			15.6
1997	8534	8422	112			15.9
1998	8671	8559	112			16.1
1999	8880	8768	112			16.4
2000	9559	9459	100			17.5
2001	10496	10396	100			19.1
2002	10387	10307	80			18.9
2003	11352	11035	100	173	44	20.5
2004	12285	11965	100	201	19	22.1
2005	12634	12367	32	220	15	22.6
2006	13762	13494	25	243		24.4
2007	14293	14025		258	10	25.1
2008	14927	14465	30	253	179	26.0
2009	15563	15160	30	303	70	26.9
2010	16528	16088	30	318	339	28.3
2011	17536	16025	30	336	1130	29.2
2012	18729	17809	30	366	509	31.7
2013	20072	19033	30	366	628	33.8
2014	22267	21334	30	375	513	37.3
2015	24784	23723	50	375	621	41.5
2016	26845	25656	130	376	668	44.7
2017	28257	27282	130	391	446	46.8
2018	29861	28945	130	406	360	48.6
2019	31187	30130	200	471	356	50.7
2020	31594	30533	200	458	373	47.7
2021	31482	30423	200	404	412	47.3
2022	33674	32616	200	364	454	50.4
2023	36224	34978	160	414	632	54.0

注：2007年疗养院、所的床位数并入医院统计。

15-5 主要年份卫生事业基本情况

单位：人

年份	卫生机构人员数	卫生机构技术人员数	#医生	#护士	其他技术人员	管理人员	工勤人员	每万人拥有卫生技术人员数	#医生数	#护士数
1978	7894	6998	2743	739	36	583	277	15.5	6.1	1.6
1980	9554	8283	2608	655	27	731	513	17.9	5.6	1.4
1985	10998	9391	3357	1073	43	828	736	19.2	6.8	2.2
1990	12879	11011	4512	1969	71	1140	657	21.4	8.8	3.8
1991	13219	11285	4607	2072	86	1172	676	21.8	8.9	4.0
1992	13599	11584	4599	2136	93	1223	699	22.3	8.8	4.1
1993	13952	11763	4483	2248	109	1167	913	22.5	8.6	4.3
1994	14534	12406	4950	2419	127	1094	907	23.6	9.4	4.6
1995	14495	12027	5357	2443	39	1813	616	22.7	10.1	4.6
1996	15240	12628	5676	2597	42	1924	646	23.7	10.6	4.9
1997	17186	14501	6106	2772	49	1982	654	27.1	11.4	5.2
1998	16635	13905	5871	2973	228	1453	1049	25.8	10.9	5.5
1999	17204	14149	6165	2992	211	1683	1161	26.1	11.4	5.5
2000	18017	14841	6479	3309	232	1724	1220	27.2	11.9	6.1
2001	18947	15692	7100	3713	396	1760	1099	28.6	12.9	6.8
2002	19337	16276	6898	4658	726	943	1392	29.6	12.5	8.5
2003	20967	17780	7837	4658	950	881	1356	32.2	14.2	8.4
2004	21548	18484	7804	4873	969	974	1121	33.2	14.0	8.8
2005	24484	20806	8577	5695	1198	898	1582	37.2	15.3	10.2
2006	25517	21372	8826	6232	1190	999	1956	37.8	15.6	11.1
2007	27426	22868	9828	6588	1162	1068	2328	40.2	17.3	11.6
2008	28794	24488	10968	7675	1137	979	2190	42.7	19.3	13.4
2009	30526	25798	11237	8432	1135	977	2616	44.6	19.4	14.6
2010	31855	26765	11521	9104	1282	1037	2771	45.9	19.8	15.6
2011	36660	29890	12606	10227	1515	725	3240	49.8	21.1	17.0
2012	39103	31643	12944	10873	1603	739	3844	53.5	21.9	18.4
2013	40697	32851	13338	11613	1479	948	4208	55.3	22.5	19.5
2014	43156	34836	14226	12731	1763	985	4415	58.3	23.9	21.3
2015	46335	37841	15723	14666	1721	1107	4551	63.3	26.3	24.5
2016	49233	40588	16637	16180	1826	1125	4610	67.6	27.7	27.0
2017	51792	42582	17235	17150	1978	1303	4886	70.6	28.6	28.4
2018	55585	44797	18103	18493	2246	1621	5894	73.0	29.5	30.1
2019	58276	47934	19258	20442	2586	1665	6094	77.9	31.3	33.2
2020	61341	49445	20053	21081	2661	1797	6485	74.7	30.3	31.8
2021	61019	50335	20491	21632	2102	1824	5851	75.6	30.8	32.5
2022	63869	52445	21486	22653	2331	4827	6196	78.5	32.2	33.9
2023	68659	57327	22529	24843	2402	4970	5902	85.4	33.6	37.0

注：2002年及以后卫生机构数为登记注册数；医生系执业(助理)医师数，护士为注册护士数。

15-6 医疗机构诊疗次数和入院人数

(2002-2023年)

年 份	诊 疗 人次数 (万人次)	#门、急诊	入院人数 (万人次)	每百诊次入院人数 (人)	病 床 使用率 (%)	病床周转次数 (次)	出院者平均住院天数(日)
2002	1595	1466	24.1	1.50			
2003	1507	1446	30.5	2.00			
2004	1616	1593	34.8	2.20			
2005	1818	1748	36.9	2.11			
2006	1862	1828	38.6	2.07			
2007	2113	1960	42.3	2.00	84.61	32.5	9.2
2008	2445	2406	45.9	1.88	85.33	33.4	9.1
2009	2746	2716	49.3	1.80	88.40	33.5	9.6
2010	2805	2754	52.3	1.79	89.70	32.9	10.1
2011	3769	3724	57.4	1.51	90.08	33.9	9.6
2012	4283	4239	64.6	1.52	93.03	35.6	9.6
2013	4330	4265	68.1	1.57	89.56	35.4	9.3
2014	4670	4589	72.0	1.54	87.31	34.8	9.1
2015	4739	4650	74.5	1.56	84.08	33.0	9.2
2016	5168	5088	81.0	2.01	83.04	32.6	9.0
2017	5558	5447	87.9	2.03	85.29	33.6	9.0
2018	6035	5908	92.2	1.99	87.58	34.1	9.0
2019	6991	6822	97.7	1.93	85.28	34.2	8.8
2020	6541	6347	86.3	1.86	73.83	29.5	8.6
2021	7392	7119	93.5	1.83	78.15	32.0	8.7
2022	7773	7377	100.2	1.87	77.80	32.4	8.4
2023	8459	7992	112.5	1.95	80.82	33.9	8.4

15-7 医疗机构分类别诊疗次数和入院人数

(2023年) 单位：万人次

类别	诊疗人次数	#门、急诊	家庭卫生服务人次数	观察室留观病例数	健康检查人数	入院人数	住院病人手术人次数	每百诊次入院人数(人)
总计	**8459.15**	**7992.32**	**82.40**	**9.78**	**324.25**	**112.50**	**49.58**	**1.95**
一、医院	**3117.67**	**3108.41**	**0.66**	**8.21**	**136.53**	**106.65**	**48.54**	**3.43**
综合医院	2155.38	2150.65	0.65	6.44	87.96	79.31	39.32	3.69
中医医院	600.62	599.67	0.01	0.47	27.71	15.20	6.92	2.53
中西医结合医院	62.12	62.07		0.03	3.02	2.25	0.54	3.63
专科医院	296.45	293.02		1.26	17.72	9.00	1.76	3.07
口腔医院	25.20	25.08			2.71			
眼科医院	16.85	16.71			2.57	0.58	0.39	3.47
耳鼻喉科医院	1.23	1.23			0.21	0.21	0.21	17.02
肿瘤医院	49.28	49.28		0.62	1.64	2.69	0.38	5.45
妇产(科)医院	29.98	29.76			0.11	0.79	0.24	2.65
儿童医院								
精神病医院	38.83	38.83			0.05	2.09	0.03	5.38
皮肤病医院	2.64	2.64						0.02
骨科医院	10.82	10.82				0.55	0.18	5.11
康复医院	88.92	88.92		0.64	2.22	1.40	0.32	1.58
整形外科医院	1.24	1.24					0.02	
美容医院	18.34	18.34				0.34		1.84
其他专科医院	13.12	10.18			8.22	0.35		3.48
护理院	3.09	3.00			0.13	0.89		29.54
二、基层医疗卫生机构	**5201.99**	**4744.42**	**81.74**	**1.45**	**173.86**	**4.27**	**0.43**	**0.17**
社区卫生服务中心(站)	904.01	868.26	37.16	0.07	81.01	0.48		0.05
卫生院	1699.65	1659.08	44.58	1.37	89.15	3.79	0.42	0.23
其中：中心卫生院	1020.62	1001.63	23.90	1.33	54.42	3.79	0.42	0.23
村卫生室	1242.28	1208.92				3.72	0.42	0.37
门诊部	151.94	77.29			3.70			
诊所、卫生所、医务室	1204.12	930.87						
三、专业公共卫生机构	**136.02**	**136.02**		**0.12**	**13.86**	**1.57**	**0.62**	**1.20**
妇幼保健院(所、站)	130.87	130.87		0.12	13.86	1.57	0.62	1.20
其中：妇幼保健院	105.67	105.67			6.17	1.57	0.62	1.48
急救中心(站)	5.15	5.15						
四、其他机构(疗养院)	**3.47**	**3.47**				**0.02**		**0.63**

15-8 体育基本情况

(1992-2023年)

年份	体育场(馆)(个)	举办县以上运动会(次)	参加县以上运动会(人)	举办乡镇运动会(次)	参加乡镇运动会(人)	获世界比赛:金牌(枚)	获全国、全省比赛(枚)			向上级体育团体输送人员(人)	国家级裁判员(人)	国家一级裁判员(人)
							金牌	银牌	铜牌			
1992	4					4	87	80	55			
1993	4					3	72	56	49	35		
1994	4	141	27023	68	25921		35	26	18	10		
1995	4	161	27950	94	48530	1	60	72	67	25		
1996	4	180	28103	164	56704		63	86	75	23		
1997	6	102	13756	165	49316		91	57	55	10	7	35
1998	6	10	2000			2	57	51	40		7	40
1999	7	9	6234	6	3250	15	90	83	66	35	7	40
2000	9	12	1420	114	48545	2	60	56	53	27	7	40
2001	9	42	10850	77	26586		77	51	51	13	7	40
2002	9	12	11080	86	18600		104	64	61	7	8	45
2003	9	17	12741	135	18860		86	69	80	43	11	57
2004	11	23	11500	27	5500		117	94	104	30	13	72
2005	11	94	29227	174	32229		167.5	134	123	52	14	113
2006	14	21	21250	18	12500		147	138	146	88	15	124
2007	14	25	26280	35	17250		99	83	77	110	15	142
2008	14	27	28320	26	23620		93	71	103	135	16	167
2009	14	26	27840	30	32460		88.5	76	80	139	17	194
2010	7	28	25370	23	26000		189.7	119	152		18	222
2011	7	10	16800	29	22100	2	285.5	129	51	51	19	237
2012	7	19	26299	25	17800	9	142.5	137	168	71	19	249
2013	12	25	36000	36	22500	1	89.5	90	125	78	19	266
2014	9	20	32000	20	23000	2	176	91	151	53	19	284
2015	12	15	29500	55	33700	4	154.5	158	149	55	20	304
2016	11	17	31000	26	21000	2	224.3	175	215	65	28	324
2017	11	16	37900	15	7700	4	338.5	334	394	83	29	337
2018	12	20	39872	19	10452	7	354.2	315	387	98	41	402
2019	12	126	37064	42	7829	22	333	296	325	86	38	444
2020	12	72	38336	6	1400		285	313	353	76	40	464
2021	12	57	30011	91	24767	2	219	215	301	26	45	565
2022	12	74	42222	61	17972	2	167	158	153	46	50	575
2023	14	58	15050	425	68389	22	241	236	278	40	55	585

15-9 广播电视基本情况

(1992-2023年)

年 份	广播节目套数(套)	广播电台(个)	无线电视节目套数(套)	有线广播电视网络干线总长(公里)	卫星收转(座)	电视人口覆盖率(%)
1992	3	8	7		112	78.56
1993	4	8	8		215	88.00
1994	4	8	8		917	87.00
1995	4	8	8		1338	90.00
1996	4	8	8		1133	88.61
1997	4	8	8		991	86.37
1998	3	6	7		425	86.37
1999	4	6	7		339	90.45
2000	4	6	7	20507	359	94.26
2001	8	6	8	24639	621	95.67
2002	8	6	10	45161	638	98.04
2003	8	6	10	44832	536	98.64
2004	9	7	10	11038	498	98.80
2005	10	9	10	12515	487	98.91
2006	10	9	10	11705	211	99.01
2007	10	9	10	14449	198	99.48
2008	10	9	10	15125	34	99.47
2009	10	9	10	15475	35	99.48
2010	10	9	10	17519	22	99.47
2011	10	9	10	18425	9	99.42
2012	10	9	10	21771	9	99.56
2013	10	8	10	23012	9	99.63
2014	10	8	10	24881	9	99.63
2015	10	8	10	26409	9	99.72
2016	10	8	10	27216		99.76
2017	10	8	10	28075		99.86
2018	10	8	10	17354		99.87
2019	10	7	10			99.87
2020	10	7	10			100.00
2021	10	7	10			100.00
2022	10	7	10			100.00
2023	10	6	10			100.00

注：2006年有线广播电视网络干线总长是光节点之前的长度。

主要统计指标解释

文化事业机构 指从事专业文化工作和为专业文化工作服务的独立核算、独立建制的单位。不包括文化主管部门直属单位举办的其他行业和各部门的业余文化组织。

艺术表演团体 指由文化和旅游部门主办或实行行业管理（经文化和旅游行政部门审批并领取营业性演出许可证）,专门从事表演艺术等活动的各类专业艺术表演团体,含民间职业剧团。(不包括群众业余文艺表演团队)

医院 指设有固定床位能收病人住院并能为病人提供医疗和护理服务的医疗机构。包括县及县以上医院、乡镇卫生院、其他医院三部分。

卫生技术人员 指卫生事业机构支付工资的全部固定职工和合同制职工中现任职务为卫生技术工作的专业人员。包括中医师、西医师、中西医结合高级医师、护师、中药师、西药师、检验师、其他技师、中医士、西医士、护士、助产士、中药剂士、西药剂士 、检验士、其他技士、其他中医、护理员、中药剂员、西药剂员、检验员，其他初级卫生技术人员。

医生 包括执业医生和执业助理医生。指具有《医师执业证》及其“级别”为“执业医师”且实际从事医疗、预防保健工作的人员，不包括实际从事管理工作的执业医师。

诊疗人次数 指一定时期内所有诊疗工作的总人次数，包括病人来院就诊的门诊、急诊人次数和出诊、赴家庭病床、到工厂、农村、会议、集体活动等外出诊疗的人次数以及外出进行的单项健康检查人次数。

体育场 指有 400 米跑道，中心含足球场并有固定看台的田径场。

体育馆 指有固定看台可供篮球、排球、羽毛球、乒乓球、体操等项目训练比赛活动用的室内场地。

等级裁判员人数 指经考核正式批准授予等级裁判员称号的人数。裁判员等级分为国际裁判、国家级裁判、一级裁判、二级裁判、三级裁判。

广播(或电视)人口覆盖率 指广播(或电视)覆盖人口与总人口的比率。广播(或电视)覆盖，目前是按某套节目来计算的。广播覆盖人口是指能够用普通收音机在中午收听中波广播节目，并且收听效果能达到听清完整的节目内容的地区的人口数。包括只能收听外省的中波广播的人口数在内。电视覆盖人口是指能够用普通电视接收机，室外天线在离地面四米高外，在晚上收看电视，并且收看效果能达到图像基本稳定、清晰，能看清人物的形象、动作的地区内的人口数。指标计算公式:

广播(或电视)人口覆盖率＝年末广播(或电视)覆盖人口数/年末总人口数 × 100%

16

档案工会妇联优抚和社会保障

Archives, Labor Union, The Women's Federation, Preferential Treatment and Social Security

16-1 档案馆档案资料馆藏情况

(1990-2023年)

年 份	馆藏档案				馆藏资料册数(万册)	档案馆面积(平方米)	
	全宗(个)	案卷(万卷)	录音录像影片(盒)	照片(万张)			#库房面积
1990	624	14.83	595	0.55	3.95	6544	4371
1991	713	15.76	637	0.87	4.13	7689	4900
1992	944	18.10	672	0.95	4.30	8709	5412
1993	1008	18.65	704	1.04	4.74	8709	5412
1994	1070	19.77	734	1.17	4.92	8709	5412
1995	1116	21.54	793	1.30	5.16	8709	5412
1996	1133	22.31	770	1.44	5.65	8868	5563
1997	1215	23.31	637	1.74	6.00	8868	5563
1998	1223	24.42	612	1.89	6.44	9337	5885
1999	1322	28.80	766	2.04	6.63	8970	5831
2000	1353	30.66	1485	2.14	6.86	9097	5865
2001	1395	37.16	1617	2.47	7.13	9172	5865
2002	1449	40.93	1563	2.91	7.33	9372	5965
2003	1480	43.68	1597	3.15	7.43	9499	6199
2004	1497	45.22	1627	3.31	7.85	9167	6099
2005	1526	56.93	1783	3.60	8.09	9892	6810
2006	1554	49.66	1806	4.01	8.31	14441	9401
2007	1590	51.97	1820	4.23	8.46	13941	9147
2008	1620	54.24	1844	4.60	8.70	23941	11291
2009	1632	55.40	1860	4.82	8.91	23941	11291
2010	1753	59.27	1867	5.36	9.03	23941	11291
2011	1805	61.28	1923	5.47	9.14	23941	11291
2012	1839	65.92	1944	5.74	9.38	25041	11291
2013	1863	69.70	1969	6.00	9.47	24352	9779
2014	1894	72.20	2223	6.54	9.69	30657	11919
2015	1909	74.96	2224	7.12	10.00	30797	12019
2016	1927	77.27	2255	7.45	10.31	58165	18427
2017	1933	79.86	2292	7.77	10.41	67801	22642
2018	1970	83.63	2292	7.56	10.46	74919	30868
2019	1993	85.62	2309	6.50	10.53	80048	31425
2020	2093	101.03	2323	8.21	11.30	91318	34545
2021	2196	134.66	2355	8.59	11.36	119450	43573
2022	2245	199.24	1997	8.61	12.12	119450	44331
2023	2299	256.29	2154	9.13	12.29	119450	44331

注：录音录像影片统计口径自2022年开始有所调整。

16-2 档案馆档案资料利用情况

(1990-2023年)

年 份	档案资料利用				开 放 档 案	
	利用人次(万人次)	利用档案(万卷、件次)	利用资料(万册、次)	复 制(万页)	全 宗(个)	案 卷(万卷)
1990	0.56	2.45	0.31	1.08		
1991	0.50	1.40	0.20	0.72	222	2.00
1992	0.49	1.16	0.15	0.76	264	2.19
1993	0.34	0.99	0.13	0.94	264	2.22
1994	0.36	1.01	0.15	1.13	264	2.27
1995	0.28	0.64	0.11	0.80	269	3.79
1996	0.24	0.67	0.11	0.51	340	3.90
1997	0.30	0.81	0.09	1.56	422	4.65
1998	0.40	1.01	0.15	0.88	520	5.47
1999	0.52	1.53	0.17	1.18	523	5.48
2000	0.54	1.74	0.16	1.24	528	5.75
2001	0.56	1.63	0.14	2.10	528	5.75
2002	0.79	2.27	0.10	2.94	458	5.88
2003	0.79	2.05	0.19	3.17	653	6.12
2004	1.01	3.04	0.78	4.86	673	6.21
2005	2.09	3.28	1.17	3.13	556	10.96
2006	1.94	19.46	0.52	9.82	556	6.31
2007	1.71	34.07	1.33	8.55	618	6.70
2008	1.64	5.04	0.18	7.25	625	7.01
2009	1.94	3.15	0.55	3.25	625	7.11
2010	1.56	2.50	0.98	3.12	625	7.11
2011	6.15	9.07	1.29	6.79	639	7.36
2012	2.98	3.77	0.28		657	7.36
2013	3.04	4.65	0.29		657	7.36
2014	3.66	4.98	0.18		784	7.42
2015	3.95	11.38	0.12		791	7.42
2016	4.64	7.10	0.14		815	7.79
2017	4.18	8.90	0.17		860	8.27
2018	3.14	4.50	0.26			9.55
2019	2.75	4.20	0.05			11.79
2020	2.45	5.73	0.07			12.08
2021	2.66	9.69	0.19			10.64
2022	2.95	6.94	0.10			16.56
2023	2.49	5.80	0.10			18.61

16-3 工会基本情况

(1990-2023年)

单位：人

年份	基层工会组织数(个)	建立工会组织单位职工人数	#女职工	建立工会组织单位会员人数	#女会员	建立职工代表大会制度的单位数(个)	全国劳模	省、部级劳模	市级劳模
1990	2228	251674	95376	230452	87158			10	
1991	2248	262784	101983	238735	91425			4	
1992	2324	266339	105200	239708	92282			3	
1993	2291	244083	97152	218933	86362			5	
1994	2273	246203	97268	223354	86867			8	
1995							9	13	
1996	2639	226287	89340	206707	81974			5	
1997	2489	196051	79224	179901	70837			3	
1998	2359	213689	87487	185941	74880	973		5	
1999	2926	265768	110630	217735	89573	971		27	100
2000	5399	503285	204580	408975	164591	621	9	2	
2001	7073	845300	288184	821751	263792	517		11	
2002	5795	865423	368442	818095	339828	1209		4	
2003	5940	890017	367797	826141	339025	1675		5	
2004	7218	973565	395162	888892	370207	2349		36	100
2005	8356	1043045	473879	982363	417495	2400	10		
2006	9205	1142028	469978	1073865	421380	2537		4	
2007	10378	1236408	535409	1167186	497179	2770		4	
2008	11647	1326682	537442	1249840	511820	2904		5	
2009	12538	1432401	558981	1352600	535431	3010		39	79
2010	13343	1580373	621436	1517298	601393	3290	11		
2011	14719	1763071	682306	1712126	666807	3653		5	
2012	16739	2014431	770027	1981778	760996	4106		4	
2013	17639	2119344	809964	2083070	799558	4295		4	
2014	17427	2142399	814445	2100368	800470	4305		49	108
2015	17574	2299533	834233	2258245	822948	4416	10		
2016	17667	2394617	875998	2355832	867304	6267		3	
2017	17766	2436832	891207	2398395	882511	6452		3	106
2018	17902	2457329	899814	2419221	890945	6521		3	
2019	9378	1099910	455567	1048738	444284	4813		49	
2020	10601	1186775	504967	1150338	494632	9038	8		100
2021	11982	1301041	527690	1261099	511490	10615		4	
2022	12662	1344654	566080	1304738	552913	10907		4	
2023	13338	1395989	584308	1358759	570608	11984		3	100

注：2019年开展工会情况普查后，剔除原已撤销未剔除数据的工会组织。

16-4 妇女联合会基本情况

(1990-2023年)

年份	巾帼文明岗数(市级以上)(个)	巾帼志愿者(人)	三八红旗手(人)	巾帼建功标兵(省级以上)(人)	实用技术培训人数(万人)	文明家庭(市、县级)(户)	村(社区)儿童之家(个)
1990			83		14.56	725	
1991			73		15.61	151	
1992			20			410	
1993			30			335	
1994			3		9.39	91	
1995			37		15.42	110	
1996			3		17.37	267	
1997			79		17.90	162	
1998			44		19.67	450	
1999					11.40	763	
2000			10		9.72	11563	
2001	746				14.34	40141	
2002	1206	20514	13		10.25	225280	
2003	623	23021	26		10.79	412811	
2004	628	34997	37	7	6.73	482499	
2005	321	32640	34		6.75	289166	
2006	161	35680	28	7	5.66	144701	
2007	227	33600	33	5	4.76	135837	
2008	309	34580	59	38	3.68	647	
2009	309	35280	105	9	5.38	2048	
2010	411	35760	84	10	4.22	1490	
2011	124	36250	56	12	4.79	418	
2012	74	37777	60	15	7.25	2380	
2013	69	37100	49	17	0.90	70611	
2014	62	36659	20	9	0.90	5022	
2015	76	38195	22	7	2.87	334	4310
2016	5	69120	8	3	3.39	393	4486
2017	86	36622		10	1.50	3866	4537
2018	5	52000	9	3	1.76	454	3342
2019	50	68000	17	2	2.10	502	3314
2020	3	70285	10	2	2.16	485	3232
2021	82	66250	1	10	2.36	507	2861
2022	5	69000	1	2	4.20	468	2891
2023		79205	17		5.23	296	

16-5 优抚事业基本情况

(1990-2023年)

单位：人

年 份	享受定期抚恤金人数			享受定期补助人数	#在乡复员军人	#带病回乡退伍军人	安置退伍军人人数	离退休、退职直接发放人员
	残疾军人	三属	#烈属					
1990		821	502	10591	9112	1296	1639	772
1991		829	492	10427	8914	1410		725
1992		793	483	10330	8697	1543	2425	571
1993		797	474	10096	4836	1585	1816	561
1994		770	458	10085	8434	1575	2546	535
1995		780	467	9977	8314	1589	2148	510
1996		721	431	9862	8112	1694	1872	501
1997		724	423	9526	7757	1711	1651	496
1998		694	391	9407	7407	1943	1366	474
1999		672	368	9308	7202	2072	3596	447
2000		646	349	9181	6947	2208	3568	427
2001		626	333	8811	6835	1959	1690	421
2002		611	323	8802	6581	2209	2409	406
2003		602	318	8474	6189	2274	1150	403
2004		590	312	8356	5982	2364	854	402
2005		583	309	7968	5616	2346	1257	391
2006		581	309	7741	5384	2351	1781	392
2007		561	291	7823	5164	2282	1730	386
2008		547	284	9150	4981	3197	2943	375
2009		545	277	9096	4680	3156	2482	363
2010		527	271	8987	4430	3183	2763	357
2011		510	257	9348	4158	3118	2698	349
2012		485	242	36368	3803	2193	2756	325
2013		445	222	36060	3217	2234	2616	318
2014		411	197	36725	2955	2220	2456	309
2015		416	204	37344	2764	2131	2302	303
2016		406	196	37954	2589	2080	2490	279
2017		363	154	38174	1868	2006	2349	184
2018	2180	356	153	40048	1493	1786	1997	112
2019	2278	343	147	40631	1313	1646	1948	111
2020	2346	325	133	40410	1124	873	1942	122
2021	2458	320	127	40202	926	865	1919	125
2022	2502	300	115	40689	684	854		127
2023	2467	296	104	43981	569	820	1786	117

16-6 民政事业基本情况(一)

(1990-2023年) 单位：人

年 份	最低生活保障人数	最低生活保障资金(万元)	社会福利院			收养类单位		
			单位数(个)	床位(张)	年末在院人数	单位数(个)	床位(张)	年末在院人数
1990			4	222	124	82	1133	751
1991			4	194	112	93	1209	850
1992			4	194	114	98	1339	975
1993			4	182	142	98	1374	1056
1994			4	178	154	101	1336	1116
1995			4	178	297	123	1852	1087
1996			4	232	188	165	2225	1321
1997			6	322	177	185	2585	1666
1998			7	372	247	184	2795	1655
1999			7	403	297	179	2847	1640
2000	29611	1441	7	525	359	175	3697	2005
2001	33487	1915	8	735	425	164	4024	2149
2002	48926	1751	9	854	503	149	4980	2396
2003	56751	2260	9	876	552	134	4303	2783
2004	60893	4970	9	908	599	135	5788	3642
2005	56747	4932	9	992	643	168	8327	4411
2006	56527	5126	9	1093	729	196	11753	7094
2007	60186	6917	9	1323	773	194	13237	9346
2008	62988	9422	9	1423	748	209	15061	8524
2009	61624	9960	9	1473	808	203	15574	9284
2010	60705	11988	9	1638	792	224	20518	9803
2011	61666	15686	9	1931	817	327	26949	16290
2012	61612	19035	9	1871	786	342	32939	18461
2013	60252	21227	9	2206	1107	366	38223	19458
2014	58555	20718	9	2117	1102	331	37963	19186
2015	78147	27099	9	2206	1195	345	42111	20502
2016	100223	38021	9	2741	1191	354	46386	21905
2017	101512	49511	9	2232	1068	316	49051	22878
2018	86885	45968	9	2311	1193	302	48683	23835
2019	77825	44709	9	1927	1076	313	48633	20262
2020	66759	52904	8	1892	902	316	48213	17944
2021	65080	56868	8	1480	781	249	30712	14397
2022	61822	60498	8	1478		250	28344	
2023	60920	67811	5	1030	528	252	28295	13256

16-7 民政事业基本情况(二)

(1990-2023年) 单位：个

年 份	民政福利企业单位数	结婚对数(对)	#涉外结婚对数	离婚对数(对)	社会团体机构数	#地级社团	年末实有殡仪馆	年处理遗体数(具)
1990	431	30054	26	463			1	322
1991	391	29217	22	467	600	118	1	303
1992	425	36625	35	517	874	140	1	354
1993	460	39201	55	841	1134	165	1	348
1994	496	44557	38	1010	1091	171	1	406
1995	425	44544	51	992	1105	182	1	538
1996	382	45338	55	1375	1424	206	1	665
1997	376	40764	62	1559	1264	212	1	720
1998	380	50200	66	1555	1080	218	2	1419
1999	364	57519	83	1679	1131	215	5	13609
2000	345	48006	73	1994	884	202	5	25954
2001	361	46771	78	2080	815	203	5	26260
2002	382	47446	47	2149	887	234	5	27839
2003	388	46640	62	3163	953	256	6	32241
2004	384	46602	64	4795	1027	260	7	33110
2005	381	43853	42	4773	1151	273	7	35629
2006	387	49405	65	6522	1257	293	7	25709
2007	354	46229	3	6702	1315	301	7	33745
2008	323	47479	8	7837	1342	302	7	34621
2009	326	48197	37	8745	1384	333	7	34677
2010	311	47843	40	9516	1431	332	7	44043
2011	301	50064	67	10261	1448	315	7	35307
2012	209	47721	98	11159	1516	337	7	34565
2013	228	44383	185	11630	1598	356	7	35175
2014	207	47049	125	13149	1681	365	7	36330
2015	186	43540	113	14173	1759	384	7	37427
2016	181	35077	129	14443	1944	397	7	37716
2017		34273	134	14814	2036	404	7	38728
2018		32362	197	14857	2120	402	7	37994
2019		30288	184	15026	2487	405	7	38538
2020		27271	49	13381	2500	409	7	37979
2021		27338	11	7840	2580	412	7	40158
2022		28151	33	8155	2601	418	7	
2023		24133	232	9348	2626	424	7	

16-8 养老保险基本情况

(1995-2023年)

年 份	城镇职工养老保险参保人数(人)	职工参保	离退休参保	城镇养老保险收缴保险基金(万元)	城镇养老保险支付养老金(万元)	城乡居民养老保险参保人数(人)
1995	223450	181285	42165			
1996	231067	186165	44902			
1997	230021	181685	48336	26203	23500	
1998	238425	186402	52023	28957	29778	
1999	289975	232229	57746	29038	35818	
2000	323774	260075	63699	39518	43289	
2001	337621	268966	68655	67635	55314	
2002	475499	404592	70907	74404	68063	
2003	564249	490256	73993	116500	72220	
2004	663682	584910	78772	125341	77926	
2005	699799	616468	83331	140543	87633	
2006	740966	652528	88438	173169	103925	
2007	817298	723023	94275	218071	125779	
2008	906825	806013	100812	262405	153331	
2009	1010435	900749	109686	269939	177683	
2010	1138364	1021004	117360	314867	206125	
2011	1340952	1179823	161129	392608	263072	
2012	1486883	1291768	195115	496811	373575	2124079
2013	1609977	1398087	211890	575193	444999	2316696
2014	1811961	1511186	300775	674310	589138	2460537
2015	1797098	1320752	476346	813370	997801	2336250
2016	1938744	1306268	632476	1081240	1561531	2197064
2017	2133587	1381238	752349	2760245	2320968	2087530
2018	2288528	1476675	811853	2230742	2383536	2113781
2019	2437344	1584026	853318	1579094	2625583	2056701
2020	2677807	1773788	904019	1308969	2926128	1931529
2021	2826343	1790024	830397	2632620	3252234	1609156
2022	2931767	2017024	914743	2738696	3356788	1635539
2023	3024304	2083125	941179	2470709	3448167	1630509

16-9 基本医疗和失业保险情况

(1995-2023年)

年份	城镇基本医疗保险情况					失业保险情况		
	期末参保人数(人)	职工参保	离退休参保	收缴保险基金(万元)	支付保险基金(万元)	期末参保人数(人)	收缴保险基金(万元)	支付保险基金(万元)
1995	60102	49481	10621			149713	950	530
1996	65328	51544	13784			155772	1438	625
1997	58237	21421	36816	2054	1321	156924	1543	796
1998	109136	91479	17657	4687	2230	153038	2320	1082
1999	126770	97841	28929	8391	3761	231800	3628	1706
2000	127805	96257	31548	5445	5014	262000	3928	1619
2001	132793	90059	42734	7894	7674	284055	4431	2273
2002	223409	157042	66367	16835	9062	309988	5295	1998
2003	296000	219381	76619	40919	18480	320716	6411	1251
2004	330855	250393	87662	43205	27831	346440	8099	2596
2005	375163	282927	92236	45028	33894	348259	9334	1924
2006	427668	326288	101380	50724	38843	392096	11448	2622
2007	487703	380074	107629	52340	31423	443716	13257	2424
2008	586798	471292	115506	59191	35442	516349	17860	1774
2009	662437	530546	131891	72335	45043	562033	20080	4319
2010	744828	604216	140612	88734	53600	627233	27061	7639
2011	925990	762801	163189	136867	67558	748807	31761	10704
2012	1070942	893920	177022	225034	107365	822736	42710	10496
2013	1223191	1041790	181401	214681	139461	895307	51906	13737
2014	1362068	1173943	188125	320215	167409	959460	59122	12439
2015	1407771	1212375	195396	306705	162261	993734	58866	29031
2016	1290458	1087197	203261	398126	223492	1035947	44044	4886
2017	1358141	1145319	212822	491122	333333	975871	44719	27785
2018	1496184	1262774	233410	586170	418908	985931	55901	30239
2019	1638498	1384907	253591	672565	529802	1000561	61488	162356
2020	1805909	1532023	273886	760306	569910	1127796	54165	125165
2021	1975903	1689245	286658	926553	732466	1193334	76269	38225
2022	2125409	1828540	296869	987400	804779	1280436	84687	89202
2023	2251924	1944134	307790	1068258	870927	1312335	87632	110443

16-10 工伤和生育保险基本情况

(1995-2023年)

年份	工伤保险情况			生育保险情况		
	期末参保人数(人)	收缴保险基金(万元)	支付保险基金(万元)	期末参保人数(人)	收缴保险基金(万元)	支付保险基金(万元)
1995	34964			14274		
1996	107496			46942		
1997	132906	618	118	73035	227	137
1998	130593	651	140	135056	378	255
1999	123201	639	200	133177	570	414
2000	122066	719	285	128547	590	451
2001	129824	858	347	129325	681	533
2002	129983	1147	420	126554	805	532
2003	190081	1414	733	123497	732	548
2004	235329	2505	1380	143816	811	542
2005	290154	4107	2541	135991	1106	841
2006	420460	5977	4092	176515	1570	1036
2007	1128802	9726	5713	199769	2421	1695
2008	1480046	16989	9623	243769	3072	2356
2009	1600697	17207	12092	274273	4053	3088
2010	1809065	23439	15435	345769	5373	4110
2011	1972055	31263	22660	574568	7837	5235
2012	2085850	36453	38900	666972	12560	8812
2013	2191494	39033	39841	769415	14525	10841
2014	2286346	42038	46833	856955	17012	13411
2015	2324260	53508	48834	887374	21835	15597
2016	1825047	55916	48877	824371	18462	18224
2017	1819511	64324	61664	872250	20653	26718
2018	1946014	78791	66787	979629	23988	36002
2019	2184116	76117	75332	1073915	27819	33436
2020	2440819	42144	68930	1290227		
2021	2425215	105437	106275			
2022	2391198	108328	105433			
2023	2351627	101866	132266			

注：2020年开始，生育保险和职工基本医疗保险合并实施。

主要统计指标解释

居民最低生活保障人数 指在报告期末家庭平均收入在当地规定的最低生活保障线以下且财产符合低保相关政策规定的城镇和农村居民数。

收养类单位 指民政部门管理的各类提供住宿的民政服务机构，包括养老机构、精神疾病服务机构、儿童福利和救助保护机构以及其他提供住宿的机构。

城镇职工基本养老保险

1. 参保职工人数 指报告期末按照国家法律、法规和有关政策规定参加城镇职工基本养老保险并在社保经办机构已建立缴费记录档案的职工人数，包括中断缴费但未终止养老保险关系的职工人数，不包括只登记未建立缴费记录档案的人数。

2. 离退休人员人数 指报告期末参加城镇职工基本养老保险的离休、退休和退职人员的人数。

3. 基金收入 指根据国家有关规定，由纳入基本养老保险范围的缴费单位和个人按国家规定的缴费基数和缴费比例缴纳的养老保险基金，以及通过其他方式取得的形成基金来源的收入。包括单位和职工个人缴纳的基本养老保险费、基本养老保险基金利息收入、上级补助收入、下级上解收入、转移收入、财政补贴和其他收入。

4. 基金支出 指按照国家政策规定的开支范围和开支标准从养老保险基金中支付给参加基本养老保险的个人的养老金、丧葬抚恤补助，以及由于保险关系转移、上下级之间调剂资金等原因而发生的支出。包括离休金、退休金、退职金、各种补贴、医疗费、死亡丧葬补助费、抚恤救济费、社会保险经办机构管理费、补助下级支出、上解上级支出、转移支出、其他支出等。

基本医疗保险 建立城镇职工基本医疗保险制度，是对现行公费医疗、劳动医疗制度的创新和机制转换。基本医疗保险实行社会统筹和个人帐户相结合，是建立城镇职工基本医疗保险制度的核心内容。

失业保险参保人数 指报告期末按照国家法律、法规和有关政策规定参加了失业保险的城镇企业、事业单位的职工及地方政府规定参加失业保险的其他人员的人数。

工伤保险参保人数 指报告期末依据国家有关规定参加工伤保险的职工人数和有雇工的个体工商户的雇工数。

生育保险参保人数 指报告期末参加生育保险的人数，可包括部分欠缴、缓缴人员，不包含停保人员。

17

各县市区国民经济主要指标

Main Indicators of National Economy by County, City and District

17-1 各县市区法人单位数

(2022年)　　单位：个

地 区	法 人 单位数	单产业法	多产业法人
全 市	**212972**	**210631**	**2341**
市 区	75551	74532	1019
椒江区	30281	29732	549
黄岩区	21748	21540	208
路桥区	23522	23260	262
三门县	11318	11190	128
天台县	22299	22151	148
仙居县	12393	12274	119
温岭市	37581	37135	446
临海市	29354	29064	290
玉环市	24476	24285	191

17-2 各县市区分产业法人单位数

(2022年)　　单位：个

地 区	法 人 单位数	第一产业	第二产业	第三产业	法人单位 数中：工业
全 市	**212972**	**8122**	**73465**	**131385**	**65682**
市 区	75551	973	25712	48866	22732
椒江区	30281	387	7235	22659	5581
黄岩区	21748	341	9397	12010	8874
路桥区	23522	245	9080	14197	8277
三门县	11318	1147	3178	6993	2758
天台县	22299	845	3483	17971	2690
仙居县	12393	2108	3164	7121	2655
温岭市	37581	641	15336	21604	14338
临海市	29354	1799	9164	18391	8056
玉环市	24476	609	13428	10439	12453

17-3 各县市区分产业增加值

(2023年) 单位：万元

地　区	生产总值	第一产业	第二产业	第三产业	人均生产总值			
					人民币(元)		美　元	
					按户籍人口计算	按常住人口计算	按户籍人口计算	按常住人口计算
全　市	**62406821**	**3340309**	**26284341**	**32782172**	**103331**	**93214**	**14664**	**13228**
市　区	22113432	573193	8594768	12945471	134494	99610	19086	14136
椒江区	7903403	176189	2858419	4868796	137966	90896	19579	12899
黄岩区	6376952	238250	2838259	3300442	104345	89627	14808	12719
路桥区	7833077	158754	2898089	4776233	170207	122583	24154	17396
三门县	3506513	419192	1652902	1434419	79320	91554	11256	12992
天台县	3688756	164760	1407183	2116813	61971	78568	8794	11150
仙居县	3210242	181916	1341629	1686697	61819	74397	8773	10558
温岭市	13513201	960188	5635234	6917779	111789	94366	15864	13391
临海市	8918801	588522	3785685	4544593	74759	80241	10609	11387
玉环市	7459803	454227	3870123	3135452	170753	115209	24231	16349

17-4 各县市区分行业增加值(一)

(2023年) 单位：万元

地　区	农、林、牧、渔业	工业	建筑业	批发和零售业	交通运输仓储及邮政业	住宿和餐饮业
全　市	**3386461**	**22299388**	**4003983**	**8512978**	**1596282**	**1609367**
市　区	576893	7509908	1091254	3420084	656930	611232
椒江区	176698	2534566	326902	701763	193874	246186
黄岩区	240824	2591131	247409	769182	140347	177437
路桥区	159372	2384211	516943	1949139	322709	187609
三门县	419363	1440217	213059	329531	70471	64167
天台县	165554	1182184	225049	514204	150124	117966
仙居县	183254	1098679	246838	373211	78262	88820
温岭市	988426	4326592	1315610	1991600	246957	389734
临海市	590735	3183350	603889	1067066	283440	205256
玉环市	464050	3579821	291344	827352	115327	179709

17-5 各县市区分行业增加值(二)

(2023年)

单位：万元

地区	金融业	房地产业	其他服务业		
				营利性服务业	非营利性服务业
全市	**5686989**	**4798200**	**10513174**	**4407883**	**6105291**
市区	2632291	1624133	3990706	1750109	2240597
椒江区	1385647	609527	1728240	762455	965785
黄岩区	544650	532557	1133415	468555	664859
路桥区	701994	482050	1129051	519099	609952
三门县	245358	242633	481713	200064	281649
天台县	287589	318332	727754	278902	448852
仙居县	274947	284105	582127	163718	418409
温岭市	1062499	1126579	2065204	925055	1140149
临海市	725448	776586	1483030	513016	970014
玉环市	450085	440668	1111447	527292	584155

17-6 各县市区生产总值增长速度

(2023年)

单位：%

地区	生产总值					人均生产总值按户籍人口计算	人均生产总值按常住人口计算
		第一产业	第二产业	第三产业	在生产总值中:工业		
全市	**4.5**	**3.8**	**1.3**	**7.2**	**1.4**	**4.7**	**4.1**
市区	4.9	3.9	1.8	7.1	2.8	4.9	4.0
椒江区	3.6	4.1	1.7	4.7	2.4	2.9	1.5
黄岩区	5.3	4.1	2.1	8.4	2.4	5.6	5.4
路桥区	6.0	3.5	1.6	8.8	3.6	6.2	5.5
三门县	5.2	5.3	5.1	5.2	4.1	5.6	4.1
天台县	5.5	4.8	2.1	7.9	4.1	6.0	5.7
仙居县	7.5	3.9	7.4	8.0	6.7	7.7	7.1
温岭市	4.1	3.0	1.0	6.9	1.4	4.5	3.5
临海市	2.6	4.4	-3.6	7.9	-3.8	2.9	2.9
玉环市	4.3	2.9	2.0	7.5	1.9	4.4	4.7

注：本表按可比价格计算。

17-7 各县市区年末人口数

(2023年) 单位：人

地 区	户 籍总户数(户)	户籍总人口数	按性别分		按城乡分		常 住人口数(万人)
			男 性	女 性	城镇人口	农村人口	
全 市	**1952719**	**6029517**	**3068931**	**2960586**	**3034595**	**2994922**	**671.2**
市 区	509791	1643562	817817	825745	959612	683950	223.0
椒江区	182003	574169	284960	289209	418020	156149	88.1
黄岩区	195993	609851	303815	306036	280263	329588	71.1
路桥区	131795	459542	229042	230500	261329	198213	63.8
三门县	155129	441101	230685	210416	162394	278707	38.7
天台县	191303	593587	308856	284731	202410	391177	46.9
仙居县	142072	518553	267360	251193	171579	346974	43.3
温岭市	437798	1205718	608935	596783	716762	488956	144.1
临海市	371707	1190498	615975	574523	524254	666244	110.9
玉环市	144919	436498	219303	217195	297584	138914	64.3

17-8 各县市区户籍人口自然变动情况

(2023年)

地 区	出 生		死 亡		自 然 增 长	
	人数(人)	出生率(‰)	人数(人)	死亡率(‰)	人数(人)	自然增长率(‰)
全 市	**30225**	**5.00**	**48095**	**7.96**	**-17870**	**-2.96**
市 区	8430	5.13	13277	8.08	-4847	-2.95
椒江区	3319	5.79	4213	7.35	-894	-1.56
黄岩区	2902	4.75	5172	8.46	-2270	-3.71
路桥区	2209	4.80	3892	8.46	-1683	-3.66
三门县	2133	4.82	3012	6.81	-879	-1.99
天台县	3244	5.45	4564	7.67	-1320	-2.22
仙居县	3040	5.85	4173	8.04	-1133	-2.18
温岭市	5325	4.41	10317	8.53	-4992	-4.13
临海市	6037	5.06	9162	7.68	-3125	-2.62
玉环市	2016	4.61	3590	8.22	-1574	-3.60

17-9 各县市区农林牧渔业总产值

(2023年) 单位：万元

地 区	农林牧渔业总产值	农业产值	林业产值	牧业产值	渔业产值	农林牧渔服务业产值
全 市	**6090090**	**1968197**	**57419**	**374461**	**3609688**	**80325**
市 区	923913	543167	4217	34453	331644	10434
椒江区	324012	128962	200	18934	174580	1336
黄岩区	318384	294897	3986	10836	3194	5470
路桥区	281517	119307	31	4682	153870	3628
三门县	915315	123861	4408	26912	759689	445
天台县	267875	175088	10451	75635	4733	1967
仙居县	300442	219503	20698	47779	9400	3062
温岭市	1813580	387880	102	53718	1322981	48900
临海市	981765	441916	16556	113673	404957	4663
玉环市	887201	76783	987	22292	776283	10855

注：农林牧渔业总产值按当年价格计算，下同。

17-10 各县市区农作物播种面积(一)

(2023年) 单位：公顷

地 区	农作物播种面积	粮食作物	油料	#油菜籽	#花生	#芝麻	棉花	糖料
全 市	**205924**	**89313**	**8836**	**7789**	**950**	**97**	**132**	**1337**
市 区	47727	17845	918	858	60		12	268
椒江区	11608	5655	247	247			11	9
黄岩区	19449	6094	531	471	60			173
路桥区	16670	6096	140	140				85
三门县	18269	7685	766	654	72	40	77	71
天台县	26503	11275	2410	1855	540	15	31	16
仙居县	22813	12264	2062	1900	140	22		3
温岭市	42101	18956	675	647	26	2	4	865
临海市	40574	18918	1218	1115	86	17	8	105
玉环市	7937	2371	788	761	27			9

17-11 各县市区农作物播种面积(二)

(2023年) 单位：公顷

地 区	药材类	蔬菜	果用瓜	#西瓜	#香瓜	其他作物
全 市	**4478**	**83282**	**13791**	**8245**	**4741**	**4756**
市 区	201	24134	3261	1232	1920	1090
椒江区	8	4228	1187	144	1014	262
黄岩区	187	11787	272	216	25	405
路桥区	6	8119	1801	872	882	423
三门县	309	6504	2740	985	1728	117
天台县	1793	9156	924	818	51	897
仙居县	1437	5413	632	592	15	1001
温岭市	204	18320	2485	1820	567	591
临海市	456	16000	2830	2067	309	1038
玉环市	77	3754	919	732	150	20

17-12 各县市区农作物产量

(2023年) 单位：吨

地 区	粮 食 作 物	油料	#油菜籽	棉花	糖料	药材	蔬菜	果用瓜
全 市	**575892**	**17595**	**15203**	**180**	**105871**	**29322**	**2464715**	**451044**
市 区	115084	1558	1418	18	15145	545	719249	107458
椒江区	35440	430	430	17	823	69	132680	45626
黄岩区	40572	895	756		10522	458	359801	10726
路桥区	39073	232	232	1	3801	19	226767	51106
三门县	50871	1307	1103	104	3606	921	184923	73045
天台县	73587	5134	3914	42	664	10262	190468	29401
仙居县	82633	4272	3856		129	13891	141072	16716
温岭市	118688	1289	1202	5	80808	2118	672386	127582
临海市	120769	2545	2274	10	4769	1401	457534	72558
玉环市	14260	1491	1437		750	184	99083	24283

17-13 各县市区茶园面积和茶叶产量

(2023年)

地 区	茶 园 总面积 (公顷)	#本年采 摘面积	茶 叶 总产量 (吨)	#绿茶	#红茶
全 市	**12528**	**11499**	**5537**	**5354**	**169**
市 区	138	118	35	31	
椒江区					
黄岩区	138	118	35	31	
路桥区					
三门县	769	720	286	279	5
天台县	7454	6887	3182	3043	139
仙居县	1206	1035	484	476	2
温岭市	279	267	116	116	
临海市	2565	2355	1425	1405	20
玉环市	118	118	9	5	2

17-14 各县市区果园面积和水果产量(一)

(2023年) 单位：公顷

地 区	果 园 面 积	柑 桔	梨 园	桃 园	杨 梅	枇 杷
全 市	**65074**	**24313**	**1732**	**3800**	**23911**	**3566**
市 区	11967	4402	45	487	4604	1718
椒江区	1412	643	3	107	470	54
黄岩区	9458	3671	41	228	3771	1404
路桥区	1097	89	1	151	363	261
三门县	5832	3996	117	211	762	253
天台县	5116	833	713	674	1880	160
仙居县	11575	565	190	820	8965	317
温岭市	5815	794	147	157	1252	311
临海市	21532	11522	490	1360	6209	707
玉环市	3235	2201	30	91	241	100

17-15 各县市区果园面积和水果产量(二)

(2023年)

地区	在果园面积中(公顷)				水果总产量(吨)		
	柿子	葡萄	猕猴桃	其他	合计	柑桔	
							柑
全市	**633**	**5111**	**813**	**1194**	**1495854**	**524052**	**20448**
市区	27	455	123	105	295484	88811	7062
椒江区	8	111	6	10	70274	15873	114
黄岩区	14	140	114	75	152551	70752	6947
路桥区	5	205	3	20	72659	2186	
三门县	14	326	77	77	161727	71999	1333
天台县	262	158	110	326	107988	23041	105
仙居县	99	241	257	123	118578	6249	2397
温岭市	10	3037	26	82	245638	17315	5965
临海市	158	433	211	442	487869	282435	276
玉环市	63	461	10	38	78571	34202	3312

17-16 各县市区果园面积和水果产量(三)

(2023年) 单位：吨

地区	在水果总产量中					
	柑桔产量中			梨	桃子	杨梅
	桔	橙	柚			
全市	**463325**	**4906**	**33017**	**31527**	**57308**	**255750**
市区	79591	242	179	527	7582	54980
椒江区	15553	82	125	40	1428	4318
黄岩区	61852	160	55	477	3245	44009
路桥区	2186			11	2910	6653
三门县	68055	1761	744	545	2697	3904
天台县	22281	58	206	15562	11249	16528
仙居县	3070	445	336	2318	7910	76545
温岭市	5878	1107	4366	4579	3259	19199
临海市	281755	206	79	7441	23243	81885
玉环市	2695	1087	27108	556	1368	2709

17-17 各县市区果园面积和水果产量(四)

(2023年) 单位：吨

地　区	在水果总产量中					
	枇　杷	柿　子	葡　萄	猕猴桃	果用瓜	其　他 水　果
全　市	**36717**	**6085**	**112114**	**7708**	**451044**	**464594**
市　区	23131	442	9779	1644	107458	108589
椒江区	287	226	2272	52	45626	45779
黄岩区	18216	167	2767	1573	10726	11346
路桥区	4628	49	4740	19	51106	51464
三门县	1665	100	6639	494	73045	73685
天台县	880	3052	4224	988	29401	32464
仙居县	775	553	4322	2158	16716	17749
温岭市	4265	96	67097	677	127582	129151
临海市	4500	1120	7758	1626	72558	77859
玉环市	1501	722	12295	122	24283	25097

17-18 各县市区林业生产情况

(2023年)

地　区	森林抚育面积(公顷)	人工造林(公顷)	退化林修复(公顷)	更新造林(公顷)	木材采伐(万立方米)	主要林产品产量(吨)		
						油茶籽	竹笋干	板　栗
全　市	**4911**	**548**	**562**	**282**	**5.82**	**7315**	**4057**	**1173**
市　区	405		29		0.05		285	28
椒江区	42							
黄岩区	302		29		0.05		285	28
路桥区	61							
三门县	936	157	105		0.75	750	412	210
天台县	1671	46	87	169	1.45	3050	730	400
仙居县	1003	185	75	112	2.08	3005	820	
温岭市	241		20		0.07			
临海市	353	160	241		1.35	510	1810	535
玉环市	302		6		0.07			

17-19 各县市区畜牧业生产情况(一)

(2023年)

地区	生猪(万头)					牛(头)	
	年末存栏头数	能繁殖的母猪	其他生猪	年内肥猪出栏头数	全年饲养量	年末存栏	年内出栏
全市	**59.54**	**5.66**	**53.88**	**75.30**	**134.84**	**18145**	**8947**
市区	6.36	0.52	5.85	6.70	13.06	2338	971
椒江区	0.87	0.08	0.79	2.36	3.23	1328	152
黄岩区	4.84	0.36	4.48	3.11	7.95	784	641
路桥区	0.66	0.08	0.58	1.23	1.88	226	178
三门县	6.19	0.86	5.34	7.36	13.55	1731	725
天台县	11.57	0.63	10.93	15.49	27.06	5236	3623
仙居县	12.04	1.50	10.54	12.63	24.67	2184	742
温岭市	7.22	0.86	6.36	10.60	17.83	1625	621
临海市	13.45	1.22	12.22	17.89	31.34	4540	1973
玉环市	2.71	0.07	2.63	4.63	7.33	491	292

17-20 各县市区畜牧业生产情况(二)

(2023年)

地区	羊(万只)		家禽(万只)		兔(万只)		肉类产量(吨)	#猪肉	禽蛋产量(吨)
	年末存栏	年内出栏	年末存栏	年内出栏	年末存栏	年内出栏			
全市	**4.36**	**3.60**	**954.04**	**2930.97**	**12.82**	**18.72**	**107547**	**63219**	**23886**
市区	0.57	0.57	52.10	80.31	0.85	4.27	7179	5572	1634
椒江区	0.27	0.18	7.71	9.27	0.23	1.92	2181	1955	449
黄岩区	0.16	0.16	23.39	17.42			2993	2601	995
路桥区	0.14	0.23	21.00	53.62	0.62	2.35	2005	1016	190
三门县	0.57	0.28	61.38	68.70	1.56	2.33	7643	6074	3861
天台县	0.69	0.88	225.21	892.46	1.91	2.34	26204	12841	3940
仙居县	0.49	0.28	91.32	148.98	0.04	0.01	12825	10684	1692
温岭市	0.66	0.39	173.20	389.64			14265	8923	7395
临海市	1.07	0.82	323.47	1258.48	8.45	9.74	34305	15260	5054
玉环市	0.31	0.38	27.36	92.40	0.01	0.03	5127	3865	310

17-21 各县市区渔业基本情况

(2023年) 单位：人

地 区	渔业乡镇(个)	渔业村(个)	渔业户(户)	渔业人口	渔业从业人员	#专业从业人员	海洋渔业从业人员	#专业从业人员
全 市	**31**	**146**	**71900**	**227988**	**124515**	**90776**	**116715**	**86324**
市 区	7	18	5714	18912	11763	8296	10156	7322
椒江区	7	13	2641	7791	1638	1362	1638	1362
黄岩区		1	110	285	549	464		
路桥区		4	2963	10836	9576	6470	8518	5960
三门县	8	7	9483	35850	26698	15840	24519	14681
天台县					426	133		
仙居县			130	428	348	186		
温岭市	3	46	25035	81693	46824	33415	46107	33127
临海市	2	8	10723	30355	13656	11348	12595	10973
玉环市	11	67	20815	60750	24800	21558	23338	20221

17-22 各县市区渔业机械年末拥有量

(2023年)

地 区	机动渔船								非机动渔船	
	合 计		捕捞渔船		养殖渔船		辅助渔船			
	艘	总吨位	艘	总吨位	艘	总吨位	艘	总吨位	艘	总吨位
全 市	**4686**	**808613**	**3476**	**605718**	**625**	**2862**	**585**	**200033**	**54**	**27**
市 区	566	81670	381	47759	92	1451	93	32460	2	1
椒江区	234	45978	155	18766	14	725	65	26487		
黄岩区	25	23	22	11			3	12	2	1
路桥区	307	35669	204	28982	78	726	25	5961		
三门县	380	34467	331	26517	2	20	47	7930		
天台县										
仙居县									52	26
温岭市	2021	479387	1702	370737	39	57	280	108593		
临海市	803	138044	713	114649	2	19	88	23376		
玉环市	916	75045	349	46056	490	1315	77	27674		

17-23 各县市区水产养殖面积

(2023年) 单位：公顷

地　区	海水养殖面积								淡水养殖面积
		#鱼类	#甲壳类	#贝类	#藻类	海上养殖	滩涂养殖	其它	
全　市	**24638**	**889**	**7818**	**11544**	**4387**	**6686**	**10421**	**7531**	**3198**
市　区	1292	226		637	429	832	460		268
椒江区	292	226		66		292			
黄岩区									100
路桥区	1000			571	429	540	460		268
三门县	13409	34	6318	6077	980	999	6460	5950	466
天台县									383
仙居县									710
温岭市	4604	60	428	2860	1256	1436	2723	445	511
临海市	1860	17	383	517	943	1121	49	690	124
玉环市	3473	552	689	1453	779	2298	729	446	636

17-24 各县市区水产品产量(一)

(2023年) 单位：吨

地　区	水产品总产量	海洋捕捞			海水养殖					远洋渔业
			#鱼类	#甲壳类		#鱼类	#甲壳类	#贝类	#藻类	
全　市	**1496579**	**825593**	**512389**	**246935**	**578150**	**24920**	**48284**	**477243**	**27193**	**50922**
市　区	136994	89774	64785	23353	36260	9245	30	25094	1891	
椒江区	77053	57317	40061	16601	19736	9245		10491		
黄岩区	2020									
路桥区	57921	32457	24724	6752	16524		30	14603	1891	
三门县	350761	16015	9945	5629	331280	2825	32442	288203	7810	
天台县	3000									
仙居县	6420									
温岭市	586168	468334	268356	155939	62235	2218	2573	52124	4810	50922
临海市	131054	109980	91353	15388	14616	31	3479	6548	4558	
玉环市	282182	141490	77950	46626	133759	10601	9760	105274	8124	

17-25 各县市区水产品产量(二)

(2023年)

单位：吨

地 区	淡水捕捞	#鱼类	#甲壳类	淡水养殖	#鱼类	#甲壳类	#池塘	#水库	#河沟	观赏鱼(万条)
全 市	**12102**	**10377**	**543**	**29812**	**23723**	**5036**	**17185**	**4304**	**3321**	**8.61**
市 区	1030	991	39	9930	6997	2832	5575	610	150	2.00
椒江区										
黄岩区	630	622	8	1390	1234	55	575	610		
路桥区	400	369	31	8540	5763	2777	5000		150	2.00
三门县	395	178	107	3071	2725	271	3058			
天台县	430	412		2570	2452	30	940	1475		3.01
仙居县	1901	1299	116	4519	4013	67	2326	1770		3.60
温岭市				4677	3711	631	3250	129	671	
临海市	4855	4814	41	1603	1009	581	1495			
玉环市	3491	2683	240	3442	2816	624	541	320	2500	

17-26 各县市区农业机械化及农业物资消耗情况

(2023年)

地 区	农业机械化情况(万亩)			农用化肥折纯施用量(吨)	农 药使用量(吨)
	机 耕面 积	机 播面 积	机 收面 积		
全 市	**213.60**	**77.28**	**115.98**	**76586**	**2522**
市 区	42.38	13.94	22.72	20630	636
椒江区	8.08	4.09	6.75	5156	185
黄岩区	18.79	4.02	7.86	9687	302
路桥区	15.51	5.83	8.11	5787	149
三门县	23.01	6.36	10.91	5638	170
天台县	24.98	9.78	13.73	6308	167
仙居县	27.02	7.91	14.12	8793	252
温岭市	44.95	17.28	24.76	14556	474
临海市	46.03	19.49	27.29	17995	707
玉环市	5.23	2.51	2.44	2666	114

17-27 各县市区水利设施建设情况

(2023年)

地区	本年水利资金总投入(万元)	已建成水库(座)	#大型水库	总库容(万立方米)	#大型水库	堤防总长度(公里)	水闸总座数(座)
全市	**629500**	**346**	**5**	**208514**	**147209**	**2240**	**925**
市区	238200	33	1	79691	73242	465	253
椒江区	37500	3		131		68	92
黄岩区	50100	28	1	79533	73242	352	114
路桥区	41200	2		27		45	47
市本级	109400						
三门县	47100	49		6577		502	230
天台县	68000	72	1	28599	17930	439	27
仙居县	54600	65	2	37751	26077	645	66
温岭市	53400	23		7315		65	131
临海市	93900	89	1	46255	29960	71	64
玉环市	74300	15		2326		53	154

17-28 各县市区农田水利灌溉情况

(2023年) 单位：千公顷

地区	灌溉面积	#耕地灌溉面积	#林地灌溉面积	#园地灌溉面积	规模上灌区数量(处)	实际耕地灌溉面积
全市	**142.28**	**124.90**	**10.33**	**7.05**	**41**	**106.59**
市区	30.45	25.20	1.70	3.55	3	22.37
椒江区	8.48	7.45	1.03		1	6.67
黄岩区	12.45	8.90		3.55	1	7.58
路桥区	9.52	8.85	0.67		1	8.12
三门县	10.69	10.53	0.02	0.14	15	7.96
天台县	16.51	16.29	0.22		4	12.84
仙居县	18.78	17.30	0.58	0.90	10	14.44
温岭市	33.16	25.46	7.70		1	22.16
临海市	27.13	25.89	0.11	1.13	4	22.64
玉环市	5.56	4.23		1.33	4	4.18

17-29 各县市区规模以上工业单位数

(2023年)

单位：个

地　区	工　业 单位数	#国有及国有控股企业	轻工业	重工业	大型企业	中型企业	小型企业	微型企业
全　市	**5587**	**73**	**2076**	**3511**	**62**	**370**	**4907**	**248**
市　区	1836	31	784	1052	23	112	1597	104
椒江区	627	19	245	382	14	44	528	41
黄岩区	579	4	327	252	4	39	521	15
路桥区	630	8	212	418	5	29	548	48
三门县	302	7	91	211	3	26	253	20
天台县	227	5	112	115	4	16	197	10
仙居县	224	9	112	112	4	16	194	10
温岭市	1298	7	454	844	12	70	1171	45
临海市	648	7	370	278	11	62	550	25
玉环市	1052	7	153	899	5	68	945	34

17-30 各县市区分登记注册统计类别规模以上工业单位数

(2023年)

单位：个

地　区	有限责任公司	股份有限公司	非公司企业法人	个人独资企业	合伙企业	港澳台商投资公　司	外商投资企业
全　市	**4262**	**983**	**99**	**72**	**42**	**60**	**69**
市　区	1440	277	36	17	17	28	21
椒江区	512	90	5	1	4	11	4
黄岩区	450	81	23	7	3	9	6
路桥区	478	106	8	9	10	8	11
三门县	211	80	4	1		2	4
天台县	152	61	2	3		3	6
仙居县	162	34		15	3	4	6
温岭市	1035	167	31	23	17	11	14
临海市	495	125	6	6	5	7	4
玉环市	767	239	20	7		5	14

17-31 各县市区分行业规模以上工业单位数(一)

(2023年)　　单位：个

地区	有色金属矿采选业	非金属矿采选业	农副食品加工业	食品制造业	酒、饮料和精制茶制造业	纺织业	纺织服装、服饰业	皮革、毛皮、羽毛及其制品和制鞋业	木材加工和木竹藤棕草制品业
全市	**1**	**10**	**97**	**19**	**7**	**126**	**20**	**255**	**19**
市区		1	11	8	3	39	7	2	3
椒江区			6	1	1	35	5		
黄岩区			2	7	2	1		2	1
路桥区		1	3			3	2		2
三门县		2	2	2		11	3	6	1
天台县	1		1	3	2	32	2	1	2
仙居县		4	4	2	1	4			6
温岭市		2	69	2		5	7	240	2
临海市		1	2	1	1	33	1	1	4
玉环市			8	1		2		5	1

17-32 各县市区分行业规模以上工业单位数(二)

(2023年)　　单位：个

地区	家具制造业	造纸和纸制品业	印刷和记录媒介复制业	文教、工美、体育和娱乐用品制造业	石油、煤炭及其他燃料加工业	化学原料和化学制品制造业	医药制造业	化学纤维制造业	橡胶和塑料制品业
全市	**80**	**72**	**67**	**158**	**2**	**103**	**75**	**14**	**678**
市区	14	30	39	55		43	20	4	354
椒江区	9	6	5	4		23	12	3	93
黄岩区	4	11	10	45		8	8	1	196
路桥区	1	13	24	6		12			65
三门县	4	3		4		9	3	2	69
天台县	2	3	2	15		8	5	7	58
仙居县	5	4	1	46		6	9		37
温岭市	2	12	13	11		11	1	1	42
临海市	47	19	3	19	1	24	33		72
玉环市	6	1	9	8	1	2	4		46

17-33 各县市区分行业规模以上工业单位数(三)

(2023年)　　单位：个

地区	非金属矿物制品业	黑色金属冶炼和压延加工业	有色金属冶炼和压延加工业	金属制品业	通用设备制造业	专用设备制造业	汽车制造业	铁路船舶航空航天和其他运输设备制造业	电气机械和器材制造业
全　市	**147**	**26**	**96**	**386**	**1143**	**463**	**463**	**258**	**497**
市　区	50	6	35	122	210	276	58	146	208
椒江区	21	1	8	34	94	85	21	42	77
黄岩区	9		1	25	17	146	14	24	29
路桥区	20	5	26	63	99	45	23	80	102
三门县	15	2	4	18	38	14	19	15	41
天台县	9		2	11	7	6	18	7	7
仙居县	9	2		11	15	11	12		20
温岭市	22	3	8	94	424	52	46	50	129
临海市	34	10	9	45	35	56	40	26	66
玉环市	8	3	38	85	414	48	270	14	26

17-34 各县市区分行业规模以上工业单位数(四)

(2023年)　　单位：个

地区	计算机、通信和其他电子设备制造业	仪器仪表制造业	其他制造业	废弃资源综合利用业	金属制品机械和设备修理业	电力、热力生产和供应业	燃气生产和供应业	水的生产和供应业
全　市	**75**	**85**	**50**	**26**	**2**	**33**	**13**	**21**
市　区	41	10	5	14	1	7	5	9
椒江区	24	1	3	3	1	3	3	3
黄岩区	7	2	1			3	1	2
路桥区	10	7	1	11		1	1	4
三门县	3	4		1		5	1	1
天台县	4	5	1			3	1	2
仙居县	2	1		5	1	4	1	1
温岭市	19	22	1	2		4	1	1
临海市	3	6	43	2		4	3	4
玉环市	3	37		2		6	1	3

17-35 各县市区规模以上工业增加值

(2023年)

单位：万元

地　区	工　业增加值	#国有及国有控股企　业	轻工业	重工业	大型企业	中型企业	小型企业	微型企业
全　市	**15268725**	**1531940**	**5226108**	**10042617**	**3717650**	**4240578**	**7157832**	**152665**
市　区	4849595	310984	1615849	3233746	1289010	1184297	2330851	45438
椒江区	2088903	251317	642629	1446274	721173	523688	824848	19195
黄岩区	1386740	13807	725715	661025	187538	408798	780785	9619
路桥区	1373952	45860	247505	1126447	380299	251811	725218	16624
三门县	1261269	585721	162012	1099257	520540	318132	406009	16588
天台县	838248	46697	355218	483031	206217	259097	367114	5820
仙居县	772893	194886	406069	366824	251067	173693	343871	4262
温岭市	2532808	35696	650829	1881979	500871	621273	1384401	26262
临海市	2375901	42855	1732055	643846	715383	761542	888491	10486
玉环市	2638012	315101	304077	2333936	234562	922544	1437096	43810

17-36 各县市区分登记注册统计类别规模以上工业增加值

(2023年)

单位：万元

地　区	有限责任公司	股份有限公司	非公司企业法人	个人独资企业	合伙企业	港澳台商投资公　司	外商投资企业
全　市	**8993833**	**4982931**	**117103**	**55798**	**30902**	**328318**	**759839**
市　区	2743975	1475498	28735	13090	10117	121700	456479
椒江区	1127910	700714	3845	1298	1486	75673	177978
黄岩区	853879	469679	17295	6957	2289	27298	9344
路桥区	762186	305106	7596	4836	6342	18729	269158
三门县	930555	303839	7363	507		4227	14778
天台县	321445	467844	1093	1521		3022	43323
仙居县	394313	293714		11038	1486	30668	41673
温岭市	1834720	475738	28678	17610	13576	114001	48484
临海市	1293641	1000353	29408	4458	5723	32901	9418
玉环市	1475184	965946	21827	7573		21799	145683

17-37　各县市区分行业规模以上工业增加值(一)

(2023年)　　单位：万元

地　区	有色金属矿采选业	非金属矿采选业	农副食品加工业	食品制造业	酒、饮料和精制茶制造业	纺织业	纺织服装服饰业	皮革、毛皮、羽毛及其制品和制鞋业	木材加工和木竹藤棕草制品业
全　市	**2629**	**17637**	**111868**	**54931**	**41028**	**190797**	**17125**	**248566**	**37868**
市　区		3748	15480	24097	8203	39852	4646	6818	4711
椒江区			7673	1982	541	37187	3272		
黄岩区			5378	22115	7662	1116		6818	208
路桥区		3748	2429			1549	1374		4503
三门县		-7631	2720	2787		7906	4024	5367	695
天台县	2629		414	21853	30496	57781	2042	582	3952
仙居县		17433	20537	386	1037	3358			15122
温岭市		3647	64488	3160		4236	5283	229570	1106
临海市		441	1280	1915	1291	75309	1129	559	11641
玉环市			6950	733		2356		5670	641

17-38　各县市区分行业规模以上工业增加值(二)

(2023年)　　单位：万元

地　区	家具制造业	造纸和纸制品业	印刷和记录媒介复制业	文教、工美、体育和娱乐用品制造业	石油、煤炭及其他燃料加工业	化学原料和化学制品制造业	医药制造业	化学纤维制造业	橡胶和塑料制品业
全　市	**226974**	**112762**	**88895**	**200505**	**1962**	**314965**	**1586376**	**29130**	**1514097**
市　区	22368	32388	50943	53882		72907	362567	17939	639510
椒江区	11886	10078	6183	5786		54903	255244	18031	181478
黄岩区	9656	11910	16052	41701		11252	107323	-92	391290
路桥区	826	10400	28708	6395		6752			66742
三门县	5566	3783		2526		33891	23020	7496	189367
天台县	965	2417	2399	54304		6939	74471	3217	139174
仙居县	4209	2042	890	37160		41615	184680		160485
温岭市	2030	53142	20406	27379		15595	35954	478	85069
临海市	186366	18559	4255	17253	491	141992	893038		239613
玉环市	5471	431	10001	8000	1472	2027	12646		60881

17-39 各县市区分行业规模以上工业增加值(三)

(2023年) 单位：万元

地　区	非金属矿物制品业	黑色金属冶炼和压延加工业	有色金属冶炼和压延加工业	金　属制品业	通用设备制造业	专用设备制造业	汽　车制造业	铁路船舶航空航天和其他运输设备制造业	电气机械和器材制造业
全　市	**315377**	**65205**	**78971**	**629496**	**2536756**	**1142148**	**1674289**	**681551**	**1056304**
市　区	130149	2326	24916	171893	489224	721567	575399	259200	499841
椒江区	65061	103	4690	42465	240564	257569	206598	99652	220528
黄岩区	19680		578	42708	61043	386284	88031	47568	64289
路桥区	45409	2223	19648	86721	187617	77714	280770	111979	215025
三门县	20528	1262	1297	30072	65514	35953	71449	65092	90924
天台县	15800		4010	6120	8455	6238	227583	26182	7273
仙居县	18117	1520		11730	19527	47276	22830		94730
温岭市	52110	1041	3206	150259	1037152	77001	136193	218681	193725
临海市	60432	54017	11614	57688	87363	100242	-40666	47998	90415
玉环市	18240	5040	33926	201734	829521	153871	681502	64399	79397

17-40 各县市区分行业规模以上工业增加值(四)

(2023年) 单位：万元

地　区	计算机、通信和其他电子设备制造业	仪器仪表制造业	其　他制造业	废弃资源综合利用业	金属制品机械和设备修理业	电力、热力生产和供应业	燃气生产和供应业	水的生产和供应业
全　市	**479505**	**300380**	**168851**	**49158**	**3102**	**1116993**	**48849**	**123678**
市　区	392876	12332	7786	31020	1166	96351	22809	50681
椒江区	247286	2275	2069	4821	1166	77608	14561	7643
黄岩区	19373	3968	621			1933	1577	16701
路桥区	126217	6090	5097	26199		16810	6671	26338
三门县	5185	8462		2425		573743	4548	3299
天台县	27474	51362	1044			44463	1979	6632
仙居县	2573	1268		3593	1936	52416	2928	3496
温岭市	33721	33551	3122	3879		17901	6351	13373
临海市	11531	67021	156899	9216		27343	6606	33050
玉环市	6145	126384		-974		304777	3628	13146

17-41　各县市区规模以上工业主要财务指标(一)

(2023年)　　单位：万元

地　区	企业单位数(个)	#亏损企业	年末资产总计	流动资产合计
全　市	**5587**	**830**	**100014624**	**51366472**
市　区	1836	297	33714229	18120321
椒江区	627	138	15513061	7700749
黄岩区	579	73	8635891	4715409
路桥区	630	86	9565277	5704163
三门县	302	75	13330007	3453841
天台县	227	37	5579522	3193441
仙居县	224	57	5708275	2532391
温岭市	1298	114	13748081	8163429
临海市	648	172	15752149	8986936
玉环市	1052	78	12182362	6916113

17-42　各县市区规模以上工业主要财务指标(二)

(2023年)　　单位：万元

地　区	存　货	固定资产原价	固定资产净值	年末负债合计
全　市	**11814531**	**41805798**	**24409595**	**55804235**
市　区	4157325	12781460	7108824	18661135
椒江区	1711812	6147488	3288454	7416521
黄岩区	1076121	3210513	1616731	4538589
路桥区	1369393	3423459	2203639	6706025
三门县	1045461	7560525	5556514	9371849
天台县	583533	1792808	892160	2480964
仙居县	508945	2240780	1430098	3152132
温岭市	1868609	5050340	3063284	7555639
临海市	2159346	5813670	3204648	8385121
玉环市	1491312	6566216	3154069	6197396

17-43 各县市区规模以上工业主要财务指标(三)

(2023年)

单位：万元

地 区	流动负债	年末所有者权益合计	实收资本	营业收入	营业成本
全 市	**44197676**	**44210367**	**15193747**	**68810199**	**56574078**
市 区	16070264	15053087	4618635	26415852	22532453
椒江区	6286104	8096538	2144151	10127968	8433225
黄岩区	4054354	4097300	1207523	6009855	4871053
路桥区	5729806	2859248	1266961	10278029	9228175
三门县	4283207	3958157	2700090	4923161	3969085
天台县	2080384	3098556	929071	3129879	2398159
仙居县	2518612	2556142	635213	2815077	2099855
温岭市	6757025	6192440	1736661	10557049	8564471
临海市	7059704	7367022	2639546	10203239	8208494
玉环市	5428480	5984962	1934531	10765942	8801561

17-44 各县市区规模以上工业主要财务指标(四)

(2023年)

单位：万元

地 区	销售费用	财务费用	#利息费用	利润总额	利税总额	本年应交增值税	平均用工人数(人)
全 市	**1853386**	**686032**	**861963**	**4470477**	**6166586**	**1285365**	**766258**
市 区	698713	183449	279635	1287647	1849624	438796	253327
椒江区	346353	51153	95846	628472	860830	178432	103413
黄岩区	198747	44356	67653	328401	482576	120583	74676
路桥区	153613	87940	116136	330775	506218	139780	75238
三门县	98082	197051	194758	382102	526501	112176	43147
天台县	111161	14453	35247	310542	403912	67315	33373
仙居县	140219	33465	40417	260037	321481	44345	35343
温岭市	316169	74784	83429	666075	948923	204389	155791
临海市	207627	102404	138249	687984	943693	180235	112614
玉环市	281416	80428	90228	876090	1172453	238109	132663

17-45 各县市区规模以上工业主要经济效益指标(一)

(2023年)

地 区	企 业 亏损面 (%)	资 产 负债率 (%)	流 动 比 率	产成品 存 货 周转天数 (天)
全 市	**14.86**	**55.80**	**1.16**	**29.38**
市 区	16.18	55.35	1.13	26.25
椒江区	22.01	47.81	1.23	31.46
黄岩区	12.61	52.55	1.16	28.11
路桥区	13.65	70.11	1.00	20.52
三门县	24.83	70.31	0.81	24.68
天台县	16.30	44.47	1.54	44.48
仙居县	25.45	55.22	1.01	38.23
温岭市	8.78	54.96	1.21	29.58
临海市	26.54	53.23	1.27	42.35
玉环市	7.41	50.87	1.27	21.00

17-46 各县市区规模以上工业主要经济效益指标(二)

(2023年)

地 区	企 业 亏损率 (%)	成本费用 利 润 率 (%)	百元营业收 入实现利税 (元)	百元固定资产 原值实现利税 (元)	营业收入 利 润 率 (%)
全 市	**13.08**	**6.89**	**8.96**	**14.75**	**6.50**
市 区	13.52	5.08	7.00	14.47	4.87
椒江区	12.13	6.51	8.50	14.00	6.21
黄岩区	11.61	5.80	8.03	15.03	5.46
路桥区	17.75	3.30	4.93	14.79	3.22
三门县	10.85	8.29	10.69	6.96	7.76
天台县	8.55	10.99	12.91	22.53	9.92
仙居县	5.97	10.14	11.42	14.35	9.24
温岭市	8.65	6.71	8.99	18.79	6.31
临海市	28.57	7.19	9.25	16.23	6.74
玉环市	4.48	8.71	10.89	17.86	8.14

17-47 各县市区国有及国有控股工业主要财务指标(一)

(2023年) 单位：万元

地 区	企 业 单位数 (个)	#亏损企业	工 业 增加值	年末资 产总计
全 市	**73**	**20**	**1531940**	**17062422**
市 区	31	8	310984	3861965
椒江区	19	4	251317	2702831
黄岩区	4		13807	269793
路桥区	8	4	45860	889342
三门县	7	3	585721	8730854
天台县	5	1	46697	217682
仙居县	9	2	194886	1854995
温岭市	7	2	35696	947444
临海市	7	3	42855	116993
玉环市	7	1	315101	1332488

17-48 各县市区国有及国有控股工业主要财务指标(二)

(2023年) 单位：万元

地 区	流动资 产合计	存 货	固定资 产原价	固定资 产净值	年末负 债合计	流 动 负 债
全 市	**3095344**	**688587**	**12089209**	**7220139**	**10160782**	**3316559**
市 区	976350	184560	2271355	937833	1905882	884910
椒江区	659152	158516	1673917	548639	1100602	518856
黄岩区	54707	8467	139359	50884	178780	63064
路桥区	262491	17576	458079	338310	626501	302990
三门县	795983	369334	5982793	4632788	6494213	1722765
天台县	116733	4549	377874	94195	69312	51556
仙居县	488973	77018	805796	479440	618597	174088
温岭市	243491	16426	238094	165525	381839	153845
临海市	173358	2249	159367	67581	66488	56940
玉环市	300457	34451	2253931	842780	624453	272458

17-49 各县市区国有及国有控股工业主要财务指标(三)

(2023年)　　单位：万元

地 区	年末所有者权益合计	实收资本	营业收入	营业成本	税金及附加
全 市	**6901639**	**3386646**	**4910711**	**3855292**	**37398**
市 区	1956083	368226	1528869	1250695	10335
椒江区	1602229	219986	1163556	927765	7217
黄岩区	91013	11807	50760	40764	556
路桥区	262841	136433	314553	282167	2562
三门县	2236641	1935886	1402909	994344	14931
天台县	148370	114504	124679	101258	1206
仙居县	1236399	274847	501433	352415	5024
温岭市	565605	49862	103901	88229	1315
临海市	50505	39816	117980	106197	625
玉环市	708036	603506	1130942	962154	3960

17-50 各县市区国有及国有控股工业主要财务指标(四)

(2023年)　　单位：万元

地 区	销售费用	财务费用	#利息费用	利润总额	利税总额	本年应交增值税	从业人员年平均人数(人)
全 市	**138173**	**209561**	**217006**	**521623**	**705034**	**146014**	**17214**
市 区	107416	38824	42054	47796	97468	39336	8288
椒江区	103651	20353	22897	48787	86024	30020	6711
黄岩区	47	3762	3795	8933	11815	2326	375
路桥区	3718	14709	15361	-9924	-371	6990	1202
三门县	9966	140883	142577	237887	301370	48552	2816
天台县	353	1006	2187	16315	22735	5214	229
仙居县	16262	9435	12382	76688	98202	16490	3873
温岭市	1234	2895	2404	7182	11681	3184	657
临海市	1918	2850	699	1942	4233	1666	635
玉环市	1024	13668	14703	133814	169345	31571	716

17-51 各县市区国有及国有控股工业主要经济效益指标(一)

(2023年)

地区	企业亏损面(%)	资产负债率(%)	流动比率	产成品存货周转天数(天)
全市	**27.40**	**59.55**	**0.93**	**15.25**
市区	25.81	49.35	1.10	27.46
椒江区	21.05	40.72	1.27	33.49
黄岩区		66.27	0.87	3.21
路桥区	50.00	70.45	0.87	11.13
三门县	42.86	74.38	0.46	6.12
天台县	20.00	31.84	2.26	0.06
仙居县	22.22	33.35	2.81	49.26
温岭市	28.57	40.30	1.58	6.90
临海市	42.86	56.83	3.04	3.54
玉环市	14.29	46.86	1.10	

17-52 各县市区国有及国有控股工业主要经济效益指标(二)

(2023年)

地区	企业亏损率(%)	成本费用利润率(%)	百元营业收入实现利税(元)	百元固定资产原值实现利税(元)	营业收入利润率(%)
全市	**27.40**	**11.66**	**14.36**	**5.83**	**10.62**
市区	25.81	3.16	6.38	4.29	3.13
椒江区	21.05	4.27	7.39	5.14	4.19
黄岩区		17.58	23.28	8.48	17.60
路桥区	50.00	-3.10	-0.12	-0.08	-3.15
三门县	42.86	19.47	21.48	5.04	16.96
天台县	20.00	15.23	18.23	6.02	13.09
仙居县	22.22	18.09	19.58	12.19	15.29
温岭市	28.57	7.41	11.24	4.91	6.91
临海市	42.86	1.67	3.59	2.66	1.65
玉环市	14.29	13.49	14.97	7.51	11.83

17-53　各县市区大中型工业主要财务指标(一)

(2023年)　　单位：万元

地　区	企　业 单位数 (个)	#亏损企业	工　业 增加值	年末资 产总计
全　市	**432**	**60**	**7958228**	**55450948**
市　区	135	25	2473306	17776602
椒江区	58	11	1244860	9876690
黄岩区	43	7	596336	4357857
路桥区	34	7	632110	3542056
三门县	29	6	838672	9732947
天台县	20	2	465314	3602156
仙居县	20	2	424760	3249783
温岭市	82	7	1122145	5971969
临海市	73	14	1476925	9520528
玉环市	73	4	1157107	5596963

17-54　各县市区大中型工业主要财务指标(二)

(2023年)　　单位：万元

地　区	流动资 产合计	存　货	固定资 产原价	固定资 产净值	年末负 债合计	流　动 负　债
全　市	**24852137**	**6065145**	**23749279**	**14022824**	**27696095**	**20230610**
市　区	8445478	1964767	6229843	3238250	8245898	7122158
椒江区	4122083	816908	3900674	1980657	3959026	3191000
黄岩区	2228824	500282	1245020	608552	1909341	1721543
路桥区	2094571	647578	1084149	649041	2377532	2209616
三门县	1712815	622457	6560980	4989727	6707600	2326745
天台县	1937449	317937	692965	402275	1402422	1065210
仙居县	1571139	327253	1100509	761099	1837455	1684991
温岭市	3364753	883547	2207312	1315788	2754711	2392367
临海市	4953382	1366922	3511685	1902617	4439962	3606780
玉环市	2867121	582263	3445985	1413068	2308048	2032358

17-55　各县市区大中型工业主要财务指标(三)

(2023年)　　单位：万元

地　区	年末所有者权益合计	实收资本	营业收入	营业成本	税金及附加
全　市	**27754852**	**8037123**	**32059538**	**25719012**	**214599**
市　区	9530704	2101381	12557870	10638269	58111
椒江区	5917664	1217788	5371290	4359781	31364
黄岩区	2448516	521551	2430962	1962125	14787
路桥区	1164524	362042	4755618	4316363	11960
三门县	3025347	2123063	2529673	1920602	20618
天台县	2199734	483460	1594082	1162641	9428
仙居县	1412328	262037	1389009	1019804	8733
温岭市	3217257	735850	4335280	3409084	51739
临海市	5080565	1355990	5316014	4047462	40697
玉环市	3288915	975343	4337610	3521151	25274

17-56　各县市区大中型工业主要财务指标(四)

(2023年)　　单位：万元

地　区	销售费用	财务费用	#利息费用	利润总额	利税总额	本年应交增值税	从业人员年平均人数(人)
全　市	**864775**	**227231**	**424006**	**2959895**	**3644761**	**470268**	**305421**
市　区	353884	25175	113054	772685	986290	155494	105728
椒江区	226037	9793	47803	445343	562936	86229	51561
黄岩区	73995	-3876	25172	133659	181914	33469	26723
路桥区	53852	19258	40079	193683	241440	35797	27444
三门县	43385	148274	151860	316081	396280	59581	15624
天台县	65238	903	19164	212354	249042	27260	16095
仙居县	35876	8654	13900	183469	193947	1746	15323
温岭市	175774	1084	26521	350144	467546	65664	55153
临海市	97958	33161	73742	530471	651280	80112	57508
玉环市	92661	9980	25765	594691	700375	80410	39990

17-57 各县市区大中型工业主要经济效益指标(一)

(2023年)

地 区	企 业 亏损面 (%)	资 产 负债率 (%)	流 动 比 率	产成品 存 货 周转天数 (天)
全 市	**13.89**	**49.95**	**1.23**	**38.39**
市 区	18.52	46.39	1.19	32.27
椒江区	18.97	40.08	1.29	36.63
黄岩区	16.28	43.81	1.29	34.49
路桥区	20.59	67.12	0.95	26.85
三门县	20.69	68.92	0.74	21.51
天台县	10.00	38.93	1.82	59.59
仙居县	10.00	56.54	0.93	57.32
温岭市	8.54	46.13	1.41	39.03
临海市	19.18	46.64	1.37	62.27
玉环市	5.48	41.24	1.41	25.57

17-58 各县市区大中型工业主要经济效益指标(二)

(2023年)

地 区	企 业 亏损率 (%)	成本费用 利 润 率 (%)	百元营业收 入实现利税 (元)	百元固定资产 原值实现利税 (元)	营业收入 利 润 率 (%)
全 市	**10.78**	**10.01**	**11.37**	**15.35**	**9.23**
市 区	9.73	6.48	7.85	15.83	6.15
椒江区	7.92	8.79	10.48	14.43	8.29
黄岩区	13.31	5.94	7.48	14.61	5.50
路桥区	11.20	4.20	5.08	22.27	4.07
三门县	5.34	13.91	15.67	6.04	12.49
天台县	8.88	15.16	15.62	35.94	13.32
仙居县	0.93	15.15	13.96	17.62	13.21
温岭市	7.38	8.78	10.78	21.18	8.08
临海市	27.11	10.96	12.25	18.55	9.98
玉环市	1.49	15.14	16.15	20.32	13.71

17-59 各县市区规模以上非国有工业主要财务指标(一)

(2023年)　　单位：万元

地　区	企　业单位数(个)	#亏损企业	工　业增加值	年末资产总计
全　市	**5514**	**810**	**13736786**	**82952203**
市　区	1805	289	4538611	29852263
椒江区	608	134	1837586	12810230
黄岩区	575	73	1372933	8366098
路桥区	622	82	1328092	8675935
三门县	295	72	675548	4599153
天台县	222	36	791552	5361840
仙居县	215	55	578006	3853280
温岭市	1291	112	2497112	12800637
临海市	641	169	2333046	15635156
玉环市	1045	77	2322911	10849874

17-60 各县市区规模以上非国有工业主要财务指标(二)

(2023年)　　单位：万元

地　区	流动资产合计	存　货	固定资产原价	固定资产净值	年末负债合计	流　动负　债
全　市	**48271128**	**11125945**	**29716588**	**17078522**	**45643453**	**40881117**
市　区	17143972	3972766	10510105	6136432	16755253	15185354
椒江区	7041598	1553295	4473571	2732572	6315919	5767249
黄岩区	4660702	1067654	3071154	1555332	4359809	3991290
路桥区	5441672	1351816	2965380	1848528	6079525	5426815
三门县	2657858	676127	1577732	905537	2877636	2560443
天台县	3076708	578984	1414934	769014	2411652	2028828
仙居县	2043418	431927	1434984	946125	2533535	2344525
温岭市	7919938	1852183	4812246	2893316	7173800	6603181
临海市	8813578	2157097	5654303	3126426	8318634	7002764
玉环市	6615656	1456861	4312285	2301672	5572943	5156022

17-61　各县市区规模以上非国有工业主要财务指标(三)

(2023年)　　单位：万元

地　区	年末所有者权益合计	实收资本	营业收入	营业成本	税金及附加
全　市	**37308728**	**11807101**	**63899487**	**52718786**	**373346**
市　区	13097003	4250409	24886983	21281758	112846
椒江区	6494309	1924165	8964412	7505460	46709
黄岩区	4006288	1195716	5959095	4830289	33036
路桥区	2596407	1130528	9963476	8946008	33101
三门县	1721516	764204	3520252	2974741	17291
天台县	2950186	814567	3005200	2296901	24849
仙居县	1319744	360366	2313644	1747440	12075
温岭市	5626835	1686799	10453148	8476243	77144
临海市	7316517	2599730	10085260	8102297	74849
玉环市	5276927	1331025	9635001	7839407	54293

17-62　各县市区规模以上非国有工业主要财务指标(四)

(2023年)　　单位：万元

地　区	销售费用	财务费用	#利息费用	利润总额	利税总额	本年应交增值税	从业人员年平均人数(人)
全　市	**1715213**	**476471**	**644957**	**3948853**	**5461551**	**1139352**	**749044**
市　区	591297	144625	237581	1239851	1752157	399460	245039
椒江区	242702	30800	72949	579685	774807	148412	96702
黄岩区	198700	40594	63857	319468	470760	118257	74301
路桥区	149895	73231	100775	340698	506590	132790	74036
三门县	88116	56169	52181	144215	225131	63624	40331
天台县	110808	13447	33060	294227	381176	62101	33144
仙居县	123956	24030	28034	183349	223279	27855	31470
温岭市	314935	71888	81025	658893	937243	201205	155134
临海市	205709	99554	137551	686042	939459	178569	111979
玉环市	280392	66759	75525	742276	1003107	206538	131947

17-63 各县市区规模以上非国有工业主要经济效益指标(一)

(2023年)

地 区	企 业 亏损面 (%)	资 产 负债率 (%)	流 动 比 率	产成品 存 货 周转天数 (天)
全 市	**14.69**	**55.02**	**1.18**	**30.42**
市 区	16.01	56.13	1.13	26.18
椒江区	22.04	49.30	1.22	31.21
黄岩区	12.70	52.11	1.17	28.32
路桥区	13.18	70.07	1.00	20.81
三门县	24.41	62.57	1.04	30.89
天台县	16.22	44.98	1.52	46.44
仙居县	25.58	65.75	0.87	36.00
温岭市	8.68	56.04	1.20	29.81
临海市	26.37	53.20	1.26	42.86
玉环市	7.37	51.36	1.28	23.58

17-64 各县市区规模以上非国有工业主要经济效益指标(二)

(2023年)

地 区	企 业 亏损率 (%)	成本费用 利 润 率 (%)	百元营业收 入实现利税 (元)	百元固定资产 原值实现利税 (元)	营业收入 利 润 率 (%)
全 市	**13.36**	**6.54**	**8.55**	**18.38**	**6.18**
市 区	11.38	5.20	7.04	16.67	4.98
椒江区	9.78	6.81	8.64	17.32	6.47
黄岩区	11.89	5.69	7.90	15.33	5.36
路桥区	13.52	3.51	5.08	17.08	3.42
三门县	18.74	4.26	6.40	14.27	4.10
天台县	8.84	10.82	12.68	26.94	9.79
仙居县	7.13	8.56	9.65	15.56	7.92
温岭市	8.63	6.70	8.97	19.48	6.30
临海市	28.33	7.25	9.32	16.61	6.80
玉环市	5.15	8.18	10.41	23.26	7.70

17-65 各县市区固定资产投资增速(一)

(2023年)

单位：%

地 区	投资增速	建筑安装工程	设备工器具购置	其他费用	#土地购置费	#工业性投资
全 市	**-7.4**	**-3.7**	**4.3**	**-15.6**	**-20.3**	**12.1**
市 区	-10.1	-12.6	1.6	-8.8	-3.5	11.6
椒江区	-5.4	-12.5	-0.8	4.2	8.8	6.9
黄岩区	-3.8	-11.0	22.1	4.5	12.3	1.7
路桥区	-24.4	-14.6	-12.5	-34.6	-30.6	34.2
三门县	35.9	53.0	48.3	12.6	-13.5	50.6
天台县	-8.2	-17.2	-32.9	18.1	19.0	-8.2
仙居县	20.3	19.8	123.7	-25.1	-38.1	66.1
温岭市	-22.5	-1.1	-14.6	-45.9	-54.2	3.9
临海市	-5.4	3.3	-10.3	-14.2	-29.4	-2.5
玉环市	-6.3	-5.9	-13.8	-2.0	-0.9	-5.7

17-66 各县市区固定资产投资增速(二)

(2023年)

单位：%

地 区	民间投资	交通投资	水利、环境和公共设施管理业投资	新增固定资产
全 市	**-18.00**	**-4.0**	**-3.0**	**23.5**
市 区	-18.5	-15.0	-21.9	18.6
椒江区	-6.9	-34.4	-17.4	26.3
黄岩区	-18.2	176.9	7.4	72.7
路桥区	-37.8	-28.9	-42.8	-14.2
三门县	14.2	30.1	-3.3	53.8
天台县	-6.2	52.9	22.7	155.0
仙居县	43.3	-14.1	-17.3	-39.8
温岭市	-35.7	-19.7	13.3	28.9
临海市	-15.8	46.4	40.0	14.0
玉环市	-8.2	-2.8	-3.5	44.1

17-67 各县市区房地产开发投资(一)

(2023年) 单位：万元

地　区	投资额					土　地购置费	新增固定资产
		住　宅	办公楼	商　业用　房	其　他		
全　市	**7794120**	**5511312**	**188090**	**410198**	**1684520**	**3309538**	**4486510**
市　区	3973588	2788759	119542	207239	858048	1843264	2481341
椒江区	2291644	1612177	84352	85306	509809	1134434	926722
黄岩区	900298	591644	2762	87399	218493	355456	756761
路桥区	781646	584938	32428	34534	129746	353374	797858
三门县	187301	118785	2804	14918	50794	48589	179798
天台县	479937	357652	12293	28863	81129	240787	376319
仙居县	165573	141561	2027	6392	15593	59746	294
温岭市	1540888	1044752	14741	82792	398603	535829	1168207
临海市	781670	524938	12172	45135	199425	317993	254567
玉环市	665163	534865	24511	24859	80928	263330	25984

17-68 各县市区房地产开发投资(二)

(2023年) 单位：万元

地　区	投资额	国　有控　股	集　体控　股	私　人控　股	港澳台控　股	外　商控　股	其　他	非国有控　股
全　市	**7794120**	**1936028**	**41704**	**5689538**	**79312**	**47538**		**5858092**
市　区	3973588	936773		3016978	19837			3036815
椒江区	2291644	459326		1832318				1832318
黄岩区	900298	385735		514563				514563
路桥区	781646	91712		670097	19837			689934
三门县	187301	30690		156611				156611
天台县	479937	101678		378259				378259
仙居县	165573	36181		129392				129392
温岭市	1540888	488311	1560	1049352		1665		1052577
临海市	781670	118607		603588	59475			663063
玉环市	665163	223788	40144	355358		45873		441375

17-69 各县市区房地产开发投资(三)

(2023年) 单位：万平方米

地区	施工面积	#住宅	竣工面积	#住宅	商品房住宅竣工套数(套)	竣工房屋价值(亿元)	#住宅	商品房销售额(亿元)	#住宅
全市	**4617.37**	**2926.74**	**715.18**	**440.33**	**243827**	**441.54**	**327.42**	**742.55**	**638.09**
市区	2315.88	1448.44	318.62	203.32	221245	225.14	173.99	376.10	329.47
椒江区	1345.76	811.70	117.07	71.27	5626	83.38	60.61	137.30	121.54
黄岩区	480.92	320.84	62.29	34.98	2466	68.29	59.19	123.32	99.85
路桥区	489.20	315.90	139.27	97.06	213153	73.46	54.19	115.48	108.08
三门县	241.25	156.21	26.47	21.43	1720	14.14	11.59	18.29	13.40
天台县	171.82	105.59	55.97	26.11	2284	63.88	45.79	35.08	26.37
仙居县	164.33	96.78						34.08	30.63
温岭市	1063.73	685.91	254.84	154.55	15078	108.15	74.12	141.50	121.30
临海市	421.57	261.97	51.04	28.13	2887	28.15	20.46	92.46	77.02
玉环市	238.78	171.83	8.24	6.79	613	2.07	1.47	45.04	39.89

17-70 各县市区房地产开发投资(四)

(2023年) 单位：万平方米

地区	商品房销售面积	#住宅	现房	#住宅	期房	#住宅	商品房住宅销售套数(套)	商品房待售面积	#住宅
全市	**576.66**	**456.71**	**174.40**	**124.34**	**402.25**	**332.36**	**35821**	**239.02**	**77.33**
市区	250.94	199.27	92.17	65.68	158.77	133.59	14752	114.84	37.56
椒江区	99.63	80.71	52.64	41.50	46.99	39.20	6206	94.05	29.67
黄岩区	71.14	50.14	28.70	13.35	42.44	36.79	3926	20.80	7.89
路桥区	80.17	68.43	10.84	10.83	69.34	57.60	4620		
三门县	22.05	12.96	4.91	3.13	17.14	9.83	938	15.95	4.01
天台县	29.70	23.02	13.61	10.93	16.09	12.09	1896	14.99	7.73
仙居县	25.61	21.96			25.61	21.96	1472	11.33	0.68
温岭市	140.34	110.42	53.95	37.01	86.39	73.42	9103	71.11	19.48
临海市	69.25	56.01	7.85	6.45	61.40	49.55	4979	3.80	1.66
玉环市	38.77	33.06	1.91	1.14	36.86	31.93	2681	6.99	6.20

17-71 各县市区房地产开发企业财务状况(一)

(2023年) 单位：万元

地　区	单位数(个)	流动资产合计	固定资产原价	#本年折旧	资产总计	负债合计	所有者权益合计	#实收资本
全　市	**539**	**42265510**	**881420**	**31082**	**48954314**	**40001621**	**8952693**	**4316243**
市　区	209	21426063	310095	11920	23196257	19114108	4082149	2261036
椒江区	92	10711508	28881	1476	11885098	9657756	2227343	1220139
黄岩区	42	5586905	231275	8326	5981864	5078986	902878	407939
路桥区	75	5127650	49940	2118	5329295	4377366	951929	632958
三门县	34	1003685	13971	1006	1013794	859925	153869	84441
天台县	33	1749552	59830	3076	2048042	1758360	289683	209267
仙居县	24	2201381	77918	2470	2332503	2162378	170125	123181
温岭市	144	8896427	313083	6405	11991136	9604372	2386764	817777
临海市	52	4660017	91092	5449	5897033	4465098	1431935	460004
玉环市	43	2328385	15431	755	2475548	2037379	438169	360538

17-72 各县市区房地产开发企业财务状况(二)

(2023年) 单位：万元

地　区	主营业务收入	主营业务成本	税金及附加	销售费用	管理费用
全　市	**12836225**	**10828373**	**394128**	**216979**	**239512**
市　区	6469136	5393912	172664	106364	119482
椒江区	3594332	2935923	88043	49798	69401
黄岩区	1945077	1686227	66921	33148	31369
路桥区	929727	771762	17701	23419	18711
三门县	333587	267274	8829	10758	15044
天台县	572074	487506	52688	8257	14162
仙居县	243047	282331	8653	3151	3454
温岭市	2828590	2448260	95160	46547	46511
临海市	1816325	1461758	41881	26244	23840
玉环市	573467	487332	14252	15659	17019

17-73 各县市区房地产开发企业财务状况(三)

(2023年)

单位：万元

地区	财务费用	#利息支出	营业利润	利润总额	所得税费用	应付职工薪酬
全市	**144578**	**133730**	**1179125**	**1160009**	**296444**	**141406**
市区	102251	103004	575663	559203	147147	60585
椒江区	73285	83133	383253	371787	87353	32162
黄岩区	11469	12097	104354	101448	35760	16473
路桥区	17497	7774	88057	85968	24034	11950
三门县	3744	112	27165	19261	6486	7028
天台县	7370	8500	8867	10313	4628	7220
仙居县	3011	3435	47167	46161	5002	5189
温岭市	24616	14450	198262	204896	48265	34010
临海市	6549	4103	274000	272385	79583	16230
玉环市	-2962	126	48002	47791	5334	11145

17-74 各县市区建筑业企业基本情况(一)

(2023年)

地区	企业数(个)	#国有控股企业	建筑业总产值(万元)	#建筑工程产值	#安装工程产值	#在外省完成产值
全市	**728**	**32**	**14315231**	**13175152**	**809285**	**2245641**
市区	232	12	5412654	4967346	371022	499883
椒江区	80	5	3190874	2944821	218265	225403
黄岩区	83	5	1246502	1094371	119163	181613
路桥区	69	2	975278	928153	33594	92866
三门县	82	2	526266	473377	22026	20169
天台县	46	2	544662	495540	11583	45521
仙居县	52	5	841236	752839	5718	113299
温岭市	148	4	4179665	3906066	172615	1024881
临海市	118	4	2293023	2166594	126429	523191
玉环市	50	3	517726	413390	99891	18698

17-75 各县市区建筑业企业基本情况(二)

(2023年)

地 区	房屋建筑施工面积(万平方米)	#本年新开工面积	房屋建筑竣工面积(万平方米)	#住 宅	年末自有机械设备总功率(千瓦时)
全 市	**12439.71**	**2885.42**	**3155.54**	**1398.55**	**874204**
市 区	5345.44	1126.26	1286.55	619.98	246982
椒江区	3216.85	658.99	878.40	401.63	57365
黄岩区	1743.36	250.00	319.71	191.51	74328
路桥区	385.23	217.28	88.45	26.84	115289
三门县	393.45	113.45	58.28	14.19	59439
天台县	222.88	85.07	61.16	12.31	15852
仙居县	329.62	131.45	80.01	52.45	50513
温岭市	3093.24	860.54	875.93	386.51	232639
临海市	2599.63	429.46	652.51	296.03	227199
玉环市	455.46	139.19	141.11	17.07	41580

17-76 各县市区公路基本情况(一)

(2023年) 单位：公里

地 区	公路总里程	等级公路合计	高速公路	一 级	二 级	三 级	四 级	准四级
全 市	**13059**	**13059**	**499**	**1003**	**1282**	**676**	**9600**	
市 区	2288	2288	59	282	200	154	1594	
椒江区	518	518	27	58	69	39	324	
黄岩区	1134	1134	21	117	48	25	923	
路桥区	635	635	10	107	83	89	346	
三门县	1351	1351	55	69	173	47	1007	
天台县	2007	2007	68	88	106	74	1672	
仙居县	2054	2054	106	83	195	126	1545	
温岭市	2088	2088	45	184	187	131	1543	
临海市	2441	2441	134	186	339	93	1688	
玉环市	830	830	32	111	82	52	553	

17-77 各县市区公路基本情况(二)

(2023年)

地区	路面里程			隧道		桥梁	
	有铺装(公里)	简易铺装(公里)	未铺装(公里)	道	延米	座	米
全市	**13059**	**13059**		**440**	**353991**	**7188**	**756720**
市区	2288	2288		40	39602	1604	169953
椒江区	518	518		11	8093	386	62157
黄岩区	1134	1134		24	27134	672	47768
路桥区	635	635		5	4375	546	60027
三门县	1351	1351		56	37519	579	58485
天台县	2007	2007		37	35859	668	42556
仙居县	2054	2054		112	85364	802	78282
温岭市	2088	2088		54	40226	1757	144098
临海市	2441	2441		100	90307	1387	168973
玉环市	830	830		41	25113	391	94374

17-78 各县市区公路基本情况(三)

(2023年)

单位：公里

地区	公路总里程	国道	省道	县道	乡道	专用道	村道
全市	**13059**	**676**	**1003**	**2559**	**2032**	**46**	**6743**
市区	2288	105	215	522	382	15	1050
椒江区	518	32	41	102	98		245
黄岩区	1134	53	125	292	146	9	509
路桥区	635	20	48	128	138	6	295
三门县	1351	97	78	239	204	24	709
天台县	2007	78	146	330	313		1141
仙居县	2054	31	254	469	227	3	1070
温岭市	2088	102	74	315	375		1223
临海市	2441	219	207	487	420		1109
玉环市	830	44	30	199	112	4	442

17-79 各县市区汽车拥有量

(2023年) 单位：辆

地 区	汽车拥有量	载客汽车	#个人	载货汽车	#个人	其他汽车	摩托车
全 市	**2194675**	**1948331**	**1824006**	**241437**	**173283**	**4907**	**307994**
市 区	842423	732811	677090	107486	73584	2126	94591
椒江区	251498	223669	205360	27034	17259	795	33145
黄岩区	261674	226662	210634	34556	24098	456	32296
路桥区	278831	237148	220398	40977	29927	706	25585
台州湾新区	50420	45332	40698	4919	2300	169	3565
三门县	99382	87238	82099	11785	9088	359	14294
天台县	114725	104297	99361	10139	7821	289	40020
仙居县	116696	106445	101800	10014	7662	237	38601
温岭市	486019	428716	408064	56554	44607	749	58217
临海市	328940	299208	285519	28995	20242	737	45664
玉环市	206490	189616	170073	16464	10279	410	16607

17-80 各县市区用电量

(2023年) 单位：万千瓦时

地 区	全社会用电量(包括厂用电量及线损)	#工业用电量	#制造业	#城乡居民生活用电
全 市	**4394454**	**2735615**	**2508370**	**879275**
市 区	1587739	968559	903996	305305
直属局	252125	202274	193749	24187
椒江区	430560	196606	180143	107255
黄岩区	500610	339385	319893	86226
路桥区	404444	230295	210211	87637
三门县	258040	167911	153669	43057
天台县	219227	114846	103521	55835
仙居县	196286	102891	90986	48986
温岭市	789327	449413	413515	197056
临海市	688723	436270	404817	135680
玉环市	615428	455990	437867	93357

17-81 各县市区全社会单位生产总值能耗

(2023年)

地 区	单位GDP能耗 (吨标准煤/万元)	单位GDP 能耗降低率 (%)	单位GDP电耗 (千瓦时/万元)	单位GDP 电耗降低率 (%)	规模以上工业 增加值能耗降低率 (%)
全 市	**0.320**	**-2.54**	**723**	**-2.40**	**-3.75**
椒江区	0.379	-2.46	855	-2.72	0.26
黄岩区	0.318	-0.28	809	-0.67	-0.54
路桥区	0.252	-1.15	556	-1.59	-0.50
三门县	0.405	-3.80	754	-5.51	-2.32
天台县	0.270	-1.45	609	-2.20	0.66
仙居县	0.334	-0.35	628	-2.35	1.38
温岭市	0.297	-4.42	604	-4.40	-6.29
临海市	0.309	-2.62	796	-1.96	-6.17
玉环市	0.361	-3.30	839	-3.52	-3.33

17-82 各县市区规模以上工业主要能源消费量

(2023年) 单位：吨

地 区	原 煤	焦 炭	汽 油	柴 油	热力 (百万千焦)	电力 (万千瓦时)
全 市	**19936087**		**16658**	**62329**	**18571901**	**1983593**
市 区	3740480		7906	21805	3577504	669063
椒江区	3740480		2701	10300	2610728	367096
黄岩区			3785	4632	722534	165365
路桥区			1421	6873	244243	136602
三门县	4811650		329	4052	1490391	164209
天台县	76860		1147	3727	1105073	120212
仙居县	82091		663	3362	1105728	131893
温岭市	160924		4655	14576	2266153	273487
临海市	279984		1224	10800	8738654	294454
玉环市	10784097		734	4006	288397	330275

17-83 各县市区规模以上工业企业能源消费情况

(2023年) 单位：吨标准煤

地 区	综合能源消费量	万元产值综合能耗(吨标准煤/万元)	节能量	万元产值综合能耗降低率(%)
全 市	**11262367**	**0.166**	**-249.15**	**-2.26**
市 区	2799510	0.113	62.11	2.17
椒江区	2030774	0.213	53.03	2.55
黄岩区	396414	0.068	-2.42	-0.61
路桥区	372323	0.040	12.95	3.36
三门县	2200399	0.440	95.25	4.15
天台县	227564	0.078	5.74	2.46
仙居县	253365	0.089	2.62	1.02
温岭市	678601	0.064	-69.67	-11.44
临海市	861744	0.086	-82.79	-10.63
玉环市	4241185	0.373	-32.55	-0.77

17-84 各县市区规模以上工业取水情况

(2023年) 单位：万立方米

地 区	取水总量						外供水
		地表水	地下水	自来水	海 水	其他水	
全 市	**97536.9**	**82065.3**	**1.6**	**13542.3**	**1174.4**	**682.6**	**81106.4**
市 区	59844.2	56822.7		2783.5		186.3	54437.2
椒江区	5661.9	3952.7		1506.6		152.2	3545.8
黄岩区	38247.7	37512.3		709.7		25.7	35928.8
路桥区	15934.6	15357.8		567.2		8.4	14962.6
三门县	3621.8	2844.6		681.5	25.4	69.9	2018.8
天台县	3635.3	3020.5		567.1		40.3	2664.2
仙居县	3899.3	3295.3		560.7		43.3	2745.3
温岭市	10714.0	8383.4		2320.5		9.0	7701.2
临海市	9919.9	7573.2	1.6	2011.8		326.5	7461.0
玉环市	5902.3	125.5		4617.2	1149.0	7.3	4078.8

17-85　各县市区限额以上批发业企业销售情况

(2023年)　　单位：万元

地　区	法人企业(个)	年　末从业人数(人)	销售额	批发额	零售额	年末零售营业面积(平方米)
全　市	**1350**	**27580**	**44638360**	**44430056**	**208304**	**67367**
市　区	597	12034	26797951	26657629	140322	47373
椒江区	205	5774	8646073	8574308	71765	21856
黄岩区	137	2402	5799562	5772549	27013	17521
路桥区	255	3858	12352316	12310772	41544	7996
三门县	30	328	857627	857627		
天台县	42	468	633675	632165	1510	983
仙居县	58	1580	1836988	1833735	3253	6190
温岭市	361	6248	6783330	6761251	22079	1297
临海市	140	5057	4571542	4541939	29604	5994
玉环市	122	1865	3157247	3145711	11537	5530

17-86　各县市区限额以上零售业企业销售情况

(2023年)　　单位：万元

地　区	法人企业(个)	年　末从业人数(人)	销售额	批发额	零售额	年末零售营业面积(平方米)
全　市	**894**	**25240**	**8238438**	**1698458**	**6539980**	**1512015**
市　区	297	11196	4837987	1282056	3555930	752411
椒江区	126	5198	2696305	747919	1948386	372494
黄岩区	46	1875	570277	126706	443571	126777
路桥区	125	4123	1571404	407431	1163974	253140
三门县	33	529	135916	13503	122413	37587
天台县	39	707	165910	15481	150429	55261
仙居县	49	881	138817	13849	124968	37115
温岭市	314	6551	1569046	130723	1438323	288880
临海市	109	3844	944682	194675	750007	240961
玉环市	53	1532	446080	48170	397910	99800

17-87 各县市区限额以上住宿业企业基本情况

(2023年)

单位：万元

地 区	法人企业(个)	年末从业人数(人)	营业额	#客房收入	#餐费收入	客房间数(间)	床位数(个)	餐位数(位)	年末餐饮营业面积(平方米)
全 市	**129**	**8130**	**216568**	**111162**	**90862**	**18032**	**27577**	**42714**	**358870**
市 区	44	3984	101702	44549	49452	7113	10510	20338	173627
椒江区	26	2460	69387	29759	33112	4542	6779	13031	110362
黄岩区	12	1150	25842	11699	13194	1740	2480	5355	34903
路桥区	6	374	6473	3091	3146	831	1251	1952	28362
三门县	2	150	2713	1985	370	584	1585	364	1569
天台县	11	865	21707	13244	7816	1550	2395	6435	41592
仙居县	19	551	14141	9410	4381	2295	3527	4707	42466
温岭市	24	1339	43615	19082	19790	2986	4379	6955	39866
临海市	18	934	27024	18529	7919	2429	3540	3530	38621
玉环市	11	307	5668	4364	1134	1075	1641	385	21129

17-88 各县市区限额以上餐饮业企业基本情况

(2023年)

单位：万元

地 区	法人企业(个)	年末从业人数(人)	营业额	#客房收入	#餐费收入	客房间数(间)	床位数(个)	餐位数(位)	年末餐饮营业面积(平方米)
全 市	**268**	**11268**	**296297**	**23600**	**268372**	**4816**	**7664**	**114622**	**528259**
市 区	74	3820	99764	4658	94339	1112	1760	40883	162834
椒江区	39	2118	52601		52453			26100	74038
黄岩区	13	535	16082	321	15735	358	606	3739	41839
路桥区	22	1167	31081	4337	26151	754	1154	11044	46957
三门县	8	492	8490	1875	6521	543	876	7460	43022
天台县	15	1006	21911	3047	18144	484	948	10713	42467
仙居县	25	1037	23940	5532	17602	995	1637	9500	52873
温岭市	83	1933	55453	359	55049	328	540	20514	86879
临海市	40	1704	49000	2293	45661	315	445	14519	59601
玉环市	23	1276	37739	5836	31057	1039	1458	11033	80583

17-89 各县市区限额以上批发业企业财务状况(一)

(2023年) 单位：万元

地区	企业数(个)	流动资产合计	#存货	固定资产原价	累计折旧	#本年折旧
全市	**1350**	**14789954**	**1240765**	**835948**	**351650**	**45440**
市区	597	8161102	631637	388553	160319	19462
椒江区	205	3441912	272429	194454	82054	10203
黄岩区	137	1582691	100279	87922	36735	3367
路桥区	255	3136484	258929	106177	41530	5892
三门县	30	345486	21970	45610	13499	2644
天台县	42	432806	32719	11815	2874	853
仙居县	58	430090	48897	21170	7549	1203
温岭市	361	2590171	251867	213140	84700	11454
临海市	140	1908946	138553	73869	36584	4718
玉环市	122	921368	115123	81793	46126	5106

17-90 各县市区限额以上批发业企业财务状况(二)

(2023年) 单位：万元

地区	资产总计	负债合计	所有者权益	#实收资本	#个人资本	主营业务收入
全市	**17580420**	**13786254**	**3794166**	**1412841**	**551237**	**39578766**
市区	9142519	7634635	1507884	642944	261325	23964348
椒江区	4034515	3030411	1004104	246265	126225	7783956
黄岩区	1750365	1519272	231093	169102	63851	5145332
路桥区	3357639	3084952	272686	227578	71249	11035061
三门县	492119	448006	44113	31311	17235	782983
天台县	444651	394730	49921	31139	4841	571334
仙居县	464856	437401	27456	18840	5080	1632864
温岭市	3032470	2319634	712835	304233	98325	5967183
临海市	2969495	1718688	1250807	296657	134665	4079134
玉环市	1034311	833160	201150	87716	29766	2580921

17-91　各县市区限额以上批发业企业财务状况(三)

(2023年)　　单位：万元

地　区	营　业 成　本	税金及 附　加	其他业务 利　　润	销　售 费　用	管　理 费　用
全　市	**38071246**	**208494**	**28296**	**682949**	**317861**
市　区	23173973	190475	5623	251564	159504
椒江区	7194155	181579	3214	129484	85787
黄岩区	5058987	3625	1690	50941	29576
路桥区	10920832	5271	720	71139	44142
三门县	765613	659	556	4492	5824
天台县	558819	525	73	3875	6313
仙居县	1515484	1895		98687	10067
温岭市	5803263	5871	6500	86505	61642
临海市	3769187	6479	13832	184064	49314
玉环市	2484907	2591	1713	53762	25197

17-92　各县市区限额以上批发业企业财务状况(四)

(2023年)　　单位：万元

地　区	财　务 费　用		营　业 利　润	利　润 总　额	应付职工 薪　　酬	应　交 增值税
		#利息费用				
全　市	**40062**	**104340**	**683274**	**710695**	**326507**	**181939**
市　区	9784	54816	221037	236286	146572	86447
椒江区	-11657	25964	226460	229981	89452	70593
黄岩区	2185	9968	8196	9516	23224	8206
路桥区	19255	18884	-13619	-3212	33896	7648
三门县	3206	4208	6682	6607	3315	3836
天台县	777	1259	1530	2214	4346	1296
仙居县	1734	1968	5882	6747	27681	14779
温岭市	-2708	7936	93271	95904	58277	22402
临海市	20069	27778	345145	344753	65416	43293
玉环市	7200	6374	9726	18185	20899	9887

17-93 各县市区限额以上零售业企业财务状况(一)

(2023年) 单位：万元

地 区	企业数(个)	流动资产合计	#存货	固定资产原价	累计折旧	#本年折旧
全 市	**894**	**1844974**	**526445**	**609111**	**238236**	**35455**
市 区	297	901241	285675	274070	127705	18662
椒江区	126	317530	104057	109334	52526	8071
黄岩区	46	146953	47173	74458	35113	4191
路桥区	125	436758	134445	90278	40065	6400
三门县	33	19198	5088	11816	4092	709
天台县	39	40571	12042	15274	6653	812
仙居县	49	37000	8950	11436	3407	443
温岭市	314	429014	97658	170125	49713	8294
临海市	109	329387	79940	88335	31094	4272
玉环市	53	88563	37093	38056	15574	2263

17-94 各县市区限额以上零售业企业财务状况(二)

(2023年) 单位：万元

地 区	资产总计	负债合计	所有者权益	#实收资本	#个人资本	主营业务收入
全 市	**2802077**	**2172406**	**629671**	**648567**	**90062**	**5821891**
市 区	1361953	1137790	224162	266476	48239	3162282
椒江区	516084	416423	99661	96254	19518	1218688
黄岩区	237159	222290	14870	68043	4739	517252
路桥区	608709	499078	109631	102180	23982	1426342
三门县	39367	22526	16840	57579	2346	90713
天台县	81719	53489	28230	29982	1406	120765
仙居县	49349	44732	4617	4694	1551	116936
温岭市	646927	478981	167946	116455	12055	1086329
临海市	476052	334700	141352	150921	19074	843920
玉环市	146711	100187	46524	22460	5391	400946

17-95 各县市区限额以上零售业企业财务状况(三)

(2023年) 单位：万元

地区	营业成本	税金及附加	其他业务利润	销售费用	管理费用
全市	**5339288**	**15286**	**49679**	**375143**	**174568**
市区	2988131	6822	26909	163806	85836
椒江区	1136834	2969	11841	81778	34793
黄岩区	494482	942	4632	24724	16600
路桥区	1356815	2911	10437	57304	34443
三门县	79564	189	2098	6699	3224
天台县	112077	173	628	5754	4202
仙居县	106914	164	-2	5955	4224
温岭市	956335	5230	8279	76591	36984
临海市	786367	1414	10727	38131	27767
玉环市	309901	1295	1041	78208	12331

17-96 各县市区限额以上零售业企业财务状况(四)

(2023年) 单位：万元

地区	财务费用	#利息费用	营业利润	利润总额	应付职工薪酬	应交增值税
全市	**31160**	**25164**	**26459**	**38758**	**222320**	**54358**
市区	20695	15175	-32109	-26495	109643	25755
椒江区	6967	3648	-14682	-12295	47342	14315
黄岩区	5298	4863	-11988	-10819	17866	2507
路桥区	8430	6663	-5440	-3382	44435	8933
三门县	240	226	3052	3078	3932	1105
天台县	1055	759	-1087	-830	5129	379
仙居县	212	61	201	3085	5522	526
温岭市	4424	3471	42442	44085	55535	12111
临海市	2870	4128	6619	8177	29320	6901
玉环市	1664	1345	7342	7659	13238	7580

17-97 各县市区限额以上住宿业企业财务状况(一)

(2023年)

单位：万元

地 区	企业数(个)	流动资产合计	#存货	固定资产原价	累计折旧	#本年折旧
全 市	**129**	**194606**	**5631**	**482610**	**199371**	**17663**
市 区	44	78933	2919	208736	103574	6123
椒江区	26	44453	1790	96564	62475	3858
黄岩区	12	22958	888	99659	31822	1841
路桥区	6	11522	241	12513	9277	424
三门县	2	2168	82	34933	3715	1513
天台县	11	23996	796	45847	16430	1972
仙居县	19	34442	423	10343	916	488
温岭市	24	37081	857	127708	44579	4709
临海市	18	13684	411	44974	24182	2409
玉环市	11	4304	144	10070	5976	447

17-98 各县市区限额以上住宿业企业财务状况(二)

(2023年)

单位：万元

地 区	资产总计	负债合计	所有者权益	#实收资本	#个人资本	主营业务收入
全 市	**742019**	**698394**	**43625**	**143028**	**26551**	**197833**
市 区	221743	224979	-3238	53587	9931	91381
椒江区	107853	89484	18368	29271	961	60401
黄岩区	98628	124451	-25824	19791	8125	24771
路桥区	15262	11044	4218	4525	845	6209
三门县	39340	52228	-12888	3000		2191
天台县	84272	102577	-18305	8856	2060	20455
仙居县	111321	109836	1485	7797	330	13191
温岭市	145289	111857	33433	41468	3867	40001
临海市	126125	79603	46522	22192	8483	25830
玉环市	13930	17316	-3386	6128	1880	4785

17-99 各县市区限额以上住宿业企业财务状况(三)

(2023年) 单位：万元

地 区	营业成本	税金及附加	其他业务利润	销售费用	管理费用
全 市	**80198**	**2126**	**6694**	**56175**	**75398**
市 区	33828	815	2234	29456	32168
椒江区	19775	233	1990	20096	22201
黄岩区	11469	569	244	6943	7965
路桥区	2584	13		2417	2002
三门县	3854	345	20	1040	989
天台县	8302	198	3	5966	7466
仙居县	6177	27	952	1366	6257
温岭市	16581	612	846	12302	15386
临海市	8119	123	2589	5350	11430
玉环市	3337	6	49	696	1702

17-100 各县市区限额以上住宿业企业财务状况(四)

(2023年) 单位：万元

地 区	财务费用	#利息费用	营业利润	利润总额	应付职工薪酬	应交增值税
全 市	**10299**	**10860**	**-19684**	**-19336**	**54716**	**4615**
市 区	4202	5007	-3626	-3716	25641	1701
椒江区	2153	2993	667	1141	15912	887
黄岩区	2011	1983	-3515	-4083	7524	749
路桥区	38	31	-778	-774	2205	65
三门县	1601	1607	-5611	-5697	1191	-58
天台县	1360	1424	-2401	-2174	6668	612
仙居县	304	256	-930	-812	4780	173
温岭市	1882	1837	-4940	-4727	8538	1481
临海市	850	657	-1388	-1393	5952	577
玉环市	99	73	-789	-817	1947	128

17-101 各县市区限额以上餐饮业企业财务状况(一)

(2023年)

单位：万元

地区	企业数(个)	流动资产合计	#存货	固定资产原价	累计折旧	#本年折旧
全市	**268**	**113355**	**8133**	**189781**	**78464**	**8407**
市区	74	27917	2887	19966	6442	1375
椒江区	39	15154	1788	4736	1995	426
黄岩区	13	5160	246	1598	827	191
路桥区	22	7603	854	13632	3621	759
三门县	8	2611	449	8550	6312	156
天台县	15	7669	549	9102	5791	479
仙居县	25	8546	429	24904	9738	1799
温岭市	83	24046	1471	7773	2721	414
临海市	40	25263	1435	16504	7096	1023
玉环市	23	17304	914	102982	40364	3161

17-102 各县市区限额以上餐饮业企业财务状况(二)

(2023年)

单位：万元

地区	资产总计	负债合计	所有者权益	#实收资本	主营业务收入
全市	**272513**	**258056**	**14457**	**170470**	**267944**
市区	62549	43615	18934	95946	88063
椒江区	23608	18343	5265	4310	48587
黄岩区	10873	7401	3472	81751	10851
路桥区	28068	17871	10197	9885	28625
三门县	7252	12755	-5504	4460	7654
天台县	14324	11898	2426	5380	20211
仙居县	25503	33703	-8200	15922	22512
温岭市	33394	23527	9867	5013	51805
临海市	43692	45899	-2207	8759	44792
玉环市	85800	86659	-858	34990	32908

17-103　各县市区限额以上餐饮业企业财务状况(三)

(2023年)　　单位：万元

地　区	营　业 成　本	税金及 附　加	其他业务 利　润	销　售 费　用	管　理 费　用
全　市	**159949**	**1115**	**575**	**64300**	**46990**
市　区	50923	173	-114	22977	15043
椒江区	29606	122	1	12067	6845
黄岩区	6798	13	1	3027	1382
路桥区	14519	38	-116	7883	6816
三门县	4495	38		1895	2613
天台县	11996	47	44	4738	3630
仙居县	13868	76		3465	8434
温岭市	36330	116	211	7451	5188
临海市	24127	130	428	14230	6094
玉环市	18210	534	7	9543	5987

17-104　各县市区限额以上餐饮业企业财务状况(四)

(2023年)　　单位：万元

地　区	财　务 费　用	#利息费用	营　业 利　润	利　润 总　额	应付职工 薪　酬	应　交 增值税
全　市	**3091**	**2382**	**-4559**	**-2546**	**69388**	**5338**
市　区	711	441	-1378	-875	24236	966
椒江区	424	270	-447	-195	13541	839
黄岩区	175	167	-523	-406	3345	77
路桥区	111	4	-408	-274	7350	50
三门县	409	359	-1796	-1898	2914	-76
天台县	54	31	429	577	5551	415
仙居县	146	73	-2940	-2352	5956	538
温岭市	226	210	2723	2762	11077	1025
临海市	757	529	487	761	11250	1712
玉环市	789	738	-2084	-1521	8404	758

17-105 各县市区商品市场基本情况

(2023年)

地　区	市场数(个)	#消费品市场	#生产资料市场	市场成交额(亿元)
全　市	**304**	**252**	**49**	**1419**
市　区	127	99	26	853
椒江区	30	27	3	120
黄岩区	32	28	4	90
路桥区	61	41	18	630
市直属分局	4	3	1	13
三门县	13	12	1	20
天台县	10	9	1	31
仙居县	11	10	1	12
温岭市	70	56	14	414
临海市	49	44	4	55
玉环市	24	22	2	34

17-106 各县市区外贸进出口总额

(2023年)　　单位：万元

地　区	进出口总　额	出口额	#欧　盟	#东　盟	#中　东	进口额
全　市	**27444834**	**25145338**	**5050087**	**2429243**	**1847295**	**2299496**
市　区	13397927	11770518	1986539	1401092	970985	1627410
椒江区	3177854	3054750	314932	457828	299084	123104
黄岩区	2612931	2563340	470096	227239	237258	49592
路桥区	5721040	4403942	978682	413437	273451	1317098
市直属公司	22015	21764	5819	987	321	251
台州湾新区	1864087	1726722	217010	301601	160871	137365
三门县	959255	938280	223453	62709	85176	20975
天台县	785762	764467	207902	52750	40114	21295
仙居县	664124	625056	159698	32823	20619	39068
温岭市	4020559	3837476	611440	338930	385571	183083
临海市	3383632	3090468	873745	172539	93896	293164
玉环市	4233575	4119074	987310	368400	250934	114502

17-107　各县市区进出口贸易情况

(2023年)　　单位：万元

地　区	出口额中		进口额中	
	#一般贸易	#加工贸易	#一般贸易	#加工贸易
全　市	**20807650**	**2875515**	**1970951**	**319703**
市　区	8244149	2311929	1466449	153151
椒江区	2857414	29186	106004	12752
黄岩区	2006127	114647	32828	13742
路桥区	1704101	2122247	1207524	109530
市直属公司	21578	109	2	245
台州湾新区	1654929	45740	120091	16882
三门县	905219	3829	19606	2856
天台县	700327	34001	12303	8813
仙居县	609047	1375	35781	3084
温岭市	3778727	64103	173256	9152
临海市	2543747	368352	182446	110223
玉环市	4026434	91926	81110	32424

17-108　各县市区出口贸易主要市场情况

(2023年)　　单位：万元

地　区	欧　洲	亚　洲	北美洲	拉丁美洲	非　洲	大洋洲
全　市	**7736271**	**8268620**	**4312239**	**2442999**	**1618936**	**763060**
市　区	3078604	4484574	1798293	1132885	765549	479295
椒江区	460272	1445783	516822	317401	288799	26922
黄岩区	608856	867094	522846	303049	156719	79884
路桥区	1650484	1377864	514118	303290	187166	352628
市直属公司	8857	5068	4805	772	1913	348
台州湾新区	350135	788765	239702	208373	130952	19513
三门县	322035	276745	180166	90569	58267	32746
天台县	304590	198526	143070	56344	38356	23442
仙居县	203031	180063	163775	51040	13388	13737
温岭市	1118565	1284657	466994	458926	449232	65091
临海市	1159873	821682	837275	169351	61249	41424
玉环市	1549573	1022373	722666	483884	232895	107325

17-109 各县市区外贸出口主要商品(一)

(2023年) 单位：万元

地区	家用电器	汽摩及部件	服装机械	塑料模具	医化产品	纺织服装	鞋类	灯具
全市	**664807**	**3875204**	**437740**	**1671524**	**2335108**	**749017**	**1339401**	**499186**
市区	413737	2764499	365188	1038173	691149	221724	263617	285316
椒江区	271295	174996	273399	183947	346306	67621	114569	94205
黄岩区	41033	101063	23632	535018	287509	55339	50352	50078
路桥区	47361	2344187	9307	178690	15202	43752	76433	107987
市直属公司	1483	218	904	1767	215	5672	72	580
台州湾新区	52565	144035	57946	138751	41917	49340	22191	32466
三门县	5087	102518	97	109613	75148	81396	9772	1699
天台县	13064	79192	1019	103872	118750	134424	31599	8238
仙居县	14446	13797	255	35726	237452	27857	9403	7388
温岭市	141898	275052	24816	144593	4567	37005	791951	14547
临海市	33166	20582	2359	117371	1136961	206334	224136	174606
玉环市	43409	619564	44006	122176	71081	40277	8923	7392

17-110 各县市区外贸出口主要商品(二)

(2023年) 单位：万元

地区	农产品	阀门、龙头	家具	工艺品	太阳能板	喷雾器	船舶	液体泵
全市	**536878**	**1798108**	**1367482**	**25079**	**239571**	**559708**	**134858**	**1328482**
市区	237458	375598	472733	7275	77880	475417	36280	196504
椒江区	53783	36794	149710	1960	8304	52295	12044	51068
黄岩区	151015	79368	102872	3307	68186	25170	12365	32760
路桥区	15278	166549	151724	1313	614	223700	7239	36652
市直属公司	1685	143	1155			17		182
台州湾新区	15697	92744	67272	695	776	174235	4632	75842
三门县	18364	122072	30819	302	1	1018	24742	10878
天台县	26326	1783	39261	5683	4	5783	487	183
仙居县	78061	4215	50911	3084	18	391		27203
温岭市	45546	63057	42188	4263	12126	56021	11764	973587
临海市	99270	13774	697842	2166	6124	9058	61569	13134
玉环市	31853	1217609	33728	2306	143418	12020	16	106993

17-111 各县市区利用外资情况

(2022-2023年) 单位：万美元

地区	2022年			2023年		
	利用外资企业数（家）	合同外资	实际利用外资	利用外资企业数（家）	合同外资	实际利用外资
全市	**67**	**36620**	**24143**	**103**	**84487**	**35482**
市区	28	9324	9814	41	34122	15485
椒江区	11	-358	930	16	3478	4664
黄岩区	11	6647	1166	16	10221	2648
路桥区	2	2753	5814	6	-166	4644
台州湾新区	4	254	1904	3	20589	3529
三门县	4	10323	1665	6	14674	2958
天台县	2	5147	50	3	232	2549
仙居县	9	1444	816	6	947	2241
温岭市	12	6173	5464	22	18169	5735
临海市	7	5974	5041	10	1672	2751
玉环市	3	-1765	1293	11	14606	3763

17-112 各县市区国际国内旅游情况

(2023年) 单位：万人次

地区	旅游总人数			旅游总收入（亿元）	国内旅游收入（亿元）	国际旅游(外汇)收入（万美元）
		国内旅游人数	国际旅游入境人数			
全市	**3882.80**	**3879.61**	**3.19**	**482.27**	**481.47**	**1148.60**
市区	1134.27	1132.35	1.92	162.71	162.20	714.08
椒江区	371.39	370.69	0.70	60.20	60.00	288.56
黄岩区	452.37	451.21	1.15	48.92	48.63	409.15
路桥区	310.52	310.45	0.07	53.58	53.57	16.37
三门县	168.42	168.40	0.02	24.81	24.81	3.81
天台县	420.87	420.77	0.10	46.46	46.44	28.38
仙居县	619.68	619.48	0.20	71.04	70.99	73.50
温岭市	461.65	461.50	0.16	78.06	78.01	62.48
临海市	903.13	902.87	0.26	72.76	72.69	87.29
玉环市	174.78	174.25	0.53	26.44	26.32	179.06

注：全市数据不等于各县(市、区)简单相加。

17-113 各县市区一般公共预算收入及分类(一)

(2023年) 单位：万元

地 区	一般公共预算收入合计	增值税	企业所得税	个人所得税	资源税	城市维护建设税
全 市	**4942788**	**1759339**	**691207**	**248434**	**7653**	**247101**
市 区	1984073	692465	299050	103305	2727	105109
椒江区	517809	205365	65385	26095	92	24081
黄岩区	500285	212709	56177	22261	579	26584
路桥区	531416	172782	112668	29665	2056	20652
市本级	434563	101609	64820	25284		33792
三门县	367497	92961	34412	8854	444	12322
天台县	259026	79776	37333	11310	1304	9404
仙居县	236980	83915	21607	15921	1302	9059
温岭市	857728	330359	103810	51807	963	40183
临海市	680471	228383	125018	33812	390	35762
玉环市	557013	251480	69977	23425	523	35262

17-114 各县市区一般公共预算收入及分类(二)

(2023年) 单位：万元

地 区	房产税	印花税	城镇土地使用税	土地增值税	车船税	耕地占用税	契 税
全 市	**259681**	**90257**	**105408**	**183541**	**69056**	**30483**	**396695**
市 区	107266	40664	37355	68622	35102	7603	179807
椒江区	23438	9762	7720	22287	4446	401	78373
黄岩区	23292	8755	9294	25113	6468	2261	42767
路桥区	30061	12962	13257	15996	9179	4276	28694
市本级	30475	9185	7084	5226	15009	665	29973
三门县	14604	4626	4757	7447	2045	3482	15425
天台县	11299	3877	2702	30458	3572	1377	30550
仙居县	8182	3952	2870	7847	3003	3982	17647
温岭市	49867	15435	21874	42677	11613	4828	70695
临海市	39879	12736	23988	11617	8239	6379	54984
玉环市	28584	8967	11862	14873	5482	2832	27587

17-115 各县市区一般公共预算收入及分类(三)

(2023年)　　单位：万元

地区	专项收入	行政事业性收费收入	罚没收入	国有资本经营收入	国有资源(资产)有偿使用收入	其他收入	基金收入	
							政府性基金	社会保险基金
全　市	**285569**	**70943**	**189444**	**-15435**	**299660**	**19242**	**6260595**	**3024934**
市　区	103565	27579	101791	-3500	69350	5056	3424929	2080747
椒江区	22231	8502	16523	-2000	3609	886	781915	76734
黄岩区	26745	3797	7362		23642	2350	630732	117281
路桥区	24142	11745	15047	-700	26807	1820	672322	55212
市本级	30447	3535	62859	-800	15292		1339960	1831520
三门县	19552	6683	11436	-220	127564	673	245136	112451
天台县	15159	5045	7165	-1600	8500	1700	319179	106339
仙居县	18592	9334	9280	-115	20230		330830	140237
温岭市	46447	5280	27369	-6000	33917	5760	744960	242991
临海市	44004	13649	21924		14949	4227	766159	230862
玉环市	38250	3373	10479	-4000	25150	1826	429402	111307

17-116 各县市区一般公共预算支出及分类(一)

(2023年)　　单位：万元

地区	一般公共预算支出合计	一般公共服务支出	国防支出	公共安全支出	教育支出	科学技术支出
全　市	**8366080**	**941199**	**9433**	**565310**	**1919376**	**316323**
市　区	3117093	380645	4182	250670	715509	144869
椒江区	645968	76414	959	50631	144288	27240
黄岩区	706297	68461	890	36136	158928	39460
路桥区	562497	83928	385	42830	132149	16060
市本级	1202331	151842	1948	121073	280144	62109
三门县	698211	84987	1278	30889	117453	8037
天台县	738252	75691	786	38186	182824	13715
仙居县	655925	71787	363	32065	129637	6948
温岭市	1228471	121594	541	88566	338043	45482
临海市	1143538	106444	974	67654	275636	46058
玉环市	784590	100051	1309	57280	160274	51214

17-117 各县市区一般公共预算支出及分类(二)

(2023年)

单位：万元

地 区	文化旅游体育与传媒支出	社会保障和就业支出	卫生健康支出	节能环保支出	城乡社区支出	农林水支出
全 市	**168353**	**991037**	**881215**	**161977**	**292038**	**859900**
市 区	69707	310412	436669	41674	92771	212964
椒江区	18628	95840	70134	2762	23633	38687
黄岩区	17176	93236	108034	14594	21068	72299
路桥区	12641	54390	48279	9323	30262	56582
市本级	21262	66946	210222	14995	17808	45396
三门县	8499	103126	58670	4898	30153	98600
天台县	11128	110896	61609	13878	47637	94104
仙居县	8437	121078	61891	5663	14652	77558
温岭市	35715	116512	107816	9574	27655	169201
临海市	17113	132059	85334	76063	55448	129959
玉环市	17754	96954	69226	10227	23722	77514

17-118 各县市区一般公共预算支出及分类(三)

(2023年)

单位：万元

地 区	交通运输支出	商业服务业等支出	金融支出	基金支出	
				政府性基金	社会保险基金
全 市	**421300**	**68308**	**8764**	**6253793**	**2790050**
市 区	122788	38935	7283	2765949	1903422
椒江区	7578	7369	986	693641	72179
黄岩区	14572	7605	327	534547	103753
路桥区	12021	14647	3813	617784	52531
市本级	88617	9314	2157	919977	1674959
三门县	82902	4303	51	317906	91727
天台县	18915	2987	351	259273	111723
仙居县	55916	1883	20	524238	109001
温岭市	54813	11893	712	892820	234558
临海市	45763	3698	30	1075164	226012
玉环市	40203	4609	317	418443	113607

17-119 各县市区全部金融机构年末存贷款余额(一)

(2023年)　　单位：万元

地　区	本外币存款余额	人民币存款余额合计	住户存款	活期存款	定期及其他存款	非银行业金融机构存款
全　市	**156416120**	**154407902**	**90907504**	**24035484**	**66872020**	**7598529**
市　区	70814775	69799489	36155559	8881965	27273594	6434226
椒江区	16034957	15869776	8617233	1985785	6631448	315187
黄岩区	16593406	16378674	11277252	2366131	8911121	351250
路桥区	22960554	22842719	12149539	3099454	9050085	5511658
市本级	15225858	14708319	4111534	1430595	2680939	256131
三门县	5507102	5460890	3432783	1012990	2419792	2313
天台县	7585799	7474589	4884938	1558198	3326740	69274
仙居县	7880744	7813644	5126496	1300324	3826171	39972
温岭市	30922133	30559695	19913820	5389455	14524365	595596
临海市	20168247	20007589	12872910	3197754	9675156	317580
玉环市	13537319	13292006	8520998	2694798	5826201	139569

17-120 各县市区全部金融机构年末存贷款余额(二)

(2023年)　　单位：万元

地　区	非金融企业存款	活期存款	定期及其他存款	广义政府存款	财政性存款	机关团体存款
全　市	**39164133**	**12770123**	**26394010**	**16593390**	**1085999**	**15507391**
市　区	19583689	6058105	13525584	7543498	624323	6919175
椒江区	4770017	1544209	3225808	2114384	501842	1612542
黄岩区	3544977	1630837	1914140	1194176	103719	1090456
路桥区	4271746	1282503	2989243	904204	5513	898691
市本级	6996949	1600556	5396393	3330734	13249	3317486
三门县	1121346	504963	616383	901608	76597	825011
天台县	1797997	497380	1300617	688069	55888	632182
仙居县	1465700	610745	854955	1179737	43110	1136627
温岭市	6805074	2361954	4443120	3232606	109999	3122607
临海市	5029114	1547262	3481852	1782208	130131	1652077
玉环市	3361212	1189714	2171498	1265664	45951	1219713

17-121　各县市区全部金融机构年末存贷款余额(三)

(2023年)　　单位：万元

地　区	本外币贷款余额	人民币贷款余额合　计	住户贷款	短期贷款	消费贷款
全　市	**159599664**	**159201645**	**72361333**	**30271953**	**4903589**
市　区	68408227	68189369	29030140	11321766	2065364
椒江区	14942722	14925979	6766091	2130856	350365
黄岩区	14689436	14661360	7257788	3096953	431638
路桥区	16924271	16805537	8421266	3762612	465372
市本级	21851798	21796493	6584995	2331345	817989
三门县	9127603	9127573	4042407	1674970	266304
天台县	8988572	8979486	5163414	2335143	383886
仙居县	7950907	7949808	4210923	1715509	268505
温岭市	31564471	31526809	14484506	6751854	865881
临海市	21284444	21205146	10346264	4514621	737630
玉环市	12275441	12223454	5083679	1958090	316020

17-122　各县市区全部金融机构年末存贷款余额(四)

(2023年)　　单位：万元

地　区	在住户贷款中				非金融企业及机关团体贷款
	在短期贷款中	中长期贷　款			
	经营贷款		消费贷款	经营贷款	
全　市	**25368364**	**42089380**	**20229252**	**21860129**	**86668895**
市　区	9256402	17708374	9984146	7724228	38998052
椒江区	1780491	4635236	2688948	1946288	8159511
黄岩区	2665315	4160835	2054498	2106336	7403572
路桥区	3297241	4658654	1963317	2695336	8224197
市本级	1513356	4253650	3277383	976267	15210772
三门县	1408666	2367437	962409	1405028	5075166
天台县	1951257	2828271	1313331	1514939	3816073
仙居县	1447003	2495415	808182	1687233	3738885
温岭市	5885973	7732652	2973307	4759345	17042291
临海市	3776992	5831643	2793239	3038404	10858735
玉环市	1642070	3125590	1394638	1730952	7139694

17-123 各县市区全部金融机构年末存贷款余额(五)

(2023年)

单位：万元

地 区	在非金融企业及机关团体贷款中			
	短期贷款	中长期贷款	票据融资	各项垫款
全 市	**30423641**	**50803137**	**5439065**	**3052**
市 区	11899870	23742647	3354909	625
椒江区	2375768	5166669	616875	199
黄岩区	2098708	5102144	202295	425
路桥区	2867488	3980232	1376476	1.7
市本级	4557907	9493602	1159263	
三门县	1364942	3685266	24957	
天台县	1097803	2461934	256317	19
仙居县	825984	2649714	263047	140
温岭市	7848714	8051885	1139861	1831
临海市	4453834	6218537	186054	310
玉环市	2932493	3993154	213920	127

17-124 各县市区养老保险基本情况

(2023年)

地 区	城镇职工养老保险参保人数(人)			收缴保险基金(万元)	支付养老金(万元)	城乡居民养老保险		
		职工参保人数	离退休参保人数			期末参保人数(人)	收缴保险基金(万元)	支付保险基金(万元)
全 市	**3024304**	**2083125**	**941179**	**2470709**	**3448167**	**1630509**	**457951**	**360651**
市 区	1139055	799109	339946	966328	1262127	337495	91671	73732
椒江区	296264	207089	89175	239705	349005	78790	28518	22159
黄岩区	346135	225363	120772	253286	432696	125025	44177	33493
路桥区	298976	197487	101489	225096	332815	133680	18976	18080
市本级	197680	169170	28510	248241	147611			
三门县	161365	115429	45936	135716	175782	127350	50794	31612
天台县	238555	156865	81690	174982	286718	147872	37590	35330
仙居县	175790	117446	58344	151957	222602	187541	73365	36719
温岭市	580020	385546	194474	442963	678520	354353	94579	82124
临海市	453115	312617	140498	359729	537079	372813	88339	78798
玉环市	276404	196113	80291	239034	285339	103085	21613	22336

17-125 各县市区失业和工伤保险基本情况

(2023年)

地 区	失业保险			工伤保险		
	期末参保人数(人)	收缴保险基金(万元)	支付保险基金(万元)	期末参保人数(人)	收缴保险基金(万元)	支付保险基金(万元)
全 市	**1312335**	**87632**	**110443**	**2351627**	**101866**	**132266**
市 区	549514	38531	40436	960940	32545	39727
椒江区	144954	7763	12499	251006	8491	10661
黄岩区	137839	7912	13423	263856	8626	8987
路桥区	120847	7319	8600	229789	8817	12048
市本级	145874	15537	5914	216289	6611	8031
三门县	60835	3824	5692	117083	5558	6531
天台县	74213	5005	10012	147343	4027	5870
仙居县	67035	4724	9093	123516	4904	5174
温岭市	228039	14308	20523	405564	20971	27387
临海市	179375	11924	13421	295514	11896	19145
玉环市	153324	9316	11266	301667	21965	28433

注：2019年开始，工伤保险实行市区统筹，市区数据为三区与市本级之和。

17-126 各县市区医疗保险基本情况

(2023年) 单位：人

地 区	基本医保参保人数	职工医保参保人数	城乡医保参保人数
全 市	**5802897**	**2251924**	**3550973**
市 区	1789981	879718	910263
椒江区	532280	234395	297885
黄岩区	605844	253654	352190
路桥区	469610	209422	260188
市本级	182247	182247	
三门县	380070	121229	258841
天台县	505183	161057	344126
仙居县	445967	130735	315232
温岭市	1145157	402569	742588
临海市	1068117	330263	737854
玉环市	468422	226353	242069

17-127 各县市区居民人均可支配收入情况(一)

(2023年)　　单位：元

地区	可支配收入			工资性收入			经营净收入		
	全体居民	城镇常住居民	农村常住居民	全体居民	城镇常住居民	农村常住居民	全体居民	城镇常住居民	农村常住居民
全市	**61067**	**73879**	**40153**	**36467**	**42846**	**26055**	**11294**	**12869**	**8722**
市区	68724	81284	42571	39343	45177	27195	11947	12795	10181
椒江区	69870	81569	41511	43939	50758	27410	8963	8859	9215
黄岩区	61827	73548	41229	36618	40766	29328	10223	12013	7078
路桥区	74827	89028	45542	36034	41728	24291	17982	19334	15193
三门县	47333	60205	34890	30882	39394	22653	10273	11616	8974
天台县	47572	60127	32450	25129	33178	15435	12535	14399	10290
仙居县	44674	55496	31046	25676	32242	17408	13314	15319	10789
温岭市	64810	76539	44593	33309	35430	29652	15374	18845	9391
临海市	55050	68229	39839	34939	42723	25954	7715	7716	7713
玉环市	75008	88361	47535	43774	49158	32696	14654	17911	7951

17-128 各县市区居民人均可支配收入情况(二)

(2023年)　　单位：元

地区	财产净收入			转移净收入		
	全体居民	城镇常住居民	农村常住居民	全体居民	城镇常住居民	农村常住居民
全市	**6969**	**9925**	**2144**	**6337**	**8239**	**3232**
市区	9650	13094	2479	7784	10218	2716
椒江区	10490	13520	3146	6478	8433	1740
黄岩区	5849	8468	1245	9137	12301	3578
路桥区	12726	17354	3182	8086	10612	2876
三门县	3454	6327	677	2725	2869	2585
天台县	3675	6436	350	6233	6115	6375
仙居县	3517	5745	711	2166	2190	2137
温岭市	7686	11215	1605	8441	11049	3945
临海市	4984	7725	1820	7413	10065	4351
玉环市	12431	16788	3467	4150	4504	3421

17-129 各县市区居民人均消费支出情况(一)

(2023年)

单位：元

地 区	消费支出			食品烟酒			衣 着		
	全体居民	城镇常住居民	农村常住居民	全体居民	城镇常住居民	农村常住居民	全体居民	城镇常住居民	农村常住居民
全 市	**40878**	**46744**	**31303**	**11527**	**13138**	**8899**	**2907**	**3540**	**1875**
市 区	44604	51375	30508	13021	14829	9258	3504	4262	1925
椒江区	49033	55366	33682	14182	15965	9858	4101	4778	2462
黄岩区	39314	46637	26443	11208	13268	7587	2824	3661	1353
路桥区	44387	50578	31619	13440	14826	10583	3435	4147	1968
三门县	30367	35214	25683	8365	9581	7190	1881	2484	1299
天台县	29532	35011	22934	8365	9226	7328	1649	2179	1011
仙居县	30877	35201	25432	8341	9264	7179	2735	3524	1742
温岭市	45018	51898	33160	13479	15007	10847	3200	3801	2164
临海市	39102	44642	32708	10145	11486	8597	2674	3425	1806
玉环市	48133	55289	33408	14032	15494	11023	4088	5038	2134

17-130 各县市区居民人均消费支出情况(二)

(2023年)

单位：元

地 区	居 住			生活用品及服务			交通通信		
	全体居民	城镇常住居民	农村常住居民	全体居民	城镇常住居民	农村常住居民	全体居民	城镇常住居民	农村常住居民
全 市	**9495**	**10950**	**7119**	**2354**	**2868**	**1516**	**6970**	**7756**	**5687**
市 区	9223	10629	6294	2659	3182	1571	7789	8670	5954
椒江区	9157	10374	6207	3373	3703	2573	8358	9153	6434
黄岩区	10075	11853	6951	1878	2477	824	6981	7634	5833
路桥区	8362	9707	5590	2544	3168	1257	7902	9061	5512
三门县	6656	8188	5174	1910	2674	1171	5481	5881	5095
天台县	7179	8702	5344	1844	2382	1196	4789	5751	3630
仙居县	5092	5815	4182	2305	2367	2227	6284	7852	4310
温岭市	10129	12591	5885	2503	2851	1904	7548	8856	5292
临海市	9500	11041	7721	2215	2813	1526	5948	6283	5561
玉环市	8953	10471	5829	3562	4114	2425	7681	8692	5601

17-131 各县市区居民人均消费支出情况(三)

(2023年) 单位：元

地区	教育文化娱乐			医疗保健			其他用品及服务		
	全体居民	城镇常住居民	农村常住居民	全体居民	城镇常住居民	农村常住居民	全体居民	城镇常住居民	农村常住居民
全市	**4227**	**4797**	**3297**	**2465**	**2527**	**2364**	**932**	**1169**	**546**
市区	4773	5487	3285	2051	2336	1457	1586	1980	764
椒江区	5471	6198	3708	2238	2568	1439	2152	2628	999
黄岩区	3511	4236	2236	1586	1811	1191	1252	1698	468
路桥区	5215	5775	4060	2336	2592	1809	1151	1302	840
三门县	3343	3485	3207	1991	2095	1889	741	826	658
天台县	2850	3645	1894	2405	2549	2231	451	577	300
仙居县	2727	2868	2550	2675	2612	2753	717	899	489
温岭市	4112	4445	3537	3075	3175	2904	972	1172	627
临海市	4864	5410	4234	2967	3063	2856	789	1119	408
玉环市	5738	7129	2876	2610	2672	2484	1469	1679	1036

17-132 各县市区城市和县城建设基本情况

(2023年)

年份	全年供水总量(万立方米)	排水管道长度(公里)	道路面积(万平方米)	绿化覆盖面积(公顷)	绿地面积(公顷)	公园绿地面积(公顷)	人均公园绿地面积(平方米)
全市	**40833**	**7326**	**5739**	**16618**	**14994**	**4316**	**16.04**
市区	20612	3937	2662	7750	6994	2078	15.27
椒江区	9018	1416	627	2672	2493	637	12.11
黄岩区	6091	1375	939	2189	1904	508	14.98
路桥区	5502	607	702	2106	1870	552	19.05
三门县	1510	330	265	643	572	177	19.31
天台县	2514	332	537	1211	1114	277	17.11
仙居县	2475	552	295	780	689	258	21.76
温岭市	6328	896	847	2484	2118	515	15.25
临海市	4747	764	766	2309	2138	611	14.93
玉环市	2647	515	367	1440	1368	399	18.91

17-133 各县市区普通中学基本情况

(2023年) 单位：人

地区	学校数(所)	毕业生数	招生数	在校学生数	专任教师
全市	**276**	**101238**	**105656**	**315010**	**24752**
市区	79	30741	34288	99798	7783
椒江区	15	5577	6645	18690	1262
黄岩区	21	6424	6968	20282	1483
路桥区	15	5808	6569	19069	1412
市本级	24	12471	13038	39559	3426
台州湾	4	461	1068	2198	200
三门县	23	6920	7220	21915	1866
天台县	27	9649	8647	27429	2346
仙居县	23	9508	7889	25856	2098
温岭市	47	17788	19657	56908	4241
临海市	48	18671	18330	55748	4295
玉环市	29	7961	9625	27356	2123

17-134 各县市区中等职业学校基本情况

(2023年) 单位：人

地区	学校数(所)	毕业生数	招生数	在校学生数	教职工数	#专任教师
全市	**25**	**24737**	**21700**	**68498**	**4750**	**4347**
市区	7	6013	6046	18132	1164	1092
椒江区	2	1329	1365	4023	389	376
黄岩区	2	1703	1787	5173	374	360
路桥区	1	1336	1333	4226	332	298
市本级	2	1645	1561	4710	69	58
台州湾						
三门县	2	962	1481	3282	267	221
天台县	3	2558	1562	6030	500	484
仙居县	1	2668	1330	5974	385	374
温岭市	2	3453	3796	10773	657	616
临海市	9	7397	5589	18896	1430	1221
玉环市	1	1686	1896	5411	347	339

备注：中等职业学校包括普通中专、成人中专、职业高中，学生数包含附设中职班。

17-135 各县市区小学基本情况

(2023年) 单位：人

地　区	学校数(所)	毕业生数	招生数	在校学生数	专任教师
全　市	**344**	**70533**	**77678**	**426556**	**24348**
市　区	87	23792	26836	147640	8260
椒江区	22	7704	9973	54059	2917
黄岩区	34	7155	7817	44461	2425
路桥区	24	7814	7660	41936	2474
市本级					
台州湾	7	1119	1386	7184	444
三门县	26	4408	5269	25803	1505
天台县	31	4973	5287	29513	1922
仙居县	28	4640	5414	27504	1839
温岭市	57	13310	14256	83349	4467
临海市	83	11967	13243	69729	3987
玉环市	32	7443	7373	43018	2368

17-136 各县市区幼儿教育基本情况

(2023年) 单位：人

地　区	幼儿园数(所)	班数(个)	在园幼儿数	教职工数	#专任教师
全　市	**879**	**6069**	**167765**	**25166**	**12934**
市　区	298	2149	58852	8823	4570
椒江区	96	742	20469	3095	1582
黄岩区	97	667	18140	2716	1430
路桥区	81	630	17285	2556	1339
市本级		3	66		
台州湾	24	107	2892	456	219
三门县	61	346	9319	1416	698
天台县	58	421	11345	1686	928
仙居县	76	433	10946	1881	937
温岭市	142	1111	31925	4697	2466
临海市	161	976	27614	3985	2040
玉环市	83	633	17764	2678	1295

17-137 各县市区全社会研究与试验发展(R&D)活动基本情况

(2023年)

地 区	R&D活动人员数(万人年)	每万人就业人员中R&D人员(人年)	研究与试验发展经费支出(亿元)	研究与试验发展经费支出相当于GDP比重(%)
全 市	**6.65**	**176**	**166.97**	**2.68**
椒江区	0.97	195	28.16	3.56
黄岩区	0.51	130	16.05	2.52
路桥区	0.54	136	13.52	1.73
三门县	0.29	147	8.51	2.43
天台县	0.38	174	8.41	2.28
仙居县	0.29	148	7.44	2.32
温岭市	1.43	158	33.99	2.52
临海市	1.05	167	29.39	3.30
玉环市	1.20	288	20.42	2.74

17-138 各县市区县级及以上政府部门属研究与开发机构基本情况

(2023年) 单位：万元

地 区	机构数(个)	职工人数(人)	#科技活动人员	经费收入总额	#政府拨款	经费支出总额	#人员费用
全 市	**19**	**1119**	**923**	**54782**	**30568**	**43287**	**19663**
市 区	13	924	764	41218	28311	32258	15629
椒江区	12	847	701	36783	24526	28896	13424
黄岩区	1	77	63	4435	3785	3362	2205
路桥区							
三门县							
天台县	1	10	10	203	200	292	52
仙居县							
温岭市	2	82	52	2347	1457	1794	422
临海市	3	103	97	11014	600	8943	3560
玉环市							

17-139 各县市区科技成果和专利授权情况

(2023年)

地 区	技术市场成交额(亿元)	专利授权量合计	发明	实用新型	外观设计
全 市	**258.83**	**29236**	**2921**	**13516**	**12799**
市 区		14510	1320	5493	7697
椒江区	40.19	4599	701	2297	1601
黄岩区	30.56	6324	217	1532	4575
路桥区	36.60	3587	402	1664	1521
市本级					
三门县	10.63	997	169	606	222
天台县	1.60	1342	134	721	487
仙居县	8.64	926	118	535	273
温岭市	27.53	4657	518	2563	1576
临海市	60.57	3761	369	1841	1551
玉环市	33.56	3043	293	1757	993

注：科技进步奖励按实际参与项目统计。

17-140 各县市区规模以上工业企业研究与试验发展(R&D)活动基本情况(一)

(2023年)

地 区	有R&D活动企业数(个)	有研发机构企业数(个)	企业办研发机构(个)	发明专利申请数(件)	有效发明专利数(件)
全 市	**2021**	**1882**	**1959**	**2637**	**12829**
市 区	593	776	812	932	4749
椒江区	213	244	272	570	2628
黄岩区	186	261	266	198	1183
路桥区	194	271	274	164	938
三门县	123	174	182	219	696
天台县	95	94	95	229	611
仙居县	85	60	72	130	634
温岭市	506	314	323	442	2084
临海市	247	189	199	360	2293
玉环市	372	275	276	325	1762

17-141 各县市区规模以上工业企业研究与试验发展(R&D)活动基本情况(二)

(2023年)

地 区	R&D人员(人)	R&D人员折合全时当量(人年)	R&D经费内部支出(万元)	R&D经费外部支出(万元)
全 市	**81750**	**64372**	**1409876**	**132632**
市 区	23598	18984	455307	19830
椒江区	10618	8727	208088	12926
黄岩区	6273	4970	138784	4178
路桥区	6707	5287	108435	2727
三门县	4301	2851	80785	20116
天台县	4602	3827	78836	7492
仙居县	3655	2873	66306	10588
温岭市	17345	13713	286385	13757
临海市	13139	10181	254326	58609
玉环市	15110	11943	187931	2238

17-142 各县市区医疗卫生事业基本情况

(2023年)

地 区	医疗卫生机构数(个)	#医院、卫生院	医疗卫生机构床位数(张)	#医院、卫生院	医疗卫生机构技术人员数(人)	#医生	#护士	医院、卫生院诊疗人次数(万人次)
全 市	**3954**	**243**	**36224**	**34978**	**57327**	**22529**	**24843**	**4817.00**
市 区	1188	81	13009	12742	20198	8129	9066	1420.10
椒江区	475	30	5254	5138	9287	3723	4336	551.20
黄岩区	342	24	3635	3500	5310	2226	2281	360.90
路桥区	371	27	4120	4104	5601	2180	2449	508.00
三门县	223	19	1569	1519	2647	1078	1111	253.20
天台县	294	20	2616	2537	4004	1801	1606	392.20
仙居县	305	25	2443	2215	3869	1581	1730	324.70
温岭市	951	37	7241	7021	11016	4299	4560	893.40
临海市	692	40	6851	6609	10791	3906	4858	977.30
玉环市	301	21	2495	2335	4802	1735	1912	556.10

17-143 各县市区广播基本情况

(2023年)

地 区	公共广播节目套数(个)	广播人口覆盖率(%)	全年播音时间(小时)	自制节目制作情况(小时)
全 市	**10**	**100.00**	**76798**	**32441**
市 区	4	100.00	31040	15498
椒江区		100.00		
黄岩区	1	100.00	8760	1186
路桥区		100.00		
市本级	3	100.00	22280	14312
三门县	1	100.00	8500	1241
天台县	1	100.00	8760	2920
仙居县	1	100.00	5838	5108
温岭市	1	100.00	8760	3136
临海市	1	100.00	6600	2049
玉环市	1	100.00	7300	2489

17-144 各县市区电视基本情况

(2023年)

地 区	无线电视节目套数(套)	电视人口覆盖率(%)	全年播出时间(小时)	全年制作节目时间(小时)
全 市	**10**	**100.00**	**63835**	**10850**
市 区	4	100.00	27546	6657
椒江区		100.00		
黄岩区	1	100.00	6205	365
路桥区		100.00		
市本级	3	100.00	21341	6292
三门县	1	100.00	4860	1038
天台县	1	100.00	4374	360
仙居县	1	100.00	6230	220
温岭市	1	100.00	6782	770
临海市	1	100.00	5283	1110
玉环市	1	100.00	8760	695

17-145 各县市区民政事业基本情况

(2023年)

地 区	最低生活保障人数(人)	最低生活保障资金(万元)	社会福利院床位数(张)	收养类单位床位数(张)	结婚对数(对)	社会团体机构数(个)
全 市	**60920**	**67811**	**1030**	**28295**	**24133**	**2626**
市 区	13165	14542	630	10808	7575	1043
椒江区	3584	4028	378	4770	3006	178
黄岩区	6774	7435	50	3938	2312	263
路桥区	2817	3079	202	1800	2025	178
市本级				300	232	424
三门县	6607	7372	44	899	1464	129
天台县	8305	9171		1856	2276	620
仙居县	8314	9232		1332	2049	170
温岭市	9989	11181		4613	4510	245
临海市	9427	10514		6587	4530	234
玉环市	5113	5799	356	2200	1729	185

18

乡镇经济社会基本情况

Social Economics by Village and Town

18-1 乡镇(街道)经济社会基本情况(一)

(2022年)

地区	行政区域面积(公顷)	村委会数(个)	#通宽带村数	#通自来水村数	#通电视村数	#垃圾集中处理村数	#污水集中处理村数	#通公共交通村数
椒江区								
海门街道	2209.2	18	4	4	4	4	4	4
白云街道	1417.2	17	2	2	2	2	2	2
葭沚街道	3922.4	15	26	26	26	26	26	26
洪家街道	2885.4	6	31	31	31	31	31	31
三甲街道	2034.3		30	30	30	30	30	30
下陈街道	2378.3	2	30	30	30	30	30	30
前所街道	2917.9	1	31	31	31	31	31	31
章安街道	6265.9		38	38	38	38	38	38
海虹街道	1731.9	1	8	8	8	8	8	8
大陈镇	1768.0	1	3	3	3	3	3	3
黄岩区								
东城街道	1743.7	16	3	3	3	3	3	1
南城街道	1927.5		12	12	12	12	12	12
西城街道	1966.9	12	15	15	15	15	15	15
北城街道	3311.4	6	16	16	16	16	16	16
新前街道	4744.6	1	22	22	22	22	22	22
澄江街道	3472.4		18	18	18	18	18	18
江口街道	3121.4		19	19	19	19	19	19
高桥街道	2000.0		12	12	12	12	12	12
宁溪镇	8912.0	6	21	21	21	21	21	8
北洋镇	11254.0	2				20	20	
头陀镇	5850.0	1				24	24	
院桥镇	7979.6	4	39	39	39	39	39	39
沙埠镇	4407.1	2	15	15	15	15	15	13
屿头乡	9888.0		11	11	11	11	11	11
上郑乡	9381.5		10	10	10	10	10	10

注：2023年数据未出，下同。

18-1 续表 1

(2022年)

地区	行政区域面积(公顷)	村委会数(个)	#通宽带村数	#通自来水村数	#通电视村数	#垃圾集中处理村数	#污水集中处理村数	#通公共交通村数
富山乡	5386.3		10	10	10	10	10	10
茅畲乡	3031.9		10	10	10	10	10	10
上垟乡	6444.0		11	11	11	11	11	11
平田乡	4032.6		9	9	9	9	9	9
路桥区								
路南街道	1990.0	3	16	16	16	16	16	16
路桥街道	900.0	6	9	9	9	9	9	9
路北街道	1130.0	10				6	6	
螺洋街道	2028.0	5						
桐屿街道	3310.0	6				16	10	
峰江街道	2710.0	4				18	18	
新桥镇	1380.0	2				8	9	
横街镇	1500.0	1	14	14	14	13	14	14
金清镇	10070.0	1				40	34	
蓬街镇	7740.0	6				29	28	
三门县								
海游街道	8205.0	13	18	18	18	18	18	18
海润街道	11200.0	2	15	15	15	15	15	15
沙柳街道	4660.0	1				17	17	
珠岙镇	8341.2					34	32	
亭旁镇	13318.8		54	54	54	54	54	54
健跳镇	17202.0	4				39	28	
横渡镇	11763.4		13	13	13	13	13	13
浦坝港镇	25320.0	1	60	60	60	60	60	53
花桥镇	8305.0		17	17	17	17	17	17
蛇蟠乡	2321.0		4	4	4	4	4	4
天台县								
赤城街道	7938.9	13	20	20	20	20	20	20
始丰街道	5700.0	4	32	32	32	32	32	32

18-1 续表 2

(2022年)

地 区	行政区域面积(公顷)	村委会数(个)	#通宽带村数	#通自来水村数	#通电视村数	#垃圾集中处理村数	#污水集中处理村数	#通公共交通村数
福溪街道	8237.2	4	20	20	20	20	12	20
白鹤镇	13469.9		49	49	49	49	49	49
石梁镇	17006.8		21	21	21	21	21	21
街头镇	14273.0		29	29	29	27	29	29
平桥镇	17692.0		70	70	70	70	70	70
坦头镇	8185.5		30	30	30	30	27	25
三合镇	5921.6		26	26	26	26	26	26
洪畴镇	3758.4		15	15	15	15	15	14
三州乡	4440.0		11	11	11	11	11	11
龙溪乡	7590.0					7	7	
雷峰乡	8259.6		13	13	13	13	13	13
南屏乡	5285.0		14	14	14	14	14	14
泳溪乡	7018.0		17	17	17	17	17	17
仙居县								
安洲街道	4655.0	6				14	10	
南峰街道	3882.7	8				7	7	
福应街道	11389.0	5				18	15	
横溪镇	21100.0	1				32	31	
埠头镇	6965.9					12	12	
白塔镇	10702.0	1				27	27	
田市镇	9258.0					23	23	
官路镇	7999.0							
下各镇	8950.0					31	31	
朱溪镇	18251.9					23	23	
安岭乡	4864.6					13	13	
溪港乡	6273.6					8	8	
湫山乡	13008.0					14	14	
淡竹乡	21139.0					7	2	
皤滩乡	7020.0					10	10	

18-1 续表 3

(2022年)

地区	行政区域面积(公顷)	村委会数(个)	#通宽带村数	#通自来水村数	#通电视村数	#垃圾集中处理村数	#污水集中处理村数	#通公共交通村数
上张乡	10283.9					10	10	
步路乡	7239.8					9	9	
广度乡	7936.0					9	9	
大战乡	5905.0					10	10	
双庙乡	6070.0					9	3	
温岭市								
太平街道	3070.0	14	13	13	13	13	13	13
城东街道	4260.0	6	17	17	17	17	17	17
城西街道	1970.0	7	14	14	14	14	14	14
城北街道	1260.0	1	14	14	14	14	14	14
横峰街道	1630.0	1	23	23	23	23	23	23
泽国镇	6328.0	11	51	51	51	51	51	51
大溪镇	12950.0	9	70	70	70	70	70	64
松门镇	8270.0	8	48	48	48	48	48	46
箬横镇	11790.0	14	74	74	74	74	74	74
新河镇	7140.0	2	62	62	62	62	62	61
石塘镇	2820.0	1	34	34	34	33	28	34
滨海镇	6170.0	1	45	44	44	44	44	44
温峤镇	7750.0	4	35	35	35	35	35	35
城南镇	10910.0		49	49	49	49	45	49
石桥头镇	2840.0	1	16	16	16	16	16	16
坞根镇	3470.0	1	14	14	14	14	14	14
东部新区	3642.0	1						
临海市								
古城街道	8100.0	14				17	17	
大洋街道	4200.0	14	21	21	21	21	21	21
江南街道	8700.0	1				20	20	
大田街道	6500.0	2	27	27	27	27	27	27
邵家渡街道	8800.0					30	30	

18-1 续表 4

(2022年)

地 区	行政区域面积(公顷)	村委会数(个)	#通宽带村数	#通自来水村数	#通电视村数	#垃圾集中处理村数	#污水集中处理村数	#通公共交通村数
汛桥镇	5300.0					14	14	
东塍镇	16500.0		33	33	33	33	33	33
汇溪镇	5700.0					15	15	
小芝镇	9000.0					21	21	
河头镇	10000.0					30	30	
白水洋镇	21700.0	1				60	60	
括苍镇	15600.0					27	27	
永丰镇	15600.0		39	39	39	39	39	39
尤溪镇	13600.0					18	15	
涌泉镇	11200.0		32	32	32	32	26	32
沿江镇	8816.0					30	30	
杜桥镇	18600.0	4	107	107	107	107	107	107
上盘镇	9900.0	1	30	30	30	30	30	30
桃渚镇	12900.0		55	55	55	55	55	52
玉环市								
玉城街道	7230.0	12	34	35	31	35	35	34
坎门街道	2579.8	13	6	6	6	6	6	6
大麦屿街道	6764.2	7	28	28	28	28	28	28
清港镇	5421.3	1	28	28	28	28	28	28
楚门镇	3542.6	3	18	18	18	18	18	18
干江镇	2995.9		15	15	15	15	15	15
沙门镇	4954.3		18	18	18	18	18	18
芦浦镇	1947.0					12	12	
龙溪镇	2415.2		12	12	12	12	12	12
鸡山乡	1051.4		4	6	5	4	4	6
海山乡	2608.4		7			7	2	

18-2 乡镇(街道)经济社会基本情况(二)

(2022年)

地 区	有实际经营活动的农民专业合作社(个)	耕地灌溉面积(公顷)	工业企业单位数(个)	建筑业企业单位数(个)
椒江区				
海门街道	16	82.0	295	20
白云街道	1	24.7	112	18
葭沚街道	20	138.2	275	6
洪家街道	18	692.0	616	2
三甲街道	11	1008.0	710	1
下陈街道	22	807.0	701	3
前所街道	64	601.8	412	1
章安街道	113	1692.0	268	3
海虹街道	4	220.0	260	56
大陈镇	13		4	
黄岩区				
东城街道	3	51.0	642	133
南城街道	31	300.0	410	15
西城街道		145.0	975	145
北城街道	21	130.0	1934	43
新前街道	23	820.0	1618	40
澄江街道	36	395.0	579	21
江口街道	42	202.0	685	26
高桥街道	28	527.0	386	12
宁溪镇	41	789.0	160	8
北洋镇	48	663.0	187	7
头陀镇	54	202.6	234	12
院桥镇	58	1730.0	791	73
沙埠镇	20	373.2	328	11
屿头乡	10	230.5	17	2
上郑乡	9	153.6	17	3
富山乡	28	394.8	2	2

18-2 续表 1

(2022年)

地区	有实际经营活动的农民专业合作社(个)	耕地灌溉面积(公顷)	工业企业单位数(个)	建筑业企业单位数(个)
茅畲乡	27	289.0	32	1
上垟乡	37	453.4	13	3
平田乡	16	325.2	3	
路桥区				
路南街道	2	421.0	502	1
路桥街道		14.0	136	17
路北街道		58.0	86	41
螺洋街道	13	200.0	444	3
桐屿街道	11	357.8	190	6
峰江街道	3	953.0	567	1
新桥镇	7	518.0	810	1
横街镇	8	590.0	798	1
金清镇	52	2900.0	1816	2
蓬街镇	15	1599.5	1312	2
三门县				
海游街道	20	7.0	328	36
海润街道	75	319.2	50	
沙柳街道	42	452.0	51	
珠岙镇	8	345.0	160	
亭旁镇	98	1204.1	90	1
健跳镇	90	1620.0	137	
横渡镇	113	488.0		
浦坝港镇	141	3220.0	405	
花桥镇	96	488.0	8	1
蛇蟠乡	129			1
天台县				
赤城街道	29	333.7	122	11
始丰街道	35	613.0	170	10
福溪街道	39	333.0	187	1

18-2 续表 2

(2022年)

地　区	有实际经营活动的农民专业合作社(个)	耕地灌溉面积(公顷)	工业企业单位数(个)	建筑业企业单位数(个)
白鹤镇	89	1359.0	229	
石梁镇	35	998.0	23	
街头镇	65	950.0	20	
平桥镇	122	3015.0	330	2
坦头镇	35	1076.6	322	
三合镇	22	1068.0	132	
洪畴镇	9	367.9	154	
三州乡	27	187.0		
龙溪乡	15	214.5	4	
雷峰乡	54	316.0	4	
南屏乡	20	347.0		
泳溪乡	22	420.0		
仙居县				
安洲街道	102	224.2	422	143
南峰街道	215	200.4	266	8
福应街道	184	780.0	587	17
横溪镇	136	1679.0	118	16
埠头镇	26	506.0	39	8
白塔镇	102	1126.0	202	25
田市镇	75	793.0	37	
官路镇	95	811.8	97	7
下各镇	174	1354.0	352	9
朱溪镇	73	337.0	12	
安岭乡	11	286.4	1	
溪港乡	17	240.4	1	
湫山乡	45	487.0	14	
淡竹乡	9	82.0	2	
皤滩乡	23	615.0	18	1

18-2 续表 3

(2022年)

地　区	有实际经营活动的农民专业合作社(个)	耕地灌溉面积(公顷)	工业企业单位数(个)	建筑业企业单位数(个)
上张乡	19	266	8	
步路乡	115	126	33	4
广度乡	20	378.9	6	
大战乡	90	227.2	11	
双庙乡	43	276.3	17	5
温岭市				
太平街道	6	90.5	284	98
城东街道	4	423.9	544	160
城西街道	2	124.1	340	27
城北街道		268.5	927	4
横峰街道	3	416.1	1595	1
泽国镇	23	2184.6	2169	34
大溪镇	40	2238.0	2432	23
松门镇	31	2934.4	773	26
箬横镇	84	5556.4	1391	46
新河镇	24	3274.9	999	30
石塘镇	1	229.8	271	5
滨海镇	28	2238.3	376	28
温峤镇	35	1090.5	1003	21
城南镇	45	2293.9	282	27
石桥头镇	13	856.0	135	19
坞根镇	43	758.8	119	15
东部新区		481.4	224	1
临海市				
古城街道	16	350.0	539	216
大洋街道	39	373.4	607	217
江南街道	20	604.3	580	50
大田街道	40	605.0	726	56

18-2 续表 4

(2022年)

地 区	有实际经营活动的农民专业合作社(个)	耕地灌溉面积(公顷)	工业企业单位数(个)	建筑业企业单位数(个)
邵家渡街道	80	1138.0	302	50
汛桥镇	34	456.0	157	14
东塍镇	184	2186.0	1469	43
汇溪镇	28	742.0	92	12
小芝镇	99	723.0	84	4
河头镇	60	652.0	71	17
白水洋镇	161	1680.0	211	18
括苍镇	44	977.0	131	13
永丰镇	62	1132.0	142	14
尤溪镇	23	530.8	60	4
涌泉镇	377	460.0	200	20
沿江镇	59	1056.0	544	19
杜桥镇	91	4665.0	1739	278
上盘镇	107	1346.0	282	60
桃渚镇	106	2715.2	136	37
玉环市				
玉城街道	40	360.6	3123	456
坎门街道	7	196.8	1739	57
大麦屿街道	96	333.0	1304	89
清港镇	207	720.0	1523	66
楚门镇	47	410.0	1396	85
干江镇	84	325.0	485	18
沙门镇	40	234.0	802	39
芦浦镇	48	199.6	604	58
龙溪镇	48	152.8	636	22
鸡山乡	9		7	2
海山乡	40	59.1	4	12

18-3 乡镇(街道)经济社会基本情况(三)

(2022年) 单位：个

地　区	商品交易市场(个)	50平方米以上的超市个数	住宿餐饮业企业个数	小学数(所)	幼儿园、托儿所个数	图书馆、文化站个数	医疗卫生机构个数(所)	医疗卫生机构床位数(床)
椒江区								
海门街道	8	754	38	7	25	2	64	1200
白云街道	5	92	112	5	22	2	113	1796
葭沚街道	12	68	1702	7	38	2	53	245
洪家街道	12	52	12	6	13	2	37	50
三甲街道	4	63	8	4	8		21	35
下陈街道	2	56	1	9	14	1	28	
前所街道	2	68		6	20	2	13	16
章安街道	2	80		13	21	1	29	63
海虹街道	2	37	2	2	4	14	6	6
大陈镇		6	68	1	1		2	10
黄岩区								
东城街道	7	33	47	6	14	2	19	1210
南城街道		14	5	2	7		8	8
西城街道	1	290	55	5	16	2	47	632
北城街道	5	33	13	4	12	1	12	
新前街道	2	100	15	5	14	1	25	99
澄江街道	1	29	2	2	5	19	16	5
江口街道	3	30		3	8	1	18	30
高桥街道	2	35	1	2	3	2	5	9
宁溪镇	1	6	7	1	3	1	11	45
北洋镇	1	4	3	2	4	1	14	21
头陀镇	3	47	5	1	3	34	16	16
院桥镇	5	45	10	4	12	1	32	86
沙埠镇	1	13	5	1	5	2	5	5
屿头乡		3	2	1	1	11	1	1
上郑乡		2	1			10	2	5
富山乡	1	1	2	1	1	1	4	34

18-3 续表 1

(2022年) 单位：个

地　区	商品交易市场(个)	50平方米以上的超市个数	住宿餐饮业企业个数	小学数(所)	幼儿园、托儿所个　数	图书馆、文化站个　数	医疗卫生机构个数(所)	医疗卫生机构床位数(床)
茅畲乡		10	2	1	1	1	4	4
上垟乡	2	2		2	2	3	2	8
平田乡		1	2	1	1	1	3	
路桥区								
路南街道	7	37		4	7	22	19	262
路桥街道	14	93	108	3	16	11	61	956
路北街道	9	73	108	4	25	15	42	278
螺洋街道	4	61	11	4	8	11	12	
桐屿街道	6	95	3	4	8	21	14	880
峰江街道	2	31		7	19	26	21	16
新桥镇		31	12	3	9	11	14	
横街镇	5	35	3	4	17	22	14	45
金清镇	8	95	17	9	15	40	53	605
蓬街镇	7	112	8	11	16	1	30	36
三门县								
海游街道	11	282	38	8	21	4	54	938
海润街道	1	18	1	1	6	11	5	
沙柳街道	1	13	1	1	1	18	3	16
珠岙镇		13		3	7	37	9	4
亭旁镇	2	57	40	5	7	14	9	51
健跳镇	4	68	6	3	12	1	21	65
横渡镇		8		1	2	1	3	15
浦坝港镇	5	52	7	4	23	1	27	100
花桥镇		15	2	2	5	1	4	20
蛇蟠乡	1	7	3	1	1	1	2	6
天台县								
赤城街道	5	23	79	7	23	28	66	436
始丰街道	1	56	41	3	9	33	34	1195
福溪街道	3	30	1	4	14	45	25	625

18-3 续表 2

(2022年) 单位：个

地 区	商品交易市场(个)	50平方米以上的超市个数	住宿餐饮业企业个数	小学数(所)	幼儿园、托儿所个数	图书馆、文化站个数	医疗卫生机构个数(所)	医疗卫生机构床位数(床)
白鹤镇	3	51	33	3	8	56	25	40
石梁镇	1	11	12	1		21	3	3
街头镇	1	10	15	1	3	38	15	40
平桥镇	1	39	8	7	12	78	46	60
坦头镇		80	4	3	5	59	11	50
三合镇	1	27	6	5	7	27	11	3
洪畴镇		8		1	3	22	1	2
三州乡	2	11		1	1	4	2	4
龙溪乡		8	12	1	1	1	2	2
雷峰乡		4	2	1	1	7	3	4
南屏乡		6		1	1	17	2	2
泳溪乡		11	2	1	1	17	6	25
仙居县								
安洲街道	4	194	48	7	12	19	25	335
南峰街道	1	312	64	3	17	14	52	427
福应街道	2	185	35	4	14	26	26	754
横溪镇	1	290	19	3	11	32	24	305
埠头镇		29	2	1	2	14	8	
白塔镇	1	104	46	2	7	25	16	119
田市镇		23	6	1	3	23	8	8
官路镇	1	14	4	1	2	9	9	
下各镇		104	6	2	9	21	11	98
朱溪镇		7	1	1	1	2	1	20
安岭乡		5		1	1	2	4	10
溪港乡		2		1	1	9	6	
湫山乡		8		1	1	7	4	
淡竹乡		1	19	1		6	6	
皤滩乡		6	2	1	2	8	5	1

18-3 续表 3

(2022年) 单位：个

地 区	商品交易市场(个)	50平方米以上的超市个数	住宿餐饮业企业个数	小学数(所)	幼儿园、托儿所个数	图书馆、文化站个数	医疗卫生机构个数(所)	医疗卫生机构床位数(床)
上张乡		3	2	1	1	11	4	
步路乡		4	1	1	1	18	6	
广度乡		3				7	1	4
大战乡		7		1	2	8	7	
双庙乡		10	4	1	2	4	5	2
温岭市								
太平街道	12	63	108	10	18	11	116	1172
城东街道	10	185	98	3	10	14	49	752
城西街道	2	52	131	3	5	24	37	1834
城北街道	2	108	10	3	4	17	22	92
横峰街道	4	118	8	2	5	20	33	30
泽国镇	12	220	63	8	25	63	101	640
大溪镇	5	227	64	7	22	46	88	243
松门镇	5	205	97	5	9	55	73	427
箬横镇	6	117	37	5	11	66	98	154
新河镇	3	106	21	4	14	65	72	935
石塘镇	4	57	86	2	5	34	52	
滨海镇	2	76	8	3	5	45	52	45
温峤镇	5	200	10	4	8	22	42	100
城南镇	1	107	7	3	3	2	56	280
石桥头镇	1	4	5	1	1	17	16	
坞根镇	1	40	6	1	2	15	19	
东部新区		17	4	1	2		6	
临海市								
古城街道	13	1249	161	7	19	42	111	3526
大洋街道	5	83	46	5	21	3	50	172
江南街道	7	90	9	2	5	20	22	140
大田街道	6	80	12	2	12	31	23	550

18-3 续表 4

(2022年) 单位：个

地 区	商品交易市场(个)	50平方米以上的超市个数	住宿餐饮业企业个数	小学数(所)	幼儿园、托儿所个数	图书馆、文化站个数	医疗卫生机构个数(所)	医疗卫生机构床位数(床)
邵家渡街道	2	51	9	4	7	19	20	20
汛桥镇	1	22		2	2	18	11	
东塍镇		70	3	6	20	37	35	51
汇溪镇	1	10	2	1	2	16	8	8
小芝镇		10	3	3	4	16	19	25
河头镇	1	6	3	4	4	30	29	45
白水洋镇	6	42	7	6	8	57	39	70
括苍镇	1	70	4	3	3	21	15	35
永丰镇	1	75	1	4	6	41	20	51
尤溪镇		19	8	1	1	13	7	31
涌泉镇	1	31	2	3	6	30	15	25
沿江镇	1	70	5	4	8	30	32	33
杜桥镇	20	582	42	13	43	108	68	80
上盘镇	7	79	13	6	15	27	27	20
桃渚镇	8	106	4	7	16	27	42	100
玉环市								
玉城街道	12	227	92	11	24	47	90	1195
坎门街道	7	69	7	7	7	10	41	120
大麦屿街道	5	70	11	5	11	40	35	25
清港镇	3	122	9	4	7	36	32	3
楚门镇	15	172	31	6	13	22	47	769
干江镇		26	7	1	4	16	13	2
沙门镇	1	30	12	2	6	19	15	7
芦浦镇		23	4	2	4	1	11	1
龙溪镇	2	44	3	2	3	6	14	2
鸡山乡		3	5		1		1	1
海山乡		1		1	1	1	2	

18-4　分乡镇街道户籍人口数

(2016-2023年)　　单位：人

地　区	2016年	2017年	2018年	2019年	2020年	2021年	2022年	2023年
椒江区								
海门街道	85598	86181	86704	87236	87943	87993	88284	88141
白云街道	73632	75117	76090	77008	78147	79120	79416	79366
葭沚街道	75718	79487	83601	87227	91375	95408	99146	102182
洪家街道	51346	51598	51957	52340	52655	53164	53797	54320
下陈街道	42709	42859	43029	43167	43129	43159	43186	43200
前所街道	53521	53933	54136	54213	54155	54040	53928	53723
章安街道	86441	87159	87628	87826	87904	87713	87433	87087
三甲街道	62199	62508	62584	62624	62617	62604	44914	44746
海虹街道							17576	17588
大陈镇	3919	3929	3947	3935	3922	3884	3854	3816
黄岩区								
东城街道	61863	62614	63050	63274	63859	64238	64385	64061
南城街道	24634	24833	24938	24961	24917	24845	24747	24596
西城街道	66717	67372	68152	68465	68662	68650	68734	68799
北城街道	37003	37532	37975	38444	38927	39324	39639	39875
新前街道	44804	45026	45179	45448	45633	45750	45810	46048
澄江街道	33091	33069	33018	33056	32934	32631	32451	32271
江口街道	35213	35483	35719	35906	35867	35784	35787	35642
高桥街道	24133	24156	24272	24313	24260	24137	24050	23941
宁溪镇	34642	34527	34387	34194	33952	33671	33347	32961
北洋镇	33609	33544	33425	33226	33030	32740	32471	32190
头陀镇	37366	37391	37322	37655	37473	37269	37025	36793
院桥镇	73513	73742	74117	74386	74241	73970	73736	73392
沙埠镇	24461	24459	24424	24420	24330	24157	23992	23770
屿头乡	14099	14021	13912	13830	13727	13569	13415	13315
上郑乡	12657	12623	12558	12500	12405	12317	12236	12112

注：自2022年起，椒江区原三甲街道拆分出一部分划归海虹街道。

18-4 续表 1

(2016-2023年)

单位：人

地　区	2016年	2017年	2018年	2019年	2020年	2021年	2022年	2023年
富山乡	11820	11828	11752	11666	11555	11449	11333	11237
茅畲乡	13787	13693	13668	13528	13428	13291	13164	13031
上垟乡	17690	17620	17507	17139	17017	16866	16717	16527
平田乡	9921	9869	9822	9738	9632	9488	9389	9290
路桥区								
路南街道	32513	32850	33165	33376	33609	33781	33812	33796
路桥街道	57346	57247	57240	57189	57229	57069	57234	57109
路北街道	24641	25586	26375	27110	27679	28374	28844	29119
螺洋街道	25809	26261	26647	26885	27158	27421	27485	27502
桐屿街道	37079	37592	37993	38265	38402	38508	38698	38779
峰江街道	45111	45315	45432	45467	45385	45210	44992	44812
新桥镇	28162	28224	28196	28211	28117	27999	27831	27680
横街镇	28622	28786	28751	28697	28622	28441	28338	28170
金清镇	107308	107501	107478	107333	106883	106229	105554	104867
蓬街镇	68264	68702	68820	68868	68719	68408	68087	67708
三门县								
海游街道	73354	74566	75280	75721	76078	76048	75494	75519
海润街道	23090	23285	23453	23608	23797	23880	24068	24121
沙柳街道	17595	17587	17489	17391	17314	17213	17176	17180
珠岙镇	44394	44498	44403	44211	43958	43711	43638	43307
亭旁镇	58585	58630	58275	57886	57469	56881	56570	56198
健跳镇	68599	68985	69174	69108	69062	68784	68597	68283
横渡镇	23137	23287	23213	23086	22900	22733	22740	22602
浦坝港镇	106389	107181	107566	107624	107423	107004	106633	105964
花桥镇	26813	26948	26986	26906	26758	26586	26448	26247
蛇蟠乡	1617	1637	1652	1668	1683	1680	1683	1680
天台县								
赤城街道	96776	97643	98045	99051	99588	99892	100035	99646
始丰街道	49090	49920	50526	51119	51744	52377	52784	53118

18-4 续表 2

(2016-2023年) 单位：人

地　区	2016年	2017年	2018年	2019年	2020年	2021年	2022年	2023年
福溪街道	44925	45061	45530	45351	45090	44881	44749	44516
白鹤镇	66201	66496	66226	66020	65557	65032	64629	64150
石梁镇	16129	16062	15875	15738	15571	15384	15246	15094
街头镇	38986	39129	39212	39085	38831	38469	38298	38054
平桥镇	112030	112534	112504	112445	111911	111069	110364	109516
坦头镇	46059	46278	46236	46154	45877	45604	45436	45216
三合镇	41422	41903	41955	41990	41947	41664	41479	41319
洪畴镇	21803	21942	22012	22000	21950	21842	21817	21747
三州乡	9804	9784	9683	9616	9534	9413	9297	9195
龙溪乡	8007	8028	8010	7988	7899	7828	7775	7722
雷峰乡	16217	16228	16139	16058	15942	15778	15627	15467
南屏乡	14765	14665	14351	14202	14039	13834	13666	13482
泳溪乡	16279	16292	16216	16115	15980	15815	15694	15345
仙居县								
安洲街道	31781	32386	32964	39869	34342	34872	35614	36468
南峰街道	38402	38951	39753	33921	40397	41150	42014	43034
福应街道	55410	56445	56822	57104	57271	56840	56393	56223
横溪镇	51162	51764	51928	52115	52211	52050	51825	51442
埠头镇	19953	20108	20188	20249	20320	20258	20139	20007
白塔镇	43607	44014	44225	44323	44584	44576	44486	44346
田市镇	29170	29417	29508	29556	29652	29481	29289	28985
官路镇	22940	23068	23181	23346	23659	23614	23562	23507
下各镇	52561	52904	52973	53037	53088	52864	52682	59817
朱溪镇	31814	32069	32016	32009	31824	31669	31407	23491
安岭乡	11838	11921	11999	12017	12087	12056	11983	11889
溪港乡	8440	8460	8501	8521	8533	8495	8455	8370
湫山乡	16892	16308	16322	16327	16272	16224	16104	15934
淡竹乡	13350	13444	13446	13440	13444	13408	13387	13295
皤滩乡	15773	16238	16260	16339	16356	16340	16254	16109

18-4 续表 3

(2016-2023年)　　单位：人

地　区	2016年	2017年	2018年	2019年	2020年	2021年	2022年	2023年
上张乡	13675	13722	13715	13823	13734	13682	13619	13457
步路乡	15392	15516	15510	15567	15551	15536	15415	15232
广度乡	9579	9585	9547	9634	9582	9529	9478	9380
大战乡	15985	16002	15888	15818	15739	15621	15483	15297
双庙乡	12566	12652	12631	12614	12589	12548	12459	12270
温岭市								
太平街道	115376	118288	120144	121796	125283	126628	128197	128943
城东街道	53971	54280	54790	55121	55337	55467	55561	55584
城西街道	29262	30253	31335	32315	33983	35418	36594	37698
城北街道	20365	20386	20396	20397	20289	20167	20093	20005
横峰街道	33209	33494	34085	34320	34414	34598	34837	34931
泽国镇	128260	128557	128605	128690	128152	127652	127172	126320
大溪镇	132212	132820	133068	133267	132896	132238	131609	130690
松门镇	93689	93625	93372	92917	92023	91050	90230	89462
箬横镇	147677	147274	146831	146418	145468	144211	142920	141452
新河镇	122594	122332	122033	121688	120924	120070	119050	117891
石塘镇	69832	69087	68248	67582	66530	65659	64810	63854
滨海镇	75893	75674	75330	75067	74555	73871	73273	72523
温峤镇	63699	63566	63400	63264	62945	62578	62168	61819
城南镇	75427	75301	74955	74637	73888	73160	72466	71978
石桥头镇	29094	29013	28799	28694	28380	28061	27718	27621
坞根镇	26171	26140	25990	25895	25656	25407	25202	24947
临海市								
古城街道	123241	123031	122583	121928	120098	118556	116995	115702
大洋街道	57317	59023	61278	63160	64881	67007	69891	71873
江南街道	28773	28989	29151	29328	29558	29637	29633	29597
大田街道	41184	41411	41531	41745	41940	44188	44294	44356
邵家渡街道	42498	42805	43191	43445	43820	43930	44155	44277

18-4 续表 4

(2016-2023年)　　单位：人

地　区	2016年	2017年	2018年	2019年	2020年	2021年	2022年	2023年
汛桥镇	19868	19907	19885	19873	19855	19746	19631	19526
东塍镇	65622	65655	65367	65088	64803	64390	63915	63360
汇溪镇	21603	21379	20926	20558	20192	19881	19556	19309
小芝镇	36471	36488	36435	36392	36196	35939	35629	35341
河头镇	45009	44381	43824	43322	42851	42299	41773	41279
白水洋镇	104514	104607	104207	103832	103348	102339	101555	100601
括苍镇	46566	46625	46557	46467	46426	43714	43633	43383
永丰镇	62157	62224	61969	61667	61527	61174	60766	60332
尤溪镇	25764	25658	25560	25438	25301	25039	24755	24513
涌泉镇	55013	55114	55005	54892	54716	54307	53887	53484
沿江镇	49672	49806	49844	49859	49806	49556	49277	48951
杜桥镇	218415	219621	220372	220381	220624	219978	219369	218489
上盘镇	58260	58609	58884	59012	59068	59278	59155	59050
桃渚镇	97901	98247	98368	98444	98302	98005	97660	97075
玉环市								
玉城街道	104152	105578	106802	108482	110080	111620	112590	113521
坎门街道	68088	67854	67605	67244	66808	66354	66028	65499
大麦屿街道	56528	56476	56363	56015	55480	54850	54414	53787
清港镇	51218	51386	51444	51460	51359	51094	50845	50355
楚门镇	52131	52840	53383	53800	54189	54663	55167	55809
干江镇	21795	21703	21707	21680	21532	21381	21177	20915
沙门镇	25863	25884	25857	25821	25740	25578	25397	25082
芦浦镇	18086	18181	18334	18427	18440	18519	18723	19019
龙溪镇	18650	18660	18613	18571	18516	18375	18221	18004
鸡山乡	7653	7632	7543	7474	7395	7339	7263	7132
海山乡	7643	7669	7644	7615	7588	7530	7431	7375

19

各市国民经济主要指标

Main Indicators of National Economy by City

19-1 各市国民经济主要指标(一)

(2023年)

单位：万人

地区	土地面积(平方公里)	年末户籍总户数(万户)	年末户籍总人口	年末常住总人口	其中：城镇常住人口
杭州市	16850	271.79	860.60	1252.2	1054.4
宁波市	9816	246.48	622.17	969.7	774.3
温州市	12103	250.79	830.00	976.1	728.8
嘉兴市	4237	124.56	376.76	558.4	408.5
湖州市	5820	89.78	268.65	343.9	232.1
绍兴市	8279	165.89	443.94	539.4	394.1
金华市	10942	200.45	497.97	716.3	504.3
衢州市	8845	97.76	253.92	229.7	139.1
舟山市	1459	38.03	94.61	117.3	86.8
台州市	10050	195.27	602.95	671.2	434.9
丽水市	17275	109.78	268.87	252.8	163.2

19-2 各市国民经济主要指标(二)

(2023年)

单位：亿元

地区	生产总值(当年价)					人均生产总值(元)
		第一产业	第二产业	第三产业	在生产总值中：工业	
杭州市	20059	347	5667	14045	4984	161129
宁波市	16453	384	7541	8529	6770	170363
温州市	8731	180	3607	4944	2879	89821
嘉兴市	7062	141	3777	3144	3413	126851
湖州市	4015	159	1979	1878	1764	117195
绍兴市	7791	239	3729	3823	3118	144992
金华市	6011	156	2367	3487	2020	84133
衢州市	2125	91	909	1125	742	92662
舟山市	2101	184	1004	913	922	179322
台州市	6241	334	2628	3278	2230	93214
丽水市	1964	115	740	1109	585	77908

注：本表人均生产总值均按常住人口计算。19章各表涉及的GDP核算、工业、贸易相关指标均为2023年快报数据。

19-3 各市国民经济主要指标(三)

(2023年) 单位：亿元

地 区	工业企业单位数(个)	工业企业营业收入	工业企业营业成本	主营业务税金及附加	工业企业本年应交增值税	工业企业利润总额
杭州市	6919	21074.21	17082.41	357.08	442.13	1426.05
宁波市	10460	24799.95	21229.34	487.64	344.81	1375.17
温州市	8465	7432.49	6181.52	32.96	165.36	402.53
嘉兴市	6714	15389.02	13406.68	65.62	246.61	739.43
湖州市	4169	7348.71	6369.33	39.03	134.13	389.82
绍兴市	5351	8196.10	6901.16	38.64	179.01	508.35
金华市	5809	7083.71	6113.87	30.90	123.20	282.74
衢州市	1446	3247.14	2858.65	11.98	46.92	128.99
舟山市	486	3951.15	3411.86	235.90	40.96	66.19
台州市	5647	6839.05	5613.64	41.15	136.35	443.97
丽水市	1704	2145.86	1852.56	8.76	55.58	107.86

注：本表统计范围为年主营业务收入2000万元及以上独立核算工业。

19-4 各市国民经济主要指标(四)

(2023年) 单位：亿元

地 区	工业增加值	高新技术产业增加值	数字经济核心产业增加值	战略性新兴产业增加值
杭州市	4355.16	3049.09	1224.47	1984.04
宁波市	5288.18	3322.88	791.95	1333.36
温州市	1619.84	1124.53	273.29	524.25
嘉兴市	2933.55	2110.09	635.92	1306.21
湖州市	1352.28	907.21	144.08	466.80
绍兴市	2154.89	1389.44	248.22	905.40
金华市	1246.05	817.40	234.91	371.61
衢州市	628.78	380.32	114.62	209.69
舟山市	988.85	813.70	7.30	19.84
台州市	1533.60	1054.59	110.25	380.35
丽水市	424.06	239.98	32.34	87.18

注：本表工业统计范围为年主营业务收入2000万元及以上独立核算工业。

19-5　各市国民经济主要指标(五)

(2023年)

地　区	客运量(万人)			货运量(万吨)	
	公路、水路	轨道交通(万人次)	航空	公路、水路	航空
杭州市	4809.78	136290	4117.05	44167.16	80.97
宁波市	2142.50	36628	1290.20	83910.20	14.30
温州市	4831.54	2197	598.54	21750.34	6.79
嘉兴市	856.97	1510		29240.66	
湖州市	471.27			23214.49	
绍兴市	1320.44	3842		22913.34	
金华市	1286.42	3698	296.57	17234.72	2.98
衢州市	939.30		88.34	12513.54	0.11
舟山市	6625.40		239.92	46314.91	0.23
台州市	702.46	1015	201.73	31556.00	1.06
丽水市	786.40			6503.00	

19-6　各市国民经济主要指标(六)

(2023年)

地　区	境内公路里程(公里)	#高速公路	民用汽车拥有量(辆)	全社会用电量(亿千瓦时)	#工业用电	#生活用电
杭州市	16621	878	4420291	987.13	435.69	191.30
宁波市	11487	666	3510545	1031.80	723.86	129.53
温州市	15633	630	2852589	580.72	315.16	142.04
嘉兴市	7599	428	1914152	722.56	557.74	70.72
湖州市	8181	453	1139205	384.92	264.78	49.17
绍兴市	9918	593	1786700	559.93	410.91	67.25
金华市	13141	418	2672352	553.61	349.77	89.53
衢州市	8784	422	596376	239.65	177.85	28.57
舟山市	1976	70	245461	192.02	148.44	14.72
台州市	13059	499	2195563	439.45	273.56	87.93
丽水市	15085	452	542677	150.72	90.35	28.82

19-7 各市国民经济主要指标(七)

(2023年)

地 区	进口总额(亿元)	出口总额(亿元)	快递业务收入(亿元)	电信业务收入(亿元)	移动电话用户数(万户)	固定互联网宽带接入用户数(万户)
杭州市	2404.77	5119.17	366.72	281.16	1887	851
宁波市	4491.50	8287.82	131.26	167.90	1411	553
温州市	482.51	2339.40	118.89	163.29	1282	525
嘉兴市	1072.41	3337.53	114.85	84.41	782	288
湖州市	128.35	1490.43	40.97	55.28	448	198
绍兴市	414.50	3810.21	59.83	75.99	722	272
金华市	1066.86	6630.66	372.32	113.76	1047	387
衢州市	261.58	454.23	8.48	28.94	282	116
舟山市	2429.56	1149.01	5.79	20.16	196	72
台州市	229.95	2514.53	73.25	98.39	954	323
丽水市	64.24	312.96	13.49	31.00	301	128

19-8 各市国民经济主要指标(八)

(2023年)

地 区	社会消费品零售总额(亿元)	国内旅游者人数(万人次)	国内旅游收入(亿元)	入境旅游人数(人次)	国际旅游收入(万美元)
杭州市	7670.57	11881	1785	466167	27315
宁波市	5212.56	6580	874	154718	4757
温州市	4257.08	5684	765	90592	3619
嘉兴市	2513.46	4508	560	127579	5960
湖州市	1707.92	3874	527	53703	1988
绍兴市	2820.35	3323	452	16950	709
金华市	3141.76	5106	722	400929	22568
衢州市	970.77	1620	201	6736	238
舟山市	617.84	1727	237	41574	1296
台州市	2766.23	3880	481	31879	1149
丽水市	871.64	2932	309	6847	262

19-9 各市国民经济主要指标(九)

(2023年) 单位：亿元

地区	一般公共预算收入	#税收收入	一般公共预算支出	年末金融机构人民币存款余额	#住户存款	年末金融机构人民币贷款余额
杭州市	2616.81	2348.13	2636.23	75603.15	23199.39	68309.85
宁波市	1785.86	1464.65	2235.09	32958.42	14282.01	37658.44
温州市	622.68	502.27	1175.94	21659.22	13080.10	20812.59
嘉兴市	632.02	556.83	826.99	14914.02	7610.37	16343.40
湖州市	410.50	346.49	606.97	9064.56	4453.11	10533.81
绍兴市	578.75	449.70	778.64	16132.84	8443.12	16438.90
金华市	525.80	452.48	848.48	15876.99	9229.18	15890.85
衢州市	204.21	154.62	606.48	4708.46	2494.10	5042.91
舟山市	193.51	139.01	376.51	3527.50	1791.84	4215.67
台州市	494.28	409.34	836.61	15440.79	9090.75	15920.16
丽水市	186.06	138.68	653.65	5633.15	3321.56	4715.83

19-10 各市国民经济主要指标(十)

(2023年) 单位：元

地区	全体常住居民人均可支配收入	全体常住居民人均消费支出	城镇常住居民人均可支配收入	城镇常住居民人均消费支出	农村常住居民人均可支配收入	农村常住居民人均消费支出
杭州市	73797	50129	80587	54103	48180	35133
宁波市	71731	45503	80144	50347	48350	32039
温州市	67380	46879	77973	53333	41622	31187
嘉兴市	66353	42648	75909	47551	49643	34072
湖州市	63972	41580	74400	46788	47455	33330
绍兴市	69707	43628	80392	49300	48825	32542
金华市	61710	41807	73639	48792	38136	28003
衢州市	48237	29298	60592	35962	33993	21615
舟山市	68110	43612	76435	48153	49379	33396
台州市	61067	40878	73879	46744	40153	31303
丽水市	47182	35331	58583	41541	30811	26413

19-11 各市国民经济主要指标(十一)

(2023年) 单位：万人

地 区	在校学生数			
	普通高校	中等职业学校	普通中学	小 学
杭州市	63.64	7.92	43.83	76.21
宁波市	25.22	6.09	34.34	57.78
温州市	18.39	9.43	43.94	64.96
嘉兴市	8.33	5.15	18.62	32.75
湖州市	4.33	3.32	12.76	20.58
绍兴市	15.28	3.71	21.35	30.28
金华市	12.09	4.83	29.81	51.24
衢州市	1.95	2.19	10.48	14.10
舟山市	4.63	0.61	3.64	5.35
台州市	7.83	6.85	31.50	42.66
丽水市	5.00	2.46	12.17	15.52

19-12 各市国民经济主要指标(十二)

(2023年)

地 区	医院数(个)	医院床位数(张)	执业医生数(人)	体育场地数(个)	博物馆数(个)	公共图书馆图书藏量(万册)
杭州市	414	95220	62661	41917	87	3182
宁波市	215	44792	37888	29699	78	1472
温州市	171	44130	37043	32436	58	1754
嘉兴市	107	26466	22351	21625	35	1321
湖州市	90	20378	12712	10514	37	475
绍兴市	106	28050	21205	20344	67	916
金华市	168	34666	26110	25622	24	772
衢州市	85	15237	9065	10670	8	510
舟山市	37	6141	4653	3252	15	262
台州市	144	32528	22529	25357	55	1133
丽水市	72	15007	9932	12780	21	435

20

长江三角洲各城市国民经济主要指标

Main Indicators of National Economy by YANGTZE DELTA's City

20-1 长江三角洲各城市国民经济主要指标(一)

(2023年)

单位：亿元

地区	生产总值(当年价)	第一产业	第二产业	第三产业	人均生产总值(元)	常住人口(万人)
上海市	**47218.7**	**96.1**	**11613.0**	**35509.6**	**-**	**2487.5**
江苏省	**128222.2**	**5075.8**	**56909.7**	**66236.7**	**150487**	**8526.0**
南京市	17421.4	317.8	5929.0	11174.7	183015	854.7
无锡市	15456.2	136.5	7376.9	7942.8	206278	749.5
徐州市	8900.4	771.0	3622.3	4507.1	98683	902.0
常州市	10116.4	178.9	4857.4	5080.0	188366	537.5
苏州市	24653.4	195.2	11541.4	12916.8	190605	1295.8
南通市	11813.3	519.7	5728.2	5565.5	152508	774.9
连云港市	4363.6	435.5	2011.7	1916.4	94917	459.4
淮安市	5015.1	463.0	2023.2	2528.9	110329	453.8
盐城市	7403.9	818.9	2981.2	3603.8	110681	668.9
扬州市	7423.3	337.1	3509.6	3576.6	161940	458.5
镇江市	5264.1	167.5	2507.4	2589.2	163272	322.6
泰州市	6731.7	344.7	3258.6	3128.3	149383	450.7
宿迁市	4398.1	389.5	1942.0	2066.6	88379	497.8
浙江省	**82553.2**	**2332.0**	**33952.7**	**46268.6**	**125043**	**6627.0**
杭州市	20059.0	347.1	5666.9	14045.0	161129	1252.2
宁波市	16452.8	383.8	7540.5	8528.5	170363	969.7
温州市	8730.6	179.6	3606.7	4944.3	89821	976.1
嘉兴市	7062.5	141.2	3776.8	3144.5	126851	558.4
湖州市	4015.1	158.9	1978.7	1877.5	117195	343.9
绍兴市	7791.1	239.3	3729.1	3822.8	144992	539.4

注：生产总值均为初步数，人均生产总值均按常住人口计算。上海市人均生产总值数据未公布。

20-1 续表

(2023年) 单位：亿元

地　区	生产总值(当年价)	第一产业	第二产业	第三产业	人均生产总值(元)	常住人口(万人)
金华市	6011.3	156.4	2367.4	3487.5	84133	716.3
衢州市	2125.2	91.2	908.7	1125.3	92662	229.7
舟山市	2100.8	183.8	1004.3	912.7	179322	117.3
台州市	6240.7	334.0	2628.4	3278.2	93214	671.2
丽水市	1964.4	115.1	740.1	1109.3	77908	252.8
安徽省	**47050.6**	**3496.6**	**18871.8**	**24682.2**	**76830**	**6121.0**
合肥市	12673.8	377.2	4642.2	7654.4	130074	806.6
芜湖市	4741.1	183.0	2181.2	2376.9	126648	375.6
蚌埠市	2115.9	280.4	682.8	1152.8	64402	326.2
淮南市	1601.6	152.4	657.6	791.5	53005	301.6
马鞍山市	2590.6	109.1	1205.2	1276.3	118371	219.1
淮北市	1365.5	89.7	584.9	690.9	70135	194.4
铜陵市	1229.8	63.6	569.2	597.1	94530	130.1
安庆市	2878.3	256.5	1224.2	1397.6	69583	411.7
黄山市	1046.3	79.9	359.8	606.6	79295	131.6
滁州市	3782.0	295.1	1862.5	1624.4	93325	405.5
阜阳市	3323.7	433.1	1169.1	1721.4	40970	808.4
宿州市	2291.5	338.4	739.2	1213.9	43387	526.3
六安市	2113.4	272.2	824.5	1016.7	48462	434.3
亳州市	2215.8	286.4	772.2	1157.2	44941	490.1
池州市	1112.2	97.3	488.9	525.9	83906	132.3
宣城市	1951.9	179.9	906.4	865.6	78358	248.7

20-2 长江三角洲各城市国民经济主要指标(二)

(2023年)

地　区	全社会用电量(亿千瓦时)	工　业用电量(亿千瓦时)	自营进出口总　额(亿元)	自营进口总　额	自营出口总　额
上海市	**1848.81**	**841.52**	**42121.61**	**24743.66**	**17377.94**
江苏省	**7832.96**	**5377.24**	**52493.76**	**18774.62**	**33719.13**
南京市	747.27	365.83	5659.94	2326.82	3333.12
无锡市	864.07	615.03	7065.32	2407.22	4658.10
徐州市	452.85	260.59	1207.60	210.18	997.42
常州市	625.09	466.36	3183.63	685.27	2498.35
苏州市	1719.31	1235.38	24514.10	9432.51	15081.59
南通市	658.53	450.39	3500.29	1210.60	2289.69
连云港市	319.45	216.42	1360.86	1001.52	359.34
淮安市	276.26	174.51	542.44	145.88	396.55
盐城市	482.59	321.95	1452.35	437.17	1015.18
扬州市	331.67	214.66	1055.77	204.38	851.39
镇江市	306.80	216.13	986.41	244.90	741.51
泰州市	377.52	268.20	1344.39	406.26	938.14
宿迁市	312.82	213.05	620.66	61.92	558.73
浙江省	**6192.42**	**4097.06**	**48997.97**	**13332.47**	**35665.50**
杭州市	987.13	435.69	7523.94	2404.77	5119.17
宁波市	1031.80	723.86	12779.33	4491.50	8287.82
温州市	580.72	315.16	2821.90	482.51	2339.40
嘉兴市	722.52	557.44	4409.94	1072.41	3337.53
湖州市	385.17	265.03	1618.79	128.35	1490.43
绍兴市	559.78	410.49	4224.71	414.50	3810.21

20-2 续表

(2023年)

地 区	全社会用电量(亿千瓦时)	工 业用电量(亿千瓦时)	自营进出口总 额(亿元)		
				自营进口总 额	自营出口总 额
金华市	553.61	349.32	7697.52	1066.86	6630.66
衢州市	239.72	177.91	715.81	261.58	454.23
舟山市	192.02	148.44	3578.57	2429.56	1149.01
台州市	439.45	273.56	2744.48	229.95	2514.53
丽水市	150.72	90.35	377.20	64.24	312.96
安徽省	**3214.07**	**2027.55**	**8052.19**	**2820.96**	**5231.24**
合肥市	539.54	270.54	3588.13	1261.05	2327.07
芜湖市	268.34	188.02	1274.75	240.02	1034.73
蚌埠市	125.35	60.20	177.90	61.69	116.21
淮南市	112.62	60.01	107.02	4.38	102.64
马鞍山市	255.30	207.58	435.52	212.78	222.75
淮北市	92.52	58.04	107.42	10.38	97.04
铜陵市	116.70	92.11	793.36	708.55	84.81
安庆市	163.63	98.27	358.45	88.33	270.12
黄山市	53.33	25.21	86.17	10.98	75.19
滁州市	328.53	248.07	409.39	63.50	345.89
阜阳市	209.76	80.27	153.28	15.26	138.02
宿州市	128.90	48.81	66.17	5.82	60.35
六安市	170.42	94.40	103.07	11.79	91.28
亳州市	109.62	36.75	41.21	6.00	35.21
池州市	113.09	89.16	137.69	102.16	35.53
宣城市	200.14	143.83	212.67	18.27	194.40

20-3　长江三角洲各城市国民经济主要指标(三)

(2023年)　　单位：元

地　区	社会消费品零售总额(亿元)	居民人均可支配收入	城镇常住居民人均可支配收入	农村常住居民人均可支配收入	市区居民消费价格指数(%)
上海市	**18515.5**	**84834**	**89477**	**42988**	**100.3**
江苏省	**45547.5**	**52674**	**63211**	**30488**	**100.4**
南京市	8201.1	72112	79858	36789	100.6
无锡市	3567.6	69016	76644	44617	100.6
徐州市	4445.1	38089	44796	27065	100.4
常州市	3050.1	62592	71744	40401	100.4
苏州市	9582.9	74076	82989	46385	100.2
南通市	4215.1	51853	62512	32977	100.5
连云港市	1277.3	35983	43769	24411	100.5
淮安市	1896.3	39058	48498	25287	100.4
盐城市	2872.5	41252	48526	29744	100.8
扬州市	1660.6	47717	56781	31488	100.4
镇江市	1481.7	55565	64602	35466	100.5
泰州市	1709.7	49255	59604	31810	100.6
宿迁市	1587.4	32693	38756	24679	100.6
浙江省	**32550.2**	**63830**	**74997**	**40311**	**100.3**
杭州市	7670.6	73797	80587	48180	100.2
宁波市	5212.6	71731	80144	48350	100.4
温州市	4257.1	67380	77973	41622	100.5
嘉兴市	2513.5	66353	75909	49643	100.2
湖州市	1707.9	63972	74400	47455	100.5
绍兴市	2820.4	69707	80392	48825	100.5

20-3 续表

(2023年) 单位：元

地　区	社会消费品零售总额(亿元)	居民人均可支配收入	城镇常住居民人均可支配收入	农村常住居民人均可支配收入	市区居民消费价格指数(%)
金华市	3141.8	61710	73639	38136	100.4
衢州市	970.8	48237	60592	33993	100.6
舟山市	617.8	68110	76435	49379	100.4
台州市	2766.2	61067	73879	40153	99.7
丽水市	871.6	47182	58583	30811	100.3
安徽省	**23008.3**	**34893**	**47446**	**21144**	**100.2**
合肥市	5270.8	52594	59609	31140	100.0
芜湖市	2091.8	46022	54189	31517	100.3
蚌埠市	1347.6	35436	46796	22334	100.4
淮南市	922.7	35093	45477	19105	100.1
马鞍山市	1047.7	52418	62510	32670	100.0
淮北市	524.6	34079	43786	18807	100.0
铜陵市	433.0	36590	48767	21865	100.6
安庆市	1409.1	30745	43609	19526	100.2
黄山市	528.6	34655	45859	23465	100.0
滁州市	1694.4	32224	43423	20176	100.1
阜阳市	2502.1	27357	41359	18232	99.8
宿州市	1312.4	27250	40895	18282	100.0
六安市	1283.9	28265	41279	18696	100.2
亳州市	1301.6	27841	41726	19391	100.0
池州市	486.3	33402	43440	22415	100.1
宣城市	851.7	38952	51318	23979	100.3

20-4 长江三角洲各城市国民经济主要指标(四)

(2023年)　　　　单位：亿元

地区	商品房销售面积增速(%)	商品房销售额增速(%)	一般公共预算收入	一般公共预算支出	年末金融机构本外币存款余额	年末金融机构本外币贷款余额
上海市	**-2.4**	**-2.8**	**8313**	**9639**	**204429**	**111767**
江苏省	**-8.7**	**-14.2**	**9930**	**15243**	**245919**	**236409**
南京市	-3.9	-15.7	1620	1839	54280	54338
无锡市	-6.7	-13.3	1195	1390	27237	22582
徐州市	-1.4	-1.7	546	1057	11698	10870
常州市	-6.0	-19.1	680	855	18063	16332
苏州市	-16.9	-18.9	2457	2621	53638	52590
南通市	-5.2	-10.9	680	1181	20953	18354
连云港市	-20.0	-24.7	256	575	5850	7073
淮安市	-18.4	-19.4	317	717	6716	7637
盐城市	-6.0	-9.8	483	1228	11449	11531
扬州市	-5.9	-11.7	348	711	10378	9767
镇江市	-4.3	-16.9	321	534	8552	9035
泰州市	-18.9	-12.9	440	697	11173	10286
宿迁市	2.6	3.3	302	642	5932	6014
浙江省	**-10.2**	**-9.0**	**8600**	**12353**	**220737**	**217223**
杭州市	3.9	0.7	2617	2636	77589	68642
宁波市	-20.1	-16.2	1786	2235	34072	38133
温州市	4.9	0.9	623	1176	21948	20898
嘉兴市	-19.8	-23.4	632	827	15440	16585
湖州市	-33.7	-36.6	410	607	9225	10546
绍兴市	-7.2	0.7	8600	12353	16407	16497

20-4 续表

(2023年) 单位：亿元

地　区	商品房销售面积增速(%)	商品房销售额增速(%)	一般公共预算收入	一般公共预算支出	年末金融机构本外币存款余额	年末金融机构本外币贷款余额
金华市	10.4	-4.3	526	848	16346	15960
衢州市	-35.9	-28.8	204	606	4743	5046
舟山市	-20.0	-21.1	194	377	3600	4225
台州市	-24.7	-27.3	494	837	15642	15960
丽水市	5.3	-15.0	186	654	5725	4733
安徽省	**-28.5**	**-22.8**	**3939**	**8638**	**83303**	**77990**
合肥市	-24.0	-12.1	930	1411	25453	27748
芜湖市	-37.0	-34.9	414	619	6740	6079
蚌埠市	-33.6	-32.7	180	369	3434	3488
淮南市	-26.3	-20.8	131	316	3330	2574
马鞍山市	-23.5	-24.7	208	320	3540	3356
淮北市	-7.7	-13.5	105	222	2287	1794
铜陵市	-34.2	-24.9	112	214	2323	1837
安庆市	-41.7	-34.1	194	548	5253	3980
黄山市	-40.1	-33.7	84	222	2002	1596
滁州市	-48.3	-47.1	298	534	4583	4755
阜阳市	-24.5	-24.0	195	649	5970	5277
宿州市	-18.0	-21.4	162	502	3720	3439
六安市	-18.6	-19.9	174	609	4259	3837
亳州市	-10.2	-7.9	160	413	3622	3542
池州市	-39.7	-41.4	92	225	1780	1473
宣城市	-33.8	-36.0	198	368	3137	2823

21

统计公报

Statistical Communique

台州市2023年国民经济和社会发展统计公报

台州市统计局　国家统计局台州调查队

（2024年4月10日）

2023年，是全面贯彻落实党的二十大精神的开局之年，“八八战略”实施20周年，是疫情发生三年以来的转折之年、希望之年，是迎接台州撤地设市30周年的展望之年、大干之年。这一年，面对复杂严峻的国内外形势，全市上下坚持以习近平新时代中国特色社会主义思想为指导，深入学习贯彻党的二十大精神，全面贯彻落实习近平总书记考察浙江重要讲话精神，持续推动“八八战略”走深走实，对标浙江“中国式现代化的先行者”新定位和“奋力谱写中国式现代化浙江新篇章”新使命，锚定“三高三新”建设任务，高效统筹发展和安全，推动经济社会平稳健康发展，经济运行稳进提质，人民生活福祉持续增进，生态环境质量持续改善，各项社会事业繁荣发展。

一、综　合

经初步核算[1]，2023年，全市实现生产总值6240.68亿元[2]，按可比价格计算，比上年增长4.5%。其中，第一产业增加值334.03亿元，增长3.8%；第二产业增加值2628.43亿元，增长1.3%；第三产业增加值3278.22亿元，增长7.2%；三次产业结构为5.4∶42.1∶52.5。市区实现生产总值2211.34亿元，比上年增长4.9%。

经最终核实[3]，2022年，台州市实现生产总值6020.41亿元，按可比价格计算，比上年增长2.6%；三次产业增加值结构为5.1∶44.0∶50.9。

（图1　2011-2023年台州市地区生产总值及增长速度，略）

（图2　2023年台州市各产业增加值占生产总值比重，略）

二、农　业

全市预计实现农林牧渔业总产值612.01亿元，按可比价格计算，比上年增长3.9%。其中，农业产值203.07亿元，增长3.5%；林业产值5.63亿元，下降11.3%；牧业产值38.19亿元，增长11.6%；渔业产值357.06亿元，增长3.5%；农林牧渔服务业产值8.05亿元，增长4.6%。

全年粮食作物播种面积89.31千公顷，比上年增长0.4%；粮食总产量为57.6万吨，增长1.6%。夏粮总产量5.3万吨，增长11.5%。早稻总产量13.3万吨，增长4.6%。秋粮总产量38.9万吨，下降0.6%。经济作物播种面积116.61千公顷，比上年增长1.8%。蔬菜产量246.47万吨，比上年增长3.2%；油料产量1.76万吨，增长18.3%；水果产量149.59万吨，增长5.2%。

全年完成造林更新面积1391.82公顷。全市有森林面积529.54千公顷，森林覆盖率为52.6%；有自然保护区1个，面积2701公顷。

全市水产品总产量149.66万吨，同比增长2.7%，其中：海洋捕捞82.56万吨，同比增1.7%；海水养殖57.82万吨，同比增5.1%。

全市注册登记的农民专业合作社8173家，其中省级示范性专业合作社97家。共认证有机食品76个，绿色食品316个。国家级农业龙头企业3家，省级农业龙头企业47家，市级农业龙头企业212家。

全市完成河道疏浚清淤95.3公里，其中，市区26.8公里。治理水土流失面积44.15平方公里，新增高标田范围内高效节水灌溉面积 0.57 万亩。

三、工业和建筑业

全市实现工业增加值 2230 亿元，比上年增长 1.4%。规模以上工业企业（年主营业务收入 2000 万元及以上工业企业）5657 家，实现工业增加值 1533.60 亿元，比上年下降 0.3%。

（图 3　2015—2023 年台州市工业增加值及增长速度，略）

全市规模以上轻工业实现工业增加值 503.05 亿元，比上年下降 3.1%；重工业实现工业增加值 1030.55 亿元，增长 1.0%。轻重工业比例为 32.8∶67.2。

全市规模以上工业增加值总量排在前五位的行业中，通用设备制造业、医药制造业、电力热力生产供应业、汽车制造业、橡胶和塑料制品业分别实现工业增加值 234.03 亿元、160.63 亿元、159.02 亿元、167.85 亿元和 140.42 亿元，分别比上年增长 0.5%、-0.4%、-1.4%、2.5%和 2.7%。

全年规模以上高新技术产业实现增加值 1054.59 亿元，比上年增长 1.0%；规模以上装备制造业实现增加值 808.23 亿元，比上年增长 1.5%；规模以上战略性新兴产业实现增加值 380.35 亿元，增长 2.7%；规模以上数字经济核心产业实现增加值 110.25 亿元，增长 13.7%。

表 1　2023 年台州市规模以上工业主要产品产量及增长速度

产品名称	单位	产量	比 2022 年增长（%）
电动自行车	万辆	347.24	-18
汽车	万辆	13.24	-34.0
摩托车整车	万辆	139.94	20.1
电工仪器仪表	万台	409.83	39.3
交流电动机	万千瓦	2483.75	8.5
泵	万台	5339.94	11.7
冷冻水产品	万吨	29.22	-7.2
罐头	万吨	9.16	-7.2
家具	万件	2759.54	-38.9
服装	万件	167.10	0.4
皮革鞋靴	万双	20967.60	-6.6
化学药品原药	万吨	9.12	2.9
塑料制品	万吨	232.75	-1.0
白银（银锭）	千克	50122.1	156.7
铜材	万吨	15.87	1.9
金属切削工具	万件	1.22	-3.8
水泥	万吨	502.15	16.2
民用钢质船舶	万载重吨	142.36	10.5
变压器	万千伏安	3927.64	39.8
家用冷柜	万台	152.49	45.7
家用电冰箱	万台	72.38	3.7
日用塑料制品	万吨	57.07	1.1
眼镜成镜	万副	17630.07	-4.3
模具	万套	7.75	15.8
阀门	万吨	24.48	-9.9
啤酒	万千升	31.16	1.0

八、财政、金融和保险业

全年财政总收入831.9亿元，比上年增长14.5%；一般公共预算收入494.28亿元，增长12.1%。

年末全市金融机构本外币存款余额15641.61亿元，比上年末增长12.2%；当年新增存款1704.2亿元。年末本外币住户存款余额9111.45亿元，比上年末增长15.65%。年末金融机构本外币贷款余额15959.97亿元，比上年末增长16.0%；当年新增贷款2195.18亿元。年末全市金融机构本外币存贷款比率为102%，不良贷款率为0.45%。

全年新增上市公司2家，年末已有上市公司72家，累计资本市场融资总额达到1754.04亿元。当年挂牌新三板企业数1家。年末有小额贷款公司22家，注册资本金总额25.96亿元，全年发放贷款30.24亿元。

年末，全市有证券分公司、营业部114家、全年股票交易额3.97万亿元，比上年下降3.89%。全年保险业实现保费总收入266.03亿元，其中，财产险保费收入104.16亿元，人身险保费收入161.88亿元。各类赔款、给付支出104.37亿元，其中，财产险支出72.72亿元，人身险支出31.65亿元。

九、科学技术和教育

围绕高水平建设国家创新型城市目标，全年走廊范围内新建台州院士专家赋能中心等科创平台25个，落户顶尖人才（院士）创业项目10个，9个项目纳入省“千项万亿”科创强基和“315”工程重大项目。新创建临海高端医药、路桥绿色智能装备省级高新技术产业园区2家，新增省级科技型企业孵化器2家、省级众创空间5家。深入开展新一轮科技企业“双倍增”和高新技术企业“育苗造林”计划。全年共获省科学技术奖20项，获奖总数创历史新高，科技进步一等奖第一完成单位实现“零的突破”。入选省“尖兵、领雁”研发攻关计划项目26个，取得重大科技成果6项。市县镇三级联动创新体系加速构建，临海入选国家创新型县（市）、荣获省“科技创新鼎”，仙居入选省创新深化试点，仙居、天台入选省科技特派团试点。

全市共有省级企业研究院192家，省级高新技术企业研发中心638家；新增国家重点扶持的高新技术企业474家，累计2300家；新增省级科技型中小企业1856家，累计8316家。共有市级以上众创空间63家，其中，国家级8家，省级43家。

全年专利授权29236件，其中发明2921件。实现技术交易额258.83亿元。

（图5　2014－2023年台州市专利授权量、发明专利授权量，略）

实施政府质量奖梯度培育工程，3家企业获第九届省政府质量管理创新奖。10家企业品牌上榜“2023中国品牌价值榜”。新获中国专利奖10件，获批建设国家级知识产权保护中心。深化“品字标”对标培育，新增“品字标”企业73家，累计379家。年末全市共有564家单位取得食品生产许可证。年末有各类检验机构183家，其中国家质检中心2家，省级质检中心12家。全市被行政认定的驰名商标累计达到59件，与去年持平。

教育提质有力有效，招引名校长17人，高校新引进二级学院名院长4名、青年博士114名；路桥区路南小学迁建工程等97个项目开工建设，椒江区心海小学等92个项目完工。学前教育补短提升，学前教育补短提升，公办园在园幼儿占比达60.8%，二级以上幼儿园在园幼儿占比达79.98%。学校品质推进发展，创成59所省现代化学校，新建105所乡村名校，建成100所高质量教共体学校，全市城乡教共体比例达99.48%，入选义务教育阶段全域教共体（集团化）办学省级试点2个。高等教育跨越提升。台州学院新增3个ESI全球排名前1%学科，3个学科进入软科世界一流学科排名前500，5门课程入选第二批国家一流本科课程；20人次入选2023年度全球前2%顶尖科学家榜单，2位教师入选自然科学院、乌克兰工程院外籍院士。高校毕业生留台率达45.4%。

全市有幼儿园879所，在园幼儿16.78万人，较上年19.11万人减少23332人，下降12.21%；普通小学344所，在校生42.66万人，较上年42.01万人增加6483人，增长1.5%；初中197所，在校生20.36万人，较上年20.50万人减少1392人，下降0.7%。高中79所，高中在校生11.14万人，较上年10.87万人增加2641

人，增长 2.43%；中等职业学校 25 所（不含技工学校），中职教育在校生 6.85 万人，较上年 7.41 万人减少 5565 人，下降 7.5%。特殊教育学校在校生 3111 人，较上年 3087 人增加 24 人，增加 0.78%。全日制普通高校招生 15469 人，在校生 46144 人，成人高校在校学生 33136 人。

十、文化、卫生和体育

台州大剧院项目有序推进。温岭市文化中心、天台县文化中心等建成投用。黄岩沙埠竹家岭窑址入围 2023 年度全国十大考古新发现初评候选项目。章安故城、黄岩沙埠窑遗址入选 2023 年度浙江考古重要发现。台州 1 号公路临海和玉环示范段、路桥十里长街、天台赭溪老街、熊出没文化产业园等一大批重大文旅项目建成开放。临海市紫阳街历史文化街区入选第三批国家级夜间文旅消费集聚区。全市共有 2936 个行政村建有农村文化礼堂，实现农村文化礼堂应建村全覆盖。全市共有和合书吧 176 家，比去年新增 38 家。

全市医疗卫生资源总量稳步增长，医疗卫生体系日趋完善。年末全市有各类医疗卫生机构 3954 家，其中，其中医院 144 家，基层医疗卫生机构 3757 家，专业公共卫生机构 34 家，其他卫生机构 19 家。医院中，按照机构种类划分，共有综合医院 42 家，中医医院 22 家，中西医结合医院 4 家，专科医院 56 家，护理院（中心）20 家；按照等级分，共有三级甲等医院 9 家，三级乙等医院 7 家，二级甲等医院 14 家，二级乙等医院 9 家。基层医疗卫生机构中，按照机构类别划分，共有社区卫生服务中心（站）218 家，卫生院 99 家，村卫生室 1673 家，门诊部 178 家，诊所、卫生所、医务室 1589 家。

各类卫生技术人员 57327 人，比上年末增长 9.3%，其中，执业医生和执业助理医生 22529 人，注册护士 24843 人。全年各级医疗卫生机构门急诊总量 8459.15 万人次，比上年增长 8.8%，出院 112.4 万人次，比上年增长 13%，床位使用率为 80.8%。

甲、乙类传染病发病率为 537.16/10 万。五岁以下儿童死亡率 1.1‰，其中，婴儿死亡率 1.8‰，户籍孕产妇死亡率 0/10 万。全年 61221 人次参加无偿献血。农村自来水普及率 99.7%，卫生户厕普及率 100%。

体育事业蓬勃发展。以“全民健身迎亚运•信心满怀奔共富”主题，举办赛事活动 1300 余场，其中东亚空手道锦标赛等国际性赛事近 10 场，中国汽车场地越野赛、柴古唐斯越野赛等全国性赛事 20 余场。

高质量完成亚运会火炬传递台州站活动，传递过程安全顺畅，沿途观众 19 万余人，活动当天总传播量 4385.9 万次。亚运会参赛运动员共斩获 5 金 2 银，创 2 项亚洲纪录和 1 项赛会纪录，产生杭州亚运会首个“三金王”。与往届对比，实现了首次有 2 名运动员分获个人项目金牌，奖牌数为历届总数之和。

全市运动员在国际性赛事中获 22 金 8 银 10 铜，在全国性赛事中获 54 金 63 银 44 铜，在省锦标赛、冠军赛等获 187 金 173 银 234 铜。回浦男篮获初、高中联赛和中学生锦标赛等 5 个全国冠军，教练获国家体育总局全国体育事业突出贡献奖。

全市共聘用基层体育委员 3677 名。基层体育委员深度参与实施的“乡村体校”惠民工程，列入全国文化科技卫生“三下乡”活动示范项目，成立全国首家基层体育委员协会，市级体育社会组织达 48 家。市羽毛球协会、太极拳协会、体育产业联合会等 3 家社会组织获评 5A 级。全年全市体育彩票销售创历史新高，年销量达 24.92 亿元，同比增长 35.41%。

十一、能耗、环境保护和安全生产

全市万元生产总值综合能耗预计比上年上升 2.5%左右。[4]

全市省控以上 32 个断面中 I -III水质断面占比 90.6%，地表水满足水环境功能区达标率为 96.9%。城镇生活垃圾无害化处理率为 100%。

台州城市环境空气质量综合指数为 2.85，全省排名第 3，全国 168 个重点城市中暂列第 13；AQI 优良率为 95.9%，PM2.5 浓度为 23 微克/立方米；市区环境空气质量达到二级标准以上的天数有 350 天，占全年总天数的 95.9%。

全市共发生各类生产经营性安全事故50起，死亡44人，分别比上年平均下降13.8%和8.3%。

十二、人口、就业、社会保障和人民生活

根据5‰人口变动抽样调查推算，2023年末，全市常住人口671.2万人，比上年末增加3.4万人。全市城镇化率为64.8%。

截至2023年11月30日，全市户籍总人口602.95万人，其中，男性人口306.89万人，女性人口296.06万人，男女性别比为103.66:100。全年共出生3.02万人，死亡4.81万人，人口出生率为5.00‰，死亡率为7.96‰，人口自然增长率-2.96‰。市区户籍人口164.36万人。

全市就业局势基本稳定，全年城镇新增就业8.96万人；帮扶1.60万名城镇失业人员实现再就业。

稳步推进社会保险参保扩面，年末全市职工基本养老保险（含机关事业）、基本医疗保险、工伤保险和失业保险参保人数分别达到302.43万人、225.19万人、235.16万人和131.23万人。全市参加城乡居民基本养老保险和医疗保险人数分别为163.05万人和355.10万人。

增强困难群众托底保障，年度门诊救助限额2万元，低保和低边困难群众住院救助比例分别为80%和70%，全年共支出医疗救助资金1.75亿元，医疗救助179.16万人次。困难群众大病保险支付比例85%。全市享受医疗救助的困难群众共计7.1万人，救助金额1.75亿元。

构建多层次医疗保障体系，发展惠民型商业补充医疗保险。2023年“浙里惠民保•台州利民保”投保人数272.72万，累计受益9.79万人、32.46万人次，受益人群覆盖率3.6%；赔付金额2.54亿元，资金赔付率为105.7%。

全市城乡居民最低生活保障人数为6.09万人，全年共投入低保资金6.82亿元。共有各类养老机构242个，床位27720张，年末在院老人12684人。有城乡社区居家养老服务照料中心3356家。全年发行各类福利彩票15.32亿元。

表3　2023年末台州市城乡居民每百户家庭主要耐用消费品拥有量

指　标	单位	城镇常住居民	农村常住居民
洗衣机	台	102	92
电冰箱（柜）	台	107	106
空调	台	218	155
摩托车	辆	8	12
家用汽车	辆	74	56
彩色电视机	台	182	171
固定电话	部	18	11
移动电话	部	261	255
计算机	台	87	55

全市全体居民人均可支配收入61067元，比上年增长5.2%，扣除价格因素实际增长5.5%。城镇常住居民人均可支配收入73879元，增长4.4%，扣除价格因素实际增长4.7%；农村常住居民人均可支配收入40153元，增长6.5%，扣除价格因素实际增长6.8%。城乡居民收入差距倍数为1.84。全体居民人均生活消费支出40878元，比上年增长6.6%，扣除价格因素实际增长6.9%。城镇常住居民和农村常住居民人均生活消费支出分别为46744和31303元，增长5.8%和8.1%，扣除价格因素，实际增长6.1%和8.4%。

年末城镇常住居民和农村常住居民人均现有住房建筑面积分别为52.03平方米和60.30平方米。城乡居民每百户家庭家用汽车等高档耐用消费品拥有量继续增加。

注：

[1]公报中所列各项数据为年度初步统计数据，最终核实数以《台州统计年鉴—2024》公布的数据为准。部分数据因四舍五

入的原因，存在着与分项合计不等的情况。

[2]公报中生产总值、各产业增加值绝对数按现行价格计算，增长速度按可比价格计算。

[3]按照我国地区生产总值统一核算和数据发布制度规定，地区生产总值核算包括初步核算和最终核实两个步骤。

[4]全市万元生产总值综合能耗为初步核定数。

资料来源：

本公报中造林面积、森林覆盖率、自然保护区数据来自市自然资源和规划局；水产品产量等数据来自市港航口岸和渔业管理局；港口货物吞吐量、集装箱吞吐量等数据来自市港航事业发展中心；专业合作社、有机食品、无公害农产品、农业龙头企业、高效节水灌溉面积等数据来自市农业农村局；河道疏浚清淤、水土流失治理面积、农村自来水普及率等数据来自市水利局；货物周转量、旅客周转量等数据来自市交通运输局；民航运输数据来自浙江省台州机场管理有限公司；汽车拥有量、户籍人口等数据来自市公安局；快递业务量等数据来自市邮政管理局；市场主体、商品交易市场交易额、驰名商标、“品字标”认证企业、专利数、检验机构等数据来自市市场监管局；货物进出口、服务贸易进出口、外商直接投资、国外经济合作、网络零售额等数据来自市商务局；旅游等数据来自市文化和广电旅游体育局；农村文化礼堂等数据来自市委宣传部；体育、体育彩票等数据来自市体育事业发展中心；财政数据来自市财政局；货币金融数据来自人行台州市中心支行；不良贷款率、商业保险数据来自台州银保监分局；上市公司、小额贷款公司、证券交易额来自市金融办；企业研究院、高新技术企业、科技型中小企业、众创平台、科技交易额等数据来自市科技局；教育数据来自市教育局；卫生数据来自市卫生健康委；环境监测等数据来自市生态环境局；各类事故发生起数、死亡人数等数据来自市应急管理局；新增城镇就业、失业人员再就业、登记失业率、社会保障等数据来自市人力社保局；医疗保险、生育保险、医疗救助数据来自市医疗保障局；低保、养老机构、福利彩票等数据来自市民政局；城市污水处理、城市生活垃圾处理数据来自市综合行政执法局；城乡居民收支、住房面积、家庭耐用品拥有量、物价等数据来自国家统计局台州调查队；其它数据来自市统计局。

2023年浙江省国民经济和社会发展统计公报

浙江省统计局　国家统计局浙江调查总队

2024年3月4日

2023年，浙江坚持以习近平新时代中国特色社会主义思想为指导，全面贯彻党的二十大精神，深入学习贯彻习近平总书记考察浙江重要讲话精神，全面落实省委十五届四次全会决策部署，紧扣“勇当先行者、谱写新篇章”新定位新使命，持续推动“八八战略”走深走实，强力推进创新深化改革攻坚开放提升，统筹推进三个“一号工程”，深入实施“十项重大工程”，精准高效推动“8+4”政策兑现、直达快享。全年经济运行稳进向好，民生福祉持续增进，创新动能持续增强，高质量发展迈出坚实步伐，共同富裕示范区建设扎实推进。

一、综合[1]

根据国家统一初步核算，2023年全省生产总值[2]为82553亿元，比上年增长6.0%。分产业看，第一、二、三产业增加值分别为2332、33953和46268亿元，分别增长4.2%、5.0%和6.7%，三次产业结构为2.8:41.1:56.1。人均地区生产总值为125043元（按年平均汇率折算为17745美元），增长5.3%。

据2023年全省5‰人口变动抽样调查推算，年末全省常住人口6627万人，比上年末增加50万人。其中，男性人口3459万人，女性人口3168万人，分别占总人口的52.2%和47.8%。全年出生人口38.3万人，出生率为5.80‰；死亡人口44.0万人，死亡率为6.66‰；自然增长率为-0.86‰。城镇化率为74.2%。

（图1　2013-2023年全省生产总值及增速，略）

（图2　2023年各产业、行业增加值占全省生产总值比重，略）

全年城镇新增就业116.3万人。帮扶困难人员就业11.0万人。城镇调查失业率平均值为4.6%，低于5%的控制目标。农民工总量1360万人，比上年下降0.6%。

全年居民消费价格比上年上涨0.3%。其中，城市上涨0.3%，农村上涨0.3%；消费品价格下降0.1%，服务价格上涨0.9%。工业生产者出厂价格下降2.7%，工业生产者购进价格下降5.2%。

（图3　2023年居民消费价格月度涨跌幅度（%），略）

表1　2023年居民消费价格指数情况（上年＝100）

指　　标	全　省	城　市	农　村
居民消费价格指数	100.3	100.3	100.3
其中：食品烟酒	100.6	100.5	100.9
其中：食品	100.3	100.3	100.3
其中：粮食	101.2	101.6	100.3
衣着	101.0	101.1	100.5
居住	99.6	99.5	99.9
生活用品及服务	100.4	100.5	100.1
交通通信	97.9	97.8	98.2
教育文化娱乐	102.8	103.0	101.9
医疗保健	101.0	100.9	101.3
其他用品及服务	103.6	103.6	103.7

产业转型升级加快推进。全年以新产业、新业态、新模式为主要特征的“三新”经济增加值预计占全省生产总值的 28.3%。数字经济核心产业增加值 9867 亿元，比上年增长 10.1%。其中规模以上数字经济核心产业制造业增加值增长 8.3%，增速比规模以上工业高 2.3 个百分点，拉动规模以上工业增加值增长 1.4 个百分点。规模以上工业中，新能源产业、装备制造业和战略性新兴产业增加值分别增长 13.9%、9.4%和 6.3%，增速均高于规模以上工业平均水平；增加值分别占规模以上工业的 5.0%、46.2%和 33.3%，比重比上年分别提高 0.4、2.0 和 0.2 个百分点。

表 2　2023 年规模以上工业分产业增加值及增速情况

产　业	增加值（亿元）	比上年增长（%）
规模以上工业增加值	22388	6.0
高技术制造业	3714	1.3
高新技术产业	15021	7.0
装备制造业	10347	9.4
战略性新兴产业	7454	6.3
数字经济核心产业制造业	3833	8.3
节能环保制造业	2728	10.0
高端装备制造业	6942	7.9

高质量发展迈出坚实步伐。全年全员劳动生产率[3]为 21.2 万元/人，比上年提高 5.6%。规模以上工业劳动生产率为 30.0 万元/人，提高 7.0%。一般公共预算收入 8600 亿元，居全国第三位，增长 7.0%，地方政府一般债务收入 1165 亿元，转移性收入 6236 亿元。其中税收收入 7124 亿元，增长 7.6%。一般公共预算支出 12353 亿元，增长 2.8%。其中，科学技术、农林水、文化旅游体育与传媒、教育、社会保障和就业等重点支出分别增长 15.7%、9.6%、8.2%、7.6%和 6.9%。规模以上工业企业中，有研发费用的企业 4.6 万家，占规模以上工业企业的 80.8%，比重比上年提高 6.2 个百分点；研发费用支出增长 8.6%，增速比营业收入高 7.0 个百分点；研发费用相当于营业收入的比例为 3.13%，提高 0.2 个百分点。新产品产值增长 6.8%，新产品产值率为 43.6%，提高 1.8 个百分点。

民营经济金名片擦得更亮。全年民营经济增加值预计占全省生产总值的比重为 67.2%。年末规模以上工业民营企业 5.3 万家，占规模以上工业企业的 92.3%；全年实现增加值 15986 亿元，占规模以上工业的 71.4%；增加值比上年增长 7.8%，增速比规模以上工业高 1.8 个百分点，对规模以上工业增加值增长的贡献率为 91.4%。全年民营企业进出口 39295 亿元，占全省进出口的 80.2%；增长 7.1%，拉动全省进出口增长 5.6 个百分点。年末在册经营主体 1034 万户，增长 9.6%，其中民营企业和个体工商户分别有 333 万和 669 万户，分别增长 7.8%和 10.6%。

二、农业和农村

农业生产稳中有进。全年粮食播种面积 1025 千公顷，比上年增长 0.4%，产量 639 万吨，增长 2.9%；油菜籽播种面积 138 千公顷，增长 11.1%；蔬菜 671 千公顷，中药材 46.5 千公顷，均与上年基本持平；瓜果类 82.9 千公顷。猪牛羊禽肉产量 119 万吨，增长 10.5%，其中猪肉产量 80.8 万吨，增长 13.1%。禽蛋产量 36.3 万吨，增长 14.4%。牛奶产量 20.9 万吨，增长 6.5%。全年生猪出栏 953 万头，增长 12.1%。年末生猪存栏 609 万头，其中能繁母猪存栏 65.1 万头。水产品产量 677 万吨，增长 4.8%，其中，海水产品产量 521 万吨，增长 4.4%；淡水产品产量 156 万吨，增长 6.3%。

农业现代化快步迈进。严格保护好 811.6 万亩粮食生产功能区，累计建成万头猪场 142 家。农业“双强”行动持续推进，农作物耕种收综合机械化水平 80.0%以上。强化“三品一标”建设，新认定绿色食品 762 个，有效期内绿色食品 3348 个；累计建设国家农产品地理标志保护工程 42 个，省级精品绿色农产品基地 45 个。

和美乡村加快推进。持续深化“千万工程”，基本实现山区乡镇和 3A 级景区通三级路，城乡公交一体化率 85%以上，规模化供水覆盖率超 90%，农网供电可靠率达 99.99%，5G 网络、光纤资源实现重点行政村全覆盖。农村生活垃圾分类、生活污水处理设施、无害化卫生厕所实现行政村基本覆盖，生活垃圾回收利用率达 65%。深化和美乡村“五美联创”，建成和美乡村示范村（未来乡村）292 个、新时代美丽乡村共同富裕示范带 22 条、历史文化（传统）村落 262 个，和美乡村覆盖率为 25.5%。健全自治法治德治智治“四治融合”乡村治理机制，累计建成省级善治（示范）村 10530 个、清廉村居 13972 个，数量均居全国首位。

农村共富稳步前进。实施农民扩中提低行动，推进强村惠民，全省村级集体经济收入 30 万元以上且经营性收入 15 万元以上行政村占比 94%。推进城乡公共服务均等化，农村一、二级幼儿园在园幼儿占比 80.9%，城乡义务教育共同体覆盖所有农村学校；组建县域医共体 165 家，新（改扩）建规范化村级医疗机构 578 家；新增村级全民健身广场 110 个。深入实施先富带后富“三同步”行动，加强低收入农户帮扶，低收入农户人均可支配收入增长 13.4%，高于全省农民收入增速 6.1 个百分点。

三、工业和建筑业

全年规模以上工业增加值 22388 亿元，比上年增长 6.0%。分经济类型看，国有及国有控股企业增长 3.3%，港澳台商投资企业增长 6.9%，外商投资企业下降 0.5%。分企业规模看，大、中、小型企业分别增长 6.4%、7.0%和 5.3%。分行业看，38 个工业行业大类中，29 个行业增加值比上年增长，6 个行业两位数增长，其中，汽车、仪器仪表、电气机械和化学原料等行业分别增长 17.8%、15.3%、14.8%和 14.6%，合计拉动规模以上工业增加值增长 4.1 个百分点。17 个传统制造业增长 6.8%。

表 3　2023 年主要工业产品产量

产品名称	单位	产量	比上年增长(%)
布	亿米	67.6	-0.9
化纤	万吨	3412.0	6.2
房间空调器	万台	2340.1	29.9
发电量	亿千瓦时	4577.6	5.3
钢材	万吨	3155.8	7.9
水泥	万吨	12710.8	-1.4
发电机组	万千瓦	1251.2	13.4
电工仪器仪表	万台	14127.7	9.1
光纤	亿米	1589.1	4.9
光缆	万芯千米	7981.2	-1.2
光电子器件	亿只（片、套）	392.7	-5.5
锂离子电池	万只	100730.7	5.3
太阳能电池	万千瓦	12183.2	53.1
集成电路	亿块	239.6	11.9
电子元件	亿只	1597.3	24.0
微型计算机设备	万台	140.0	2.8
移动通信手持机（手机）	万台	3032.3	15.9
其中：智能手机	万台	2614.5	8.7
汽车	万辆	152.6	-4.6
其中：新能源汽车	万辆	59.7	10.3
工业机器人	套	46147.0	70.6
3D 打印设备	台	212.0	-96.0
城市轨道车辆	辆	175.0	-43.0

全年规模以上工业企业营业收入首次突破 11 万亿元，比上年增长 1.6%；利润总额 5906 亿元，下降 0.3%。

全年建筑业增加值 4624 亿元，比上年增长 6.3%。具有资质等级的总承包和专业承包建筑业企业完成建筑业总产值 24594 亿元，增长 4.0%；全年房屋施工面积 165952 万平方米，其中新开工面积 44421 万平方米。

四、服务业

全年服务业增加值 46268 亿元，比上年增长 6.7%，增速比上年提高 3.4 个百分点，拉动全省生产总值增长 3.8 个百分点，对经济增长的贡献率为 63.2%。住宿和餐饮业、信息传输软件和信息技术服务业、租赁和商务服务业、金融业增加值分别增长 13.8%、11.5%、11.2%和 9.5%。规模以上服务业[4]企业营业收入 29994 亿元，增长 6.4%；利润总额 3463 亿元，增长 18.8%。

表 4　2023 年规模以上服务业企业主要行业营业收入情况

行　业	营业收入（亿元）	比上年增长（%）
规模以上服务业	29994	6.4
交通运输、仓储和邮政业	5634	-7.9
信息传输、软件和信息技术服务业	13708	9.1
房地产业(除房地产开发经营)	1038	7.0
租赁和商务服务业	5815	17.7
科学研究和技术服务业	2195	4.0
水利、环境和公共设施管理业	354	11.9
居民服务、修理和其他服务业	306	12.1
教育	79	2.9
卫生和社会工作	406	0.7
文化、体育和娱乐业	458	11.9

五、国内贸易

全年社会消费品零售总额 32550 亿元，比上年增长 6.8%。按经营地统计，城镇消费品零售额 27761 亿元，增长 7.0%；乡村消费品零售额 4789 亿元，增长 5.8%。按消费类型统计，商品销售额 28888 亿元，增长 5.9%；餐饮收入 3662 亿元，增长 14.9%。限额以上单位商品零售额中，中西药品类、烟酒类、服装鞋帽针纺织品类等生活类商品零售额分别增长 10.2%、9.8%和 8.4%；通讯器材类、金银珠宝类、化妆品类、家用电器和音像器材类分别增长 37.5%、14.5%、8.4%和 8.1%；汽车类增长 4.2%，其中新能源汽车增长 40.8%；石油及制品类增长 0.6%。

全年实物商品网上零售额 18493 亿元，按可比口径计算，比上年增长 11.0%，占社会消费品零售总额的比重为 56.8%。

年末各类商品交易市场 2942 家，全年商品成交额达 2.3 万亿元。其中，年成交额超十亿元、超百亿元、超千亿元的商品市场分别有 266、46 和 2 家。第十三届中国商品市场峰会发布的中国商品市场“综合百强榜单”和“功勋市场榜单”，浙江分别获 33 席和 18 席，领跑全国。

六、固定资产投资和房地产业

全年固定资产投资比上年增长 6.1%。其中，第二产业投资占全部投资的 25.6%，增长 14.2%，拉动全部投资增长 3.4 个百分点；第三产业投资占全部投资的 74.2%，增长 3.5%，拉动全部投资增长 2.6 个百分点。制造业投资占全部投资的 21.5%，增长 14.1%，拉动全部投资增长 2.8 个百分点，其中计算机通信电子、专用设备、通用设备等制造业分别增长 39.5%、22.9%和 8.5%。基础设施投资占全部投资的 22.4%，增长 3.9%，拉动全部投资增长 0.9 个百分点，其中电力热力燃气及水的生产和供应业投资增长 16.4%。高新技术产业投资增长 21.1%。

全年房地产开发投资 13198 亿元，比上年增长 2.0%。其中，住宅投资增长 1.0%，办公楼投资增长 7.2%，商业营业用房投资下降 5.4%。商品房销售面积 6106 万平方米，下降 10.2%；商品房销售额下降 9.0%。

七、对外经济

全年货物进出口 48998 亿元，比上年增长 4.6%，其中出口和进口分别为 35666 和 13332 亿元，分别增长 3.9%和 6.7%；规模分别居全国第三、第二和第五位，占全国份额分别为 11.7%、15.0%和 7.4%，均比上年提高 0.5 个百分点；对全国的增长贡献均居首位。市场布局持续优化，有进出口贸易的国别（地区）达 256 个；对中东、非洲、东盟、拉美进出口分别增长 5.3%、13.1%、5.7%和 9.1%，合计拉动全省进出口增长 2.6 个百分点；对共建“一带一路”国家、RCEP 其他成员国进出口分别增长 8.2%和 2.9%，分别拉动全省进出口增长 4.1 和 0.7 个百分点；对欧盟、美国进出口分别下降 2.9%和 0.4%。出口商品结构转型升级，机电产品出口增长 6.2%，出口额占全省出口的 45.6%。

表 5　2023 年货物进出口主要分类情况

指　　标	金额(亿元)	比上年增长(%)
货物进出口总额	48998	4.6
货物出口额	35666	3.9
其中：一般贸易	27869	3.5
加工贸易	2090	-6.7
其中：机电产品	16269	6.2
高新技术产品	3198	-7.3
货物进口额	13332	6.7
其中：一般贸易	10649	5.9
加工贸易	868	-9.0
其中：机电产品	1995	6.2

表 6　2023 年对主要市场货物进出口情况

国家和地区	出口额（亿元）	比上年增长（%）	进口额（亿元）	比上年增长（%）
欧盟	6150	-4.0	1090	3.9
美国	5604	-2.1	905	11.4
东盟（10 国）	4570	5.0	2276	7.0
拉丁美洲	3816	8.1	1285	12.0
非洲	3099	17.3	690	-2.5
日本	1004	-4.9	818	0.1
德国	1044	-17.0	319	4.0
韩国	873	-2.6	608	-13.7
澳大利亚	712	-5.2	980	24.8
印度	1440	11.1	189	30.8
巴西	947	9.7	526	20.1
越南	980	1.8	393	-3.7
共建“一带一路”国家	17721	9.9	7794	4.7
RCEP 其他成员国	7245	1.3	4768	5.5

全年中欧（义新欧）班列开行 2380 列，比上年增长 4.9%。高质量推动中国（浙江）自由贸易试验区建设，区内新增注册企业 32328 家，增长 1.2%；自贸试验区所在 10 个县市区高新技术产业投资合计增长 18.3%。

全年新设外商投资企业 4451 家，合同外资 383 亿美元，比上年下降 11.7%；实际使用外资 202 亿美元，增长 4.8%。制造业实际使用外资 91 亿美元，增长 85.8%。第三产业外商投资项目 4035 个，占外商直接投资项目总数的 90.7%；实际使用外资 103 亿美元，下降 23.6%。

年末全省 1306 家境内主体在境外投资设立企业 1493 家，比上年末增加 559 家。全年对外投资备案额 168 亿美元，比上年增长 29.1%。经备案（核准）在签署 RCEP 协议国家的境外企业 633 家，增长 9.1%；备案额 98.6 亿美元，增长 56.8%。

八、交通运输和邮电业

全年交通运输、仓储和邮政业增加值 2809 亿元，比上年增长 13.7%。

年末全省公路总里程 12.1 万公里，其中高速公路 5509 公里。有民航机场 7 个，全年旅客吞吐量 7403 万人，其中发送量 3771 万人。全年铁路、公路和水运货物周转量 15061 亿吨公里，比上年增长 11.2%；旅客周转量 923 亿人公里，增长 88.1%。全省港口[5]货物吞吐量 20.3 亿吨，增长 5.5%，其中沿海港口 16.3 亿吨，增长 5.5%。宁波舟山港货物吞吐量 13.2 亿吨，连续 15 年居全球第一；集装箱吞吐量 3530 万标箱，连续 6 年全球第三，仅次于上海港、新加坡港。

表 7　2023 年交通客货运输量情况

指　　标	单位	绝对数	比上年增长（%）
货物周转量	亿吨公里	15061	11.2
其中：铁路	亿吨公里	277	-3.1
公路	亿吨公里	3142	18.6
水运	亿吨公里	11642	9.7
旅客周转量	亿人公里	923	88.1
其中：铁路	亿人公里	739	112.5
公路	亿人公里	178	27.9
水运	亿人公里	6	61.1
民航旅客吞吐量	万人	7403	113.3

年末全省小型载客汽车保有量 1965 万辆，其中私家车（个人小型、微型载客汽车）保有量 1808 万辆。

全年邮政业务总量[6]2697 亿元，居全国第二位，比上年增长 23.3%。快递业务量 263 亿件，增长 14.9%，占全国的 19.9%。电信业务总量[7]1164 亿元，居全国第三位，增长 14.2%。年末移动电话用户 9293 万户，比上年末增加 270 万户，普及率达 141.3 部/百人，比上年末提高 3.3 部/百人，其中 5G 移动电话用户 4583 万户，占移动电话用户的 49.3%，比上年末提高 13.1 个百分点，5G 移动用户普及率达 69.7%，居全国第三位。年末 5G 基站总数[8]达 22.5 万个，每万人拥有 5G 基站数达 34.2 个，居全国省（区）首位。全年 5G 移动互联网用户接入流量达 107 亿 GB，占移动互联网接入流量的 57.6%，居全国首位。年末固定互联网宽带接入用户 3608 万户，比上年末增加 208 万户，普及率达 54.9%，居全国第三位。

九、金融、证券和保险

年末全部金融机构本外币各项存款余额 220737 亿元，比上年末增长 12.4%，其中人民币存款余额增长 12.8%。住户本外币存款余额 97640 亿元，增长 18.7%。全部金融机构本外币各项贷款余额 217223 亿元，增长 14.2%，其中人民币贷款余额增长 14.5%。年末主要农村金融机构（农村信用社、农村合作银行、农村商业银行）人民币贷款余额34047亿元，比年初增加5056亿元。

表8 2023年金融机构本外币存贷款情况

指　　标	年末数（亿元）	比上年末增长（%）
各项存款余额	220737	12.4
其中：住户存款	97640	18.7
非金融企业存款	80036	10.7
各项贷款余额	217223	14.2
其中：住户贷款	80467	5.8
企（事）业单位贷款	135584	19.7

年末境内上市公司702家，累计融资19626亿元。其中，主板456家，占全国主板总数的14.2%，居全国首位；创业板173家，占全国创业板总数的13.0%，居全国第三位；科创板48家，占全国科创板总数的8.5%，居全国第五位；北交所25家，占全国北交所上市公司总数的10.5%，居全国第三位。新三板挂牌企业593家，占全国新三板挂牌企业总数的9.5%，居全国第四位。

全年保险业保费收入3554亿元，比上年增长13.6%。其中，财产险保费收入1079亿元，增长6.8%；人身险保费收入2475亿元，增长16.8%。各类赔款及给付1269亿元，增长18.0%。其中，财产险赔付739亿元，人身险赔付531亿元。

十、人民生活和社会保障

根据城乡一体化住户调查，全年全体及城乡居民人均可支配收入分别为63830、74997和40311元，比上年分别增长5.9%、5.2%和7.3%；扣除价格因素实际分别增长5.6%、4.9%和7.0%。城乡收入比1.86，比上年缩小0.04。全省低收入农户人均可支配收入21440元，其中山区26县低收入农户人均可支配收入19730元，增长13.9%，增速比全省低收入农户平均水平高0.5个百分点。

表9 2023年居民人均收支主要指标情况

指　　标	全省居民		城镇居民		农村居民	
	绝对数（元）	比上年增长（%）	绝对数（元）	比上年增长（%）	绝对数（元）	比上年增长（%）
人均可支配收入	63830	5.9	74997	5.2	40311	7.3
工资性收入	35769	4.7	41439	4.3	23825	5.0
经营净收入	10664	7.9	10833	5.9	10307	12.7
财产净收入	7783	5.2	10880	4.6	1259	7.0
转移净收入	9615	8.7	11844	8.5	4920	8.1
人均生活消费支出	42194	8.3	47762	7.3	30468	10.9

全年居民人均生活消费支出42194元，比上年增长8.3%，扣除价格因素实际增长8.0%。按常住地分，城镇居民人均生活消费支出47762元，增长7.3%，农村居民人均生活消费支出30468元，增长10.9%，扣除价格因素实际分别增长7.0%和10.6%。

年末全省参加基本养老保险人数4606万人，参加基本医疗保险人数5621万人，参加失业保险、工伤保险、生育保险人数分别为1886万、2792万和2236万人。城乡居民养老保险基础养老金最低标准提高到200元/月。

年末在册低保对象55.6万人（不含五保），其中，城镇5.6万人，农村50万人。全年低保资金（含各类补贴）支出 63.2 亿元，比上年增长 3.0%。城乡低保同标，平均每人每月 1148 元。

全年发行各类福利彩票 163.8 亿元，比上年增加 39.4 亿元，筹集公益金 47.8 亿元。

十一、教育和科学技术

年末全省共有幼儿园 7067 所，在园幼儿 177.6 万人。共有小学 3144 所，招生 78.4 万人；在校生 411.4 万人，比上年增长 4.6%，小学学龄儿童入学率为 99.99%。小学生均校舍建筑面积 11 平方米、生均图书 34.8 册，体育运动场（馆）面积达标的学校比例为 99.7%。共有初中 1794 所，招生 60.1 万人；在校生 173.5 万人，比上年末增加 4.2 万人，初中入学率为 99.99%。初中生均校舍建筑面积 24.8 平方米、生均图书 59.8 册，体育运动场（馆）面积达标的学校比例为 99.7%。共有各类中等职业教育学校 246 所（不含技工学校），招生 16.8 万人，在校生 50.3 万人；普通高中 650 所，招生 30.8 万人，在校生 88.8 万人，毕业生 27.8 万人。

年末共有普通高校 109 所（含独立学院）。研究生（含非全日制）、本科（含高职本科）、专科招生比例为 1:3.9:3.6。全年研究生（含非全日制）招生 5.43 万人，其中，博士生 0.63 万人，硕士生 4.8 万人。

年末幼儿园专任教师 14.7 万人，幼儿教师学历合格率为 100%。义务教育中小学专任教师 37.7 万人，比上年末增长 2.1%。中等职业教育（不含技工学校）专任教师 3.9 万人，生师比 12.9:1，专任教师学历合格率为 98.6%。双师型教师占专任教师和专业（技能）教师的比例分别为 45.9%和 89.7%。普通高等学校专任教师中副高及以上职称教师比例为 42.4%；具有硕士及以上学位教师比例为 90.1%。

全年研究与试验发展（R&D）经费支出 2600 亿元，与生产总值之比为 3.15%，比上年提高 0.05 个百分点[9]。有国家认定的企业技术中心 143 家（含分中心）。有省实验室和省技术创新中心各 10 家。新认定高新技术企业 8493 家，累计有效高新技术企业 42011 家。新培育科技型中小企业 24096 家，累计 114818 家。全年专利授权量 38.2 万件，其中发明专利授权量 6.5 万件，比上年增长 5.7%。新增“浙江制造”标准 569 个，累计 3598 个。

十二、卫生和文化体育

年末全省卫生机构 3.8 万个（含村卫生室），其中，医院 1606 个，卫生院 1059 个，社区卫生服务中心（站）3951 个，诊所（卫生室、医务室）15600 个，村卫生室 11580 个，疾病预防控制中心 103 个，卫生监督所（中心）100 个。

年末卫生技术人员 66.2 万人，比上年末增长 8.1%，其中，执业（助理）医师 26.6 万人，注册护士 29.2 万人，分别增长 7.9%和 9.4%。医疗卫生机构床位数 40.6 万张，增长 6.4%，其中，医院 36.2 万张，卫生院 2.0 万张。

全年医院总诊疗 3.28 亿人次，比上年增长 6.0%。诊疗服务平台预约请求量 1400 万人次，增长 4.9%；预约成功量 1116 万人次，下降 0.5%；新增注册用户 241 万人，新接入医疗卫生机构 92 家，累计接入医疗卫生机构 1912 家。

年末全省县级以上公共图书馆 102 个，文化馆 102 个，文化站 1366 个，博物馆 431 个，世界遗产 4 个，县级文化馆和图书馆覆盖率均达 100%，乡镇文化站和行政村文化活动室覆盖率均达 100%，公共图书馆虚拟网络基本实现全覆盖。广播人口覆盖率为 99.82%，电视人口覆盖率为 99.89%。全年制作完成影片 50 部，获得公映许可证影片 37 部；电影票房收入 40.2 亿元。图书出版社 15 家，公开发行报纸 63 种，出版期刊 241 种。

浙江运动员全年共获取全国一类比赛冠军 70 个。经常参加体育锻炼[10]（不含学生）人数占总人口的 31.3%，城乡居民国民体质合格率保持在 94.2%以上。年末省级全民健身中心 65 个，中心村全民健身广场（体育休闲公园）1183 个，社区多功能运动场 1825 个。国家级体育后备人才基地 59 个，2021-2024 周期省级体育后备人才基地 64 个。国家级体育传统项目学校 17 个。2020-2023 周期省级体育传统项目学校阳光后备人才基地 192

所。国家体育产业示范基地（运动休闲示范区）42 个，体育旅游示范基地 3 个。省级运动休闲基地 32 个，运动休闲旅游示范基地 29 个。

全年销售体育彩票 302.9 亿元，比上年增长 39.0%。

十三、资源、环境保护和社会安全

全省全年降水量 1420 毫米，比上年减少 9.4%，比多年平均降水量减少 12.5%。全省水资源量 730 亿立方米。

全年完成造林更新面积 31.9 万亩，其中人工更新 10.8 万亩。建设战略储备林和美丽生态廊道 95.5 万亩，其中战略储备林 49.2 万亩，美丽生态廊道 46.3 万亩。根据 2023 年浙江省森林资源年度监测结果，全省森林覆盖率为 61.27%（含灌木林）。完成水土流失治理面积为 410 平方公里。

年末有新一代天气雷达站 14 个，气象卫星接收站 2 个，地面自动气象观测站 5293 个。全年霾平均日数 39 天。

296 个省控断面中，Ⅲ类及以上水质断面占 97.0%，比上年降低 0.6 个百分点；满足水环境功能区目标水质要求断面占 98.0%，比上年降低 1.0 个百分点。按达标水量和个数统计，11 个设区城市的主要集中式饮用水水源以及县级以上城市集中式饮用水水源水质达标率为 100%。143 个跨行政区域河流交接断面满足水环境功能区目标水质为 100%。近岸海域共发现赤潮 11 次，比上年减少 6 次；累计影响面积 767 平方千米，比上年减少 785 平方千米。其中有害赤潮 7 次，累计面积 662 平方千米，造成渔业直接经济损失 45 万元。

全年城市（县城）污水排放量 47 亿立方米，污水处理量 46 亿立方米；污水处理率为 97.9%。城市（县城）生活垃圾无害化处理率 100%，用水普及率 100%，燃气普及率 100%。

累计建成国家生态文明建设示范区 49 个，国家“绿水青山就是金山银山”实践创新基地 14 个；省级生态文明建设示范市 9 个，省级生态文明建设示范县（市、区）88 个。

全年规模以上工业能耗总量比上年增长 5.8%，单位增加值能耗下降 0.2%。其中，千吨以上和重点监测用能企业能源消费量分别增长 4.6%和 4.8%，单位增加值能耗分别下降 0.6%和 1.3%。

全年发生各类生产安全事故（包括工矿商贸、道路运输、水上运输、渔业船舶、铁路运输事故）764 起、死亡 635 人，分别比上年下降 11.3%和 10.2%，其中，道路运输共发生事故 459 起、死亡 331 人，分别下降 21.4%和 24.6%。

注释：

[1]本公报所列各项数据均为年度初步统计数据，最终核实数以中国统计出版社出版的《浙江统计年鉴—2024》公布的数据为准。部分数据因四舍五入原因，存在与分项合计不等的情况。

[2]地区生产总值、三次产业及相关行业增加值、人均地区生产总值绝对数按现价计算，增长速度按不变价格计算。

[3]全员劳动生产率为地区生产总值（现价）与全部就业人员年平均人数的比率。其中 2023 年就业人员为预计数。

[4]规模以上服务业统计范围包括：年营业收入 2000 万元及以上的交通运输、仓储和邮政业，信息传输、软件和信息技术服务业，水利、环境和公共设施管理业，卫生行业法人单位；年营业收入 1000 万元及以上的房地产业（不含房地产开发经营），租赁和商务服务业，科学研究和技术服务业，教育行业法人单位；以及年营业收入 500 万元及以上的居民服务、修理和其他服务业，文化、体育和娱乐业，社会工作行业法人单位。

[5]统计范围是全部港口。

[6]邮政业务总量按 2020 年不变价计算。

[7]电信业务总量按 2022 年不变价计算。

[8]5G 基站总数为建设部门口径数据。

[9]2023 年研究与试验发展（R&D）经费支出为预计数；根据国家统计局对 2022 年 GDP 最终核实结果，2022 年浙江省 R&D 经费与 GDP 之比相应修订为 3.10%。

[10]经常参加体育锻炼的人指每周参加 3 次及以上，每次锻炼时间 30 分钟以上、锻炼强度达到中等及以上的人。

资料来源：

本公报中城镇新增就业、帮扶困难人员就业、基本养老保险等数据来自省人力社保厅；财政数据来自省财政厅；水产品产量、粮食生产功能区、农作物耕种收综合机械化水平、“三品一标”建设、和美乡村建设、村级集体经济收入、城乡公共服务均等化等数据来自省农业农村厅；在册经营主体、商品交易市场和成交额、专利、“浙江制造”标准等数据来自省市场监管局（知识产权局）；货物进出口等数据来自杭州海关；中欧班列、自贸试验区、实际使用外资、对外投资等数据来自省商务厅；公路里程、民航运输、货物周转量、旅客周转量、港口货物吞吐量、集装箱吞吐量等数据来自省交通运输厅；汽车保有量等数据来自省公安厅；邮政业务、快递业务量等数据来自省邮政管理局；电信业务总量、电话用户、互联网用户等数据来自省通信管理局；货币金融数据来自中国人民银行浙江省分行；上市公司数据来自浙江证监局；保险业数据来自国家金融监督管理总局浙江监管局；医疗保险等数据来自省医保局；低保、福利彩票等数据来自省民政厅；教育数据来自省教育厅；企业技术中心、省实验室、省技术创新中心、高新技术企业、科技型中小企业等数据来自省科技厅；卫生、诊疗数据来自省卫生健康委；公共图书馆、文化馆、博物馆、广播电视等数据来自省文化广电和旅游厅；电影、出版数据来自省委宣传部；体育、体育彩票等数据来自省体育局；水资源、水土流失治理面积等数据来自省水利厅；森林资源数据来自省林业局；气象数据来自省气象局；生态建设、环境监测等数据来自省生态环境厅；城市污水处理、城市生活垃圾处理、用水和燃气普及率等数据来自省建设厅；各类事故发生起数、死亡人数等数据来自省应急管理厅；城镇调查失业率、价格、粮食播种面积及产量、猪牛羊禽肉产量、生猪存出栏、城乡居民收支等数据来自国家统计局浙江调查总队；其它数据均来自于省统计局。

中华人民共和国2023年国民经济和社会发展统计公报[1]

国家统计局

2024年2月29日

2023年是全面贯彻党的二十大精神的开局之年，是三年新冠疫情防控转段后经济恢复发展的一年。面对复杂严峻的国际环境和艰巨繁重的国内改革发展稳定任务，在以习近平同志为核心的党中央坚强领导下，各地区各部门坚持以习近平新时代中国特色社会主义思想为指导，全面贯彻落实党的二十大和二十届二中全会精神，按照党中央、国务院决策部署，坚持稳中求进工作总基调，完整、准确、全面贯彻新发展理念，加快构建新发展格局，着力推动高质量发展，全面深化改革开放，加大宏观调控力度，着力扩大内需、优化结构、提振信心、防范化解风险，国民经济回升向好，高质量发展扎实推进，现代化产业体系建设取得重要进展，科技创新实现新的突破，改革开放向纵深推进，安全发展基础巩固夯实，民生保障有力有效，社会大局和谐稳定，全面建设社会主义现代化国家迈出坚实步伐。

一、综合

初步核算，全年国内生产总值[2]1260582亿元，比上年增长5.2%。其中，第一产业增加值89755亿元，比上年增长4.1%；第二产业增加值482589亿元，增长4.7%；第三产业增加值688238亿元，增长5.8%。第一产业增加值占国内生产总值比重为7.1%，第二产业增加值比重为38.3%，第三产业增加值比重为54.6%。最终消费支出拉动国内生产总值增长4.3个百分点，资本形成总额拉动国内生产总值增长1.5个百分点，货物和服务净出口向下拉动国内生产总值0.6个百分点。分季度看，一季度国内生产总值同比增长4.5%，二季度增长6.3%，三季度增长4.9%，四季度增长5.2%。全年人均国内生产总值89358元，比上年增长5.4%。国民总收入[3]1251297亿元，比上年增长5.6%。全员劳动生产率[4]为161615元/人，比上年提高5.7%。

（图1 2019-2023年国内生产总值及其增长速度，略）

（图2 2019-2023年三次产业增加值占国内生产总值比重，略）

（图3 2019-2023年全员劳动生产率，略）

年末全国人口[5]140967万人，比上年末减少208万人，其中城镇常住人口93267万人。全年出生人口902万人，出生率为6.39‰；死亡人口1110万人，死亡率为7.87‰；自然增长率为-1.48‰。

表1　2023年年末人口数及其构成

指　　标	年末数（万人）	比重（%）
全国人口	140967	100.0
其中：城镇	93267	66.2
乡村	47700	33.8
其中：男性	72032	51.1
女性	68935	48.9
其中：0-15岁（含不满16周岁）[6]	24789	17.6
16-59岁（含不满60周岁）	86481	61.3
60周岁及以上	29697	21.1
其中：65周岁及以上	21676	15.4

年末全国就业人员 74041 万人，其中城镇就业人员 47032 万人，占全国就业人员比重为 63.5%。全年城镇新增就业[7]1244 万人，比上年多增 38 万人。全年全国城镇调查失业率平均值为 5.2%。年末全国城镇调查失业率为 5.1%。全国农民工[8]总量 29753 万人，比上年增长 0.6%。其中，外出农民工 17658 万人，增长 2.7%；本地农民工 12095 万人，下降 2.2%。

（图 4 2019-2023 年城镇新增就业人数，略）

全年居民消费价格比上年上涨 0.2%。工业生产者出厂价格下降 3.0%。工业生产者购进价格下降 3.6%。农产品生产者价格[9]下降 2.3%。12 月份，70 个大中城市中，新建商品住宅销售价格同比上涨的城市个数为 20 个，持平的为 2 个，下降的为 48 个；二手住宅销售价格同比上涨的城市个数为 1 个，下降的为 69 个。

（图 5 2023 年居民消费价格月度涨跌幅度，略）

表 2　2023 年居民消费价格比上年涨跌幅度

单位：%

指　标	全国	城市	农村
居民消费价格	0.2	0.3	0.1
其中：食品烟酒	0.3	0.4	0.1
衣着	1.0	1.1	0.6
居住[10]	0.0	0.0	0.0
生活用品及服务	0.1	0.1	-0.1
交通通信	-2.3	-2.3	-2.4
教育文化娱乐	2.0	2.1	1.5
医疗保健	1.1	1.1	1.3
其他用品及服务	3.2	3.4	2.5

年末国家外汇储备 32380 亿美元，比上年末增加 1103 亿美元。全年人民币平均汇率为 1 美元兑 7.0467 元人民币，比上年贬值 4.5%。

（图 6 2019-2023 年年末国家外汇储备，略）

新动能成长壮大。全年规模以上工业[11]中，装备制造业[12]增加值比上年增长 6.8%，占规模以上工业增加值比重为 33.6%；高技术制造业[13]增加值增长 2.7%，占规模以上工业增加值比重为 15.7%。新能源汽车产量 944.3 万辆，比上年增长 30.3%；太阳能电池（光伏电池）产量 5.4 亿千瓦，增长 54.0%；服务机器人产量 783.3 万套，增长 23.3%；3D 打印设备产量 278.9 万台，增长 36.2%。规模以上服务业[14]中，战略性新兴服务业[15]企业营业收入比上年增长 7.7%。高技术产业投资[16]比上年增长 10.3%，制造业技术改造投资[17]增长 3.8%。电子商务交易额[18]468273 亿元，比上年增长 9.4%。网上零售额[19]154264 亿元，比上年增长 11.0%。全年新设经营主体 3273 万户，日均新设企业 2.7 万户。

城乡融合和区域协调发展步伐稳健。年末全国常住人口城镇化率为 66.16%，比上年末提高 0.94 个百分点。分区域看[20]，全年东部地区生产总值 652084 亿元，比上年增长 5.4%；中部地区生产总值 269898 亿元，增长 4.9%；西部地区生产总值 269325 亿元，增长 5.5%；东北地区生产总值 59624 亿元，增长 4.8%。全年京津冀地区生产总值 104442 亿元，比上年增长 5.1%；长江经济带地区生产总值 584274 亿元，增长 5.5%；长江三角洲地区生产总值 305045 亿元，增长 5.7%。粤港澳大湾区建设、黄河流域生态保护和高质量发展等区域重大战略深入推进。

（图 7 2019-2023 年年末常住人口城镇化率，略）

绿色低碳转型深入推进。全年全国万元国内生产总值二氧化碳排放[21]与上年持平。水电、核电、风电、太阳能发电等清洁能源发电量 31906 亿千瓦时，比上年增长 7.8%。在监测的 339 个地级及以上城市中，空气质量达标的城市占 59.9%，未达标的城市占 40.1%。3641 个国家地表水考核断面中，水质优良（Ⅰ～Ⅲ类）断面比例为 89.4%，Ⅳ类断面比例为 8.4%，Ⅴ类断面比例为 1.5%，劣Ⅴ类断面比例为 0.7%。

二、农业

全年粮食种植面积 11897 万公顷，比上年增加 64 万公顷。其中，稻谷种植面积 2895 万公顷，减少 50 万公顷；小麦种植面积 2363 万公顷，增加 11 万公顷；玉米种植面积 4422 万公顷，增加 115 万公顷；大豆种植面积 1047 万公顷，增加 23 万公顷。棉花种植面积 279 万公顷，减少 21 万公顷。油料种植面积 1392 万公顷，增加 78 万公顷。糖料种植面积 142 万公顷，减少 3 万公顷。

全年粮食产量 69541 万吨，比上年增加 888 万吨，增产 1.3%。其中，夏粮产量 14615 万吨，减产 0.8%；早稻产量 2834 万吨，增产 0.8%；秋粮产量 52092 万吨，增产 1.9%。谷物产量 64143 万吨，比上年增产 1.3%。其中，稻谷产量 20660 万吨，减产 0.9%；小麦产量 13659 万吨，减产 0.8%；玉米产量 28884 万吨，增产 4.2%。大豆产量 2084 万吨，增产 2.8%。

（图 8 2019-2023 年粮食产量，略）

全年棉花产量 562 万吨，比上年减产 6.1%。油料产量 3864 万吨，增产 5.7%。糖料产量 11504 万吨，增产 2.4%。茶叶产量 355 万吨，增产 6.1%。

全年猪牛羊禽肉产量 9641 万吨，比上年增长 4.5%。其中，猪肉产量 5794 万吨，增长 4.6%；牛肉产量 753 万吨，增长 4.8%；羊肉产量 531 万吨，增长 1.3%；禽肉产量 2563 万吨，增长 4.9%。禽蛋产量 3563 万吨，增长 3.1%。牛奶产量 4197 万吨，增长 6.7%。年末生猪存栏 43422 万头，比上年末下降 4.1%；全年生猪出栏 72662 万头，比上年增长 3.8%。

全年水产品总产量 7100 万吨，比上年增长 3.4%。其中，养殖产量 5812 万吨，增长 4.4%；捕捞产量 1288 万吨，下降 1.0%。

全年木材产量 11944 万立方米，比上年下降 2.0%。

全年新建和改造提升高标准农田面积 574 万公顷，新增高效节水灌溉面积 164 万公顷。

三、工业和建筑业

全年全部工业增加值 399103 亿元，比上年增长 4.2%。规模以上工业增加值增长 4.6%。在规模以上工业中，分经济类型看，国有控股企业增加值增长 5.0%；股份制企业增长 5.3%，外商及港澳台商投资企业增长 1.4%；私营企业增长 3.1%。分门类看，采矿业增长 2.3%，制造业增长 5.0%，电力、热力、燃气及水生产和供应业增长 4.3%。

（图 9 2019-2023 年全部工业增加值及其增长速度，略）

全年规模以上工业中，农副食品加工业增加值比上年增长 0.2%，纺织业下降 0.6%，化学原料和化学制品制造业增长 9.6%，非金属矿物制品业下降 0.5%，黑色金属冶炼和压延加工业增长 7.1%，通用设备制造业增长 2.0%，专用设备制造业增长 3.6%，汽车制造业增长 13.0%，电气机械和器材制造业增长 12.9%，计算机、通信和其他电子设备制造业增长 3.4%，电力、热力生产和供应业增长 4.3%。

全年规模以上工业企业利润 76858 亿元，比上年下降 2.3%。分经济类型看，国有控股企业利润 22623 亿元，比上年下降 3.4%；股份制企业 56773 亿元，下降 1.2%，外商及港澳台商投资企业 17975 亿元，下降 6.7%；私营企业 23438 亿元，增长 2.0%。分门类看，采矿业利润 12392 亿元，比上年下降 19.7%；制造业 57644 亿元，下降 2.0%；电力、热力、燃气及水生产和供应业 6822 亿元，增长 54.7%。规模以上工业企业每百元营业收入中的成本为 84.76 元，比上年增加 0.04 元；营业收入利润率为 5.76%，下降 0.20 个百分点。年末规模以上工业企业资产负债率为 57.1%，比上年末下降 0.1 个百分点。全年规模以上工业产能利用率[24]为 75.1%。

初步核算，全年一次能源生产总量48.3亿吨标准煤，比上年增长4.2%。

表3　2023年规模以上工业主要产品产量及其增长速度[22]

产品名称	单位	产量	比上年增长（%）
纱	万吨	2234.2	-2.2
布	亿米	294.9	-4.8
化学纤维	万吨	7127.0	10.3
成品糖	万吨	1270.6	-13.2
卷烟	亿支	24427.5	0.4
彩色电视机	万台	19339.6	-1.3
家用电冰箱	万台	9632.3	14.5
房间空气调节器	万台	24487.0	13.5
粗钢	万吨	101908.1	0.0
钢材[23]	万吨	136268.2	5.2
十种有色金属	万吨	7469.8	7.1
其中：精炼铜（电解铜）	万吨	1298.8	13.5
原铝（电解铝）	万吨	4159.4	3.7
水泥	亿吨	20.2	-0.7
硫酸（折100%）	万吨	9580.0	3.4
烧碱（折100%）	万吨	4101.4	3.5
乙烯	万吨	3189.9	6.0
化肥（折100%）	万吨	5713.6	5.0
发电机组（发电设备）	万千瓦	23442.7	28.5
汽车	万辆	3011.3	9.3
其中：新能源汽车	万辆	944.3	30.3
大中型拖拉机	万台	38.0	-7.2
集成电路	亿块	3514.4	6.9
程控交换机	万线	507.0	-42.6
移动通信手持机	万台	156642.2	6.9
微型计算机设备	万台	33056.9	-17.4
工业机器人	万套	43.0	-2.2
太阳能工业用超白玻璃	万平方米	159264.8	58.6
充电桩	万个	287.8	36.9

表4　2023年主要能源产品产量及其增长速度

产品名称	单位	产量	比上年增长（%）
原煤	亿吨	47.1	3.4
原油	万吨	20902.6	2.1
天然气	亿立方米	2324.3	5.6
发电量	亿千瓦时	94564.4	6.9
其中：火电[25]	亿千瓦时	62657.4	6.4
水电	亿千瓦时	12858.5	-4.9
核电	亿千瓦时	4347.2	4.1
风电	亿千瓦时	8858.7	16.2
太阳能发电	亿千瓦时	5841.5	36.7

年末全国发电装机容量291965万千瓦，比上年末增长13.9%。其中[26]，火电装机容量139032万千瓦，增长4.1%；水电装机容量42154万千瓦，增长1.8%；核电装机容量5691万千瓦，增长2.4%；并网风电装机容量44134万千瓦，增长20.7%；并网太阳能发电装机容量60949万千瓦，增长55.2%。

全年建筑业增加值85691亿元，比上年增长7.1%。全国具有资质等级的总承包和专业承包建筑业企业利润8326亿元，比上年增长[27]0.2%，其中国有控股企业4019亿元，增长4.3%。

（图10 2019-2023年建筑业增加值及其增长速度，略）

四、服务业

全年批发和零售业增加值123072亿元，比上年增长6.2%；交通运输、仓储和邮政业增加值57820亿元，增长8.0%；住宿和餐饮业增加值21024亿元，增长14.5%；金融业增加值100677亿元，增长6.8%；房地产业增加值73723亿元，下降1.3%；信息传输、软件和信息技术服务业增加值55194亿元，增长11.9%；租赁和商务服务业增加值44347亿元，增长9.3%。规模以上服务业企业营业收入比上年增长8.3%，利润总额增长26.8%。

（图11 2019-2023年服务业增加值及其增长速度，略）

全年货物运输总量[28]557亿吨，比上年增长8.1%。货物运输周转量247713亿吨公里，增长6.3%。港口完成货物吞吐量170亿吨，比上年增长8.2%，其中外贸货物吞吐量50亿吨，增长9.5%。港口集装箱吞吐量31034万标准箱，增长4.9%。

表5　2023年各种运输方式完成货物运输量及其增长速度

指标	单位	绝对数	比上年增长（%）
货物运输总量	亿吨	556.8	8.1
铁路	亿吨	50.1	1.5
公路	亿吨	403.4	8.7
水路	亿吨	93.7	9.5
民航	万吨	735.4	21.0
管道	亿吨	9.5	7.5
货物运输周转量	亿吨公里	247712.7	6.3
铁路	亿吨公里	36437.6	1.5
公路	亿吨公里	73950.2	6.9
水路	亿吨公里	129951.5	7.4
民航	亿吨公里	283.6	11.6
管道	亿吨公里	7089.8	3.8

全年旅客运输总量93亿人次，比上年增长66.5%。旅客运输周转量28610亿人公里，增长121.4%。

年末全国民用汽车保有量33618万辆（包括三轮汽车和低速货车706万辆），比上年末增加1714万辆，其中私人汽车保有量29427万辆，增加1553万辆。民用轿车保有量18668万辆，增加928万辆，其中私人轿车保有量17541万辆，增加856万辆。

全年完成邮政行业寄递业务总量[29]1625亿件，比上年增长16.8%。邮政业完成邮政函件业务9.7亿件，包裹业务0.2亿件，快递业务量1320.7亿件，快递业务收入12074亿元。全年完成电信业务总量[30]18327亿元，比上年增长16.8%。年末移动电话基站数[31]1162万个，其中4G基站629万个，5G基站338万个。全国电话用户总数189992万户，其中移动电话用户172660万户。移动电话普及率为122.5部/百人。固定互联网宽带接入用户[32]63631万户，比上年末增加4666万户，其中100M速率及以上的宽带接入用户[33]60136

万户，增加 4756 万户。蜂窝物联网终端用户[34]23.32 亿户，增加 4.88 亿户。互联网上网人数 10.92 亿人，其中手机上网人数 10.91 亿人。互联网普及率为 77.5%，其中农村地区互联网普及率为 66.5%。全年移动互联网用户接入流量 3015 亿 GB，比上年增长 15.2%。软件和信息技术服务业[35]完成软件业务收入 123258 亿元，比上年增长 13.4%。

表 6　2023 年各种运输方式完成旅客运输量及其增长速度

指标	单位	绝对数	比上年增长（%）
旅客运输总量	亿人次	93.0	66.5
铁路	亿人次	38.5	130.4
公路	亿人次	45.7	28.9
水路	亿人次	2.6	121.6
民航	亿人次	6.2	146.1
旅客运输周转量	亿人公里	28609.6	121.4
铁路	亿人公里	14729.4	123.9
公路	亿人公里	3517.6	46.1
水路	亿人公里	53.8	137.9
民航	亿人公里	10308.8	163.4

（图 12 2019-2023 年快递业务量及其增长速度，略）

（图 13 2019-2023 年年末固定互联网宽带接入用户数，略）

五、国内贸易

全年社会消费品零售总额 471495 亿元，比上年增长 7.2%。按经营地分，城镇消费品零售额 407490 亿元，增长 7.1%；乡村消费品零售额 64005 亿元，增长 8.0%。按消费类型分，商品零售额 418605 亿元，增长 5.8%；餐饮收入 52890 亿元，增长 20.4%。服务零售额[36]比上年增长 20.0%。

（图 14 2019-2023 年社会消费品零售总额及其增长速度，略）

全年限额以上单位商品零售额中，粮油、食品类零售额比上年增长 5.2%，饮料类增长 3.2%，烟酒类增长 10.6%，服装、鞋帽、针纺织品类增长 12.9%，化妆品类增长 5.1%，金银珠宝类增长 13.3%，日用品类增长 2.7%，家用电器和音像器材类增长 0.5%，中西药品类增长 5.1%，文化办公用品类下降 6.1%，家具类增长 2.8%，通讯器材类增长 7.0%，石油及制品类增长 6.6%，汽车类增长 5.9%，建筑及装潢材料类下降 7.8%。

全年实物商品网上零售额 130174 亿元，按可比口径计算，比上年增长 8.4%，占社会消费品零售总额比重为 27.6%。

六、固定资产投资

全年全社会固定资产投资 509708 亿元，比上年增长[37]2.8%。固定资产投资（不含农户）503036 亿元，增长 3.0%。在固定资产投资（不含农户）中，分区域看[38]，东部地区投资增长 4.4%，中部地区投资增长 0.3%，西部地区投资增长 0.1%，东北地区投资下降 1.8%。

在固定资产投资（不含农户）中，第一产业投资 10085 亿元，比上年下降 0.1%；第二产业投资 162136 亿元，增长 9.0%；第三产业投资 330815 亿元，增长 0.4%。基础设施投资[39]增长 5.9%。社会领域投资[40]增长 0.5%。民间固定资产投资[41]253544 亿元，下降 0.4%；其中制造业民间投资增长 9.4%，基础设施民间投资增长 14.2%。

（图 15 2023 年三次产业投资占固定资产投资（不含农户）比重，略）

表 7　2023 年分行业固定资产投资（不含农户）增长速度

行　　业	比上年增长（%）	行　　业	比上年增长（%）
总计	3.0	金融业	-11.9
农、林、牧、渔业	1.2	房地产业[42]	-8.1
采矿业	2.1	租赁和商务服务业	9.9
制造业	6.5	科学研究和技术服务业	18.1
电力、热力、燃气及水生产和供应业	23.0	水利、环境和公共设施管理业	0.1
建筑业	22.5	居民服务、修理和其他服务业	15.8
批发和零售业	-0.4	教育	2.8
交通运输、仓储和邮政业	10.5	卫生和社会工作	-3.8
住宿和餐饮业	8.2	文化、体育和娱乐业	2.6
信息传输、软件和信息技术服务业	13.8	公共管理、社会保障和社会组织	-37.0

表 8　2023 年固定资产投资新增主要生产与运营能力

指　标	单位	绝对数
新增 220 千伏及以上交流变电设备容量	万千伏安	25656
新建铁路投产里程	公里	3637
其中：高速铁路	公里	2776
增、新建铁路复线投产里程	公里	3351
电气化铁路投产里程	公里	4463
新改建高速公路里程	公里	7498
港口万吨级及以上码头泊位新增通过能力	万吨/年	32529
新增民用运输机场	个	5
新增光缆线路长度	万公里	474

全年房地产开发投资 110913 亿元，比上年下降[43]9.6%。其中住宅投资 83820 亿元，下降 9.3%；办公楼投资 4531 亿元，下降 9.4%；商业营业用房投资 8055 亿元，下降 16.9%。全年新建商品房销售面积[44]111735 万平方米。二手房交易网签面积[45]70882 万平方米。年末新建商品房待售面积 67295 万平方米，其中商品住宅待售面积 33119 万平方米。

表 9　2023 年房地产开发和销售主要指标及其增长速度

指标	单位	绝对数	比上年增长（%）
房地产开发投资	亿元	110913	-9.6
其中：住宅	亿元	83820	-9.3
房屋施工面积	万平方米	838364	-7.2
其中：住宅	万平方米	589884	-7.7
房屋新开工面积	万平方米	95376	-20.4
其中：住宅	万平方米	69286	-20.9
房屋竣工面积	万平方米	99831	17.0
其中：住宅	万平方米	72433	17.2
新建商品房销售面积	万平方米	111735	-8.5
其中：住宅	万平方米	94796	-8.2
房地产开发企业本年到位资金	亿元	127459	-13.6
其中：国内贷款	亿元	15595	-9.9
个人按揭贷款	亿元	21489	-9.1

全年全国各类棚户区改造开工 159 万套，基本建成 193 万套；保障性租赁住房开工建设和筹集 213 万套（间）。新开工改造城镇老旧小区 5.37 万个，涉及居民 897 万户。

七、对外经济

全年货物进出口总额 417568 亿元，比上年增长 0.2%。其中，出口 237726 亿元，增长 0.6%；进口 179842 亿元，下降 0.3%。货物进出口顺差 57883 亿元，比上年增加 1938 亿元。对共建“一带一路”[46]国家进出口额 194719 亿元，比上年增长 2.8%。其中，出口 107314 亿元，增长 6.9%；进口 87405 亿元，下降 1.9%。对《区域全面经济伙伴关系协定》（RCEP）其他成员国[47]进出口额 125967 亿元，比上年下降 1.6%。民营企业进出口额 223601 亿元，比上年增长 6.3%，占进出口总额比重为 53.5%。

（图 16 2019-2023 年货物进出口总额，略）

表 10　2023 年货物进出口总额及其增长速度

指标	金额（亿元）	比上年增长（%）
货物进出口总额	417568	0.2
货物出口额	237726	0.6
其中：一般贸易	153530	2.5
加工贸易	49062	-9.0
其中：机电产品	139196	2.9
高新技术产品	59279	-5.8
货物进口额	179842	-0.3
其中：一般贸易	117042	1.3
加工贸易	27061	-11.3
其中：机电产品	65363	-5.5
高新技术产品	47916	-5.2
货物进出口顺差	57883	3.5

表 11　2023 年主要商品出口数量、金额及其增长速度

商品名称	单位	数量	比上年增长（%）	金额（亿元）	比上年增长（%）
钢材	万吨	9026	36.2	5929	-3.4
纺织纱线、织物及其制品	—	—	—	9454	-3.1
服装及衣着附件	—	—	—	11206	-2.8
鞋靴	万双	891424	-2.5	3470	-8.0
家具及其零件	—	—	—	4517	0.2
箱包及类似容器	万吨	331	13.5	2512	9.3
玩具	—	—	—	2858	-7.4
塑料制品	—	—	—	7090	1.4
集成电路	亿个	2678	-1.8	9568	-5.0
自动数据处理设备及其零部件	—	—	—	13187	-15.8
手机	万台	80213	-2.0	9797	2.9
集装箱	万个	231	-27.9	581	-39.8
液晶平板显示模组	万个	168929	2.9	1873	3.8
汽车（包括底盘）	万辆	522	57.4	7165	76.8

表 12　2023 年主要商品进口数量、金额及其增长速度

商品名称	单位	数量	比上年增长（%）	金额（亿元）	比上年增长（%）
大豆	万吨	9941	11.4	4199	4.8
食用植物油	万吨	981	51.4	734	21.1
铁矿砂及其精矿	万吨	117906	6.6	9418	11.2
煤及褐煤	万吨	47442	61.8	3723	30.2
原油	万吨	56399	11.0	23733	-2.6
成品油	万吨	4769	80.3	1965	50.0
天然气	万吨	11997	9.9	4523	-3.4
初级形状的塑料	万吨	2960	-3.2	3182	-14.8
纸浆	万吨	3666	25.7	1665	11.6
钢材	万吨	765	-27.6	891	-21.5
未锻轧铜及铜材	万吨	550	-6.3	3356	-6.9
集成电路	亿个	4796	-10.8	24591	-10.6
汽车（包括底盘）	万辆	80	-8.9	3321	-5.8

表 13　2023 年对主要国家和地区货物进出口金额、增长速度及其比重

国家和地区	出口额（亿元）	比上年增长（%）	占全部出口比重（%）	进口额（亿元）	比上年增长（%）	占全部进口比重（%）
东盟	36817	0.0	15.5	27309	0.4	15.2
欧盟	35226	-5.3	14.8	19833	4.6	11.0
美国	35198	-8.1	14.8	11528	-1.8	6.4
日本	11076	-3.5	4.7	11309	-7.9	6.3
韩国	10467	-2.2	4.4	11381	-13.9	6.3
中国香港	19333	-1.3	8.1	958	84.3	0.5
中国台湾	4819	-11.1	2.0	14033	-10.5	7.8
俄罗斯	7823	53.9	3.3	9093	18.6	5.1
巴西	4159	1.0	1.7	8625	18.4	4.8
印度	8279	6.5	3.5	1301	12.2	0.7
南非	1661	4.4	0.7	2245	3.7	1.2

全年服务进出口总额 65754 亿元，比上年增长 10.0%。其中，出口 26857 亿元，下降 5.8%；进口 38898 亿元，增长 24.4%。服务进出口逆差 12041 亿元。

全年外商直接投资新设立企业 53766 家，比上年增长 39.7%。实际使用外商直接投资额 11339 亿元，下降 8.0%，折 1633 亿美元，下降 13.7%。其中，共建“一带一路”国家对华直接投资（含通过部分自由港对华投资）新设立企业 13649 家，增长 82.7%；对华直接投资额 1221 亿元，下降 11.4%，折 176 亿美元，下降 16.7%。高技术产业实际使用外资额 4233 亿元，下降 4.9%，折 610 亿美元，下降 10.8%。

表 14　2023 年外商直接投资额及其增长速度

行业	企业数（家）	比上年增长（%）	实际使用金额（亿元）	比上年增长（%）
总计	53766	39.7	11339	-8.0
其中：农、林、牧、渔业	418	-0.5	51	-36.8
制造业	3624	1.5	3179	-1.8
电力、热力、燃气及水生产和供应业	568	8.6	319	15.6
交通运输、仓储和邮政业	867	44.0	149	-57.2
信息传输、软件和信息技术服务业	3764	23.0	1134	-26.7
批发和零售业	18010	65.3	690	-28.2
房地产业	684	17.7	810	-11.4
租赁和商务服务业	10673	42.8	1819	-15.4
居民服务、修理和其他服务业	726	76.6	34	77.7

全年对外非金融类直接投资额 9170 亿元，比上年增长 16.7%，折 1301 亿美元，增长 11.4%。其中，对共建“一带一路”国家非金融类直接投资额 2241 亿元，增长 28.4%，折 318 亿美元，增长 22.6%。

表 15　2023 年对外非金融类直接投资额及其增长速度

行业	金额（亿美元）	比上年增长（%）
总计	1301	11.4
其中：农、林、牧、渔业	8	-3.6
采矿业	70	39.0
制造业	279	29.0
电力、热力、燃气及水生产和供应业	31	-12.5
建筑业	67	5.1
批发和零售业	292	38.6
交通运输、仓储和邮政业	65	42.3
信息传输、软件和信息技术服务业	49	-10.9
房地产业	10	-57.4
租赁和商务服务业	337	-13.0

全年对外承包工程完成营业额 11339 亿元，比上年增长 8.8%，折 1609 亿美元，增长 3.8%。其中，对共建“一带一路”国家完成营业额 1321 亿美元，增长 4.8%，占对外承包工程完成营业额比重为 82.1%。对外劳务合作派出各类劳务人员 35 万人。

八、财政金融

全年全国一般公共预算收入 216784 亿元，比上年增长 6.4%；其中税收收入 181129 亿元，增长 8.7%。全国一般公共预算支出 274574 亿元，比上年增长 5.4%。全年新增减税降费及退税缓费超 2.2 万亿元。

（图 17 2019-2023 年全国一般公共预算收入，略）

年末广义货币供应量（M_2）余额 292.3 万亿元，比上年末增长 9.7%；狭义货币供应量（M_1）余额 68.1 万亿元，增长 1.3%；流通中货币（M_0）余额 11.3 万亿元，增长 8.3%。

全年社会融资规模增量[48]35.6 万亿元，按可比口径计算，比上年多 3.4 万亿元。年末社会融资规模存量[49]378.1万亿元，按可比口径计算，比上年末增长9.5%，其中对实体经济发放的人民币贷款余额235.5万亿元，增长10.4%。年末全部金融机构本外币各项存款余额289.9万亿元，比年初增加25.4万亿元，其中人民币各项存款余额284.3万亿元，增加25.7万亿元。全部金融机构本外币各项贷款余额242.2万亿元，增加22.2万亿元，其中人民币各项贷款余额237.6万亿元，增加22.7万亿元。人民币普惠小微贷款[50]余额29.4万亿元，增加5.6万亿元。人民币制造业中长期贷款余额12.2万亿元，增加3.1万亿元。

表16　2023年年末全部金融机构本外币存贷款余额及其增长速度

指　　标	年末数（亿元）	比上年末增长（%）
各项存款	2899132	9.6
其中：境内住户存款	1378765	13.8
其中：人民币	1369895	13.8
境内非金融企业存款	817959	4.9
各项贷款	2422396	10.1
其中：境内短期贷款	623037	10.2
境内中长期贷款	1591965	11.3

年末主要农村金融机构（农村信用社、农村合作银行、农村商业银行）人民币贷款余额293584亿元，比年初增加26363亿元。全部金融机构人民币消费贷款余额579438亿元，增加10992亿元。其中，住户短期消费贷款余额103541亿元，增加5078亿元；住户中长期消费贷款余额475897亿元，增加5914亿元。

全年沪深交易所A股累计筹资[51]10734亿元，比上年减少4375亿元。沪深交易所首次公开发行上市A股236只，筹资3418亿元，比上年减少2286亿元，其中科创板股票67只，筹资1439亿元；沪深交易所A股再融资（包括公开增发、定向增发、配股、优先股、可转债转股）7316亿元，减少2089亿元。北京证券交易所公开发行股票77只，筹资[52]146亿元。全年各类主体通过沪深北交易所发行债券（包括公司债券、资产支持证券、国债、地方政府债券和政策性银行债券）筹资130677亿元，其中沪深交易所共发行上市基础设施领域不动产投资信托基金（REITs）40只，募集资金914亿元。全国中小企业股份转让系统[53]挂牌公司6241家，全年挂牌公司累计股票筹资180亿元。

全年发行公司信用类债券[54]13.8万亿元，比上年增加0.1万亿元。

全年保险公司原保险保费收入[55]51247亿元，比上年增长9.1%。其中，寿险业务原保险保费收入27646亿元，健康险和意外伤害险业务原保险保费收入9993亿元，财产险业务原保险保费收入13607亿元。支付各类赔款及给付18883亿元。其中，寿险业务给付5505亿元，健康险和意外伤害险业务赔款及给付4207亿元，财产险业务赔款9171亿元。

九、居民收入消费和社会保障

全年全国居民人均可支配收入39218元，比上年增长6.3%，扣除价格因素，实际增长6.1%。全国居民人均可支配收入中位数[56]33036元，增长5.3%。按常住地分，城镇居民人均可支配收入51821元，比上年增长5.1%，扣除价格因素，实际增长4.8%。城镇居民人均可支配收入中位数47122元，增长4.4%。农村居民人均可支配收入21691元，比上年增长7.7%，扣除价格因素，实际增长7.6%。农村居民人均可支配收入中位数18748元，增长5.7%。城乡居民人均可支配收入比值为2.39，比上年缩小0.06。按全国居民五等份收入分组[57]，低收入组人均可支配收入9215元，中间偏下收入组人均可支配收入20442元，中间收入组人均可支配收入32195元，中间偏上收入组人均可支配收入50220元，高收入组人均可支配收入95055元。全国农民工人均月收入4780元，比上年增长3.6%。脱贫县[58]农村居民人均可支配收入16396元，比上年增长8.5%，扣除价格因素，实际增长8.4%。

全年全国居民人均消费支出 26796 元，比上年增长 9.2%，扣除价格因素，实际增长 9.0%。其中，人均服务性消费支出[59]12114 元，比上年增长 14.4%，占居民人均消费支出比重为 45.2%。按常住地分，城镇居民人均消费支出 32994 元，增长 8.6%，扣除价格因素，实际增长 8.3%；农村居民人均消费支出 18175 元，增长 9.3%，扣除价格因素，实际增长 9.2%。全国居民恩格尔系数为 29.8%，其中城镇为 28.8%，农村为 32.4%。

（图 18 2019-2023 年全国居民人均可支配收入及其增长速度，略）

（图 19 2023 年全国居民人均消费支出及其构成，略）

年末全国参加城镇职工基本养老保险人数 52121 万人，比上年末增加 1766 万人。参加城乡居民基本养老保险人数 54522 万人，减少 430 万人。参加基本医疗保险人数[60]133387 万人，其中参加职工基本医疗保险人数 37094 万人，参加城乡居民基本医疗保险人数 96293 万人。参加失业保险人数 24373 万人，增加 566 万人。领取失业保险金人数 352 万人。参加工伤保险人数 30170 万人，增加 1054 万人。参加生育保险人数 24907 万人。年末全国共有 664 万人享受城市最低生活保障，3399 万人享受农村最低生活保障，435 万人享受农村特困人员[61]救助供养，全年临时救助[62]742 万人次。全年领取国家定期抚恤金、定期生活补助金的退役军人和其他优抚对象 834 万人。

年末全国共有各类提供住宿的民政服务机构 4.4 万个，其中养老机构 4.1 万个，儿童福利和救助保护机构 971 个。民政服务床位[63]846.3 万张，其中养老服务床位 820.1 万张，儿童福利和救助保护机构床位 9.8 万张。

十、科学技术和教育

全年研究与试验发展（R&D）经费支出 33278 亿元，比上年增长 8.1%，与国内生产总值之比为 2.64%，其中基础研究经费 2212 亿元，比上年增长 9.3%，占 R&D 经费支出比重为 6.65%。国家自然科学基金共资助 5.25 万个项目。截至年末，纳入新序列管理的国家工程研究中心 207 个，国家企业技术中心 1798 家。国家科技成果转化引导基金累计设立 36 只子基金，资金总规模 624 亿元。国家级科技企业孵化器[64]1606 家，国家备案众创空间[65]2376 家。全年授予发明专利权 92.1 万件，比上年增长 15.3%。PCT 专利申请受理量[66]7.4 万件。截至年末，有效发明专利 499.1 万件，比上年末增长 18.5%。每万人口高价值发明专利拥有量[67]11.8 件。全年商标注册 438.3 万件，比上年下降 29.0%。全年共签订技术合同 95 万项，技术合同成交金额 61476 亿元，比上年增长 28.6%。我国公民具备科学素质[68]的比例达到 14.14%。

（图 20 2019-2023 年研究与试验发展（R&D）经费支出及其增长速度，略）

表 17　2023 年专利授权和有效专利情况

指标	专利数（万件）	比上年增长（%）
发明专利授权	92.1	15.3
其中：境内发明专利授权	81.3	18.0
实用新型专利授权	209.0	-25.5
外观设计专利授权	63.8	-11.5
年末有效发明专利	499.1	18.5
其中：境内有效发明专利	401.5	22.4
年末有效实用新型专利	1212.9	11.9
年末有效外观设计专利	323.4	14.2

全年成功完成 66 次宇航发射。天舟六号、神舟十六号、神舟十七号任务相继实施，中国空间站进入应用与发展阶段。全球首枚液氧甲烷火箭朱雀二号遥二运载火箭成功发射。量子计算原型机九章三号成功构建。全超导托卡马克核聚变实验装置实现稳态高约束模式等离子体运行 403 秒。全球首座第四代核电站高

温气冷堆示范工程投入商业运行。全球首台 16 兆瓦海上风电机组并网发电。C919 大型客机正式投入商业运营。首艘国产大型邮轮完成试航。奋斗者号载人潜水器完成极限深潜。

年末全国共有国家质检中心 877 家。全国现有产品质量、体系和服务认证机构 1242 个，累计完成对 102 万家企业的认证。全年制定、修订国家标准 2902 项，其中新制定 1708 项。全年制造业产品质量合格率[69]为 93.65%。

全年研究生教育招生 130.2 万人，在学研究生 388.3 万人，毕业生 101.5 万人。普通、职业本专科[70]招生 1042.2 万人，在校生 3775.0 万人，毕业生 1047.0 万人。中等职业教育[71]招生 616.5 万人，在校生 1737.9 万人，毕业生 537.1 万人。普通高中招生 967.8 万人，在校生 2803.6 万人，毕业生 860.4 万人。初中招生 1754.6 万人，在校生 5243.7 万人，毕业生 1623.6 万人。普通小学招生 1877.9 万人，在校生 10836.0 万人，毕业生 1763.5 万人。特殊教育招生 15.5 万人，在校生 91.2 万人，毕业生 17.3 万人。学前教育在园幼儿 4093.0 万人。九年义务教育巩固率为 95.7%，高中阶段毛入学率为 91.8%。

（图 21 2019-2023 年本专科、中等职业教育及普通高中招生人数，略）

十一、文化旅游、卫生健康和体育

年末全国文化和旅游部门所属艺术表演团体 1893 个。全国共有公共图书馆 3309 个，总流通[72]112668 万人次；文化馆 3508 个。有线电视实际用户 2.02 亿户，其中有线数字电视实际用户 1.93 亿户。年末广播节目综合人口覆盖率为 99.7%，电视节目综合人口覆盖率为 99.8%。全年生产电视剧 156 部 4632 集，电视动画片 93811 分钟。生产故事影片 792 部，科教、纪录、动画和特种影片[73]179 部。出版各类报纸 258 亿份，各类期刊 18 亿册，图书 119 亿册（张），人均图书拥有量[74]8.40 册（张）。年末全国共有档案馆 4154 个，已开放各类档案 23827 万卷（件）。全年全国规模以上文化及相关产业企业营业收入 129515 亿元，按可比口径计算，比上年增长 8.2%。

全年国内出游 48.9 亿人次，比上年增长 93.3%。其中，城镇居民国内出游 37.6 亿人次，增长 94.9%；农村居民国内出游 11.3 亿人次，增长 88.5%。国内游客出游总花费 49133 亿元，增长 140.3%。其中，城镇居民出游花费 41781 亿元，增长 147.5%；农村居民出游花费 7353 亿元，增长 106.4%。入境游客 8203 万人次，其中外国人 1378 万人次，香港、澳门和台湾同胞 6824 万人次。入境游客总花费 530 亿美元。国内居民出境 10096 万人次，其中因私出境 9684 万人次，赴港澳台出境 7704 万人次。

（图 22 2019-2023 年国内出游人次及其增长速度，略）

年末全国共有医疗卫生机构 107.1 万个，其中医院 3.9 万个，在医院中有公立医院 1.2 万个，民营医院 2.7 万个；基层医疗卫生机构 101.6 万个，其中乡镇卫生院 3.4 万个，社区卫生服务中心（站）3.7 万个，门诊部（所）36.2 万个，村卫生室 58.3 万个；专业公共卫生机构 1.2 万个，其中疾病预防控制中心 3426 个，卫生监督所（中心）2791 个。卫生技术人员 1247 万人，其中执业医师和执业助理医师 478 万人，注册护士 563 万人。医疗卫生机构床位 1020 万张，其中医院 800 万张，乡镇卫生院 151 万张。全年总诊疗人次[75]95.6 亿人次，出院人次[76]3.0 亿人次。

（图 23 2019-2023 年年末卫生技术人员人数，略）

年末全国共有体育场地[77]459.3 万个，体育场地面积[78]40.7 亿平方米，人均体育场地面积 2.89 平方米。全年我国运动员在 32 个项目中获得 165 个世界冠军，共创 20 项世界纪录。在杭州第 19 届亚运会上，我国运动员共获得 201 枚金牌，奖牌总数 383 枚，第 11 次蝉联亚运会金牌榜首位。我国残疾人运动员在 45 项国际赛事中获得 231 个世界冠军。在杭州第 4 届亚残运会上，我国运动员共获得 214 枚金牌，奖牌总数 521 枚，第 4 次蝉联亚残运会金牌榜和奖牌榜首位。

十二、资源、环境和应急管理

全年全国国有建设用地供应总量[79]74.9万公顷，比上年下降2.1%。其中，工矿仓储用地17.5万公顷，下降11.9%；房地产用地[80]8.4万公顷，下降23.3%；基础设施用地49.0万公顷，增长7.2%。

全年水资源总量24780亿立方米。总用水量5907亿立方米，比上年下降1.5%。其中，生活用水增长0.5%，工业用水增长0.2%，农业用水下降2.9%，人工生态环境补水增长3.9%。万元国内生产总值用水量[81]50立方米，下降6.4%。万元工业增加值用水量26立方米，下降3.9%。人均用水量419立方米，下降1.4%。

全年完成造林面积400万公顷，其中人工造林面积133万公顷，占全部造林面积的33.4%。种草改良面积[82]438万公顷。截至年末，共有国家公园5个。全年新增水土流失治理面积6.3万平方公里。

初步核算，全年能源消费总量57.2亿吨标准煤，比上年增长5.7%。煤炭消费量增长5.6%，原油消费量增长9.1%，天然气消费量增长7.2%，电力消费量增长6.7%。煤炭消费量占能源消费总量比重为55.3%，比上年下降0.7个百分点；天然气、水电、核电、风电、太阳能发电等清洁能源消费量占能源消费总量比重为26.4%，上升0.4个百分点。重点耗能工业企业单位电石综合能耗下降0.8%，单位合成氨综合能耗上升0.9%，吨钢综合能耗上升1.6%，单位电解铝综合能耗下降0.1%，每千瓦时火力发电标准煤耗下降0.2%。初步测算，扣除原料用能和非化石能源消费量后，全国万元国内生产总值能耗[83]比上年下降0.5%。全国碳排放权交易市场碳排放配额[84]成交量2.12亿吨，成交额144.4亿元。

（图24 2019-2023年清洁能源消费量占能源消费总量的比重，略）

全年近岸海域海水水质[85]达到国家一、二类海水水质标准的面积占85.0%，三类海水占4.5%，四类、劣四类海水占10.5%。

在监测的339个地级及以上城市中，细颗粒物（PM2.5）年平均浓度30微克/立方米，比上年上升3.4%。

在开展城市区域声环境昼间监测的326个城市中，全年声环境质量好的城市占5.8%，较好的占69.3%，一般的占23.9%，较差的占0.9%，无差的城市。

全年平均气温为10.71℃，比上年上升0.21℃。共有6个台风登陆。

全年农作物受灾面积1054万公顷，其中绝收98万公顷。因洪涝和地质灾害造成直接经济损失2451亿元，因干旱灾害造成直接经济损失206亿元，因低温冷冻和雪灾造成直接经济损失49亿元，因海洋灾害造成直接经济损失25亿元。共发生5.0级以上地震11次，造成直接经济损失153亿元。共发生森林火灾328起，受害森林面积约0.4万公顷。

全年各类生产安全事故共死亡21242人，比上年下降[86]4.7%。工矿商贸企业就业人员10万人生产安全事故死亡人数1.244人，比上年上升4.2%；煤矿百万吨死亡人数0.094人，上升23.7%。道路交通事故万车死亡人数1.38人，下降5.5%。

注释：

[1]本公报中数据均为初步统计数。各项统计数据均未包括香港特别行政区、澳门特别行政区和台湾省。部分数据因四舍五入的原因，存在总计与分项合计不等的情况。

[2]国内生产总值、三次产业及相关行业增加值、地区生产总值、人均国内生产总值和国民总收入绝对数按现价计算，增长速度按不变价格计算。

[3]国民总收入，原称国民生产总值，是指一个国家或地区所有常住单位在一定时期内所获得的初次分配收入总额，等于国内生产总值加上来自国外的初次分配收入净额。

[4]全员劳动生产率为国内生产总值（按2020年价格计算）与全部就业人员的比率。

[5]全国人口是指我国大陆31个省、自治区、直辖市和现役军人的人口，不包括居住在31个省、自治区、直辖市的港澳台居民和外籍人员。

[6]2023年年末，0-14岁（含不满15周岁）人口为23063万人，15-59岁（含不满60周岁）人口为88207万人。

[7]城镇新增就业人数是指报告期内城镇累计新就业人员数与自然减员人数之差。

[8]年度农民工数量包括年内在本乡镇以外从业6个月及以上的外出农民工和在本乡镇内从事非农产业6个月及以上的本

地农民工。

[9]农产品生产者价格是指农产品生产者第一手出售其产品时的价格。

[10]居住类价格包括租赁房房租、住房保养维修及管理、水电燃料、自有住房服务价格。

[11]由于统计调查制度规定的调查范围变动、统计执法、剔除重复数据等因素，2023年规模以上工业相关指标增速及变化按可比口径计算。

[12]装备制造业包括金属制品业，通用设备制造业，专用设备制造业，汽车制造业，铁路、船舶、航空航天和其他运输设备制造业，电气机械和器材制造业，计算机、通信和其他电子设备制造业，仪器仪表制造业。

[13]高技术制造业包括医药制造业，航空、航天器及设备制造业，电子及通信设备制造业，计算机及办公设备制造业，医疗仪器设备及仪器仪表制造业，信息化学品制造业。

[14]规模以上服务业统计范围包括：年营业收入2000万元及以上的交通运输、仓储和邮政业，信息传输、软件和信息技术服务业，水利、环境和公共设施管理业，卫生行业法人单位；年营业收入1000万元及以上的房地产业（不含房地产开发经营），租赁和商务服务业，科学研究和技术服务业，教育行业法人单位；以及年营业收入500万元及以上的居民服务、修理和其他服务业，文化、体育和娱乐业，社会工作行业法人单位。2023年规模以上服务业企业财务指标增速按可比口径计算。

[15]战略性新兴服务业包括新一代信息技术产业、高端装备制造产业、新材料产业、生物产业、新能源汽车产业、新能源产业、节能环保产业和数字创意产业等八大产业中的服务业相关行业，以及新技术与创新创业等相关服务业。

[16]高技术产业投资包括医药制造、航空航天器及设备制造等六大类高技术制造业投资和信息服务、电子商务服务等九大类高技术服务业投资。

[17]制造业技术改造投资是指制造业企业采用新技术、新工艺、新设备、新材料对现有设施、工艺条件及生产服务等进行改造提升所完成的投资。

[18]电子商务交易额是指通过电子商务交易平台（包括企业自建平台和第三方平台）实现的商品和服务交易额，包括对单位和对个人交易额，2023年增速按可比口径计算。

[19]网上零售额是指通过公共网络交易平台（主要从事实物商品交易的网上平台，包括自建网站和第三方平台）实现的商品和服务零售额，2023年增速按可比口径计算。

[20]东部地区是指北京、天津、河北、上海、江苏、浙江、福建、山东、广东和海南10省（市）；中部地区是指山西、安徽、江西、河南、湖北和湖南6省；西部地区是指内蒙古、广西、重庆、四川、贵州、云南、西藏、陕西、甘肃、青海、宁夏和新疆12省（区、市）；东北地区是指辽宁、吉林和黑龙江3省。

[21]万元国内生产总值二氧化碳排放按2020年价格计算。

[22]见注释[11]。

[23]钢材产量数据中含企业之间重复加工钢材。

[24]产能利用率是指实际产出与生产能力（均以价值量计量）的比率。企业的实际产出是指企业报告期内的工业总产值；企业的生产能力是指报告期内，在劳动力、原材料、燃料、运输等保证供给的情况下，生产设备（机械）保持正常运行，企业可实现并能长期维持的产品产出。

[25]火电包括燃煤发电量，燃油发电量，燃气发电量，余热、余压、余气发电量，垃圾焚烧发电量，生物质发电量。

[26]少量发电装机容量（如地热等）公报中未列出。

[27]建筑业企业利润增速按可比口径计算。报告期数据与上年已公布的同期数据之间存在不可比因素，不能直接相比计算增速。主要原因是：①加强数据质量审核，剔除主营业务不属于建筑业的相关数据。②加强统计执法检查，对发现的问题数据按照相关规定进行了改正。

[28]货物运输总量及周转量包括铁路、公路、水路、民航和管道五种运输方式完成量，2023年增速按可比口径计算。

[29]邮政行业寄递业务总量是指企业从事各类邮政普遍服务业务、快递业务的总数量。

[30]电信业务总量按上年价格计算。

[31]移动电话基站数是指报告期末为小区服务的无线收发信设备，处理基站与移动台之间的无线通信，在移动交换机与移动台之间起中继作用，监视无线传输质量的全套设备数。

[32]固定互联网宽带接入用户是指报告期末在电信企业登记注册，通过xDSL、FTTx+LAN、FTTH/O以及其他宽带接入方式和普通专线接入公众互联网的用户。

[33]100M速率及以上的宽带接入用户是指报告期末下行速率大于或等于100Mbit/s的宽带接入用户。

[34]蜂窝物联网终端用户是指报告期末接入移动通信网络并开通物联网业务的用户。物联网终端即连接传感网络层和传输网络层，实现远程采集数据及向网络层发送数据的物联网设备。

[35]软件和信息技术服务业包括软件开发、集成电路设计、信息系统集成和物联网技术服务、运行维护服务、信息处理和存储支持服务、信息技术咨询服务、数字内容服务和其他信息技术服务等行业。2023年软件和信息技术服务业完成软件业务收入增速按可比口径计算。

[36]服务零售额是指企业（产业活动单位、个体户）以交易形式直接提供给个人和其他单位非生产、非经营用的服务价值总和，旨在反映服务提供方以货币形式销售的属于消费的服务价值，包括交通、住宿、餐饮、教育、卫生、体育、娱乐等领域服务活动的零售额。

[37]固定资产投资相关指标增速按可比口径计算。报告期数据与上年已公布的同期数据之间存在不可比因素，不能直接相比计算增速。主要原因是：①改进和完善数据质量审核评估方法，剔除不应纳入报告期完成投资的前期土地费用以及跨地区、跨行业重复统计数据。②加强在建投资项目审核，剔除流动资产、消耗性生物资产等不符合固定资产投资统计范围的项目。③加强统计执法检查，对发现的问题数据按照相关规定进行了改正。

[38]见注释[20]。

[39]基础设施投资包括铁路运输业、道路运输业、水上运输业、航空运输业、管道运输业、多式联运和运输代理业、装卸搬运业、邮政业、电信广播电视和卫星传输服务业、互联网和相关服务业、水利管理业、生态保护和环境治理业、公共设施管理业投资。

[40]社会领域投资包括教育，卫生和社会工作，文化、体育和娱乐业投资。

[41]民间固定资产投资是指具有集体、私营、个人性质的内资企事业单位以及由其控股（包括绝对控股和相对控股）的企业单位建造或购置固定资产的投资。

[42]房地产业投资除房地产开发投资外，还包括建设单位自建房屋以及物业管理、中介服务和其他房地产投资。

[43]房地产开发投资和新建商品房销售等指标增速按可比口径计算。报告期数据与上年已公布的同期数据之间存在不可比因素，不能直接相比计算增速。主要原因是：①加强在建房地产开发项目审核，剔除单纯一级土地开发等非房地产开发项目。②加强商品房销售数据审核，剔除退房和具有抵押性质等非商品房销售数据。③加强统计执法，对发现的问题数据按照相关规定进行了改正。

[44]新建商品房销售面积是指报告期内房地产开发企业出售的新建商品房屋的合同总面积。

[45]二手房交易网签面积是指报告期内城镇二手房网签交易合同总面积。

[46]“一带一路”是指“丝绸之路经济带”和“21 世纪海上丝绸之路”。

[47]《区域全面经济伙伴关系协定》(RCEP）其他成员国包括印度尼西亚、马来西亚、菲律宾、泰国、新加坡、文莱、柬埔寨、老挝、缅甸、越南、日本、韩国、澳大利亚、新西兰。

[48]社会融资规模增量是指一定时期内实体经济从金融体系获得的资金总额。

[49]社会融资规模存量是指一定时期末（月末、季末或年末）实体经济从金融体系获得的资金余额。

[50]普惠小微贷款包括单户授信小于 1000 万元的小微型企业贷款、个体工商户经营性贷款、小微企业主经营性贷款。

[51]沪深交易所股票筹资额按上市日统计，筹资额包括了可转债实际转股金额，2022 年、2023 年可转债实际转股金额分别为 934 亿元、832 亿元。

[52]北京证券交易所股票筹资额按上市日统计。

[53]全国中小企业股份转让系统是 2012 年经国务院批准的全国性证券交易场所。全年全国中小企业股份转让系统挂牌公司累计筹资不含优先股，股票筹资按新增股份挂牌日统计。

[54]公司信用类债券包括非金融企业债务融资工具、企业债券以及公司债、可转债等。

[55]原保险保费收入是指保险企业确认的原保险合同保费收入。

[56]人均可支配收入中位数是指将所有调查户按人均收入水平从低到高（或从高到低）顺序排列，处于最中间位置调查户的人均可支配收入。

[57]全国居民五等份收入分组是指将所有调查户按人均收入水平从低到高顺序排列，平均分为五个等份，处于最低 20%的收入家庭为低收入组，依此类推依次为中间偏下收入组、中间收入组、中间偏上收入组、高收入组。

[58]脱贫县包括原 832 个国家扶贫开发工作重点县和集中连片特困地区县，以及新疆阿克苏地区 7 个市县。

[59]服务性消费支出是指住户用于各种生活服务的消费支出，包括餐饮服务、衣着鞋类加工服务、居住服务、家庭服务、交通通信服务、教育文化娱乐服务、医疗服务和其他服务。

[60]2023 年基本医疗保险参保人数剔除部分重复参保情况。

[61]农村特困人员是指无劳动能力，无生活来源，无法定赡养、抚养、扶养义务人或者其法定义务人无履行义务能力的农村老年人、残疾人以及未满 16 周岁的未成年人。

[62]临时救助是指国家对遭遇突发事件、意外伤害、重大疾病或其他特殊原因导致基本生活陷入困境，其他社会救助制度暂时无法覆盖或救助之后基本生活暂时仍有严重困难的家庭或个人给予的应急性、过渡性的救助。

[63]民政服务床位除收养性机构外，还包括救助类机构、社区类机构的床位。

[64]国家级科技企业孵化器是指符合《科技企业孵化器管理办法》规定的，以促进科技成果转化、培育科技企业和企业家精神为宗旨，提供物理空间、共享设施和专业化服务的科技创业服务机构，且经过科学技术部批准确定的科技企业孵化器。

[65]国家备案众创空间是指符合《发展众创空间工作指引》规定的新型创新创业服务平台，且按照《国家众创空间备案

暂行规定》经科学技术部审核备案的众创空间。

[66]PCT 专利申请受理量是指国家知识产权局作为 PCT 专利申请受理局受理的 PCT 专利申请数量。PCT（Patent Cooperation Treaty）即专利合作条约，是专利领域的一项国际合作条约。

[67]每万人口高价值发明专利拥有量是指每万人口本国居民拥有的经国家知识产权局授权的符合下列任一条件的有效发明专利数量：战略性新兴产业的发明专利；在海外有同族专利权的发明专利；维持年限超过10年的发明专利；实现较高质押融资金额的发明专利；获得国家科学技术奖、中国专利奖的发明专利。

[68]公民具备科学素质是指崇尚科学精神，树立科学思想，掌握基本科学方法，了解必要科技知识，并具有应用其分析判断事物和解决实际问题的能力。公民具备科学素质比例数据是面向18-69岁公民开展抽样调查获得。

[69]制造业产品质量合格率是指以产品质量检验为手段，按照规定的方法、程序和标准实施质量抽样检测，判定为质量合格的样品数占全部抽样样品数的百分比，统计调查样本覆盖制造业的29个行业。

[70]普通、职业本专科包括普通本科、职业本科、高职（专科）。

[71]中等职业教育包括普通中专、成人中专、职业高中和技工学校。

[72]总流通人次是指本年度内到图书馆场馆接受图书馆服务的总人次，包括借阅书刊、咨询问题以及参加各类读者活动等。

[73]特种影片是指采用与常规影院放映在技术、设备、节目方面不同的电影展示方式，如巨幕电影、立体特效（4D）电影、动感电影、球幕电影等。

[74]人均图书拥有量是指在一年内全国平均每人能拥有的当年出版图书册数。

[75]总诊疗人次是指所有诊疗工作的总人次数，包括门诊、急诊、出诊、预约诊疗、单项健康检查、健康咨询指导（不含健康讲座、核酸检测）人次数。

[76]出院人次是指报告期内所有住院后出院的人次数，包括医嘱离院、医嘱转其他医疗机构、非医嘱离院、死亡及其他人次数，不含家庭病床撤床人次数。

[77]体育场地调查对象不包括军队、铁路系统所属体育场地。

[78]体育场地面积是指体育训练、比赛、健身场地的有效面积。

[79]国有建设用地供应总量是指报告期内市、县人民政府根据年度土地供应计划依法以出让、划拨、租赁等方式与用地单位或个人签订出让合同或签发划拨决定书、完成交易的国有建设用地总量。

[80]房地产用地是指商服用地和住宅用地的总和。

[81]万元国内生产总值用水量、万元工业增加值用水量按2020年价格计算。

[82]种草改良面积是指通过人工种草、飞播种草、草原改良、围栏封育等措施进行草原生态修复的面积之和。

[83]万元国内生产总值能耗按2020年价格计算。

[84]全国碳排放权交易市场碳排放配额是指在全国碳排放权交易市场分配给重点排放单位规定时期内的二氧化碳等温室气体的排放额度。

[85]近岸海域海水水质采用面积法进行评价。

[86]2022年生产安全事故统计数据进行了核实调整，2023年与上年对比按照调整后数据计算。

资料来源：

本公报中城镇新增就业、养老保险、失业保险、工伤保险、中等职业教育中的技工学校数据来自人力资源和社会保障部；外汇储备、汇率数据来自国家外汇管理局；经营主体、质量检验、国家标准制定修订、制造业产品质量合格率数据来自国家市场监督管理总局；环境监测、碳排放权交易数据来自生态环境部；水产品产量、新建和改造提升高标准农田面积、新增高效节水灌溉面积数据来自农业农村部；木材产量、造林面积、种草改良面积、国家公园数据来自国家林业和草原局；水资源总量、用水量、新增水土流失治理面积数据来自水利部；发电装机容量、新增220千伏及以上交流变电设备容量、电力消费量数据来自中国电力企业联合会；港口货物吞吐量、港口集装箱吞吐量、公路运输、水路运输、新改建高速公路里程、港口万吨级及以上码头泊位新增通过能力数据来自交通运输部；铁路运输、新建铁路投产里程、增新建铁路复线投产里程、电气化铁路投产里程数据来自中国国家铁路集团有限公司；民航运输、新增民用运输机场数据来自中国民用航空局；管道运输数据来自中国石油天然气集团有限公司、中国石油化工集团有限公司、中国海洋石油集团有限公司、国家石油天然气管网集团有限公司；民用汽车保有量、道路交通事故数据来自公安部；邮政业务数据来自国家邮政局；通信业、软件业务收入、新增光缆线路长度数据来自工业和信息化部；互联网上网人数、互联网普及率数据来自中国互联网络信息中心；二手房交易网签面积、棚户区改造、保障性租赁住房、城镇老旧小区改造数据来自住房和城乡建设部；货物进出口数据来自海关总署；服务进出口、外商直接投资、对外直接投资、对外承包工程、对外劳务合作数据来自商务部；财政数据来自财政部；新增减税降费及退税缓费数据来自国家税务总局；货币金融、公司信用类债券数据来自中国人民银行；境内交易场所筹资数据来自中国证券监督管理委员会；保险业数据来自国家金融监督管理总局；医疗保险、生育保险数据来自国家医疗保障局；城乡低保、农村特困人员救助供养、临时救助、民政服务数据来自民政部；优抚对象数据来自退役军人事务部；国家自然科学基金资助项目数据来自国家自然科学基金委员会；国家科技成果转化引导基金、国家级科技企业孵化器、国家备案众创空间、技术合同数据来自科学技术部；国家工程研究中心、国家企业技术中心数据来自国家发展和改革委员会；专利、商标数据来自国家知识产权局；公民具备科学素质比例数据来自中国科学技术协会；宇航发射数据来自国家国防科技工业局；教育数据来自教育部；艺术表演团体、公共图书馆、文化馆、旅游数据来自文化和旅游部；电视、广播数据来自国家广播电视总局；电影数据来自国家电影局；报纸、期刊、图书数据来自国家新闻出版署；档案数据来自国家档案局；居民出境数据来自国家移民管理局；医疗卫生数据来自国家卫生健康委员会；卫生监督数据来自国家疾病预防控制局；体育数据来自国家体育总局；残疾人运动员数据来自中国残疾人联合会；国有建设用地供应、海洋灾害造成直接经济损失数据来自自然资源部；平均气温、台风登陆数据来自中国气象局；农作物受灾面积、洪涝和地质灾害造成直接经济损失、干旱灾害造成直接经济损失、低温冷冻和雪灾造成直接经济损失、地震次数、地震灾害造成直接经济损失、森林火灾、受害森林面积、生产安全事故数据来自应急管理部；其他数据均来自国家统计局。